Esoterik

Herausgegeben von Gerhard Riemann

Kyriacos C. Markides wurde auf der Insel Zypern geboren, wo er aufwuchs. 1970 graduierte er zum Doktor der Philosophie. Seit 1972 unterrichtet er Soziologie an der University of Maine in Orono. Er ist verheiratet und hat zwei Kinder.

W0189687

Von Kyriacos C. Markides sind außerdem erschienen:

Der Magus von Strovolos (Band 4174)
Heimat im Licht (Band 4191)
Feuer des Herzens (Band 4268)

Deutsche Erstausgabe November 1995
Copyright © 1995 für die deutschsprachige Ausgabe
Droemersche Verlagsanstalt Th. Knaur Nachf., München
Das Werk einschließlich aller seiner Teile ist urheberrechtlich ge-
schützt. Jede Verwertung außerhalb der engen Grenzen
des Urheberrechtsgesetzes ist ohne Zustimmung des Verlages
unzulässig und strafbar. Das gilt insbesondere für Vervielfälti-
gungen, Übersetzungen, Mikroverfilmungen und die Einspeicherung
und Verarbeitung in elektronischen Systemen.
Titel der Originalausgabe »Riding with the Lion«
Copyright © 1995 by Kyriacos C. Markides
Originalverlag: Viking Penguin, New York
Umschlaggestaltung: Peter F. Strauss
Satz: Franzis-Druck, München
Druck und Bindung: Ebner Ulm
Printed in Germany
ISBN 3-426-86101-1

2   4   5   3

Kyriacos C. Markides

AUF DEM
LÖWEN REITEN

Eine Suche nach dem
mystischen Christentum

Aus dem Amerikanischen
von Malte Heim

Gewidmet dem Gedenken an meinen Vater Kostas K. Marki-
des sowie meinem Sohn Constantine und den wichtigsten
Frauen in meinem Leben: meiner verstorbenen Mutter Mel-
pomeni, meiner Frau Emily, meiner Tochter Vasia, meiner
Schwester Maroulla und meiner Tante Myrophora, die mich
aufzog.

Inhalt

Vorbemerkung

Leser meiner früheren Bücher werden bemerken, daß die beiden ersten Kapitel dieses Bandes eine zusammenfassende Rückschau auf die Kernideen darstellen, die ich zuvor eingehender ausgearbeitet habe. Aber sie werden in diesen beiden einführenden Kapiteln auch viele neue Ideen vorfinden und entdecken, daß das vorliegende Buch zwar an meine früheren Werke anknüpft, aber einen deutlichen Unterschied zu ihnen aufweist. »Auf dem Löwen reiten« kann unabhängig von meinen früheren Werken bestehen. Deshalb ist es nicht nötig, daß sich neue Leser vor der Lektüre des vorliegenden Buches mit den anderen Werken vertraut machen.

Die Dialoge wurden von Gesprächen anläßlich tatsächlicher Begegnungen und Erlebnisse rekonstruiert. Aber um die Anonymität der betreffenden Personen zu wahren, habe ich in den meisten Fällen Pseudonyme benutzt und hier und dort gewisse Einzelheiten im Ablauf der beschriebenen Ereignisse abgeändert.

Wie zuvor habe ich bei der direkten Anrede griechischer Männer die Regeln der griechischen Grammatik beachtet. Zum Beispiel wird Socrates als »Socrate«, Maximos als »Maxime«, Kostas als »Kosta«, Kyriacos als »Kyriaco« angesprochen. Bei den griechischen Frauennamen sind keine grammatischen Feinheiten dieser Art zu beachten.

Ich bin den wundervollen Menschen in diesem Buch, die zu einem Teil meines Lebens und meiner Erkundung der grundlegenden Fragen und Probleme unserer menschlichen Existenz wurden, zutiefst dankbar. Wenn sie mir nicht so großzügig ihre Zeit, ihr Wissen und ihre Herzen geschenkt hätten, hätte ich dieses Buch nicht schreiben können.

Ich möchte der Universität von Maine für den Urlaub im Frühjahr 1991 danken, der mir ermöglichte, meine Studien zu diesem Buch auszuführen. Und ich möchte meine tiefste Dankbarkeit gegenüber all meinen Kollegen und Kolleginnen in der soziologischen Fakultät ausdrücken, die mich bei meinem Forschungsabenteuer ständig und großzügig unterstützt haben: Stephen Marks, Susan Greenwood, Sandra Gardner, James Gallagher, Kathryn Gaianguest, Steven Cohn, Valerie Carter und Steven Barkan. Ich schätze mich glücklich, derart sympathische Kollegen zu haben. Steven Barkan, unser Leiter, und Sue McLaughlin, die Verwaltungsassistentin, haben entschieden zu einer aufgeschlossenen und förderlichen Atmosphäre beigetragen, in der sich gut lehren, forschen und schreiben läßt.

Mein besonderer Dank gilt meinem ausgezeichneten Verleger David Stanford und seiner Assistentin Kristine Puopolo für ihr unbeirrbares Interesse, ihre persönliche Anteilnahme und ihren Glauben an die Wichtigkeit dessen, was in diesem Buch steht, sowie für ihren unbezahlbaren fachlichen Rat.

Außerdem möchte ich meinen Dank und meine Hochschätzung gegenüber dem Bischof von Paphos Chrysostomos und der Kirche von Zypern für ihre Erlaubnis ausdrücken, die Abbildung auf der vorderen Umschlagseite zu verwenden. Dank auch an Mr. Miltos Miltiadou von der zypriotischen Gesandtschaft in Washington für seine Hilfe bei meinem Ersuchen um diese Erlaubnis.

Die Liste der Personen, denen ich für die Fertigstellung dieses Buches zu Dank verpflichtet bin, wäre zu lang, als daß ich ihre Namen einzeln aufführen könnte. Ich habe bereits auf die vielen Personen in diesem Buch hingewiesen: meine Freunde auf Zypern, in Maine, in New York, in Griechenland und anderswo. Aber einem Mann möchte ich besonders für seinen maßgeblichen Beitrag zur Qualität dieses Buches danken: meinem Freund und Kollegen Michael Lewis, Kunstprofessor an der Universität von Maine. Er und Emily, meine Frau, waren die ersten, die jedes Kapitel lasen, sobald ich es fertiggestellt hatte. Ihre kundigen Beiträge und redaktionellen Anmerkungen sowie die langen Gespräche über den Inhalt dieses Buches, die ich mit ihnen führen durfte, förderten nicht nur meinen eigenen Glauben an meine Arbeit und hielten mein Interesse daran lebendig, sondern sie machten auch das Ergebnis besser, als es ohne ihre Hilfe geworden wäre. Für alle Mängel, die auf den folgenden Seiten zu finden sein mögen, bin selbstverständlich nur ich allein verantwortlich.

Wie immer gilt mein Abschlußwort meiner Frau Emily, deren bemerkenswerte Energie und Lebensfreude mir immer wieder Erfahrensbereiche erschlossen haben, die ich ohne ihre liebende Unterstützung und intellektuelle sowie emotionelle Anregung niemals betreten hätte.

1
Geheimes Wissen

Nach einem starken Schneesturm im Januar 1990 lag der
Schnee 30 Zentimeter hoch. Der gesamte Staat Maine lag unter einer weißen Decke, und ich entdeckte zum ersten Mal in
den 18 Jahren, seit ich hier lebte, die Freuden und Wonnen des
Skilanglaufs. Kollegen an der Universität überzeugten Emily
und mich davon, daß eine gemächliche Skifahrt durch den
Wald ein eindrucksvolleres Erlebnis versprach als ein bloßer
Spaziergang. Sobald ich es erst einmal selbst ausprobiert hatte, begriff ich, weshalb so viele New Yorker und Bostoner in
diese spärlich besiedelte Region im Nordosten reisen. Sie reisen zum Skifahren und Eisfischen hierher und um für eine
Weile von der nervösen Unrast und Hektik des Großstadt-
lebens auszuspannen.

Diana, eine Psychotherapeutin aus Boston, hatte mich eine
Woche vorher angerufen und gefragt, ob sie sich mit mir treffen könne. Sie wollte an diesem Wochenende im Januar mit
Freunden nach Maine fahren, um in Sugarloaf Abfahrtslauf zu
üben. Da die Interstate 95 an der Universität von Maine vor-
beiführt, hielt sie die Gelegenheit für günstig, einen kurzen
Aufenthalt in Orono einzulegen und mit mir gewisse Fragen
zu erörtern, die sie stark interessierten. Sie hatte meine Forschungen und meine Arbeit mit einer Gruppe angesehener
medialer und spiritueller Heiler auf der Insel Zypern verfolgt
und war tief von meinen drei Büchern über die dort herrschenden philosophischen Vorstellungen und Lehren beeindruckt, die ich nach mehr als zehnjähriger Beschäftigung und
aktiver Beobachtung verfaßt hatte. Während dieser Zeit war
ich Zeuge wunderbarer Heilungen gewesen und hatte phantastische Berichte über außerkörperliche Erfahrungen und an-

gebliche detaillierte Erinnerungen an frühere Leben gehört. Am meisten hatten mich die tiefgründigen philosophischen und theologischen Unterhaltungen über diese Mysterien beeindruckt. Deren Themen reichten von Wesen der Wirklichkeit, des Verstandes und des Selbst über die Zustände nach dem Tod bis hin zu den Eigenschaften des Absoluten und der Rolle der Erzengel bei der Erschaffung der verschiedenen »Universen«.

Diana verließ ihre Begleiter an der Bangor Mall und folgte meiner Wegbeschreibung zu unserem Haus. Gleich nach ihrer Ankunft gab ich einen guten Vorrat Feuerholz in den Ofen, und wir setzten uns ins Wohnzimmer, das mit Emilys Pflanzen angefüllt ist und einen Ausblick auf den Stillwater River bietet. Emily war mit Vasia, unserer elfjährigen Tochter, zum Skilaufen auf den Pisten der Universität aufgebrochen. Es war ein strahlender Tag; die Sonne, die auf den frisch gefallenen Schnee schien, schuf in Verbindung mit der üppigen Vegetation eine bezaubernde, magische Szenerie. Ein Tag wie dieser ließ mich Zypern vorübergehend vergessen. Meine unstillbare Sehnsucht nach den Straßen und Orten sowie den verborgenen Buchten meiner Jugend, wo ich mit meinen Freunden speerfischte, wichen für eine Weile in den Hintergrund meines Bewußtseins zurück.

»Was tut jemand wie Sie, der auf einer Mittelmeerinsel aufgewachsen ist, an einem kalten Ort wie Maine?« fragte Diana halb im Spaß, während sie aus dem Erkerfenster auf den halb zugefrorenen Fluß schaute, an dessen Rändern ein paar Teenager sorglos Schlittschuh liefen.

»Oh, es muß eine Art Initiierung gewesen sein«, erwiderte ich kryptisch. »Schauen Sie, Gott hat mich hierherversetzt, damit ich meine ethnozentrische Besessenheit von Zypern überwinden konnte. Er wollte mir beibringen, daß sich die Schönheit der Natur nicht auf jene sonnige Mittelmeerinsel beschränkt.

Sie ist überall in seiner Schöpfung zu finden, aber besonders hier in Maine. Überzeugen Sie sich selbst.« Ich deutete aus dem Fenster.

»Ich sehe, was Sie meinen«, sagte Diana freudig. Dann wurde ihr Ton ernster, und sie kam auf das Thema zu sprechen, wegen dessen sie mich besucht hatte. »Also ist es wahr, daß es eine Trennung gegeben hat?« fragte sie.

Ich hatte ihr bereits am Telefon bestätigt, daß ihre schlimmsten Befürchtungen berechtigt waren und daß die Gerüchte, die sie in Boston gehört hatte, stimmten: Kostas und Spyros Sathi (»Daskalos«), die beiden zentralen Gestalten in meinen früheren Büchern, hatten sich getrennt und pflegten nicht länger Umgang miteinander. Es war ein Schock für viele, weil man geglaubt hatte, daß die beiden praktizierenden Mystiker und Meister esoterischer Weisheit einander außerordentlich nahestünden. Tatsächlich hatte es geheißen, Spyros Sathi würde den jüngeren Kostas zu seinem »Nachfolger« erziehen. Und auch ich selbst hatte keinerlei Verbindung mehr zu Spyros Sathi.

»Wie war das möglich? Ich finde, es ist so traurig. Was hat denn zu diesem Bruch geführt?« fragte Diana mit Trauer in der Stimme. »Ich hatte den Eindruck, wahrhaft spirituelle Menschen seien über derlei erhaben.«

»Lassen Sie mich Ihnen versichern, daß es nicht einfach für mich war«, erwiderte ich. »Tatsächlich durchlebte ich eine Art psychisches Fegefeuer. Aber jetzt geht es mir wieder gut, und ich hoffe, daß ich erfahrener und klüger bin. Vielleicht wäre ›befreit‹ das richtige Wort. Ich habe meinen Frieden gefunden. Ich habe gewisse Wahrheiten und Tatsachen über Gurus und Meister erfahren, die mir in meinen unschuldigeren Jahren entgingen. Schauen Sie, als ich meine drei Bücher* schrieb,

---

* *Der Magus von Strovolos*, *Heimat im Licht* und *Feuer des Herzens*.

nahm ich an, Menschen, die große Heiler und Träger großer Weisheit sind, müßten zwangsläufig auch unfehlbare, heiligmäßige Charaktere sein, denen kaum noch eine Spur des Ego anhaftet. Ich dachte, gewisse Unebenheiten, die sich in ihrem Charakter zeigten, würden in Anbetracht ihres übrigen, glänzenden Wissens nicht ins Gewicht fallen. Ich habe mich geirrt. Gurus und verehrte Meister sind Menschen wie wir selbst, mit all den Schwächen, Fehlern und menschlichen Leidenschaften, die auch uns auszeichnen. Niemand von uns ist vollkommen, auch ein Guru nicht. Das ist es, was zu erkennen den meisten Leuten schwerfällt.

Wissen Sie, Diana, als ich mich mit Spyros Sathi befaßte, habe ich mich ausschließlich auf seine strahlendsten, positivsten Seiten konzentriert und seine menschlicheren Züge vernachlässigt. Ich hielt die Lehren und eine getreue Beschreibung dessen für wichtig, was ich hörte und sah. Ich ging davon aus, daß Züge, die mir geringfügige Unebenheiten und Mängel seines Charakters zu sein schienen, keine Auswirkungen haben würden. Die Einzelheiten aus seinem Privatleben, die keinen Bezug zu seinem Status als Lehrer metaphysischen Wissens hatten, interessierten mich nicht, und ich untersuchte sie nicht. Ob zu Recht oder zu Unrecht, ich ließ sie aus den Augen und hielt sie aus dem Porträt, das ich zeichnete, heraus.« Ich schwieg eine Weile und fuhr dann in scherzhaftem Ton fort: »Wer weiß? Manchmal kann Ignoranz Glück bedeuten.«

Diana dachte über das, was ich gesagt hatte, nach und stellte dann die Frage, die ich von ihr erwartet hatte: »Was ist mit Kostas? Haben Sie mit ihm dieselben Schwierigkeiten?«

»Im Gegenteil«, antwortete ich. »Mein enges Verhältnis zu Kostas ist ungetrübt. Das Problem war Spyros Sathi, nicht Kostas.« Ich fuhr fort, indem ich für Diana wiederholte, was ich meinen Lesern im letzten Kapitel von *Feuer des Herzens* dargelegt hatte; nämlich, daß Kostas das Oberhaupt der *Erewna* bleibt, einer gemeinnützigen Stiftung zur Erforschung und Verbreitung seiner esoterischen Weisheit. Erewna bedeutet »Forschung«, Wahrheitsforschung.

Wie ich Diana darlegte, ereignete sich dieses Phänomen nicht zum ersten Mal in der Geschichte der esoterischen Gruppen. Tatsächlich scheint es sich – wie mir viele kluge Menschen versichert haben – um ein archetypisches Muster zu handeln. Ich erinnerte sie daran, was mit Gurdjieff und Ouspensky, mit Krishnamurti und den Theosophen, mit Rudolf Steiner und den Theosophen, mit Freud und Jung und so weiter geschehen war.

»Der Katalysator, der zu der Spaltung führte, war die Bildung von Erewna«, sagte ich. »Anfangs unterstützte Spyros Sathi diese Bemühungen, dann wandte er sich dagegen. Er zog es vor, aus dem Schoß seiner eigenen Familie heraus zu operieren. Aber die Meinungsverschiedenheit über diese Frage brachte andere Punkte ans Tageslicht, über die ich lieber schweigen möchte.«

»Ich verstehe«, sagte Diana.

In meinem Besitz befand sich eine offizielle Verlautbarung über diesen Streit und die Trennung von Kostas und Spyros Sathi mit dem Titel »An alle, die es angeht«, die von der Erewna-Stiftung verschickt worden war. Um Diana die Angelegenheit noch besser zu verdeutlichen, las ich ihr Auszüge daraus vor.

»Nun, Diana«, sagte ich, als ich die Schrift wieder fortlegte, »ich weiß, daß dies Sie nicht vollständig zufriedenstellen wird, aber ich hoffe, daß es zur Klärung der Fragen beitragen wird, die Sie und andere haben. Ich erzähle Ihnen dies alles nicht zu meiner persönlichen Genugtuung. Aber es geschehen immer wieder Dinge, die uns zu tieferen Wahrheiten führen.«

»Welche tieferen Wahrheiten sehen Sie in diesen Ereignissen?« erkundigte Diana sich mit trauriger Miene.

»Die Wahrheit, die ich hieraus gelernt habe, hat Spyros Sathi häufig selbst geäußert. Er sagte, daß die Lehren dem spirituellen Reich entstammen, während der Meister oder Lehrer ein Mensch mit Fehlern ist. Niemand ist ohne Makel. Wir alle können schwerwiegende Fehler und böse Schnitzer machen – Gurus und ihre Anhänger gleichermaßen. Möglicherweise lautet so die letzte Lektion.«

»Aber wird diese Spaltung zwischen Spyros Sathi einerseits und Kostas und Ihnen andererseits keine Auswirkung auf die Lehren selbst haben?« wollte Diana wissen.

»Ich glaube, daß alles, was auf die Wahrheit gegründet ist, überleben wird. Was hingegen der Erfindung oder dem Ego entsprungen ist, wird letztlich verschwinden. Aber ich bin davon überzeugt, daß die Glaubwürdigkeit und die Gültigkeit der Lehren nicht von diesen Entwicklungen beeinflußt werden. Wenn sie Anteil an der esoterischen Weisheit haben, ist ihr wahrer Wert von persönlichen Dingen unabhängig. In der Tat entdecke ich, daß man diese Lehren auch aus vielen anderen Quellen erfahren kann. Zum Beispiel fasziniert mich die Übereinstimmung zwischen diesen Lehren, über die ich geschrieben habe, und den Vorträgen, die ein Yogi namens Ramacharaka um die Jahrhundertwende in Chicago hielt. Der Inhalt der 13 Bände seiner Schriften, die seine Schüler im Jahr 1903 veröffentlicht haben, weist große Ähnlichkeit mit dem auf, was ich in meinen drei Büchern schrieb.[1] Natürlich finden Sie auch Übereinstimmungen zwischen meinen Schriften und den Werken von Rudolf Steiner, den Rosenkreuzern, den tibetischen Buddhisten, den christlichen Mystikern und Mystikerinnen und vielen weiteren spirituellen Traditionen. Somit steht und fällt die Wahrheit nicht mit dem Aufstieg und dem Fall der Meister und Gurus, die über sie stolpern.«

Ich fuhr fort, indem ich Diana versicherte, daß meine Suche nach der Wahrheit durch diese Entwicklungen nicht beeinträchtigt worden war. Im Gegenteil. Ich werde meine Bemühungen fortsetzen, zu schreiben und mein eigenes sowie das Wissen anderer über diese grundlegenden Fragen und Lehren in bezug auf die menschliche Existenz – bei denen Spyros Sathi, Kostas und ich selbst nur eine unwichtige Rolle spielen – zu verbreiten.

»Unsere Wege«, sagte ich, »stimmten in gewissen Punkten überein, und es war eine sehr schöpferische und stärkende Begegnung. Ich werde diese Jahre niemals vergessen. In einer gewissen Hinsicht haben sie mich für mein Leben gezeichnet. Sie haben mein Bewußtsein und die Richtung meiner Arbeit grundlegend mitbestimmt. Das Gesetz von Ursache und Wirkung arbeitet auf geheimnisvolle Weise, wie man mir viele Male versicherte. An diesem Punkt führt es uns in verschiedene Richtungen. Vielleicht mußte es so sein – aus einem Grund, den ich nicht zu erkennen vermag.

Solange unsere Beziehung intakt war, habe ich mich bemüht, meine Begegnungen mit Spyros Sathi und seinem engeren Kreis so wahrheitsgetreu wie möglich zu beschreiben. Leider treten bei uns Menschen – wenn wir uns nicht mit den Lehren, sondern mit den Realitäten des Alltags befassen – Differenzen auf: Differenzen in den Werten, die wir hochhalten, in den Ansichten darüber, welche Vorgehensweise und welches Verhalten richtig ist, und so weiter. Diese Abweichungen können zu Komplikationen führen, die häufig außer Kontrolle geraten. So scheint dieser Bruch, in der Rückschau betrachtet, beinahe unvermeidlich gewesen zu sein. Von nun an werde ich mich einfach auf die eigentliche spirituelle Lehre und Denkweise beschränken – unabhängig von der Persönlichkeit bestimmter Menschen und Lehrer.«

Wir schwiegen ein paar Sekunden lang und schauten durchs Fenster den Schlittschuhläufern zu.

»Vor ein paar Tagen«, fuhr ich fort, »erhielt ich einen Brief von einem sehr sensiblen jungen Mann, den ich vom ersten Augenblick an gemocht hatte, als wir uns letzten Sommer auf Zypern trafen. Ich will ihn John nennen. Damals sagte mir John, er arbeite an seiner Dissertation in Physik. Aber seine wahre Leidenschaft galt der medialen Forschung und der Spiritualität. Er berichtete mir von vielen medialen Erlebnissen, die er im Laufe der Jahre gehabt hatte, und sagte, daß sein langfristiger Plan eine Kombination des Physikstudiums mit der medialen Forschung vorsah. Das ist der Grund, weshalb er dem Erewna-Kreis beitrat. Bei seinem Besuch auf Zypern traf sich John einzeln mit Spyros Sathi und mit Kostas und erfuhr von dem Problem. Wie die meisten von uns quälte er sich lange Zeit damit herum und bemühte sich um eine Antwort, mit der er etwas anfangen konnte. In seinem Brief an mich erzählte er einen ungewöhnlichen Traum, der ihm seiner Meinung nach eine grundlegende Wahrheit in dieser Angelegenheit enthüllte. Möchten Sie, daß ich Ihnen die Stelle vorlese?«

»O ja, bitte«, erwiderte Diana.

Ich ging nach oben in mein Arbeitszimmer und holte Johns Brief aus der Akte. Als ich zurückkam, sagte ich: »Folgendes offenbarte ihm sein Traum, wie er glaubte, über dieses Problem« und begann vorzulesen:

Der Traum, von dem ich Ihnen berichtete, folgte auf viele Tage, an denen ich mir den Kopf zermartert und in meiner Seele nach einer Antwort geforscht hatte. An diesem Tag hatte ich ein außerordentlich schmerzliches Gespräch mit einem Mitglied unseres Kreises über die Frage geführt, was es mit Daskalos auf sich hatte. Ich träumte folgendes: Ich schritt um einen kleinen, tiefen See und versuchte mir einen Reim auf die Vorgänge zu machen. Ich spürte, daß die Antwort auf dem Grund des Sees lag, aber als ich um ihn herumging, konnte ich nur das Licht sehen, das seine Oberfläche reflektierte – der Seegrund blieb meinem Blick verborgen. Daskalos erschien am Ufer des Sees, und wir tauschten einen freundlichen Gruß aus. Dann bemerkte ich einen kleinen, steinernen Turm rechts vor mir am Seeufer. Ich dachte, wenn ich auf den Turm steigen und hinabschauen würde, könnte ich bis auf den Seegrund schauen, da mein Blick nicht durch die Reflexion des Lichts auf seiner Oberfläche aufgehalten würde. Daskalos ging in die andere Richtung davon, und ich stieg die vielen Treppen hoch auf die Spitze des Turmes. Als ich oben war, entdeckte ich zu meiner Bestürzung, daß alle Fenster übermalt worden waren, so daß ich nicht hinausschauen konnte. Während ich völlig enttäuscht dort stand, sprach eine Stimme zu mir, die scheinbar aus allen Richtungen zugleich kam und doch in mir selbst ertönte. Sie sagte, daß die Lehren, die Daskalos verkündete, zu den besten gehörten. Er selbst wisse um seine Fehler, die ihm großen Kummer bereiteten. Trotzdem predige er zur selben Zeit bedingungsloses Mitleid mit jenen, die einer ähnlichen menschlichen Schwäche erlegen seien, und zeige eine große Bereitschaft, den Menschen zu helfen, die sich Heilung wünschen. Seine persönlichen Schwächen, so sagte die Stimme, seien wirklich nicht meine Sache.

Als ich erwachte, erfüllte mich ein großer Frieden in dieser Sache. Ich habe zwar noch immer Interesse an der Tätigkeit dieses Kreises und an den persönlichen und karmischen Verhältnissen der Menschen, die zu ihm gehören, aber dieser Friede hat mich in der Tat nie wieder verlassen.

»Das ist einmal ein Traum!« rief Diana aus. »Die Stimme, die John hörte, ergibt eine Menge Sinn.« Sie hielt kurz inne, dann fuhr sie gedankenvoll fort: »Vielleicht sind Sie auf einer tieferen Ebene immer noch mit Spyros Sathi verbunden, und Ihre Differenzen bestehen nur in Hinblick auf dieses Leben.«

»Mag sein«, erwiderte ich mit einem Lachen, »das sagte mir auch ein brasilianisches Medium – eine Frau –, nachdem sie in Trance gefallen war. Sie sagte, in den spirituellen Reichen stünden Spyros Sathi und ich einander sehr nahe und unsere Differenzen seien auf die grobe, materielle Ebene beschränkt. Nur Gott kennt die tiefere Bedeutung all dieser Dinge und der geheimnisvollen karmischen Kräfte, die uns zusammenge-bracht haben. Ich hoffe, das brasilianische Medium ist auf eine tiefere Wahrheit gestoßen, die im Augenblick jenseits unseres Verständnisses liegt. Gott möge uns alle segnen.«

»Amen«, murmelte Diana mit einem sinnenden Ausdruck auf dem Gesicht.

Meine begrenzte Wahrnehmungsfähigkeit sagte mir, daß meine Verbindung zu Spyros Sathi abgeschnitten war. Ich mußte dieses Kapitel meines Lebens abschließen und den Weg fort-setzen, den die karmischen Kräfte für mich vorgesehen hatten. Als Diana fortgegangen war, um zu ihren Freunden zurückzukehren, grübelte ich noch einmal über diese Fragen nach und versprach mir selbst, sie niemals wieder zu stellen. Das Kapitel war abgeschlossen.

Ich kehrte zu meinen Studien zurück und dachte über eine bevorstehende Vorlesung mitsamt Workshop nach, die ich in Manhattan am New York Open Center abhalten sollte, einem gemeinnützigen, holistischen Center in Soho, das Vorlesungen, Workshops und Konferenzen über Themen wie das Verhältnis von Geist und Körper, alternative Heiltraditionen, östliche Philosophien und die Spiritualität in anderen Kulturen veranstaltet. In der Broschüre, die das Center gedruckt hatte, trug mein Workshop den Titel: »Bewußtsein, Spiritualität und Heilung: ein Weg des Westens«. Der erste Abschnitt lautete wie folgt:

Das gegenwärtige Interesse an der Spiritualität richtet sich oft ausschließlich auf nicht-westliche Traditionen wie jene des Hinduismus, des Buddhismus und der tibetischen Mystik oder den Schamanismus der Ureinwohner Amerikas. Kyriakos C. Markides, Autor von *Der Magus von Strovolos*, *Heimat im Licht* und *Feuer des Herzens*, führt die Teilnehmer in eine lebendige, spirituelle Tradition und Praxis ein, die sich in der jüdisch-christlichen Kultur und Zivilisation entwickelt hat.

Am Freitag flog ich nach New York. Am folgenden Morgen um zehn Uhr begann der Workshop. Es waren 28 Personen gekommen, vorwiegend männliche und weibliche Akademiker zwischen 30 und 50 Jahren, die spirituell von den etablierten Religionen und intellektuell von den konventionellen Fachwissenschaften – die beide alle spirituellen Reste aus ihrem Gesichtskreis verbannt hatten – enttäuscht waren.

Wir setzten uns alle mit Namensschildchen auf der Brust in einen großen Kreis und fingen an. Als erstes stellte ich mich vor und dankte allen, daß sie an diesem sonnigen Samstagmorgen im Open Center zusammengekommen waren. Dann bat ich darum, daß jeder der Versammelten ein paar Worte über sich selbst und – wenn er möchte – über die Gründe sagte, weshalb er zu dem Workshop gekommen war. Ich erledige diese Dinge gern gleich zu Beginn eines Workshops. Zum einen gewinnen die Teilnehmer dadurch eine Vorstellung davon, wer sich alles im Raum befindet, und zum anderen verschafft es mir ein paar Minuten, um die anfängliche Nervosität zu überwinden, die mich jedesmal überkommt, wenn ich einer Zuhörerschaft zum ersten Mal gegenüberstehe.

»Mein Name ist Mary Ann«, teilte uns eine Frau Ende der Vierziger mit. »Ich bin Therapeutin, jungianische Therapeutin. Ich befasse mich seit zehn Jahren mit esoterischen Lehren. Ich bin daran interessiert, mehr über die Dinge zu erfahren, über die Sie geschrieben haben. Sie passen gut zu meiner eigenen Arbeit.«

»Ich bin Susan, Fotografin von Beruf«, sagte die Frau neben ihr. »Ich interessiere mich für Heilmethoden. Ich möchte eines Tages Gedankenformen fotografieren – das, was Sie Elementale nennen.«

»Das wäre eine lohnende Aufgabe«, gab ich zu.

»Mein Name ist John«, meldete sich ein großer, schlanker Mann. »Meine berufliche Laufbahn begann mit Mathematik und Physik, dann ging ich in die Industrie und wurde Buchhalter. Ich war in Indien und habe fünf Jahre lang dort studiert, aber ich suche nach einer Lehre innerhalb der westlichen Tradition.«

»Mein Name ist Mary. Ich bin Künstlerin. Ich bin hier, um mehr über diese Lehren zu erfahren.«

»Mein Name ist Don. Ich verdiene meinen Lebensunterhalt als Programmierer und arbeite für den Staat. Ich bin in den Naturwissenschaften bewandert und übe auch das Amt eines christlichen Seelsorgers aus. Ich suche nach einer Integration von Wissenschaft und Religion.«

Während sich die Teilnehmer reihum vorstellten, erkannten wir, daß die verschiedensten Berufe und persönlichen Entwicklungsgeschichten unter uns vertreten waren. Da waren ein Hochschullehrer, ein Biochemiker, ein Broadway-Schauspieler, ein Werbekünstler, ein Radiologe, ein Berufsastrologe und Numerologe mit einem Doktorgrad von der New Yorker Universität, ein Städtebauingenieur im Ruhestand, der beschlossen hatte, seine »Innenwelt« zu erforschen, ein Taxifahrer mit einem akademischen Grad in der Geschichte Asiens, eine Nonne, ein Massagetherapeut, eine Krankenschwester, ein Doktor der Medizin, mehrere Psychotherapeuten und so weiter.

Ich war erfreut. Die Zuhörerschaft war – anders als in einigen meiner Soziologieklassen – sehr stark motiviert, aufmerksam und lernbegierig. Als nach 15 Minuten die Reihe an mir war, zu sprechen und den Workshop zu beginnen, war meine Nervosität verschwunden.

»Bevor ich fortfahre«, sagte ich, »lassen Sie mich eine Warnung aussprechen. Ich bin kein Meister in esoterischem Wissen. Ich werde einfach mit Ihnen über meine persönlichen Erfahrungen auf diesem Gebiet sprechen, darüber, was ich gehört, gelesen und mit Menschen erlebt habe, die in dem Ruf stehen, mehr als gewöhnliche Leute wie wir zu wissen. Aber auch diese Menschen, die als Meister des esoterischen Wissens gelten, behaupten, in Wirklichkeit ebenfalls nur Schüler und Forscher auf dem Gebiet der Wahrheit zu sein.«

Ich hielt einen Augenblick lang inne und fuhr dann fort, während ich mich im Kreis umschaute. »Vielleicht kennen Sie die folgende Geschichte bereits. Ein Zenmeister wurde einst eingeladen, über das Wesen der Wirklichkeit zu sprechen. Er stand eine halbe Stunde lang vor seinen gespannten Zuhörern, ohne auch nur ein einziges Wort zu sagen. Dann verließ er das Rednerpodest und den Raum. Die verblüfften Zuhörer eilten hinter ihm her, um eine Erklärung zu verlangen. ›Ich *habe* meine Vorlesung gehalten‹, versicherte der Zenmeister ihnen. ›Sie heißt ‚Schweigen‘.‹«

Ich wartete, bis das Gelächter abgeklungen war, und fuhr fort: »Denken Sie nur an Laotse, der im *Tao Te King* sagt: ›Wer weiß, redet nicht, und wer redet, weiß nicht.‹ Ach ja, ich werde eine Menge reden.« Neuerliches Lachen. »Denken Sie also daran: Vorsicht vor Griechen, die viel reden!« Ich hatte den Kontakt hergestellt, und nach weiterem Gelächter ging ich zu einem ernsteren Ton über.

»Bitte glauben Sie mir, daß ich diese Dinge nicht aus Bescheidenheit – oder falscher Bescheidenheit – gesagt habe. Es

GESINNUNG = Caracter, opinión, convicción.

ist die ungeschminkte Wahrheit. Ich persönlich nehme die Warnung der großen Mystiker, der Heiligen und der Lehrer aller spirituellen Traditionen sehr ernst, daß man über die wahre Erkenntnis der Wirklichkeit nicht sprechen kann. Man kann sie nur erfahren; schweigend erfahren. Das ist es, was die großen Meister uns sagen. Aber unsere technokratische Zivilisation hat die nicht-mitteilbare Erfahrung als irrelevant, ›rein subjektiv‹ und deshalb ›irreal‹ verworfen. Was ein Mensch erfährt, ist nur dann real, wenn man es einer genauen, experimentellen ›Kontrolle‹ unterziehen kann. Dies ist es, was man mich in den vielen Jahren meines Studiums und der Praxis – und auch der Konditionierung, wie ich hinzufügen möchte – in der wissenschaftlichen Soziologie zu glauben gelehrt hat.

Was also hat dazu geführt, daß sich meine Gesinnung vor etwa 13 Jahren geändert hat? Was ließ mich erkennen, daß eine wahre Erkenntnis der Wirklichkeit nur erfahrbar, aber nicht mitteilbar ist? Daß wahre Erkenntnis trans-logisch, trans-wissenschaftlich und trans-linguistisch ist? Bitte beachten Sie, daß ich trans-wissenschaftlich und trans-logisch sage, und nicht anti-wissenschaftlich, irrational oder unlogisch. Schauen Sie, ich glaube fest daran, daß die Wissenschaft in Anbetracht unserer Unwissenheit in bezug auf unsere Existenz unser wirksamstes Werkzeug darstellt, die materielle Welt zu verstehen, der wir uns dank unserer fünf Sinne gegenübersehen. Aber die Wissenschaft kann nichts weiter tun, als die Gesetze zu studieren, die das materielle Universum regieren. Wenn es Universen gibt, die sowohl für unsere Sinne als auch für mathematische Formeln unzugänglich sind, dann stellt die Wissenschaft bei ihnen keine große Hilfe dar.

Diejenigen unter Ihnen, die meine Bücher gelesen haben, wissen, woher ich komme und welche Umstände mich zu den obengenannten Erkenntnissen geführt haben. Für diejenigen, die meine Bücher nicht kennen, möchte ich mit ein paar Wor-

26

ten meine Entwicklung andeuten und zugleich zum Kern des heutigen Workshops vorstoßen – einer Erkundung des Wesens unserer Existenz, bei der ich leider das ungeeignetste Werkzeug benutzen muß, das uns zur Verfügung steht – die Sprache.« Ich hielt für ein paar Augenblicke inne, um sicherzustellen, daß die kleine Zuhörerschaft mir aufmerksam folgte. Dann fuhr ich fort:

»Jeder von uns ist einmalig. Millionen und Milliarden Menschen haben gelebt und leben auf diesem Planeten. Im Augenblick leben über fünf Milliarden ihrer selbst bewußte Seelen auf diesem gefährdeten Planeten. Und doch ist es eine existentielle Tatsache, daß keine zwei Menschen in ihrem Leben identische Erfahrungen machen. Keine zwei Menschen sehen völlig gleich aus, haben dieselben Fingerabdrücke, geschweige denn identische Erfahrungen, identische Gefühle, Gedanken oder Persönlichkeiten. Und je komplexer unsere Gesellschaft wird, desto weiter entfernen sich unsere Lebenserfahrungen voneinander; desto einmaliger werden wir. Sich diese Tatsache bewußtzumachen kann erhebend und furchterregend zugleich sein. Zumindest war es bei mir so, als ich entdeckte, daß niemand wie ich war. Ich wurde auf der griechischen Insel Zypern geboren, kam nach Amerika, um Buchführung zu erlernen, war zehn Jahre später Professor der Soziologie, Fachbereich politische Soziologie, an der Universität von Maine und befaßte mich schließlich mit Mystik, Geistheilung und Spirituellem aller Art.

Eine Zeitlang nahm ich an, mein Lebensweg sei lediglich ungewöhnlich. Ich beneidete oft die ›normalen‹ Menschen um ihre Art zu leben und sehnte mich nach dem normalen Leben, wie ich es mir in meiner Phantasie ausmalte. Für mich bedeutete eine normale Existenz ein Leben in Kyrenia, dem nördlichen Teil von Zypern, am Meer, wonnevolle Wochenenden mit Speerfischen und müßigen Spaziergängen mit Freunden auf der Promenade, Sonnenuntergänge im Mittelmeer. Als die Türken im Verlauf der furchtbaren Invasion von 1974 zusammen mit einem Teil von Zypern unser Haus in Famagusta (dem Osthafen) einnahmen, zerschlug sich dieser Traum, und ich war gezwungen, das abnorme Leben eines akademischen Halbflüchtlings im Hinterland von Maine zu führen – ein Leben, das ich, wie ich mich beeile hinzuzufügen, sehr lieben und schätzen lernte.

Natürlich erkannte ich nach sorgfältigerer und nüchterner Überlegung, daß alle Menschen ähnliche Erfahrungen und dieselben beunruhigenden Empfindungen durchmachen müssen. Daß wir alle einmalige Lebenswege beschreiten. Wir alle sind auf einmalige Weise abnormal.« Bei meinen letzten Worten stellte sich das erwartete Gelächter ein.

»Für mich bedeutete die Reise nach Amerika nicht nur einen Umzug auf einen anderen Kontinent, eine Bewegung im Raum, sondern auch eine Bewegung in der Zeit. Die Kultur und die Politik auf der Insel, auf der ich aufgewachsen war, wurden von der griechisch-orthodoxen Kirche beherrscht. Die intellektuelle Atmosphäre unterschied sich nicht sehr von der kulturellen Atmosphäre, die in der Zeit des Augustinus in Europa geherrscht hatte.« Ich wußte natürlich, daß ich übertrieb, aber ich fuhr fort. »Alle Existenzfragen wurden von den Priestern am Ort beantwortet, die alles über das Jenseits und darüber wußten, was nach dem Tod geschah. Als zum Beispiel meine Mutter wenige Monate vor meinem fünften Geburtstag starb, war die Kirche zur Stelle und beantwortete Fragen und linderte den Schmerz. Meine Mutter schlief. Eines Tages würde ich sie wiedersehen. Aber mein Vater war nicht beeindruckt und nicht getröstet und war sowohl auf Gott als auch auf die Priester wütend. ›Wie konnte Gott eine solche Tragödie zulassen?‹ fragte er immer wieder. Die uralte Frage. Wie konnte Gott so etwas Schlimmes zulassen? Mein Vater brauchte zehn Jahre, bevor er wieder eine Kirche betreten konnte. Aber er stellte niemals die Existenz Gottes in Frage. Er stellte nur dessen Gerechtigkeit und unendliche Güte in Frage, die von den Diakonen und Priestern so sehr gepriesen wurde.

Die Doktrinen der Kirche erfreuten sich einer Autorität, die niemals angezweifelt wurde. Es gab weder säkulare Intellektuelle, die diese Lehrsätze in Frage gestellt hätten, noch andere Religionen – mit Ausnahme des Islam, dessen Präsenz die Ergebenheit der Griechen gegenüber ihrer Kirche nur verstärkte.

Nach Amerika zu kommen war für mich ein radikaler Umbruch und der Beginn der Säkularisierung meines Denkens. Alle meine geheiligten Vorstellungen gerieten unter Beschuß. Als erstes blieb meine Treue zum griechischen Nationalismus auf der Strecke. Ich hatte die griechisch-zypriotische Rebellion gegen die britische Kolonialherrschaft mitgemacht, und als ich bei meinen Verwandten in Ohio ankam, um Betriebswirtschaft zu studieren, wurde ich mächtig von dem Stolz aufgebläht, ein Grieche zu sein, den mir fanatische Theologen und Philologen in der Schule eingeflößt hatten. Als ich entdeckte, daß die Amerikaner ebenfalls patriotische Vorurteile hegten, verlor ich allmählich den Glauben an den Wert meines eigenen Patriotismus – ›die letzte Zuflucht von Schurken‹, las ich in einem Buch für den Englischunterricht. Ich begann, die Bedeutung des Begriffs ›kulturelle Relativität‹ zu verstehen. Absolute Werte gab es nirgendwo. Glaubensvorstellungen und Werte waren ›gesellschaftliche Konstruktionen‹.

Religiöse Werte wie Patriotismus erlitten in meinem Denken eine ähnliche Schlappe. Mein Psychologieprofessor impfte mir ein, daß der Glaube an Gott das Ergebnis unbewußter Ängste und Schwächen sei; mein Englischlehrer spottete über die Kirche, und mein Soziologieprofessor enthüllte uns, daß Religion in Wahrheit die Vergottung der Gesellschaft sei. Und sie alle besaßen echte Diplome und Doktortitel in der Philosophie. Blauäugig nahm ich an, sie wüßten Bescheid...

Es fiel mir nicht schwer, den Nationalismus zu überwinden. Tief innen wußte ich, daß er tatsächlich ein ›falsches Bewußtsein‹ war. Ich fühlte mich sogar befreit, da ich nicht länger unter seiner strengen Knute leben mußte. Ich konnte leicht mit dem Finger auf den Nationalismus als den Schuldigen an den großen Leiden auf Zypern deuten, die mich persönlich daran hinderten, Wochenenden mit Fischen und dem Betrachten von Sonnenuntergängen in Kyrenia zu verbringen.

Mit der Religion war es eine ganz andere Geschichte. Ich konnte leicht ohne Nationalismus leben, aber ohne Religion? ›Gott ist tot‹, verkündete mein Englischlehrer eines Morgens, als er eine Passage aus *Also sprach Zarathustra* vorlas, triumphierend. Ich konnte nicht begreifen, wieso er bei dieser Aussage so glücklich aussah. Ich fragte mich, ob er verrückt geworden war. Schließlich trauern die meisten Leute, wenn jemand stirbt. Dieser Professor sah über den Tod des einzigen Gottes, den wir haben, entzückt aus. Ich erschauerte und lehnte mich empört gegen diesen Ausspruch auf. Es war nicht leicht für mich, die psychologische Sicherheit aufzugeben, die mir die Kirche in meinen frühen Teenagerjahren als Meßdiener geboten hatte. Sie hatte mir damals ein starkes Identitätsgefühl vermittelt und mir geholfen, den Schmerz über den Verlust meiner Mutter zu überwinden. Die Gesänge und Rituale waren tief in mein Unterbewußtsein eingegraben, als ich mich der schrecklichen Herausforderung einer modernen, säkularen Erziehung gegenübersah. Meine Logik sagte mir, daß das Fehlen eines obersten, göttlichen Prinzips – eines Gottes, wenn man so will – die unverzichtbare Grundlage für alle möglichen Werte darstellte. Der Tod Gottes würde zwangsläufig zu Nihilismus führen. Dies waren damals meine Gedanken. Und dies war auch, wie ich später erfuhr, dasjenige, was Nietzsche, der Autor dieser entsetzlichen Erklärung, empfand. Der Tod Gottes mußte die unerhörten, dämonischen Kräfte des aufkommenden 20. Jahrhunderts entfesseln. Nietzsche war prophetisch in seiner Vision, und er bezahlte für sie mit seiner Gesundheit.

In mir entbrannte ein Kampf um zufriedenstellende Antworten auf diese Fragen. Die Uneinigkeit meiner Gedanken trieb mich vom Studium der Betriebswirtschaft fort zur Soziologie. Ich nahm an, daß ich dort einige Antworten finden würde. Diese Entscheidung gab mir das Gefühl, eine Richtung und persönliche Befriedigung gefunden zu haben. Gott mochte tot sein, aber ich konnte diese Frage offenlassen. Erkenntnisse, die mit Gott, den letzten Sinnfragen und der Bestimmung des Menschen zusammenhingen, lagen jenseits unseres Begriffsvermögens, so schloß ich. Deshalb wäre es mir wie eine unkluge Verschwendung von Zeit und Energie vorgekommen, mich mit solchen Themen zu befassen. Man sollte sie den Theologen überlassen. Aber im Hinterkopf wußte ich, daß die Bemühungen der Theologen nicht ernst zu nehmen waren. Ihre kulturelle Bedeutung war durch die Kräfte der Säkularisierung und der wissenschaftlichen Rationalität überholt worden. Ich machte mir die feinsinnige Einstellung zu eigen, daß die Theologie in Wahrheit – wie die Astrologie – ein Überbleibsel aus dem Mittelalter darstellte. Sie besaß in Hinblick auf unser Verständnis der menschlichen Situation nur geringen Nutzen. Sollten die Theologen doch ihre unwahrscheinlichen und unbeweisbaren Annahmen in bezug auf Gott ausspinnen. Sollten sie ihre Kräfte in dem Versuch erschöpfen, auszurechnen, wie viele Engel auf einer Nadelspitze tanzen können. Ich hatte Besseres zu tun, als meine kostbare Zeit damit zu verschwenden.

Schritt für Schritt konvertierte ich zur rationalen Wissenschaft und zum philosophischen Agnostizismus. Aber ich war kein

AGNOSTIZISMUS =

fröhlicher Agnostiker, wie so viele meiner Mitstudenten und Professoren. Ich war Agnostiker aus intellektueller Notwendigkeit, nicht aus einer psychischen Neigung heraus. Ich glaubte, keine andere Wahl zu haben. Ich hatte es gewiß nicht nötig, gegen die Kirche zu rebellieren, da die Kirche nach meiner persönlichen Erfahrung niemanden unterdrückte. Tatsächlich blieben die Schönheit ihrer Liturgie, die stimmungsvollen Klänge, die ihre Zeremonien begleiteten, der Geruch nach Weihrauch und Bienenwachskerzen ein Teil meines kulturellen Unterbewußtseins. Ich mochte ein Agnostiker geworden sein, aber kulturell blieb ich ein griechischer Orthodoxer – in derselben Weise, wie ein agnostischer Jude der jüdischen Kultur verhaftet bleibt. Der naturwissenschaftliche, intellektuelle und kulturelle Urteilsspruch lautete zu eindeutig zugunsten des Atheismus und Agnostizismus. Der Gott, von dem ich in meinen Grundschuljahren nach dem Unterricht im Katechismus erfuhr, war inzwischen nichts weiter mehr als eine tröstliche Illusion, die in meiner Kindheit nützlich für mich gewesen war, aber für einen erwachsenen, gereiften westlichen Intellektuellen nur eine unnötige Behinderung darstellte. Ich schloß Frieden mit mir selbst. Im Grunde genommen war alles, was ich oder irgend jemand sonst glaubte, ohne Bedeutung und hatte keine Folgen. Was auch immer existierte, existierte – und ich konnte nichts tun, um es zu ändern. Ich wollte jede Wahrheit über die Natur akzeptieren. Ob der Tod mich vernichtete oder nicht, konnte ich nicht entscheiden. Als ich dies begriffen hatte, war mein Geistesfrieden wiederhergestellt. Ich beschloß, mich einfach nur auf das zu konzentrieren, was ich meiner Ansicht nach verstehen konnte – zumindest bis zu einem gewissen Grad –, und das war die Gesellschaft.

Ich wählte die Soziologie nicht nur zu meinem akademischen Beruf, sondern auch als neuen, säkularen Bezugsrahmen zur existentiellen Orientierung, als neue Herausforderung. Sie trat an die Stelle der Religion und befreite mich zugleich sowohl von der Gesellschaft als auch von der Religion meiner Kindheit und Jugend. Als ich später die Werke von Alan Watts[2] las, wurde mir klar, daß es beim östlichen Konzept der Befreiung tatsächlich vor allem um die Befreiung von kulturellen Prägungen geht. Solange wir uns selbst ausschließlich mit unserem Volk, unserem Land oder unserer Religion identifizieren, können wir unser eigentliches Selbst niemals wirklich entdecken. Also erwärmte ich mich für die Idee, daß die moderne, säkulare Kultur und Erziehung vielen Menschen tatsächlich helfen könnte, diese kulturelle Konditionierung zu überwinden, die zwar in den Anfängen unserer Entwicklung notwendig sein mag, sich aber später zu einem Hindernis für jede wahre, spirituelle Erfahrung und Befreiung auswachsen kann. Stellen Sie sich nur einmal vor, welche Folgen es hätte, wenn wir die moderne Schulbildung, insbesondere die Sozial- und Verhaltenswissenschaften, und letztlich sämtliche Wissenschaften als Werkzeug zu einer Befreiung betrachteten, die zu wahrer Aufklärung und Erleuchtung führen könnte.« Ich hielt kurz inne, um mich zu vergewissern, daß ich meine Zuhörer nicht mit meiner Lebensgeschichte langweilte, dann fuhr ich fort:

»Als ich in den frühen Siebzigern nach Maine kam, um Soziologie zu unterrichten, erlebte ich einen Wendepunkt in meiner Erfahrung Amerikas. Am zweiten Tag nach unserer Ankunft bemerkte ich einen Zettel an der Tür zum Büro eines Kollegen, der im selben Jahr wie ich eingestellt worden war. Auf dem Zettel stand: ›Bitte nicht stören. Ich meditiere.‹ Ich hatte das Wort ›meditieren‹ nie zuvor gehört und wußte auch nicht, was es bedeutete. Aber meine Neugier war geweckt. Ich fragte Stephen, meinen Kollegen, was er tat, wenn er einen Zettel mit diesem merkwürdigen Wort an seine Tür heftete. Er erklärte mir ausführlich das Wesen der Transzendentalen Meditation und gab mir Artikel über die körperlichen Auswirkungen dieser östlichen Praxis zu lesen. Ich war beeindruckt von den wissenschaftlichen Beweisen ihrer wohltuenden Wirkung. Zwei Monate später heftete auch ich einen Zettel mit der Aufschrift ›Bitte nicht stören. Ich meditiere‹ an meine eigene Tür.

Ich meditierte aus praktischen Gründen, um mit dem Streß fertig zu werden und besser arbeiten zu können. Es lastete ein starker Druck auf mir, weil ich nur eine Anstellung auf Zeit bekommen hatte. Wenn ich meditierte, würde ich härter arbeiten können; ich würde produktiver sein und mehr Arbeiten veröffentlichen können. Vielleicht würde ich die älteren Professoren in unserer Abteilung und den Rektor so beeindrucken, daß sie mir eine Festanstellung anböten. Ich hatte mich nicht verrechnet.

Jedenfalls nahm mein Leben eine anregende und unerwartete Wendung. Während ich den Gipfel meiner akademischen Schulung erreichte, während ich mich von den Fesseln des Nationalismus und der Religion befreit fühlte, während ich meine Identifizierung mit den Bestrebungen und Werten des modernen akademischen Lebens vollendete und während ich mich in meiner Rolle sehr behaglich zu fühlen begann, fing ich zugleich an, erneut mit meinen früheren Interessen zu liebäugeln.

Allein schon meine Ausübung östlicher Meditationspraktiken sensibilisierte mich Schritt für Schritt und brachte mich dem östlichen Denken näher. Und wie so viele andere Westler begeisterte ich mich bald dafür. Ich wurde allmählich auch wieder offener für die Möglichkeit, Aufschluß über das Wesen unserer Existenz zu finden. Ich hielt es wieder einmal für möglich, daß wir doch nicht nur hilflose Kreaturen auf einem unbedeutenden Planeten am Rande der Milchstraße waren, wie die westliche Philosophie und Wissenschaft uns glauben machen möchte, sondern daß Weisheit und ein tieferes Verständnis der Wirklichkeit möglicherweise doch erreichbar waren.

Die Spekulationen einiger theoretischer Physiker über eine mögliche Übereinstimmung zwischen den Lehren östlicher Yogis und der modernen, theoretischen Physik weckten in mir eine Ursehnsucht nach der All-Einheit und vollkommenen Sinnhaftigkeit des Wissens und der Suche nach diesem. Denn ich hatte oft den Wert des Bemühens um Wissen und überhaupt aller Bemühungen in Frage gestellt, wenn am Ende nur der Tod und ein äußerstes Nichts auf uns warteten – ein nihilistischer Abgrund.

Nach meiner Einführung in die östlichen Philosophien und Praktiken befaßte ich mich mehrere Jahre lang mit diesen Ideen, aber es handelte sich gewissermaßen um eine Freizeitbeschäftigung. Ich hätte mir niemals träumen lassen, daß meine Beschäftigung mit esoterischen Denksystemen einmal in den Mittelpunkt meiner Forschungstätigkeit rücken würde.

Diejenigen unter Ihnen, die meine Bücher gelesen haben, wissen, wie ich in den kleinen Kreis esoterischer Praktiker geriet, den ich auf einer Reise nach Zypern im Sommer 1978 zufällig entdeckte. Ich muß an dieser Stelle nicht noch einmal von all den Zufällen und Begegnungen sprechen, die dazu führten, daß sich der Schwerpunkt meiner akademischen Forschungen vom Studium der politischen Gewalt zum Studium der Mystik und der Geistheilung verlagerte. Ich muß aber darauf hinweisen, daß meine Beschäftigung mit östlichen Philosophien, Meditationspraktiken und den Schriften von esoterisch interessierten Physikern es mir möglich machten, diesen griechischen Geistheilern, Mystikern und Medien bei ihren Wirklichkeitsauslegungen zuzuhören, ohne versucht zu sein, sie fortzurationalisieren.

Wäre ich zum Beispiel ein Ethnologe gewesen, der dieses Fachgebiet in den Fünfzigern betreten hätte, wäre ich höchst-

35

wahrscheinlich der theoretischen Mode jener Zeit gefolgt und hätte angenommen, daß es sich bei Schamanen und Mystikern um Personen handelte, die unter Halluzinationen oder, schlimmer noch, unter schizophrenen Wahnvorstellungen litten. Hat nicht zu Beginn dieses Jahrhunderts ein Psychiater Jesus zu einem ›paranoiden Schizophrenen mit Größenwahnvorstellungen‹ abgestempelt?

Wäre ich diesem Ansatz gefolgt, hätte ich wortreiche, recht überzeugend und gelehrt klingende Erklärungen für die ungewöhnlichen Berichte der Mystiker, die ich studierte, vorgebracht. Welche Deutung bleibt einem vernünftigen Zeitgenossen schließlich sonst offen, wenn ein ansonsten geistig gesunder Mensch in vollem Ernst behauptet, seinen Körper nach Belieben verlassen und in andere Dimensionen der Realität reisen zu können, um dort Wesen einer höheren Existenzebene zu treffen und sich mit ihnen zu beraten, und dergleichen mehr?

Aber meine Begegnung mit den zypriotischen Mystikern und Heilern fand Ende der Siebziger statt. Zu jener Zeit wurden die lange gehegten Vorurteile beim Studium heilkundlicher Traditionen bereits gelegentlich in Frage gestellt. Einige Ethnologen fingen an, Schamanen nicht als Verrückte zu betrachten, sondern als echte Therapeuten ihrer jeweiligen Kultur. Die dogmatische und unkritische Übernahme früherer ethnozentrischer Ansichten wurde durch Betrachtensweisen ersetzt, die Wert auf Toleranz und einen nicht-wertenden Ansatz beim Studium fremder Kulturen legten. Dies ist die Sehweise, um die ich mich in den mehr als zehn Jahren meiner Beschäftigung mit den Mystikern und Medien auf Zypern bemüht habe. Ich ließ diese ungewöhnlichen Menschen einfach für sich selbst sprechen und ihre Welt erklären, so wie sie selbst sie verstanden. Dank diesem Ansatz gelang es mir, ihr Vertrauen zu gewinnen. Deshalb durfte ich bei ihren Treffen dabeisein und an ihren Gesprächen teilnehmen, bei denen vermutlich nur die vertrauenswürdigsten Angehörigen des inneren Kreises zugelassen waren.« Ich hielt für ein paar Augenblicke inne, dann fuhr ich fort:

»Nun, das war es, was ich als Hintergrund zu den Themen sagen wollte, über die wir heute sprechen werden. Aber bevor wir mit dem Stoff des Workshops fortfahren, wollte ich Sie über gewisse Entwicklungen aufklären.« Ich fuhr fort, indem ich die Punkte erläuterte, über die ich mit Diana gesprochen hatte. Nach diesen Erläuterungen bat ich meine Zuhörer, ihre Aufmerksamkeit auf die Lehren und den Gegenstand des Workshops zu richten.

»Am besten beginnen wir mit Fragen, die Sie vielleicht haben und über die wir noch nicht gesprochen haben«, sagte ich, um uns einzustimmen.

»Wie kam es, daß Sie in Maine landeten, und wie ist es Ihnen gelungen, angesichts Ihres Interesses an diesen Dingen in der akademischen Welt zu überleben?« fragte Mary Ann, die jungianische Analytikerin.

Ich lachte. Dies waren genau die Fragen, die man mir stets stellte. »Was Ihre erste Frage betrifft«, erwiderte ich, »so kann ich nur sagen, daß eine Reihe unglaublicher Zufälle mich in diesen amerikanischen Außenposten verschlagen hat. Wie ich bereits sagte, das Leben eines jeden von uns ist einmalig. Die Zufälle, die uns an einen bestimmten Punkt bringen, sind, wenn wir darüber nachdenken, tatsächlich unglaublich. Prüfen Sie es bei sich selbst nach, und Sie werden sehen, was ich meine. Zufällige oder scheinbar zufällige Begegnungen mit Menschen oder Umständen geben der Bahn unseres Lebens eine radikal neue Richtung.

Sehen Sie, Maine paßt wirklich vorzüglich zu mir. An der Peripherie hat man fast immer eine größere Freiheit und ist unabhängiger als im Zentrum. Die Universität von Maine hat sich mir gegenüber trotz der ungewöhnlichen Art meiner Forschungen sehr großzügig verhalten. Ich bezweifle, daß ich meine Bücher hätte schreiben können, wenn ich in den urbanen Zentren der akademischen Orthodoxie gelehrt hätte. Der Druck, sich an die üblichen Forschungsrichtungen anzupassen, wäre einfach zu stark gewesen.

Andererseits ist mein Arbeitsansatz bei diesem Themenkreis recht akademisch – das heißt, ich predige nicht den absoluten Wert dieser esoterischen Lehren. Ich präsentiere lediglich das Material und lasse die Zuhörer diese Lehren selbst erforschen und ihren etwaigen Wert entdecken. Meine Aufgabe besteht darin, diese verborgenen und unbekannten Traditionen einer größeren Öffentlichkeit nahezubringen, und Maine hat mir dabei sehr geholfen. Ich begreife, weshalb Henry David Thoreau von diesem Ort so bezaubert und inspiriert war, daß er in den 60er Jahren des vorigen Jahrhunderts sein Buch *The Maine Woods* darüber schrieb. Für mich ist Maine ein ständiger, spiritueller Zufluchtsort. Er besitzt, was die Mystiker ›gute Energie‹ nennen würden.«

»Ich bin sicher, daß Sie diese Frage schon viele Male gehört haben, aber sind Sie ein gläubiger Mensch? Ich meine, glauben Sie, daß es sich hier um andere Wirklichkeiten und Dimensionen handelt als diejenigen, mit denen wir vertraut sind?« fragte wiederum Mary Ann. »Kurz, akzeptieren Sie die Weltsicht der Mystiker, über die Sie geschrieben haben?«

»Menschen, die nur die Realität der groben Materie akzeptieren, nennen mich einen Gläubigen, und Menschen, die behaupten, sensitiv und hellsehend zu sein, halten mich für einen ausgemachten Skeptiker; einen ungläubigen Thomas«, erwiderte ich lächelnd. »Wissen Sie, ich glaube, was ich selbst gesehen und erlebt habe und was ich auf der Basis meiner eigenen Vernunft und meines Kenntnisstandes geschlossen habe. Ich war zum Beispiel Zeuge von Heilungen, die sich meines Wissens auf herkömmliche Art nicht erklären lassen. Ich kann meine persönliche Erfahrung nicht auf Grund der Prämisse leugnen, daß derartige Phänomene unmöglich sind. Außerdem weisen – wie wir in diesem Workshop sehen werden – die Lehren selbst eine innere Logik auf, und sie sind weitgehend identisch mit den esoterischen Lehren aller großen Religionen.

Zudem habe ich im Laufe der Jahre immer wieder erlebt, daß Menschen, die meine Bücher gelesen hatten, mir persönlich sagten oder schrieben, die Welt, in der sie lebten, sei mit der Welt identisch, die ich beschriebe. Dieser Umstand beeindruckt mich wirklich. Und es handelt sich um recht rationale Leute, die fähig sind, die materielle Welt von den anderen Dimensionen zu unterscheiden, in die sie sich angeblich nach Belieben begeben können. Somit stellen Phänomene wie das willentliche Verlassen des Körpers, das im Griechischen als *exomatosis* oder *exosomatosis* bezeichnet wird, für sehr viele Menschen, die mich kontaktierten, um mir für meine Bücher zu danken, eine sehr reale Erfahrung dar. Aus diesem Grunde kann ich es als eine Tatsache bezeichnen, daß Menschen derartige Erfahrungen machen und daß es sich nicht um die Erfahrungen Schizophrener oder geistig abnormaler Personen handelt, wie ein uneingeweihter Beobachter schließen könnte.«

Ich griff in meine Aktentasche und sagte: »Ich habe hier einen Brief, den ich vor einer Woche von einem praktizierenden New Yorker Heiler erhielt, den ich vor einem Jahr traf. Er behauptet, die Heiler auf Zypern in einem außerkörperlichen Zustand besucht zu haben. Möchten Sie, daß ich ihn Ihnen vorlese?«

Wie erwartet, waren alle sehr interessiert, also las ich den Brief vor, selbstverständlich, ohne seinen Autor zu nennen:

Ich beschloß, zu sehen, ob ich einen der zypriotischen Meister im astralen Reich besuchen konnte... Ich befand mich in einer Art Durchgang, der von der Straße in eine Serie von Räumen führte, vielleicht ein wenig unterhalb des Straßenniveaus. Bevor ich die Räume betreten konnte, traf ich einen fast kahlen Mann mit Haaren an den Seiten seines Kopfes. Er trug außerdem eine Brille und war etwa ein Meter siebzig groß. Ich fragte ihn, ob er ein Meister sei. Er nickte bejahend. Ich war überrascht, da er für mich eher wie ein Buchhalter aussah (das soll keine Beleidigung sein, in meiner Familie gibt es zwei davon!). Dann fragte ich ihn, ob er einer der Meister in Ihren Büchern sei. Er verneinte und deutete an, daß einer jener Meister sich in einem rechterhand gelegenen Raum befinde, wo er auf einem Thron oder hohen Stuhl sitze. Ich konnte nicht weitergehen. Ich fühlte (wenn auch nicht deutlich), daß entweder der alte Meister aus Ihren Büchern... nicht länger auf dieser Ebene weilte oder daß ich ihn im geistigen Reich nicht besuchen konnte... War es möglich, daß der Mann in dem Durchgang Kostas war?

Um denjenigen unter meinen Zuhörern, die meine Bücher nicht gelesen hatten, zu erklären, wer Kostas war, fügte ich hinzu: »Das Erlebnis dieses Heilers scheint keine unmittelbare Beziehung zu der grobstofflichen Umwelt der zypriotischen Sensitiven und Heiler zu haben, die ich kenne. Keiner von ihnen sitzt auf irgendeinem hohen Thron, und Kostas ist kein kahlköpfiger Buchhalter, obwohl es einen kahlköpfigen Buchhalter gibt, der Kostas nahesteht. Was sollen wir damit anfangen? Wir können es als reine Phantasie abtun. Aber ich glaube, das wäre ein Fehler. Der Briefschreiber hatte ein Erlebnis, das für ihn sehr real war. Es fand eindeutig nicht auf der grobstofflichen Ebene statt, und wahrscheinlich hatte er keinen Kontakt mit den zypriotischen Heilern. Aber Kostas würde sagen, daß er wahrscheinlich Kontakt mit Wesen oder Meistern hatte, die auf einer höheren Schwingungsebene leben und die sich dem New Yorker Heiler in einer Art zeigten, zu der er einen Bezug hatte.

Aber interessanter ist, was er am Ende seines Briefes als Postskriptum schrieb«, sagte ich und las weiter vor:

Als ich mit einer meiner Patientinnen arbeitete – sie litt an einer degenerativen Erkrankung der Netzhaut –, beschloß ich, die Dematerialisation anzuwenden, die Sie in Ihrem ersten Buch beschrieben haben. Ich hatte bereits eine ähnliche Technik bei anderen Patienten angewandt, aber stets mit der Hilfe von Geistführern. Als ich an der Netzhaut der Patientin zu arbeiten begann, erfüllte eine sehr starke geistige Macht den Raum: Der Meister. Er sagte: »Laß mich es tun. Du bist noch nicht dazu bereit«, und führte die Prozedur aus, während ich ehrfürchtig zuschaute. Die Patientin bekam dies nicht mit. Als sie wieder vom Tisch heruntergestiegen war, sagte sie, sie hätte einen alten Mann gesehen, der sie angeschaut habe. Das Ergebnis der Heilung war eindrucksvoll: Die Frau konnte hinterher durch ihr krankes Auge besser als durch das gesunde sehen. Überflüssig zu sagen, daß ich sehr bewegt war. Während einer Meditation etwa eine Woche später fragte ich den Meister, ob ich von ihm lernen könne. Er erwiderte: »Schreib mir einen Brief. Dann werden wir sehen.«

Ich faltete den Brief wieder zusammen, verstaute ihn in meiner Aktentasche und sagte: »Ich kann nicht entscheiden, ob das Erlebnis des Briefschreibers real und ›objektiv‹ war, da ich weder selbst willentlich in einen außerkörperlichen Zustand eingetreten bin noch diesen Mann wissenschaftlichen Tests unterzogen habe. Und Wissenschaftler akzeptieren nichts als real, bevor es den Kontrollen der Wissenschaft unterzogen wurde. Deshalb würde ein typischer Wissenschaftler oder ein Skeptiker Erfahrungen dieser Art ins Reich der Phantasie verweisen. Erkenne ich es als real an? Alles, was ich sagen kann, ist, daß die Person, die diese Erfahrung macht, sie als real empfindet und wir über keine Möglichkeit verfügen, zu beurteilen, ob sie recht hat oder nicht. Dies bedeutet nicht, daß die Erfahrung mit Sicherheit nicht authentisch sein kann. Das ist der Unterschied, den ich zwischen typischen Wissenschaftlern und Skeptikern mache. Skeptiker würden als unreal abtun, was nicht mit ihrem Glauben in bezug auf die Realität übereinstimmt. Andererseits bin ich nicht geneigt, als eindeutig real anzuerkennen, was angeblich zu einer Realität gehört, zu der ich keinen Zugang habe. Ich bin aber bereit, zuzuhören und mich in meinem Urteil zurückzuhalten. Was ich hingegen sicher weiß, ist, daß Menschen derartige Erfahrungen haben und daß diese Erfahrungen vielleicht ebenso real sind wie die Realität, in der wir uns in diesem Augenblick befinden. Und Heilungen wie diejenige, über die der Briefschreiber berichtet, finden auf eine sehr rätselhafte Weise statt.«

»Ich kenne Menschen, die solche Erfahrungen haben«, sagte Susan, die Fotografin. Weitere Zuhörer meldeten sich, um zu sagen, daß sie Personen kannten, die ähnliche Erfahrungen machten. »Was ich wissen möchte«, fuhr Susan fort, »ist die Bedeutung dieser Tatsache; will sagen, die Bedeutung des Umstandes, daß unter uns Menschen leben, die ungewöhnliche Erlebnisse dieser Art haben.«

Ich wartete ein paar Sekunden lang, ob sich ein Teilnehmer dazu äußern wollte, aber die Frage war an mich gerichtet, also mußte ich auch antworten. »Ich glaube, die empirische Tatsache des Vorhandenseins solcher Personen in unserer Mitte sollte uns für die Möglichkeit alternativer Realitäten um uns herum offen machen, die uns normalerweise vollständig unbewußt sind. Würden wir uns der Realitäten bewußt, von denen Mystiker, Heiler, Schamanen und andere Menschen dieser Art sprechen, könnte uns dieses Bewußtsein vielleicht helfen, die Begrenztheit unseres Bewußtseins und unseres auf drei Dimensionen beschränkten Sehvermögens zu überwinden. Möglicherweise würde uns dies einen wirklichen Durchbruch in der Evolution unserer Spezies bescheren. Die Grundannahmen der herkömmlichen Wissenschaft haben uns so durchgreifend konditioniert, daß wir glauben, die einzige reale Welt sei die Welt, die den Untersuchungsmethoden der orthodoxen Wissenschaft zugänglich ist. Unsere gesamte Zivilisation steht im Bann des *Szientismus*, des unkritischen Glaubens, alles Wissen sei *nur* durch die Wissenschaft möglich. Wir haben vergessen, was der Philosoph Huston Smith die *primordiale Überlieferung* oder ›Urtradition‹[3] und Aldous Huxley die *Philosophia perennis* oder ›ewige Philosophie‹ nannte.«

Ich erklärte, mit der Urtradition sei die philosophische Überlieferung gemeint, die man im Kern aller großen Religionen und Philosophien entdecken kann. Es handelt sich um eine Tradition, die in ihrem innersten Wesen nicht von den Modeströmungen im Denken in einer bestimmten Kultur oder geschichtlichen Epoche berührt wird – sei es im philosophischen, wissenschaftlichen oder religiösen Bereich. Weiterhin war diese Tradition den Massen stets verborgen und wurde im Laufe der Zeitalter von Geheimgesellschaften und Bruderschaften bewahrt.

Ich habe ein Buch bei mir, das zu Beginn dieses Jahrhunderts von dem russischen Mathematiker P.D. Ouspensky geschrieben wurde. Ich glaube, es handelt sich um eine der frühesten Ausgaben eines europäischen Denkers über die Realtität des ›verborgenen Denkens‹.«

Ich holte Ouspenskys *Ein neues Modell des Universums* aus meiner Aktentasche und las ein paar Passagen vor:

Die Idee eines Wissens, das alles gewöhnliche menschliche Wissen übersteigt und gewöhnlichen Menschen unzugänglich ist, das aber irgendwo besteht und irgendwem gehört, durchdringt die gesamte Denkgeschichte der Menschheit von den entferntesten Zeiten her. Und gewisse Denkmäler der Vergangenheit bezeugen, daß damals ein von dem unseren ganz unterschiedliches Wissen das Wesen und den Inhalt des menschlichen Denkens formte; in jenen Zeiten, als anderen Meinungen nach der Mensch sich nur sehr wenig oder überhaupt nicht vom Tier unterschied... Wenn in unserer Zeit Theorien der letzten Art, die die Möglichkeit eines verborgenen Wissens verneinen, vorherrschend wurden, dürfen wir nicht vergessen, daß sie erst seit sehr kurzer Zeit diese Vorherrschaft erlangten und nur bei einem kleinen, jedoch sehr lärmenden Teil der Menschheit...

Wenn Menschen an die Möglichkeit und das Bestehen des »verborgenen Wissens« glauben, schreiben sie ihm immer neue Eigenschaften zu, betrachten sie es als etwas, das sich über die Ebene des gewöhnlichen Wissens erhebt und sich über die Grenzen der »fünf Sinne« hinaus erstreckt. Das ist die wahre Bedeutung von »verborgenem Wissen«, von Magie, von wunderbarem Wissen und so weiter. Wenn man vom verborgenen Wissen die Idee fortnimmt, daß es über die fünf Sinne hinausgeht, wird es alle Bedeutung, jegliches Gewicht verlieren.[4]

»Ich glaube, Platos ›Höhlengleichnis‹ stellt eine Anspielung auf die Wirklichkeit dieses geheimen Wissens dar. Es lautet, daß es ein paar mutigen Seelen nach heroischen, persönlichen Kämpfen gelingt, die Schattenwelt der Höhle zu verlassen, in der sie mit Ketten an einen Pfahl gebunden waren. Als sie ins Freie gelangten, widerfährt ihnen das Sonnenlicht der Erleuchtung. Nach dieser Erfahrung zwingt sie das Mitleid mit

jenen, die sie hinter sich gelassen haben, in die Höhle zurückzukehren und ihren Mitmenschen zu helfen, den Schatten ihrer Unwissenheit zu entkommen.«

»Wie entdeckt man dieses geheime Wissen; wie gelangt man
aus der Höhle und wird erleuchtet?« wollte jemand wissen.

»Nun«, erwiderte ich, »nach der Erewna, der Urtradition, ja,
nach allen echten, esoterischen Lehren müssen Sie zu diesem
Zweck nicht nach Zentralasien oder anderswohin reisen. Die
Urtradition oder das geheime Wissen enthüllt sich jedem, der
spirituell fortgeschritten genug ist, in tiefer Meditation oder
Kontemplation. Folglich ist die Urtradition tief in der Psyche
eines jeden Menschen verborgen und wartet auf ihre Entdeckung durch Eingeweihte und Kontemplative aller Kulturen
und Epochen. Die Urtradition ist kein philosophisches Denksystem, das von Intellektuellen ersonnen oder aufgestellt wurde. Deshalb liegt sie jenseits von Zeit und Raum. Sie stellt die
Essenz der Weisheit selbst dar. Aus diesem Grund warnen Huston Smith und andere zeitgenössische Denker, wie Ken Wilber, davor, die Urtradition mit der modernen Quantenphysik
in Verbindung zu bringen, wie es heute bei einer wachsenden
Anzahl von ›New-Age‹-Denkern Mode geworden ist.

Natürlich ist es faszinierend, die offensichtlichen Ähnlichkeiten und die scheinbaren Übereinstimmungen zwischen den Visionen der Mystiker und dem, was theoretische Physiker wie
Fritjof Capra[5] heute lehren, zu erforschen. Dagegen sagt Huston Smith, daß die Urtradition seit ihrer Herkunft aus Quellen jenseits von Zeit und Raum unverändert bestehenblieb,
während die Wissenschaft einen Teil der fortlaufenden, historischen Entwicklung der Menschheit darstellt und deshalb einer ständigen Veränderung und Transformierung unterworfen
ist. Was in der Wissenschaft gestern noch als wahr galt, muß
heute nicht mehr unbedingt stimmen. Und was heute in der
Wissenschaft als wahr gilt, muß morgen nicht mehr stimmen.

Die Urtradition hat ihren Namen genau deshalb erhalten, weil sie nicht den Gesetzen des Wandels von Zeit und Raum unterworfen ist. Deshalb bedeutet es eine Relativierung der Urtradition – die ihrem innersten Wesen nach zeitlos und transhistorisch ist –, wenn man sie mit der Wissenschaft verknüpft. Sie ist die unsterbliche Weisheit selbst.«[6]

»Also haben die Mystiker, Gurus, Magier und Schamanen aller Zeiten diese Urtradition zum Ausdruck gebracht«, sagte Jerry, der pensionierte Ingenieur, nachdenklich.

»Ja, die Großen unter ihnen. Nicht unbedingt diejenigen, die nach ihrer eigenen oder der Meinung anderer ›groß‹ waren«, erwiderte ich. »Mit den Großen meine ich Männer wie Krischna, Buddha, Pythagoras, Sokrates und so weiter. Andere sind im Laufe der Zeit über Bruchstücke dieser Tradition gestolpert und haben sie immer durch die Optik ihrer Kultur und ihres eigenen Bewußtheitsgrades ausgedrückt.

Die Erfahrungen von Schamanen, Propheten, Mystikern, Magiern und Gurus finden wirklich im Herzen aller Kulturen und Zivilisationen statt. Allen großen Zivilisationen lagen diese Lehren zugrunde, die auf der unmittelbaren Erfahrung der Urtradition von Meistern wie Buddha, Jesus, Moses, Mohammed und Krischna beruhten. Und diese historischen Persönlichkeiten besaßen beispielhafte oder, wenn Sie wollen, ›übernatürliche‹ Fähigkeiten. Es mag paradox klingen, aber unsere westliche Zivilisation, die in den letzten 200 Jahren durch und durch säkularisiert wurde, durch und durch technokratisch, mechanisch und materialistisch geworden ist, hat ihre Wurzeln und Ursprünge in den Lehren und paranormalen Visionen der großen Propheten und Schamanen der Geschichte. Wir hatten immer Schamanen, Mystiker und Propheten unter uns. Ihre Präsenz auf diesem Planeten war nicht auf die Wüsten Palästinas vor 2000 Jahren beschränkt. Ihre heutige Existenz unter uns legt die Möglichkeit nahe, daß es Realitäten inner-

halb von Realitäten geben könnte, daß der Ort unserer individuellen und kollektiven Wahrnehmung nur den Keller unseres Bewußtseins darstellt. Es sieht so aus, als säßen wir hier
fest. Verstehen Sie mich nicht falsch; ich halte die Wissenschaft für sehr wertvoll. Sie liefert die wirksamsten Methoden
zur Entschlüsselung der dreidimensionalen Realität, auf die
sich unser Bewußtsein auf dieser Stufe unserer Entwicklung
konzentriert. Aber die Wissenschaft ist dieser Aufgabe so
gründlich nachgekommen, daß sie uns buchstäblich verzau-
bert hat – wie Circe, die die Gefährten des Odysseus verhex-
te und in Schweine verwandelte. Wir gingen davon aus, daß es
keine anderen Realitäten außer denjenigen gäbe, die von der
Wissenschaft erforscht werden. Die Yogis, Schamanen, Mystiker und Propheten bieten uns alternative Sehweisen und fordern uns auf, uns von den Fesseln unserer mechanistischen
Verzauberung zu befreien. Dies ist heute für uns sehr wichtig,
wenn wir als Kultur und als Spezies überleben wollen, das
heißt, wenn wir unsere Technologie überleben wollen.« Ich
hielt in meinem Monolog inne, da mehrere Wünsche nach Erläuterungen und Kommentaren anderer Teilnehmer laut wurden. Ich schlug eine Pause vor.

»Wie wäre es mit einer kleinen Visualisierungsübung vor der
Pause«, sagte ich, »um Ihre Energie wiederaufzufüllen, gefolgt
von einer heilenden Meditation? Es wird nur ein paar Minuten
dauern.« Alle streckten sich und lockerten ihre Muskeln.

»Schließen Sie die Augen, und setzen Sie sich bequem aufrecht hin«, sagte ich ruhig. »Atmen Sie tief durch. Atmen Sie
leicht und tief. Konzentrieren Sie sich auf Ihren Atem. Nichts
anderes erregt Ihre Aufmerksamkeit. Stellen Sie sich vor, daß
Sie von Strahlen umgeben sind. Während Sie atmen, spüren
Sie jedes Partikel Ihres Körpers. Jedes Partikel atmet Energie
ein. Sehen Sie, wir Ihr Körper Energie einatmet. Fühlen Sie es.
Beim Einatmen atmen Sie weißes Licht ein. Beim Ausatmen

ÜBUNG

47

atmen Sie alle Unreinheiten aus, die sich in Ihrer Aura befinden mögen. Atmen Sie weißes Licht ein. Ihre Aura wird mit jedem Atemzug weißer. Atmen Sie tief und leicht. Spüren Sie, wie Ihr ganzer Körper atmet. Sie atmen nicht nur durch die Lunge und die Nase. Sie atmen mit jedem Partikel und jeder Zelle Ihres Körpers.

Weißes Licht strömt in jedes Partikel Ihres materiellen Körpers.« Ich sprach langsam und mit tiefer Stimme. »Wünschen Sie Ihrer jetzigen Persönlichkeit Gesundheit. Wünschen Sie sich volle Gesundheit für Ihren grobstofflichen, materiellen Körper, für Ihre Gefühle und Ihre Gedanken. Sie werden weißer und weißer. Mit jedem Ausatmen geben Sie Unreinheiten ab und werden noch weißer. Sie fühlen, wie diese Energie Sie durchdringt, Sie wieder belebt. Sie atmen tief und mühelos.

Während Sie sehen, wie Sie immer weißer und weißer werden, bemerken Sie, daß dieser Raum von Licht erfüllt ist. Wir alle befinden uns in dieser leuchtenden Sphäre. Weißes Licht durchtränkt diesen Raum, und wir sind in ihm. Wir alle sind weiß, und unser Weiß mischt sich mit dem Weiß aller übrigen.«

»Strecken Sie nun die Arme nach vorn aus«, sagte ich nach einminütiger Pause. »Legen Sie Ihre Hände auf die Knie, die Handflächen nach oben. Visualisieren Sie zwei Lichtkugeln, eine in Ihrer linken und eine in der rechten Hand. Die Kugeln haben einen Durchmesser von etwa 15 Zentimetern. Zwei weiße Lichtkugeln. Spüren Sie die Wärme, die von diesen beiden Kugeln aus Licht ausgeht. Sie können die Schwingungen in den Händen spüren. Die Energie, die Sie einatmen, überträgt sich jetzt auf diese beiden Lichtkugeln. Spüren Sie ihr Gewicht. Sie spüren das Gewicht in Ihren Händen. Sie haben Substanz angenommen. Geben Sie ihnen mehr Energie.

Nun visualisieren Sie, daß die Kugel in Ihrer rechten Hand sich sehr langsam aus Ihrer Hand hinaus- und auf jemanden zu bewegt, den Sie lieben und den Sie von einem Leiden heilen möchten. Sehen Sie, wie diese Kugel aus Licht sich in diese Richtung bewegt. Schließlich schwebt die Lichtkugel von Ihnen fort und landet auf dem Kopf der betreffenden Person. Sehen Sie, wie die Kugel aus Licht allmählich tiefer sinkt und den ganzen Körper der oder des Betreffenden erfüllt. Wünschen Sie dieser Person strahlende Gesundheit. Visualisieren Sie, daß die betreffende Person weißes Licht ausstrahlt, gute Energie voller Gesundheit.«

»Konzentrieren Sie sich nun auf die Kugel aus Licht, die Sie noch in der linken Hand halten«, fuhr ich nach einer Minute fort. »Spüren Sie sie in der Hand. Heben Sie Ihre linke Hand mit der Lichtkugel zu Ihrem Herzen empor, und visualisieren Sie, wie dieses Licht in Sie eindringt und sich in Ihrem ganzen Körper ausbreitet. Visualisieren Sie sich selbst in voller Gesundheit; Gesundheit in Ihrem Körper, Ihrem Denken, Ihrem Fühlen. Visualisieren Sie, daß Sie nur gesunde Gedanken haben, nur liebende Gefühle und daß Ihr grobstofflicher, materieller Körper ganz gesund ist.

Kommen Sie in ein paar Atemzügen aus Ihrer Meditation heraus, so schnell oder langsam, wie Sie möchten.«

2

Ewige Fragen

Während der Pause erzählte mir Sandra, die Massagethera-
peutin, unter vier Augen von den Qualen, die sie mit ihrem
früheren Guru ausgestanden hatte. Sie behauptete, er habe sie
mißbraucht, nicht nur mental, sondern auch sexuell. Sie war
soeben dabei, sich mit ein wenig Hilfe von einem spirituellen
Psychotherapeuten selbst zu heilen und den Schaden zu be-
heben, den ihr dieser gewissenlose Yogi zugefügt hatte. Als
wir mit dem Workshop fortfuhren, stellte Sandra die Frage
nach der Echtheit eines Meisters und wie man sich vor einem
möglichen Mißbrauch durch ihn schützen könne.

»Das Problem, dem ich mich selbst gegenübersehe und von
dem ich weiß, daß auch andere es haben«, sagte sie, »ist, wie
identifiziert man einen authentischen Meister? Wie kann man
eine echte Lehre, die der Urtradition entstammt, von einer
Lehre unterscheiden, die unecht und sogar gefährlich ist? Haben Sie eine Idee dazu?«

»Sie schneiden da ein sehr wichtiges Thema an, und ich bin
nicht sicher, ob ich Ihnen eine befriedigende Antwort geben
kann. Es scheint eine Reihe von Betrügern zu geben, denen es
darum geht, Unschuldige zu verführen, und die sich als Gurus
und Yogis darstellen. Und es gibt andere, die sich zwar ehrlich
und aufrichtig bemühen, denen es aber sowohl an Weisheit als
auch an den Qualifikationen mangelt, um als echte spirituelle
Lehrer gelten zu können. Wie also können wir Echtheit prüfen? Sie werden schließlich selbst an einen Punkt gelangen, an
dem Sie den Unterschied zwischen der echten und einer frag-
würdigen Lehre erkennen, etwa so, wie ein erfahrener
Schmuckhändler einen echten Edelstein von einer Nachah-
mung unterscheiden kann. Aber da wir dieses Entwicklungs-

stadium noch nicht erreicht haben, müssen wir vielleicht gewisse Ratschläge von Leuten befolgen, die diese Frage bis zu einem gewissen Grad untersucht haben.

Ken Wilber[1] gibt einige meiner Meinung nach nützliche Empfehlungen, wie man echte Traditionen und Lehrer erkennt. Seine Hinweise sind für Angehörige der westlichen Zivilisation gedacht, die im zeitgenössischen Basar spiritueller Kulte und Gurus einkaufen gehen. Wilber sagt, daß eine echte, authentische Lehre eher ›transrational‹, als ›prärational‹ ausgerichtet ist. Dies bedeutet unter anderem, daß sie nicht die Aufgabe der Vernunft fordert, sondern ihre Steigerung und letztlich Transzendierung auf höhere Bewußtseinsebenen hin. Diese transzendenten Zustände umfassen das Rationale, sie zerstören es nicht, wie es manche populären esoterischen Gruppen behaupten. Echte Lehren schließen in der Regel diszipliniertes Üben, Konzentration und den Willen mit ein, und sie weisen eindeutig moralische Grundlagen auf. Die verlangte Disziplin ist oft genauso streng, wie sie zum Beispiel zur Erlangung der Doktorwürde benötigt wird.

Außerdem weist Wilber darauf hin, daß Lehren weniger verdächtig sind, wenn sie sich auf seit langem etablierte, anerkannte Traditionen wie das Christentum oder Judentum, den Sufismus, Buddhismus, Hinduismus und dergleichen berufen. Dies bedeutet, daß die Lehren nicht auf den Neigungen einer einzelnen Person beruhen, sondern das Ergebnis einer jahrhunderte- oder sogar jahrtausendelangen Ausübung durch viele Praktizierende sind, die im Laufe der Zeit zu einer immer genaueren Ausarbeitung führt.

Ein weiterer Punkt, den Wilber betont, ist, daß die Freiheit und Individualität des Schülers oder Wahrheitssuchers niemals gefährdet sein darf. Esoterische Gruppen, die Unterwerfung unter einen bestimmten Guru verlangen, sind verdächtig – besonders, wenn dieser Meister als eine Art vollkommenes Wesen dargestellt wird. Der Gurukult bestimmte Krishnamurti dazu, die Vergöttlichung seiner Person abzulehnen, die die Theosophen ihm seit seiner Kindheit anzudichten versuchten – eine Tendenz, gegen die er sein Leben lang predigte. Gurukult reduziert das Individuum zu einem kindlichen Abhängigkeitsstatus und macht den Meister in den Augen des Gläubigen unfehlbar. Wenn dies geschieht, verhalten sich die Meister möglicherweise auf äußerst unpassende Weise. Die unerfahrenen Gläubigen werden oft zutiefst desillusioniert und verlassen den spirituellen Pfad, oder sie rationalisieren das unethische Verhalten des Meisters, indem sie sich einreden, es berge eine esoterische Lehre in sich, die sie als Uneingeweihte einfach nicht begreifen könnten. Zum Beispiel habe ich von einem amerikanischen Guru gehört, den seine Kommune als selbstverwirklichten Meister betrachtete und von dem man erwartete, daß er mit sämtlichen heiratswilligen Frauen unter seinen Schülerinnen schlief. Die Kopulation mit ihm wurde als Segen betrachtet. Der Guru handelte ja von der hehren Höhe der ›Ichlosigkeit‹ und des ›vollkommenen Wissens‹ aus. Ich habe von einem Fall gehört, in dem ein Paar sich vor der Hochzeit trennte, weil die Braut sich weigerte, diese Praxis fortzusetzen, obwohl ihr künftiger Bräutigam – ein fanatischer Anhänger – sie dazu drängte.

Schließlich sollte die esoterische Gruppe nicht darauf aus sein, die Welt zu retten. Ein solches Ziel führt zu Tendenzen der Intoleranz und des Dogmatismus, die in Wirklichkeit Zeichen von Narzißmus und Egozentrik und somit sehr weit von echter Spiritualität entfernt sind.«

Nach einer kurzen Pause sprach ich davon, daß jemand, der nach der Wahrheit verlangt und bereit für sie ist, einen echten Lehrer finden wird. Ich sagte, mir käme es so vor, als seien wir alle einer für den anderen Meister und Lehrer und als böte jeder Mensch, der unseren Weg kreuze, uns eine Lektion an.

Das einzige, was wir tun müssen, ist, achtsam sein und aufmerksam durchs Leben gehen. »Und natürlich«, fügte ich hinzu, »stimmen die esoterischen Lehren darin überein, daß wir den besten Meister in uns selbst finden können: unser inneres Selbst, das Göttliche in uns. Deshalb ist man nie allein oder verlassen.«

»Mein Problem ist, wie ich mit meinem inneren Selbst in Verbindung treten kann«, sagte jemand, und mehrere andere Zuhörer nickten lächelnd.

»Es heißt«, erwiderte ich, »daß der Kontakt mit unserem inneren Selbst mit Selbstbeobachtung, Meditation und Herrschaft über unsere Gedanken und Gefühle beginnt.«

»Aber wie erreicht man das?« fragte Sandra.

»Eine Möglichkeit besteht darin, daß wir unsere Gedanken und Gefühle genau erforschen«, erwiderte ich. »Zum Beispiel können Sie folgende Übung machen. Opfern Sie vor dem Schlafengehen fünf bis zehn Minuten, um über eine Episode unter den Ereignissen des Tages nachzudenken. Erforschen Sie die Gedanken und Gefühle, die Sie nach dieser Episode hatten. Achten Sie darauf, in welchem Umfang Ihr Ego an dieser Episode beteiligt war; ob Sie zum Beispiel gekränkt oder geschmeichelt waren. Erforschen Sie, inwieweit Ihr Ego an dieser bestimmten Angelegenheit beteiligt war. Versuchen Sie, sich dabei weder zu verteidigen noch anzuklagen. Erforschen Sie einfach nur sich selbst von der Warte eines völlig neutralen Beobachters aus. Nach und nach werden Sie lernen, Krisen unterschiedlicher Arten in Ihrem Leben mit größerer Distanziertheit und Objektivität zu handhaben. An einem bestimmten Punkt werden Sie sich fragen: ›Wer ist dieser Beobachter?‹ Dann haben Sie den ersten Schritt zu einer Kontaktaufnahme mit Ihrem inneren ›Ich‹ getan. Und früher oder später werden Sie zu der Erkenntnis gelangen, daß Sie weder Ihr grobstofflicher Körper sind noch Ihre Gedanken oder Gefüh-

Marginal handwritten annotation: ÜBUNG

le. Nach und nach werden Sie erkennen, daß Sie in Wirklichkeit Ihr innerer Beobachter sind, der die Gedanken, Gefühle und Taten des niederen Selbst aufzeichnet. Wenn Sie in diesen Übungen routiniert sind, werden Sie entdecken, daß der innere Beobachter bei all Ihren Aktivitäten unter allen Bedingungen und täglichen Herausforderungen zu Ihrem ständigen Begleiter geworden ist.«

»Können Sie genauer erklären, wie das geht?« wollte Sandra wissen.

»Angenommen, Sie haben eine Auseinandersetzung mit Ihrem Mann oder Freund. In einem solchen Fall wird Ihr Ego in Selbstrechtfertigungen schwelgen. Sie werden sich sagen, daß Sie vollkommen berechtigt sind, zornige Gefühle und Gedanken zu hegen. Daß Ihr Partner Ihnen unrecht getan hat und so weiter. Im selben Moment werden Sie erkennen, daß Sie wütend sind und daß Sie deshalb wütend sind, weil Ihr Ego verletzt wurde. Ziehen Sie sich allein in ein Zimmer zurück, setzen Sie sich auf einen Stuhl, und atmen Sie ein paarmal tief durch. Machen Sie sich bewußt, daß Sie einer Herausforderung gegenüberstehen – einer Übung, wenn Sie so wollen –, die Ihnen helfen kann, die Täuschungen Ihres Ichs zu durchschauen. Denken Sie daran, wie dankbar Sie der anderen Person sein müssen, daß sie Ihnen eine Gelegenheit verschafft hat, an Ihrem Ego zu arbeiten. Verurteilen Sie sich nicht. Sagen Sie nicht: ›Oh, wie schlecht muß ich sein, daß ich solch schreckliche Gefühle, solch schreckliche Gedanken habe. Ich muß böse sein.‹ Tun Sie das nicht. Sitzen Sie einfach still dort, und beobachten Sie sich, wie Sie eine andere Person mit solchen Gefühlen beobachten würden. In dem Augenblick, wo Sie sich Ihre zornigen Gedanken und Gefühle bewußtmachen, werden Sie bemerken, daß Sie in demselben Moment anfangen, Ihren Zorn zu überwinden, sich von ihm distanzieren. Nach diesem ersten Besänftigen der negativen Schwingungen oder dem Energieentzug demjenigen gegenüber, was wir die negativen Elementale nennen – die negativen Gedankenformen, die Sie erschaffen haben –, machen Sie mit der Meditation weiter und führen ein paar Visualisierungen aus, die Ihre Beziehung fördern können. Schließen Sie die Augen, und visualisieren Sie ein intensives, vibrierendes, reinweißes Leuchten, das Sie umgibt. Fühlen Sie, wie jedes Partikel Ihres Körpers diese Energie absorbiert. Dies wird Sie weiter beruhigen. Machen Sie sich bewußt, daß Ihr Zorn die Verbrennung und Erschöpfung Ihrer Ätherenergie zur Folge hat, der Quelle Ihrer Lebenskraft und Ihres Wohlbefindens. Zu visualisieren, wie alle Partikel und Zellen Ihres Körpers Ätherenergie aufnehmen, wird Ihnen helfen, diese Energie wieder aufzufüllen. Wenn es Ihnen gelingt, ein Gleichgewicht in Ihnen selbst herzustellen – das heißt, wenn Sie an einen Punkt gelangen, an dem Sie Ihrer zornigen Gefühle Herr werden –, visualisieren Sie die Farbe einer weißen Rose, die Farbe der Liebe und des Mitgefühls, die vom Zentrum Ihres Herzens ausstrahlt und die andere Person einhüllt. Falls Sie Trost aus einer bestimmten religiösen Tradition schöpfen und keine Probleme mit Beten haben, können Sie außerdem beten. Ich beginne soeben selbst, zu erkennen, daß Gebete eine maßgebliche Wirkung auf unseren emotionalen Zustand haben; insbesondere spielen sie eine entscheidende Rolle bei der Überwindung der Egozentrik. Sie sind ein Weg, Mitgefühl und Demut zu fördern, und helfen deshalb, das Ego zu zähmen.

Dank dieser Übungen lernen Sie rasch, destruktiven Elementalen die Energie zu entziehen und sie durch gute Elementale zu ersetzen. Mit zunehmender Übung werden Sie entdecken, daß Episoden, auf die Sie früher mit heftigen Zornesausbrüchen und selbstgerechten und aggressiven Gedanken reagiert hätten, Sie weniger beeindrucken. Sie werden schließlich einen Punkt erreichen, an dem Sie feststellen, daß in Ihrem

Alltag nicht länger Umstände auftreten, die zur Entstehung dieser negativen Gedanken und Gefühle führen. Dank dieser Methode können Sie einen Zustand der Gelassenheit erlangen, der Ihnen den Weg zum Mitgefühl ebnet.«

»Wollen Sie damit sagen, daß man mit Hilfe dieser Übungen sein eigentliches Selbst entdecken kann?« fragte Howard, der Mediziner, zweifelnd.

»Nein, natürlich nicht«, erwiderte ich. »Es ist nur ein erster Schritt zur Beherrschung der drei Körper.« Dann sprach ich für diejenigen, die meine Bücher nicht gelesen hatten, über die drei Körper, über ihr Wesen und ihre Beziehung zu unserem Bewußtseinszustand.

»Nach diesen Lehren haben wir als die Individuen, die wir jetzt sind, drei materielle Körper statt eines einzigen. Die meisten Menschen glauben, der einzige Körper, den sie hätten, sei der grobstoffliche Leib, den wir im Spiegel sehen können. Aber wir besitzen außerdem einen psychischen Körper, der ebenfalls materiell ist, aber eine höhere Schwingung aufweist. Dieser psychische Körper ist der Sitz unserer Gefühle und Empfindungen, Wünsche, Vorlieben und Abneigungen und dergleichen. Das Zentrum dieses Körpers befindet sich im Herzen. Wenn wir die Farbe weißer Rosen visualisieren, die das Herz umgibt, führen wir damit dem psychischen Leib Energie zu, ebenso wie wir unseren grobstofflichen Körper mit Energie versorgen, wenn wir weiß-blaues Licht im Solarplexus visualisieren. Unser psychischer Leib versetzt uns buchstäblich in die Lage, Gefühle und Empfindungen zu haben.

Außer dem grobstofflichen und dem psychischen Leib haben wir einen *noetischen* Körper, der noch höher schwingt. Dies ist der Körper der Gedanken und Ideen. Unser noetischer Leib befähigt uns, Gedanken und Ideen zu haben. Das Zentrum des noetischen Körpers ist der Kopf. Wir können diesem Körper Energie zuführen, indem wir weiß-goldenes Licht im Kopf und rings um ihn visualisieren. Alle drei Körper sind mit ihrem entsprechenden ätherischen Doppel oder der Ätherenergie verbunden. Wir bestehen also in unserer derzeitigen Persönlichkeit aus diesen drei Körpern: dem materiellen Leib, dem Körper der Gefühle und Empfindungen und dem Körper der Gedanken und Ideen. Der jeweils höhere Körper kann ohne den oder die tieferen Körper existieren, aber der grobstoffliche Leib kann nicht aus eigenem Vermögen bestehen, denn in ihm befinden sich der psychische und der noetische Körper. Aber der psychische und der noetische Körper können aus eigener Kraft ohne den grobstofflichen Leib existieren. Dies ist der Grund dafür, daß wir, wie es heißt, als die Persönlichkeit, die wir jetzt sind, den Tod überleben können. Während der grobstoffliche Körper stirbt und zu Humus wird, bleibt der ›psychonoetische‹ Leib nach dem Tod bestehen. Mit anderen Worten, wir überleben als Zentren des Bewußtseins unserer selbst, zusammen mit unseren Empfindungen, Gedanken, Kenntnissen, Erinnerungen und Erfahrungen des Lebens, das wir soeben gelebt haben.«

»Ist der psychonoetische Körper das, was wir gewöhnlich als unsere Seele bezeichnen?« fragte Howard, der Mediziner.

»Nach diesen Lehren lautet die Antwort nein. Sowohl der psychische als auch der noetische und der grobstoffliche Körper stellen die Gewänder dar, in die sich die Seele kleidet. Was wir als die derzeitigen Persönlichkeiten sind, ist die Summe unserer Gedanken und Empfindungen, die wir im Laufe unserer grobstofflichen Existenz hervorgebracht haben. Wir sind zu Gedanken und Empfindungen fähig, weil wir einen noetischen und einen psychischen Leib haben.«

»Sie schreiben in Ihren Büchern über die Unterschiede zwischen dem *Pneuma*, oder dem reinen göttlichen Geist der Seele, der permanenten Persönlichkeit und der derzeitigen Persönlichkeit. Können Sie diese Unterschiede bitte erläutern?

Ich bin in dieser Sache ein wenig verwirrt«, sagte Don, der bärtige Seelsorger und Computerprogrammierer.

»Die beste Art, diese Unterschiede zu erläutern, besteht vielleicht darin, mit der Spitze der Hierarchie des Bewußtseins dessen zu beginnen, was wir wirklich sind. Lassen Sie uns also mit dem Absoluten anfangen, das wir gewöhnlich Gott nennen und was die Chinesen als das Tao, die Hindus als Brahman, die Moslems als Allah bezeichnen usw.« Ich legte eine kurze Pause ein. Dann fuhr ich fort:

»Das Absolute ist alles, was ist und außerhalb dessen es nichts gibt. Alles, was existiert, stellt eine Manifestation des Absoluten dar. Achten Sie auf das Wort ›Manifestation‹. Was immer existiert, ist nicht das Absolute, sondern eine Manifestation des Absoluten. Diese Aussage unterscheidet sich von der pantheistischen Vorstellung, daß alles – auch die Materie – Gott ist und daß deshalb Gott gleich Materie und umgekehrt Materie gleich Gott ist. So ist es nicht. In allen hohen esoterischen Lehren, mit denen ich vertraut bin, wird diese höchst bedeutsame Unterscheidung betont. Das Absolute ist einfach in sich selbst. Aber was bedeutet das? Denken Sie an das, was ich ganz zu Anfang sagte: Wer spricht, weiß nicht, und wer weiß, spricht nicht. Sprache und Intellekt sind unfähig, die Absolutheit des Absoluten in seinem Sein zu erfassen. Nach der ewigen Weisheit, wie ich sie verstehe, werden wir erst dann wissen, was das Absolute in sich selbst ist, wenn wir wieder zu unserem göttlichen Zustand erwachen. Das ist es, was die Erewna und die christliche Tradition die *Theose* oder die Erkenntnis Gottes nennen. Aber heißt dies, daß wir völlig unfähig sind, auch nur die vorläufigsten Rückschlüsse in bezug auf wenigstens ein paar Eigenschaften des Absoluten zu machen? Nach den Lehren nicht.

Hier sind ein paar grundlegende Axiome über das Absolute, wie große Mystiker sie empfangen, und uns, die wir uns auf dieser niederen Bewußtseinsstufe befinden, mitgeteilt haben: Das Absolute ist in sich selbst – in seiner im Gleichgewicht befindlichen Ganzheit – selbst-genügend, vollständig. Das heißt, es birgt alles in sich und leidet keinen Mangel. Deshalb hat es auch keine Wünsche. Es *ist* einfach.

Wenn dies alles wäre, hätte das Absolute keinen Anlaß, sich in seiner Schöpfung zu manifestieren. Es würde einfach unausgedrückt und unmanifestiert in seiner absoluten Ganzheit und *Autarkie* oder Selbstgenügsamkeit bleiben. Hier stoßen wir auf ein offenkundiges Paradox. Weshalb manifestiert sich das Absolute, obwohl es sich selbst genügt, obwohl es alles in sich birgt, obwohl es ihm an nichts mangelt? Nach den Lehren muß Selbst-Expressivität oder das, was im Griechischen *Thia Evareskia* heißt – die Neigung des Absoluten, sich durch sich selbst auszudrücken –, eine weitere Grundeigenschaft des Absoluten sein. Und wie geschieht das? Durch den Geist.

Geist ist demnach das Mittel, wodurch das Absolute sich selbst als *Thia Evareskia* manifestiert. Dies ist der Urozean der Schwingungen von den luftigsten, höchsten Höhen bis ganz hinab zum Grobstofflichen. Somit ist grobe Materie Geist, und Geist ist nicht Gott, sondern die Manifestation Gottes. Das Absolute oder Gott ist in allem, aber alles ist nicht Gott. Der absolute Gott ist jenseits aller Manifestation; er ist absolutes und reines Pneuma.

Und hier befinden wir uns in der innersten Essenz. Nach diesen Lehren sind wir reines *Pneuma*, das sich in Geist gekleidet hat, um sich selbst als Teil der Schöpfung zu manifestieren. Somit besitzen wir als reines Pneuma alle Eigenschaften des Absoluten, das heißt göttliche Autarkie auf der einen Seite und andererseits die Eigenschaft, die uns in die Welten der Schöpfung und die Polarität, in *Thia Evareskia* zwingt.«

Ich klärte ein paar Fragen und fuhr fort: »Das Absolute besteht aus einer unendlichen Anzahl heiliger Monaden, die ihrerseits jede aus einer unendlichen Anzahl Pneuma-Egos zusammengesetzt sind. Beschließt nun eines dieser Pneuma-Egos, hinabzusteigen, um Erfahrungen in den Welten der Schöpfungen zu sammeln, muß es zuerst eine menschliche Seele schaffen. Sobald eine menschliche Seele gebildet wurde, durchläuft ein Pneuma-Ich das Urbild oder die Idee des Menschen, einen der ewigen Archetypen in der Schöpfung. Um Erfahrungen zu sammeln, muß das Pneuma-Ich als Seele jetzt noch tiefer hinabsteigen, ganz nach unten, in die dreidimensionale Welt der groben Materie. Die Seele selbst kann keine Erfahrungen sammeln. Sie befindet sich in dem Zustand, in dem Adam und Eva vor ihrer Vertreibung aus dem Garten Eden waren. Der Zustand von Adam und Eva ist der Zustand der Seele vor ihrem Eintritt in die Welt der Zeit und des Raumes, in der Erfahrungen möglich sind. Nach diesen Lehren werden Adam und Eva nicht aus dem Paradies vertrieben, sondern sie verlassen den paradiesischen Zustand mit dem Segen Gottes, des Vaters (oder der Mutter), auf dieselbe Weise wie der verlorene Sohn (oder die verlorene Tochter) die liebenden Eltern und deren Palast verläßt, den Zustand der Autarkie und Selbstgenügsamkeit. Jeder Mensch war einst ein Adam oder eine Eva, und jeder Mensch, der auf den niedrigen Ebenen der Schöpfung lebt, ist ein verlorener Sohn oder eine verlorene Tochter, wie ich vielleicht hinzufügen könnte.«

Ich vergewisserte mich, daß meine kleine Zuhörerschaft mir folgte, und fuhr fort: »Somit haben wir es hier mit einem Prozeß der Involution zu tun. Das Pneuma-Ich projiziert sich selbst in die Welten der Polarität, indem es zuerst eine Seele hervorbringt. Weiter unten auf den Schwingungsebenen muß die Seele in ein passendes Gewand gekleidet werden, damit sie Erfahrungen in der Welt von Zeit und Raum machen kann. Dieses Gewand besteht aus den drei Körpern, über die wir sprachen. Während die Seele sich nach unten ausdehnt, drückt sie sich als *permanente* Persönlichkeit aus. Dies ist der untere Teil der Seele, in dem die Inkarnationserfahrungen aufgezeichnet und als Summe der gesamten Erfahrung von Leben zu Leben überliefert werden.

Die *derzeitige* Persönlichkeit stellt die letzte Entwicklung dar, die abschließende Bestimmung des Pneuma-Ichs bei seinem Abstieg. Und die derzeitige Persönlichkeit ist, wie bereits gesagt, aus den drei Körpern zusammengesetzt. Als erstes wird der *noetische* Körper gebildet. Dies ist der Leib, der es dem Pneuma-Ich als derzeitiger Persönlichkeit ermöglicht, zu denken und noetische Bilder zu konstruieren. Der noetische Körper lebt in der fünften Existenzdimension, während der grobstoffliche Körper in den drei Dimensionen lebt.

Nach Bildung des noetischen Körpers wird der psychische Leib geschaffen – der Körper der Gefühle, Wünsche und Empfindungen. Dieser Körper lebt in den Schwingungen der vierten Dimension. Mit der Empfängnis und Geburt endlich tritt das Pneuma-Ich in die grobstoffliche Welt der drei Dimensionen ein, und der Prozeß der Involution gelangt zu seinem Abschluß. Das Pneuma-Ich hat seinen Abstieg in die gröbsten Regionen der Existenz vollendet. Ich sollte noch erwähnen, daß alle drei Körper von der entsprechenden Ätherenergie oder dem ätherischen Doppel durchdrungen sind. Durch diese Ätherenergie sind die drei Körper miteinander verbunden und beeinflussen einander ständig. Mit anderen Worten, unsere Gedanken beeinflussen unsere Emotionen, unsere Emotionen beeinflussen unsere Körper und so weiter. Dies ist möglich, weil alle drei Körper von Ätherenergie und Lebenskraft durchdrungen sind.«

Ich hielt inne und umriß auf Drängen eines der Zuhörer auf einer Tafel den Abstieg oder Involutionsprozeß des Pneuma.

DAS SELBST

1. Pneuma (reiner Geist)
Göttliche *Autarkie*, der verlorene Sohn
vor dem Verlassen des Palastes

2. Seele
Der Beginn von *Thia Evareskia*, Adam und Eva
im Garten Eden

3. Permanente Persönlichkeit
Der untere Teil der Seele, in dem die Erfahrungen
der Inkarnationen aufgezeichnet werden

4. Derzeitige Persönlichkeit
a) noetischer Körper (fünfte Dimension)
b) psychischer Leib (vierte Dimension)
c) grobstofflicher Leib (dritte Dimension)

»Bitte, beachten Sie«, fuhr ich fort, »daß alle diese Ebenen des Bewußtseins in Wirklichkeit Pneuma in den verschiedenen Phasen seiner Manifestation darstellen. Unsere westlichen Psychologien und Philosophien konzentrieren sich ausschließlich auf die unterste Ebene dieser Manifestation, nämlich den grobstofflichen Körper. Alle herkömmlichen Lehrannahmen über das Selbst gehen strikt von der Annahme aus, daß es nur die grobstoffliche Ebene gibt. Die Urtradition der Wahrheitssuche stellt einen Versuch dar, durch Erfahrung und rationale Deduktion die Realität der übrigen Dimensionen zu erkunden und zu begreifen.«

Ich hielt inne, beantwortete Fragen und fuhr fort: »Sobald mit der ersten Geburt in die grobstoffliche Welt hinein die erste Inkarnation vollendet wurde, hat das Pneuma die unterste Stufe seines Abstiegs und seiner Involution erreicht. Von genau diesem Augenblick an beginnt ein Prozeß der Evolution, das heißt, das Pneuma-Ich beginnt nun, als derzeitige Persönlichkeit, die mühsame Reise zurück zum Ursprung.«

Bei diesen Worten fiel mir eine Stelle aus dem Johannesevangelium (Joh. 3,13) ein, die ich viele Male in der griechisch-orthodoxen Liturgie gesungen gehört hatte. Ich rezitierte sie in Griechisch und erklärte danach ihre Bedeutung:

»Niemand anders ist in den Himmel hinaufgestiegen, als der, der vom Himmel herabgestiegen ist, der Menschensohn, der im Himmel ist.«

Als derzeitige Persönlichkeit hat das Pneuma-Ich keine Erinnerung an seinen göttlichen Ursprung und seinen Zustand der Autarkie. Dies ist die Quelle unserer Leiden und unserer Tragik. In christlicher Sicht ist es der Sündenfall, der Fall aus dem paradiesischen Zustand, das heißt aus dem göttlichen Zustand vor der Zeit und dem Raum.

Sie sehen, gemäß den Lehren sind wir ein Teil von Gott, der absichtlich in einen Zustand des selbstgewählten Exils eintrat, in einen Zustand der Unwissenheit und der Amnesie unseres wahren Wesens, das in die Materie hinabstieg, um Erfahrungen zu sammeln. Aber intuitiv wissen wir davon. Ich spreche von dem inneren Wissen, das letztlich den verlorenen Sohn dazu antreiben wird, als derzeitige Persönlichkeit die Rückreise anzutreten, den evolutionären Aufstieg zurück zum Pneuma zu beginnen.«

»Wie kam es zu diesem Abstieg? Weshalb sind wir nicht im Palast geblieben, in unserer göttlichen Autarkie? Wieso müssen wir all diese Schwierigkeiten durchmachen?« fragte Jack, der Broadway-Schauspieler.

»Dies ist ein höchst bedeutsames Paradox, und einige Mystiker behaupten, daß es darauf tatsächlich keine Antwort gibt. Sie sagen, wir müßten es als gegeben hinnehmen und uns damit abfinden, daß wir es niemals erfahren werden. Aber die Lehren, mit denen wir uns heute befassen, bieten eine plausible Antwort. Es liegt an Ihnen, über diese Erklärung nachzudenken und mit sich selbst abzumachen, ob sie für Sie einen Sinn ergibt.

Das durch *Thia Evareskia* angetriebene Pneuma stieg in die Welten der Polarität hinab, um seine Individualität und Einmaligkeit innerhalb der Einheit des absoluten Gottes zu erlangen. Vor dem Abstieg in die unteren Welten des Pneuma-Ichs konnte das ›ICH BIN‹ sich selbst nicht vom All unterscheiden. Es konnte nicht wissen, was Licht ist, weil es nichts anderes als Licht kannte. Der verlorene Sohn verließ den Palast genau deshalb, weil er sich des Palastes – in den er letztlich zurückkehren würde – bewußt zu werden wünschte. Aber bis dahin muß er die Schmerzen und Leiden der Unwissenheit erfahren, denn ohne diese Unwissenheit kann der Prinz nicht die Welt außerhalb des Palastes erfahren und seine Autonomie, seine Individualität und Einmaligkeit entwickeln. Es ist diese Erfahrung in Zeit und Raum mittels der drei Körper der derzeitigen Persönlichkeit, die dem Pneuma-Ich die Chance bietet, schließlich im Endzustand der Gottesverwirklichung oder *Theose* ein seiner selbst bewußtes Pneuma zu werden.

Dieser Endzustand der Theose steht im Gegensatz zu dem gewöhnlichen Glauben, daß die Individualität letztlich irgendwie aufgehoben wird und sich im All verflüchtigt. In einer bildhafteren Beschreibung heißt es: ›Der Tautropfen verliert sich im schimmernden Meer.‹ In der Sicht der esoterischen Lehren hingegen öffnet sich der Tautropfen und nimmt das ganze Meer in sich auf. Mit anderen Worten, das individuelle Ego als *Ich-heit*, oder als ›ICH BIN DER ICH BIN‹ ist niemals verloren. Es ist das unsterbliche, ewige Zentrum des Selbst-Bewußtseins, das sich den Erfahrungen in Zeit und Raum unterzieht, aber unsterblicher Natur ist. Es wurde niemals geboren und wird niemals sterben. Es ist das ewige Pneuma, das qualitativ mit dem Absoluten in seinem Zustand der göttlichen Autarkie oder Selbstgenügsamkeit identisch ist.«

»Das freut mich wirklich zu hören!« rief John, der Buchhalter, aus. »Ich habe mehrere Jahre lang eine Form der buddhistischen Meditation ausgeübt, und ich habe mich immer gefragt, ob ich nicht in Wirklichkeit an meiner eigenen Auslöschung arbeitete. Ich fürchtete, daß Nirvana vielleicht ewiges Nichts bedeutete.« Alle im Raum lachten.

»Nirvana oder Gottesverwirklichung bedeutet nach allen großen und echten Traditionen eine unendliche Ausweitung des Bewußtseins, nicht seine Auslöschung. Es ist die Rückkehr unserer Erinnerung daran, wer wir wirklich sind. Es ist unser Erwachen zu unserem wahren Wesen. Dies war es, was in der Tat mit Gautama, dem Buddha, geschah, als er unter dem Bodhi-Baum meditierte. Er erlangte seine Erleuchtung. Als er gefragt wurde: ›Wer bist du?‹, erwiderte er einfach: ›Ich bin erwacht.‹ Dies ist genau dasjenige, wonach wir streben – aus der Betäubung unserer Unwissenheit zu erwachen, aus dem falschen Glauben, wir seien tatsächlich unsere derzeitige Persönlichkeit oder, genauer gesagt, unser grobstofflicher Körper. Sobald wir diese falsche Identifizierung überwunden haben, sobald wir einen bewußten Kontakt zu unserem inneren Selbst oder unserem Pneuma-Ich aufgenommen haben, sind wir von den Versuchungen und Leiden des Ichs als derzeitige Persönlichkeit – dem Teil von uns, der in Unwissenheit und Schmerz lebt – befreit.«

Ich hielt einen Augenblick lang inne.

Dann bat Julie, die Psychotherapeutin darum, daß wir über das Thema des Bösen und des Leidens sprachen, eine der schwierigsten Fragen, mit denen sie auf ihrem spirituellen Pfad konfrontiert wurde, wie sie sagte.

»Aus der Sicht, mit der wir uns heute befassen«, erwiderte ich, »besitzen das Böse und das Leiden nur im Bereich der Schöpfung, im göttlichen Selbstausdruck oder *Thia Evareskia*, Wirklichkeit. Das Böse existiert auf den niederen Ebenen des Seins und Bewußtseins. Die unteren Welten der Existenz sind die Welten der Polarität, und ohne diese Polarität wäre Erfahrung unmöglich. Zum Beispiel könnten wir ohne das Böse nicht wissen, was gut ist. Der verlorene Sohn befand sich vor seinem Scheiden aus dem Palast jenseits der Polarität von Gut und Böse. Adam und Eva im Garten Eden waren ohne Bewußtsein ihrer selbst. Ebenso besaß Gautama, der Buddha, kein Bewußtsein von Gut und Böse, Tod und Leiden, solange er noch innerhalb der beschützenden Umgrenzung des Palastes seines Vaters weilte. Erst nachdem er beschlossen hatte, die Geborgenheit seines Prinzenstandes zu verlassen, erfuhr er vom Alter, vom Leiden, von Krankheit und Tod. Es ist die Erfahrung außerhalb des Palastes oder des Gartens Eden, die unser Bewußtsein unserer selbst entwickeln. Es wird die Folge unserer Freiheit sein, zwischen den Gegensätzen von Gut und Böse zu wählen.

Unsere Alltagswelt besteht aus diesem Getrenntsein und diesen Gegensätzen. Es gibt ein Auf und Ab, heiß und kalt, positiv und negativ, Tag und Nacht, Engel und Dämonen, gut und böse. Denken Sie sich diese Gegensätze fort, und Sie haben keine Welt, wie wir sie kennen, und keine Erfahrung dieser Welten als solche.

Die großen Meister sagen, jenseits dieser Polarität sei Einheit und sie sei es, nach der wir streben. Auf der Ebene des Bewußtseins von der Einheit gibt es die unendliche und ewige Liebe des Absoluten. Deshalb sind Schmerz und Leiden und das Böse für die großen Lehrer nur Realitäten aus der Erscheinungswelt und besitzen keine eigentliche Wirklichkeit.

Ich weiß, daß es Theologen gibt, die dem widersprechen würden, aber denken Sie nur einmal einen Augenblick lang darüber nach. Wenn wir davon ausgehen, daß das Absolute absolute Liebe ist, und akzeptieren, daß das Böse letztlich real ist, dann müssen wir folgern, daß es zwei Götter gibt: einen guten und einen bösen. Aber dies stellt ein Problem dar, denn es würde bedeuten, daß wir sagen, es gäbe zwei Absoluta – und das ist ein Widerspruch in sich und deshalb unlogisch.

Alle bedeutenden Lehren der großen, esoterischen Traditionen sprechen vom Absoluten, das vollkommene Liebe, vollkommene Macht, vollkommene Erkenntnis und vollkommene Weisheit ist. Deshalb haben Leiden, Schmerz und das Böse nur eine relative Wirklichkeit – das heißt, sie stellen einen niedrigen Ausdruck des Geistes dar. Und sie existieren im niederen Geist genau deshalb, um uns zu den obengenannten Zwecken Erfahrungen zu ermöglichen.

Ich würde das Böse als unsere Entfremdung vom Pneuma-Ich in uns bezeichnen, als Entfremdung von Gott. Je stärker die Entfremdung, desto größer das ausgedrückte Böse. Nun gehört im westlichen Denken das Konzept der Entfremdung zum Kern unserer philosophischen und politischen Vorstellungen, und sie wird immer als negativ erkannt. Marx sah sie in Form der Entfremdung von den Produktionsmitteln. Die Tatsache, daß der Arbeiter keine Kontrolle über seine Arbeit besitzt, führt zu Ungerechtigkeit und Leid. Darüber hinaus erzeugt eine monotone und ungeliebte Arbeit beim Arbeiter ein Gefühl der Wertlosigkeit, weil er sich nicht kreativ fühlt, und Kreativität war für Marx ein Schlüssel zum Glück. Andere sahen die Entfremdung in der sozialen Isolation. Das Individuum in der industriellen Gesellschaft wird isoliert, ein Fremder unter Fremden.

Nun haben zwar alle diese Ansätze in Hinblick auf die Realität der Entfremdung ihren Wert. Aber diese säkularen Denker erkennen nicht, daß die eigentliche Wurzel aller Formen der Entfremdung und des Bösen die Trennung und Entfremdung des Individuums als derzeitige Persönlichkeit von dem spirituellen

Kern in ihm darstellt. Je stärker die Entfremdung ist, desto größer ist die Neigung des Ichs als derzeitige Persönlichkeit, Denken und Fühlen falsch anzuwenden und Elementale zu erzeugen, die sowohl für es selbst als auch für andere destruktiv sind.«

»Können Sie bitte ein wenig mehr über Elementale sagen?« bat Anna, die Krankenschwester. »Sind Elementale das, was wir gewöhnlich als Gedankenformen bezeichnen?«

»Ja. Aber lassen Sie uns diesen Punkt näher erläutern, nachdem wir ein paar Meditationsübungen und unsere Mittagspause gemacht haben.«

Als wir die Meditationsübungen gemacht hatten, war es ein Uhr. Die meisten von uns gingen in ein nahes Restaurant, das auf einfallsreiche Weise ein gemütliches Dorfambiente mit Vegetarismus verband, ein behaglicher Ort für metaphysische Spekulationen, die sich an den einzelnen Tischen fortsetzten. Um halb drei waren wir wieder zurück. Dank der Pause und des Essens begannen die Teilnehmer lebhafte Zweier-, Dreier- und Viererergruppen zu bilden. Der Grad dessen, was die Soziologen »soziale Interaktion« nennen, steigerte sich entschieden. Die Teilnehmer machten Ansätze, einander kennenzulernen. Es herrschte ein Gefühl der Euphorie; es gab mehr Energie und mehr Lachen, als wir einander unsere Ideen und Anekdoten über unsere spirituellen Bemühungen mitteilten. Da waren wir nun, eine kleine Gruppe unterschiedlicher Menschen, mitten in New York City, und erzählten uns unsere Sorgen und Vorlieben bei der Erforschung der ewigen Fragen zur menschlichen Existenz. In dieser lebhaften Atmosphäre gab ich eine kurze Geschichte zum besten, bevor ich mit dem versprochenen Vortrag über Elementale begann.

»Ich habe hier eine kurze Geschichte, geschrieben von einem Mann, der ebenfalls aus Maine kommt«, sagte ich. »Sie handelt von dem ›Guru in Peoria‹ und lautet wie folgt:

Ein sehr fortgeschrittener Mensch wandelte mit ein paar Schülern durch Peoria, Illinois. Ein böse aussehender Hund kam zwischen zwei Häusern hervorgelaufen. Er knurrte und kläffte aufs bedrohlichste und verringerte rasch die Distanz zwischen sich und der Gruppe der Wahrheitssucher. Der Lehrer nahm schnell seinen Gürtel ab und erteilte dem Hund einen scharfen Schlag auf die Flanke, sobald er in Reichweite kam. Der Hund jaulte vor Schmerz und Überraschung und zog sich in eine respektvolle Entfernung zurück. Nachdem der Lehrer und seine Schüler einen oder zwei Blocks weitergegangen waren, brachte einer der Schüler den Mut auf, zu sprechen. ›Meister‹, sagte er, ›Sie haben uns bereits gelehrt, daß Gott in allen Kreaturen ist und daß wir ihm antun, was wir dem geringsten seiner Geschöpfe antun. Wie konnten Sie, der Sie dies wissen, den Hund schlagen?‹ ›Was du sagst, ist wohl wahr‹, erwiderte der Meister. ›Wir alle sind Gott. Da ich dies weiß und recht empfänglich für den universalen Geist bin, konnte ich sofort wahrnehmen, daß Gott bei weitem lieber mit dem Gürtel geschlagen als ins Bein gebissen werden wollte.‹« [2]
Die Teilnehmer am Workshop brachen in brüllendes Lachen aus. »Und nun«, sagte ich, »lassen Sie uns über das ernste Thema der Elementale sprechen.

Elementale sind Gedankenformen. Das heißt, sie sind Energien, die wir nach außen projizieren, während wir unablässig Ideen und Gefühle hervorbringen. Und wir können dies, wie ich bereits früher sagte, tun, weil wir über einen noetischen und einen psychischen Körper verfügen. Gedanken und Gefühle besitzen buchstäblich Energie. Sie sind – ebenso wie alles in der Schöpfung – Geist. In derselben Weise, wie der absolute Gott durch Geist die Welten erschafft (das heißt, alle Welten, auch die grobstoffliche, die psychische, die noetische und andere), erschaffen wir als derzeitige Persönlichkeiten Elementale.

Elementale weisen Formen und Energie auf. Wenn wir an einen Wagen denken – etwa einen Mercedes –, konstruieren wir die Form dieses Wagens in unserem Geist. Wir visualisieren den Mercedes automatisch, ohne bewußte Anstrengung, weil wir wissen, wie ein Mercedes aussieht. Wenn wir den Wunsch haben, einen solchen Wagen zu besitzen, laden wir die Idee eines Mercedes (die Form) mit dem Verlangen auf, ihn zu besitzen (der Energie). Je stärker der Wunsch, desto größer die Energie, mit der die Form aufgeladen wird. Die Stärke eines Elementals hängt von dem Betrag der Energie ab, mit der das Verlangen oder die Begierde ihn auflädt. Sie müssen sich nur merken, daß das Material, das wir verwenden, um diese Elementale zu konstruieren, Geist ist. Denken Sie daran, alle Welten der Schöpfung befinden sich auf unterschiedlichen Schwingungsebenen.

Yogi Ramacharaka sagt, daß wir uns Gedanken – das heißt, Elementale – als ›Dinge‹ mit einem eigenen Leben vorstellen müssen.« Ich holte eines der vielen Bücher Ramacharakas über esoterische Weisheit aus meiner Aktentasche und las einen Abschnitt daraus vor: »»... wenn wir sagen, daß Gedanken Dinge sind, benutzen wir dieses Wort nicht auf eine symbolische oder phantasievolle Art, sondern wir drücken eine buchstäbliche Wahrheit aus. Wir meinen, daß Denken ebenso substantiell wie Licht, Wärme, Elektrizität oder verwandte Formen der Manifestation ist. Man kann Denken in der psychischen Sicht sehen; Sensitive können es fühlen; und wenn es geeignete Instrumente dafür gäbe, könnte man es auch wiegen.«« [3]

»Deshalb«, fuhr ich fort und legte Ramacharakas Buch zur Seite, »werden wir, wenn wir die Elementale als objektive Realitäten betrachten, die gewaltige Wirkung würdigen können, die sie auf uns haben. Wenn ich zum Beispiel ein Elemental eines starken Verlangens erschaffe, ist es nicht nur über das Unbewußte mit mir verbunden und ein karmischer Teil von mir, sondern es besitzt außerdem noch eine Existenz unabhängig von meinem Bewußtsein. Selbst wenn es mir gelingt, meine Verbindung zu diesem Elemental zu lösen, führt die Tatsache, daß ich es geschaffen habe, dazu, daß es in der Umwelt existiert und daß es für die Dauer eines bestimmten Zeitraumes einen bestimmten Energiebetrag zur Verfügung hat. Es ist so ähnlich wie ein Feuer in einem Raum: Sie entzünden ein Feuer, und es bringt Ihnen Wärme. Dann löschen Sie es, aber es befindet sich immer noch Glut darin. Je stärker das Feuer war, desto länger behält es seine Glut. Bei den Elementalen ist es dasselbe. Sie erschaffen ein Elemental, es hat Energie zur Verfügung, und diese Energie bleibt für eine Zeitlang bestehen. Je nach der Stärke seiner Quelle, die es ursprünglich projizierte, kann es das Bewußtsein und das Denken der Menschen beeinflussen. Denken Sie nur einmal an die unglaubliche, göttliche Energie und Kraft, die mit Jesu Bergpredigt in die Welt entsandt wurde.«

»Sie veränderte die Weltgeschichte«, sagte jemand.

»Genau«, erwiderte ich.

Dann fuhr ich fort: »Nun ist es die Natur der Elementale, daß sie – wenn sie einmal hinausprojiziert wurden – früher oder später zu ihrer Quelle zurückkehren, um sich mit neuer Energie zu versorgen. Mit anderen Worten, unser Verlangen füttert dieses Elemental ständig mit Energie und hält es am Leben, bis entweder der Wunsch befriedigt wurde oder der Wünschende zu einem neuen Interesse übergegangen ist und auf diese Weise dem Elemental die Energie entzogen hat. Aber solange Elementale am Leben sind, neigen sie dazu, sich in die Richtung zu wenden, in der sie Erfüllung erhoffen.

Aus diesem Grund gibt es im Hinduismus ein Grundgebot, das besagt, daß Sie letztlich bekommen werden, was auch immer Sie sich wünschen. Mit anderen Worten, die Elementale, die Sie geschaffen haben, werden Sie entweder in dieser oder in einer der nächsten Inkarnationen einholen. Wenn Sie nach Reichtum verlangen, werden Sie ihn erhalten. Wenn Sie Macht ersehnen und dieses Verlangen von einem Leben zum nächsten nähren, werden die karmischen Mächte Sie in eine Lage bringen, in der sich dieses Sehnen erfüllt. Aber seien Sie auf der Hut. Was Sie sich wünschen, muß nicht unbedingt Glück oder Erfüllung mit sich bringen. Es kann sogar das Gegenteil eintreten. Auch hier gilt, daß jedes Elemental die Absicht erfüllen muß, zu der es geschaffen wurde. Jedes Verlangen, das Sie in Ihrem Unbewußten erzeugen, wird sich schließlich erfüllen. Denken Sie daran, das Theater, in dem wir unsere Stücke aufführen, ist grenzenlos und ewig. Es gibt nichts, was nicht erfüllbar wäre. Jedes Verlangen bringt Sie auf die grobstoffliche Ebene hinab, auf die Erde.«

»Wie steht es mit einem edlen Verlangen wie der Liebe zu den Mitmenschen?«

»Alle Formen des Verlangens, selbst die edelsten der edlen, bringen uns auf die Erde hinab, in diesem Fall zum Dienst an den Mitmenschen. Dies ist es, was die Lehren sagen, und dies ist immerhin auch ein Teil der christlichen Religion, wie sich im Symbolismus des Kreuzes zeigt. Hier fällt mir auch die buddhistische Bodhisattva-Tradition ein, nach der man immer wieder geboren wird, um anderen zu helfen, bis alle Menschen errettet sind.«

Nach einer kurzen Pause fuhr ich fort: »Die Elementale, die wir erschaffen, sind ein Teil unseres Unbewußten; sie bleiben immer bei uns. Tatsächlich ist unser Unbewußtes die Summe der Elementale, die wir seit unserem ersten Abstieg in die Welten der Polarität geschaffen haben. Deshalb sind wir voll und ganz verantwortlich für die Bildung unserer derzeitigen Persönlichkeit, da unser niederes Selbst das Ergebnis der Elementale darstellt, die wir unablässig mittels unserer Gedanken und Emotionen erzeugen. Und der psychonoetische Körper ist gewissermaßen die Fabrik unserer Gedanken und Gefühle. Die Eigenart der Elementale, an ihre Quelle zurückzukehren, ist jene Dynamik, die das Gesetz des Karma möglich macht. Was Sie nach außen projizieren, kehrt letzten Endes zu Ihnen zurück, sei es gut oder schlecht. Ein böses Elemental, das wir gegen einen Menschen oder eine Gruppe projizieren, wird schließlich zu uns zurückkehren, entweder in diesem oder in einem künftigen Leben. Deshalb fügen wir uns in Wirklichkeit selbst Schaden zu, wenn wir jemandem schaden. Und wenn wir jemandem Gutes tun, tun wir in Wirklichkeit uns selbst Gutes.

Es ist dieses Wissen um die Art und Weise, wie das Gesetz der Elementale und des Karma funktioniert, das zu der goldenen Regel im Kern aller großen Religionen geführt hat: ›Füge anderen nichts zu, von dem du nicht willst, daß man es dir zufügt.‹ Es gibt also keinen patriarchalischen Gott, der über den Wolken thront, eine Art Generaldirektor der Universum-AG, der genau Buch führt und uns am Ende für unsere Überschreitungen bestraft. Wir strafen uns einfach selbst durch unsere Elementale oder Gedankenformen, die wir ständig erschaffen, und durch das karmische Gesetz. Es ist das durch einen vollkommenen, absoluten Gott aufgestellte Gesetz, das uns völlige Freiheit läßt, zu wählen, welche Elementale wir schaffen wollen. Oder wie Ramacharaka es ausdrückt:

›Jeder Mensch zieht auf sich selbst die Gedanken herab, die jenen entsprechen, die er in seinem eigenen Kopf erzeugt hat, und diese angezogenen Gedanken beeinflussen ihn natürlich ihrerseits. Es handelt sich um ein Feuer, dem er Nahrung gibt. Hegt jemand über längere Zeit boshafte oder haßerfüllte Gedanken, wird er voller Entsetzen merken, wie ihm eine Flut abscheulicher Gedanken in den Sinn kommt. Und je länger er in diesem mentalen Zustand verharrt, desto schlimmer steht die Sache mit ihm. Er macht sich selbst zu einem Zentrum für Gedanken dieser Art. Und wenn er diese Denkweise beibehält, bis sie eine Gewohnheit wird, zieht er Umstände und Bedingungen an, die ihm Gelegenheit geben, diese Gedanken zu manifestieren... Wenn jemand in tierischen Leidenschaften schwelgt, wird die gesamte Natur es scheinbar nur darauf anlegen, ihn in eine Position zu bringen, in der er diesen Leidenschaften frönen kann.

Wenn hingegen jemand die Gewohnheit pflegt, edlere und bessere Gedanken zu haben, wird er sich irgendwann in eine Lage versetzt sehen, die mit seinen Denkgewohnheiten harmoniert, und auch er wird fremde Gedanken anziehen, die mit seinen übereinstimmen. Überhaupt zieht jeder Mensch andere Menschen mit verwandten Gedanken an, wie sie ihrerseits von ihm angezogen werden. Wir schaffen tatsächlich durch unsere Gedanken von gestern und heute unsere eigene Umwelt und Gesellschaft.<[4]

Lassen Sie uns zu unserer ursprünglichen Frage nach dem Bösen zurückkehren. Aus dem bisher Gesagten folgt, daß das Böse eine Form von Unwissenheit ist, der falschen Anwendung der göttlichen Geist-Substanz. Und diese Unwissenheit ist eine Folge unserer Entfremdung von der Weisheit, die das Wesen unseres inneren Selbst oder Pneuma-Ichs darstellt. Dies ist es, was Sokrates im Sinn gehabt haben muß, als er sagte, daß Menschen böse Taten aus Unwissenheit verüben. Natürlich wurde er mißverstanden, weil man annahm, Sokrates spräche über professionelles, spezialisiertes Wissen. Aber tatsächlich muß er sich auf die Erkenntnis der Wirklichkeit bezogen haben, die Erkenntnis der Weisheit, die dem inneren Selbst als Seele oder Pneuma-Ich innewohnt.

Die Elementale, die wir ständig erschaffen, sind es, die unsere Eingestimmtheit mit unserem inneren Selbst stören und uns von Gott abschneiden. Ungezügelte Wünsche von der Art, die wir Elementale von Wunsch-Gedanken genannt haben –

das heißt, Elementale, bei denen das Verlangen an erster Stelle kommt und das Denken ihm unterworfen ist –, sind die Ursache unserer Entfremdung von unserem inneren Selbst, unserer Bereitschaft, uns auf verschiedene Formen des Bösen einzulassen, und damit die Quelle unseres Leidens.

Deshalb sagen die Buddhisten, um das Böse und das Leiden überwinden zu können, müßten wir zuerst unser Verlangen beherrschen und transzendieren. Auch die Erewna lehrt, daß der Weg zur Überwindung unseres Verlangens – das heißt, die Methode, die Elementale oder Gedankenformen ihrer Energie zu berauben – in einer systematischen Selbstbeobachtung besteht. Die Übung, die ich früher erwähnt habe, macht uns die Kraft unserer Selbstsucht bewußt. Je häufiger wir diese Übung ausführen, desto größer wird unsere Meisterschaft über unsere Gedanken und Gefühle und desto deutlicher erkennen wir, daß wir etwas anderes als unsere Gedanken und Gefühle sind. Im Gegensatz zu der kartesianischen Feststellung ›Ich denke, also bin ich‹ lehrt die esoterische Philosophie: ›ICH BIN, und ich denke und fühle.‹ Wenn es sich so verhält, sind wir – als Bewußtsein unserer selbst – die Herren über das, was wir denken und fühlen, und wir können – nun bewußt – nur konstruktive Elementale erzeugen, Elementale von ›Gedanken-Wünschen‹. Dies bedeutet, daß bewußte Konzentration, die ausschließlich von Liebe und Mitgefühl motiviert ist, die Quelle aller Mentale wird, die wir erschaffen. Anders als in der Vergangenheit, als die junge Seele unablässig Elementale von ›Wunsch-Gedanken‹ erzeugte, bildet die reife Seele jetzt nur Elementale von ›Gedanken-Wünschen‹, zu heilen und den Mitmenschen zu dienen.«

»Was läßt die Seele reifen?« erkundigte sich die ehemalige Nonne mit der leisen Stimme.

»Erfahrung in Zeit und Raum. Je größer die Erfahrung, desto reifer die Seele. Das bedeutet, nach dieser Lehre, viele gelebte Leben, viele Inkarnationen. Dies ist die Art und Weise, wie wir lernen, die Art, wie das spirituelle Gesetz funktioniert. Wenn wir zum Beispiel Kinder sind, wissen wir nicht, daß Feuer brennt. Wir legen die Hände auf eine heiße Ofenplatte und verbrennen uns die Finger, dadurch erfahren wir, daß Feuer brennt, und hüten uns in Zukunft davor, die Hände auf einen Ofen zu legen. In derselben Weise reift das Ich, indem es von Leben zu Leben fortschreitet und aus früheren Erfahrungen lernt, Situationen zu meiden, die Kummer und Leid für uns selbst und andere mit sich bringen. Das ist der Weg des Karma, das Gesetz von Ursache und Wirkung.

An einem bestimmten Punkt, wenn ein bestimmter Zustand der Reife erlangt wurde, kann sich das Ich natürlich seiner evolutionären Bestimmung *zur Theose* bewußt werden und sich auf die Suche nach der Wahrheit begeben. Damit kann es weiterem Leid entgehen. Man erlangt dieses Ziel auf die verschiedenen Weisen, wie sie die Yogawege des Hinduismus lehren, über den achtfachen Pfad der Buddhisten, durch die Jesusgebete und die asketischen Übungen des Christentums und so weiter. Was all diese Traditionen gemeinsam haben, ist die Erkenntnis, daß jeder Mensch auf dem Weg zur Selbstentdeckung ist und daß die unterschiedlichen Methoden die verschiedenen Wegweiser darstellen, wie man dorthin gelangt. Somit möchten wir eigentlich über die Elementale hinausgelangen, um entdecken zu können, wer wir in Wahrheit sind.«

Ich hielt kurz inne, und es wurde eine Frage gestellt: »Können Gruppen von Menschen Elementale des Bösen schaffen, die über einen längeren Zeitraum hinweg bestehenbleiben? Und wie kann man mit solchen Elementalen umgehen?«

»Es heißt, daß Menschengruppen, ebenso wie Individuen, Elementale erschaffen, in diesem Fall kollektive Elementale. Das Wesen dieser Elementale entspräche der kollektiven Energie, die in die Form dieser Elementale fließt. Alle kulturellen und kollektiven Glaubensvorstellungen sind Elementale, die eine eigenständige Existenz führen. Sie können gut oder böse oder keines von beidem sein. Zum Beispiel waren die Götter des Olymp mächtige Elementale, solange die Menschen an ihre Realität glaubten. Und Menschen jener Zeit konnten unter gewissen Bedingungen Erscheinungen dieser Götter sehen, auf dieselbe Weise, wie heute lebenden Christen die Jungfrau Maria erscheinen und ihnen Ratschläge oder Heilung bieten kann. Im alten Griechenland konnten die Menschen in Visionen Äskulap sehen, den Gott der Heilkunde, der sie von Krankheiten heilte und damit ihren Glauben an ihn stärkte. Nun könnten Sie fragen: ›Und wo ist Äskulap jetzt?‹ Er ist ein zurückgetretenes Elemental im universalen Gedächtnis. Heute glaubt keine Gruppe von Menschen mehr an Äskulap. Deshalb hat dieses kollektive Elemental seine Macht verloren und existiert nur noch als leere Form im ›kollektiven Unbewußten‹.«

»Ich nehme an«, sagte jemand, »wenn die Menschen anfingen, an Äskulap zu glauben, würde er als mit frischer Energie gespeistes Elemental zurückkehren.«

»Gewiß. In der heutigen Zeit glauben die Menschen an die Jungfrau Maria oder an ein anderes kollektives Elemental, das ähnliche Dinge vollbringen kann, wie Äskulap sie tat. Zahlreiche Schreine und Tempel sind auf Grund des kollektiven Glaubens der Wallfahrer dafür berühmt, daß sie heilende Orte darstellen. Aber machen Sie sich bewußt, daß die Kraft dieser heilenden Elementale letztlich auf den Heiligen Geist zurückgeht, der in allen Kulturen und in sämtlichen Epochen der Geschichte bekannt war. Die Liebe Gottes steckt hinter all diesen heilkräftigen Manifestationen. Falls Sie also ein Moslem sind, wird Ihnen der Prophet Gottes nicht als Johannes der Täufer erscheinen, sondern als Mohammed. Wenn Sie ein

Buddhist sind, haben Sie vielleicht eine Vision von Buddha oder einer anderen buddhistischen Gottheit. Und falls Sie ein Christ sind, wird Ihre Vision in Einklang mit der christlichen Religion stehen, und Sie werden nicht etwa Krischna schauen. Gott wird uns sowohl individuell als auch kollektiv in das Bild der Kultur gekleidet erscheinen, zu der wir gehören. Der Christus, der uns erscheint, wird ein Christus in dem Sinne sein, wie wir ihn mit unserem kollektiven Glauben geschaffen haben. Und dieses Christus-Elemental wird auf eine Weise handeln, wie es unserem Glauben an Christus entspricht; er wird Wunder wirken und so weiter. Aber machen Sie sich bewußt, daß der Christus, den wir vielleicht mit unserem beschränkten menschlichen Wahrnehmungsvermögen sehen, mit dem Kosmischen Christus verbunden ist, der jenseits von Zeit und Raum, von einer Kultur oder bestimmten, historischen Situationen existiert, und eine Manifestation von ihm *ist*. Lassen Sie mich Ihnen ein Beispiel nennen. Angenommen, Sie sind ein frommer Moslem, ein sehr guter Mensch, der aus der Warte des Kosmischen Christus seine Fähigkeit, zu lieben und Mitgefühl zu empfinden, ausgeweitet hat. Ihr ›Christus-Chakra‹ hätte sich geöffnet. Sie glauben, wie jeder gute Moslem, daß es keinen Gott außer Allah gibt und daß Mohammed sein Prophet ist. Sie führen das beispielhafte Leben eines frommen Gläubigen. Sie sind außerdem ein Heiler, ein Sufi, aber Ihre Ausgangsbasis ist der Islam. Wenn dann die Zeit kommt, daß Sie vor Ihren Schöpfer treten müssen, wäre es ein grausamer Gott, der Sie mit Jesus oder Buddha konfrontierte. Sie werden Mohammed oder Allah gegenübertreten, die so sind, wie Sie sich Mohammed oder Allah vorstellen. Wären Sie ein amerikanischer Indianer, würden Sie in eine Wirklichkeit eintreten, die Ihrem kulturellen Hintergrund entspräche. Gott befindet sich jenseits jeder speziellen, kulturellen Manifestation, aber er kann sich gemäß jeder religiösen Tradition ›verkleiden‹ und

auf diese Weise jedem Menschen auf den Pfad zur Selbsterkenntnis, der *Theose*, helfen. So verstehe ich diesen Vorgang,
den die esoterischen Traditionen schildern.«

Es gab eine kurze Diskussion über die Bedeutung des Kosmischen Christus. Ich wies darauf hin, daß in den mystischen
Texten der Christenheit ein klarer Bezug zum Christusprinzip
zu beobachten ist. So wird zum Beispiel im Johannesevangelium Christus als das Licht bezeichnet, das jedes menschliche
Wesen erleuchtet, das auf die Erde hinabsteigt.

»Dies bedeutet«, sagte ich, »daß alle Menschen zutiefst mit
dem Christusprinzip durchtränkt sind. Kostas spricht häufig
von der ›vorchristlichen Christenheit‹. Dies bedeutet, daß der
Christuslogos sich jenseits von Zeit und Raum und jenseits der
Geschichte befindet und immer befunden hat. Ich empfehle Ihnen, die *Vision vom Kosmischen Christus*, das hochgelobte
Werk von Matthew Fox, zu lesen, eine tiefschürfende Ausarbeitung dieses Themas.«[5]

»Ich nehme an«, sagte Mary Ann, die jungianische Therapeutin, »daß dasselbe Prinzip für destruktive Elementale gilt.«

»Genau. In derselben Weise, wie wir Elementale der Heilung
und der Güte erzeugen können, sind wir auch zur Schaffung
kollektiver Elementale des Bösen fähig, die verderbliche Wirkungen auf Menschen haben können, besonders auf ihre
Schöpfer selbst.«

»Wie kann man sich vor solchen destruktiven Elementalen
schützen?« fragte jemand.

»Je fortgeschrittener auf spirituellem Gebiet wir sind, desto
weniger wahrscheinlich ist es, daß wir Einflüssen dieser Art
ausgeliefert sind«, erwiderte ich. »Deshalb besteht der beste
Schutz vor bösen Einflüssen aus den psychonoetischen Dimensionen in der Anwendung spiritueller Übungen, die uns
helfen, uns von den negativen Schwingungen des noetischen
und des psychischen Körpers zu reinigen. Das heißt, wir müs-

sen bewußt darauf hinarbeiten, die Kraft unserer Selbstsucht zu brechen. Wenn wir ›reinen Herzens‹ sind, haben wir nichts zu befürchten.«

Ich berichtete über meine kürzliche Entdeckung, daß zusätzlich zu den verschiedenen psychonoetischen Übungen die Lektüre inspirierender, religiöser Literatur sehr hilfreich ist. Für einige Menschen mag sogar das gewohnheitsmäßige Lesen von Gebetbüchern als Methode nützlich sein, sich auf höhere, spirituelle Schwingungen einzustellen.

Dann zeigte ich den Teilnehmern gewisse Meditationen, die uns vor bösen Einflüssen schützen können. Zum Beispiel stellt die Visualisierung von weißem Licht, das uns umgibt, zusammen mit der Vorstellung, daß kein böses Elemental unsere Aura durchdringen und uns schaden kann, eine Form des Schutzes dar. Auch Talismane oder religiöse Symbole, die mit Heilenergie aufgeladen sind, können als Schutz vor negativen, psychonoetischen Einflüssen dienen.

»Am wichtigsten aber ist, daß man solche Einflüsse nicht fürchtet, weil Furcht selbst als Magnet für solche Einflüsse fungiert«, schloß ich.

»Eines möchte ich noch hinzufügen. Nach diesen Lehren ist es unklug, unmittelbar die Aneignung psychischer Fähigkeiten und Kräfte anzustreben. Solche Fähigkeiten entwickeln sich auf natürliche Art und Weise, wenn wir auf dem spirituellen Pfad fortschreiten. Der Versuch, sie ohne Rücksicht auf unser spirituelles Wachstum zu entwickeln, könnte verheerende Folgen haben.«

Mary Ann bat mich, die möglichen katastrophalen Folgen, die ich angedeutet hatte, näher zu schildern.

»Wenn Sie Ihre psychischen Kräfte fördern, ohne zugleich Ihre Spiritualität zu entwickeln, benutzen Sie die Kraft möglicherweise zu eigennützigen Zwecken, um bestimmte Wirkungen zu erzeugen und die egoistischen Wünsche der derzeitigen Persönlichkeit zu befriedigen. Dies ist eine Form der Schwarzen Magie, die man unter allen Umständen vermeiden muß. Psychische Kraft darf nur zu Heilungszwecken angewandt werden und nicht zur Befriedigung persönlicher Begierden. Wenn der Mensch nicht seine Begierden gemeistert hat, erliegt er leicht der Versuchung, seine psychische Kraft zur Verfolgung privater Ziele einzusetzen. Man kann sich sogar unbeabsichtigt negativer Magie unterwerfen. Wenn Sie zum Beispiel Ihren Zorn nicht überwunden haben und wie jeder gewöhnliche Mensch dazu neigen, diejenigen anzugreifen, die Sie provoziert haben, könnten Sie unbewußt mächtige, dämonische Elementale erschaffen, die der anderen Person schaden können – Elementale der Art, wie böse Magier sie bewußt erschaffen. Und natürlich werden diese Elementale schließlich – früher oder später – zurückkommen, um Sie selbst heimzusuchen. Aus diesem Grund legen alle esoterischen Traditionen größten Wert auf die Entwicklung der Spiritualität und warnen vor der verfrühten Erweckung psychonoetischer Kräfte.«

Ich bemerkte, daß es kurz vor 17 Uhr war, und beschloß, den Workshop zu einem Abschluß zu bringen. Aber Howard, der Doktor der Medizin, hatte noch eine Frage zu den Elementalen: »Wenn jemand, zum Beispiel ein Wissenschaftler, eine größere Entdeckung macht, erschafft er dann ein Elemental oder holt er es aus der Welt der Elementale, die die psychonoetischen Dimensionen bevölkern?«

»Das ist eine sehr gute Frage«, erwiderte ich. »Wie ich schon mehrmals betont habe, schwimmen wir buchstäblich in einem Universum der Elementale, die wir und andere geschaffen haben und unablässig weiterhin erschaffen. Aus diesem Grund mag, was wir für unsere Entdeckung und unsere Idee halten, in Wirklichkeit ein Einfall sein, den andere vor uns geschaffen haben. Somit könnte eine Entdeckung einfach nur eine Öffnung unseres Unbewußten für die Einflüsse jener Elementale sein, die auf uns herabströmen. Wir leben in einem Netz einander wechselseitig beeinflussender Elementale, und was auch immer wir zu entdecken glauben, ist in der Welt der Elementale und des kollektiven Unbewußten oder universalen Gedächtnisses bereits vorhanden.

Yogi Ramacharaka hat dies wie folgt ausgedrückt:

> Unausgedrücktes Denken, das ursprünglich mit einer beträchtlichen Kraft des Verlangens ausgesandt wurde, sucht ständig nach Ausdruck und Einlaß, und jemand, der es wirksam auszudrücken bereit ist, zieht es an. Das heißt, wenn ein begabter Denker Ideen entwickelt, zu deren praktischer Umsetzung und Nutzanwendung er nicht die Energie oder die Fähigkeit hat, werden die starken Gedanken über diesen Gegenstand, die er ausstrahlt, noch jahrelang nach anderen Gehirnen als Kanal ihres Ausdrucks suchen; und wenn solche Gedanken von einem Mann angezogen werden, dessen Energie ausreicht, um sie zu manifestieren, werden sie sich in seinen Kopf ergießen, bis es so aussieht, als sei er selbst inspiriert... Die astrale Welt ist voller ausgezeichneter, unausgedrückter Gedanken, die nur auf denjenigen warten, der sie ausdrücken und verwenden wird.[6]

Dies kann das Wesen der menschlichen Kreativität erklären«, sagte ich. »Kreativität setzt letztlich das Verlangen voraus, etwas zu meistern. Man strahlt Energien ab, wenn man hart an etwas arbeitet. Sagen wir, ein medizinischer Forscher bemüht sich darum, einen Impfstoff gegen eine Infektion zu finden. Er hat vielleicht viele Jahre harter Arbeit auf seine Experimente verwandt. Plötzlich wird der Kopf des Wissenschaftlers durch eine blitzartige Einsicht erhellt, vielleicht zu einer Zeit, da er gar nicht an seinem Vorhaben arbeitet. Ein neuer Impfstoff wird entdeckt. Es ist möglich, daß die Entdeckung einfach aus der Welt der Elementale kam und vielleicht von der Arbeit eines anderen Forschers herrührte. Denken Sie daran: Wir alle sind untereinander verbunden, und wir beeinflussen einander ständig telepathisch über die Welt der Elementale.«

Es gab noch ein paar weitere Fragen zu diesem Gegenstand. Dann fuhr ich fort, um den Workshop zu beenden.

»Ich möchte Sie an das erinnern, was ich eingangs gesagt habe, daß alles, was auch immer wir mit Worten über Gott aussagen können, letztlich unvollständig und wahrscheinlich falsch ist.

Wir haben in Griechenland eine Redensart, die lautet: ›Die tiefste Weisheit des Menschen ist töricht in den Augen Gottes‹. Bitte denken Sie daran.

Kürzlich traf ich auf einer Konferenz in Washington eine bemerkenswerte Frau, Ethel De Loach, eine Hellseherin und Geistheilerin von internationalem Ruf. Sie sprach unter anderem an der medizinischen Fakultät der Johns-Hopkins-Universität und nahm gemeinsam mit anderen Forschern auf dem Gebiet der alternativen Heilkunde an Experimenten und Untersuchungen teil. Während der drei Konferenztage hatte ich Gelegenheit zu einem längeren Gespräch mit Ethel über Fragen, die uns beide interessierten. Unter anderem gestand sie mir, daß sie das tiefgreifende Erlebnis einer Vision gehabt hatte, in der ein kleiner, ziemlich dicker Mann vor ihr erschien. Er verkündete ihr: ›Ich bin der heilige Thomas von Aquin.‹ Er sagte, er sei zu ihr gekommen, um ihr seinen Segen zu übermitteln und einen Vortrag über das Wesen Gottes zu halten. Ethel beteuerte mir mehrmals, sie könne nicht begreifen, wieso ausgerechnet ihr dies widerfahren war. Ich fragte sie, ob sie etwas über den heiligen Thomas von Aquin wisse oder gelesen habe, und sie erwiderte, sie habe nie von ihm gehört. Ihre Beschreibung beeindruckte mich sehr. Ethel erwähnte mehrmals die besondere Gestalt ihres Besuchers. Ich wußte aus Büchern, die ich gelesen hatte, daß der heilige Thomas während seines Mönchslebens als katholischer Theologe im 13. Jahrhundert ein kleiner, wohlbeleibter Mann gewesen war, den seine Kommilitonen an der Universität wegen seiner korpulenten Erscheinung aufzuziehen pflegten. Wie Sie vielleicht wissen, war der heilige Thomas von Aquin der einflußreichste Theologe der katholischen Kirche. Er stellte die auf die Philosophie des Aristoteles gegründeten Lehrsätze der katholischen Theologie auf, die bis heute Gültigkeit haben. Eine der bekanntesten Anekdoten über sein Leben besagt, daß er während einer Liturgie in einen recht langen, religiösen Ekstasezustand geriet. Als er zu seinem normalen Bewußtsein zurückkehrte, verkündete er, daß alles, was er in all den Jahren über Gott geschrieben hatte, absolut unbedeutend im Vergleich zu dem war, was er gerade erfahren hatte. Er schrieb kein einziges Wort mehr und starb ein Jahr später.

Was Ethel in dieser Vision gesagt wurde, war in meinen Augen eine der eindrucksvollsten kurzen Aussagen über das Wesen Gottes, die mir bekannt sind, und ich möchte sie Ihnen gern mitteilen.« Ich zog ein Blatt mit dem Text hervor, den Ethel mir über ihre Vision überlassen hatte, und las vor:

Meinen Segen dir und deinen Freunden... Heute abend werden wir über Gott und über einige der Gründe für deine Schwierigkeiten sprechen, zu begreifen, was Gott ist. Wir können sagen, daß Gott der Heilige Geist ist, der Urheber alles Geschaffenen, und wir haben in gewisser Hinsicht recht. Aber die Schwierigkeit besteht darin, zu begreifen, was die Wörter eigentlich bedeuten. Die Schöpfung umfaßt so vieles mehr, als das Auge wahrnehmen kann. Und selbst wenn wir nur über das sichtbare, materielle Universum nachdenken, fällt es uns schwer, eine Vorstellung von seiner Unermeßlichkeit zu bekommen.

Du wirst erkennen, daß deine Vorstellung von Gott immer durch dein Bewußtsein begrenzt ist. Aber dies soll dich nicht davon abhalten, über das Wesen Gottes zu meditieren, da du bei diesem Meditieren all das Gute anziehst, das du brauchst, um in Kontakt mit der einen, unendlichen Quelle zu leben. Je mehr du über Gott nachdenkst, desto mehr wirst du von der Schöpfung verstehen. Du wirst jene Energie anziehen, die wir die Liebe Gottes nennen, und du kannst diese Energie dazu verwenden, um sie auf all jene in deiner Nähe abzustrahlen, die der Erhebung und Heilung bedürfen, die von Gottes Liebe und Licht ausgehen.

Gott vollständig kennen und begreifen zu können würde soviel Energie verlangen, wie du nicht fassen könntest, wie weder die Erde noch die Sonne, das Sonnensystem oder die Milchstraße fassen könnten. Nur alles, was ist, könnte Gott fassen, aber er steht so weit über deinem Bewußtsein, daß selbst deine Vergleiche mangelhaft sein müssen. Du wirst nun begreifen, weshalb deine Vorstellungen und dein Verständnis von Gott immer begrenzt sein werden, aber auf der anderen Seite gibt es keine Grenzen für die Ausdehnung deines Bewußtseins und deshalb für deine Fähigkeit, Gott zu begreifen. Deine Bemühungen, dich einzustimmen, sind sehr wichtig für alles Leben auf dieser Erde, und sie beeinflussen auch andere Dimensionen. Die Zeit, die du mit Meditieren, Fasten und Beten verbringst, wird reiche Früchte tragen, also fahre damit fort. Ich grüße dich.

Wir dachten eine Weile über diese Vision nach, und nach einigen Meditationsübungen zur Herstellung von heilenden Elementalen für die New Yorker Umgebung, das Land und die ganze Erde beendeten wir den Workshop.

3
Mysteriöse Begebenheiten

Das Frühjahrssemester 1990 war vorbei. Ich war gerade mit der Korrektur der letzten Examensarbeiten fertig geworden und reichte die Ergebnisse erleichtert im Büro unserer Fakultät ein. Endlich konnte ich an meine bevorstehende Reise nach Zypern denken und hatte die Muße, sie zu planen. In Zypern wollte ich meine Erkundung der Erewna und der esoterischen christlichen Tradition fortsetzen. So begierig ich auch war, nach Zypern zu kommen und den Kontakt mit meinen Freunden wiederherzustellen, bei der Vorstellung, Maine im Sommer zu verlassen, fühlte ich mich trotzdem unbehaglich. Die Natur war wie im Taumel und machte sich nach einem langen und frostigen Winterschlaf bereit, wieder zum Leben zu erwachen.

In dieser Jahreszeit gibt es gewiß keinen besseren Ort als Maine, dachte ich voller Wohlbehagen, während ich das warme, sonnige Wetter nutzte und durch das tadellos gepflegte Universitätsgelände schlenderte. Ich ging über eine Stunde lang über die angrenzenden Wald- und Feldwege spazieren und atmete die reine Luft ein – immerhin ein Luxus in unserem zu Ende gehenden, erschöpften Jahrhundert. Die Wälder Maines blieben von der allgemeinen Entwicklung weitgehend verschont und strahlen noch denselben natürlichen Zauber aus wie zu Zeiten Henry David Thoreaus und anderer metaphysischer Denker Amerikas.

Ich behielt die Zeit im Auge, da ich mit Pascalis verabredet war, einem griechischen Arzt, den ich ein paar Tage zuvor im Haus eines Freundes getroffen hatte. »Ich würde Ihnen gern von einer merkwürdigen Erfahrung in der Zeit erzählen, als ich in Italien Medizin studierte«, hatte er gesagt, als er von meinem beruflichen Interesse an ungewöhnlichen Berichten über Ereignisse erfuhr, die meist unter Bezeichnungen wie »paranormale Phänomene«, »Esoterik« oder »Okkultismus« subsumiert werden. Da er an seine Arztstellung dachte und seinen eigenen Erfahrungen und Begegnungen mit dem Paranormalen mißtraute, wollte er mich privat treffen und ausführlich mit mir über diese Sache sprechen. An dem Abend, als wir uns trafen, betonte er, daß sein Erlebnis allem widersprach, an das er glaubte. »Seit jenem geheimnisvollen Ereignis sind jetzt so viele Jahre vergangen«, sagte er ein wenig zögernd, »und ich kann mir immer noch keinen Reim darauf machen.«

Pascalis hatte sein Medizinstudium an der Universität von Perugia in Italien abgeschlossen und war jetzt in einem Bostoner Krankenhaus tätig. Er war ein Mann Mitte 30, besaß eine überschwengliche, angenehme und humorvolle Art, die dem Stereotyp entsprach, das Amerikaner von Griechen à la Sorbas und feurigen Italienern haben. Es war leicht, sein Freund zu werden. Gewöhnliche Ärzte sind eher von der konservativen Art; sie genießen das Ansehen, die Macht und den Wohlstand, den die moderne Gesellschaft ihnen großzügig zugesteht. Nicht so Pascalis. Er war, wie viele Griechen seiner Generation, politisch ein Radikaler. Trotzdem strebte er nach einem behaglichen Mittelklasseleben in einem Vorort Athens. Anders als die asketischen, fäusteschwingenden, zornigen Marxisten, die ich in den Jahren meiner akademischen Laufbahn kennengelernt habe, war Pascalis voller Lebensfreude. Er spielte sogar mit dem Gedanken, sich ein Segelboot zu kaufen und von einer ägäischen Insel zur nächsten zu segeln. Im Verlauf unseres kurzen Gesprächs schien es mir, als sei er ein Marxist/Leninist in der Rekonvaleszenz, also noch nicht fähig, die alte Gewohnheit ganz abzustreifen. Ich war beeindruckt. Ein linksradikaler griechischer Arzt, der mit dem Paranormalen konfrontiert wurde und mit einem bourgeoisen Lebensstil liebäugelt, war eine soziologische Rarität ersten Ranges.

Als ich von meinem langen und erholsamen Spaziergang zurückkehrte, schickte die Sonne sich an, über dem gemächlich fließenden Stillwater River, der neben der College Avenue her- und an der Universität vorbeifließt, unterzugehen. Es war 16 Uhr, als ich Pascalis erblickte. Er lief in der Nähe der Treppe zur Fogler-Bibliothek hin und her und versuchte, einen Hinweis auf den Weg zu meinem Büro in der Soziologischen Fakultät an der Fernald Hall zu finden. Wir gaben uns die Hand und unterhielten uns ein paar Minuten lang vor der Treppe zur Bibliothek, die auf eine lange Promenade in der Mitte des Campus mündet. Dann lud ich ihn in den »Damn Yankee« ein, die Cafeteria der Studentenunion, wo wir uns in entspannter Atmosphäre unterhalten konnten. Die meisten Studenten waren bereits in den Sommerferien, und die sonst lärmende Cafeteria war angenehm still.

Seit ich angefangen habe, über esoterische Themen zu schreiben, wenden sich viele Leute auf der ganzen Welt an mich, die ungewöhnliche Geschichten zu berichten haben. Ich bin eine Art Auffangstelle für Menschen geworden, deren Bewußtseinszustand und Realität sich von jenen der meisten von uns radikal unterscheidet. Ich hatte schon bald erkannt, daß die Welt, wie sie die zypriotischen Heiler meiner Bücher erfahren, keineswegs deren alleinige Domäne darstellt, daß sehr viele Menschen aus unterschiedlichen Gesellschaften und Kulturen mit ihr Bekanntschaft gemacht haben, die ihre Erfahrungen entweder für sich behalten oder sie nur einigen wenigen Freunden mitteilen, denen sie vertrauen.

Abgesehen von praktizierenden Heilern, Hellsehern, Sensitiven und Personen, die außerkörperliche Erlebnisse gehabt hatten, traten auch gewöhnliche Leute an mich heran, die mir ungewöhnliche Geschichten zu berichten hatten. Einige von ihnen – wie Pascalis – waren vor allem verwundert über das, was sie gesehen oder erfahren hatten, weil es ihren sämtlichen

Annahmen über die Welt widersprach. Ich erinnere mich zum Beispiel an einen Tag, an dem ein erfolgreicher Unternehmer – der Bruder eines der Gründer der Erewna – einer kleinen Gruppe von uns erzählte, wie er sich dabei überrascht hatte, daß er bei vollem Bewußtsein mit unglaublicher Geschwindigkeit um den Planeten reiste. Seine Beschreibung dieser Erfahrung war fast identisch mit jener, die Jung in seiner Autobiographie schildert.[1] Aber anders als Jung konnte dieser Mann nicht akzeptieren, daß seine Erfahrung real gewesen war, weil sie seinen durch und durch materialistischen und mechanistischen Ansichten widersprach. Sein Bruder versuchte ohne Erfolg, ihn in die esoterische Philosophie einzuführen und ihn mit den wissenschaftlichen Ergebnissen bei Versuchen mit ASW (außersinnliche Wahrnehmung, auch engl. *extrasensory perception* = ESP) vertraut zu machen. Kostas ermahnte seinen Freund und Schüler, seinen Bruder in Ruhe zu lassen, weil dieser nicht für esoterische Kenntnisse und Weisheit bereit war. Sein Eifer, seinen Bruder zu erleuchten, führte zu unnötigen Reibungen zwischen ihnen.

»Nun, Pascalis«, sagte ich, als ich mit zwei Tassen Kaffee an den Tisch kam, »ich bin ganz Ohr.«

Er grinste nervös, nippte an seinem Kaffee und begann. Ich bemühte mich, ihn zu beruhigen, indem ich sagte, ich sei an ungewöhnliche Berichte und Erfahrungen gewöhnt. Ich erwähnte scherzhaft, nichts von dem, was er mir offenbaren könnte, würde mich zu der Annahme verleiten, daß er einer mentalen Störung zum Opfer gefallen sei.

»Anfang 1973 reiste ich zu meinem italienischen Freund Mario Albini«, begann Pascalis. »Er war Student der politischen Wissenschaften an der Universität von Perugia. Er stammte eigentlich aus Florenz.«

»Wo ungefähr liegt Perugia?« erkundigte ich mich und versuchte, mir im Kopf die Karte Italiens vorzustellen.

»In Mittelitalien, in Umbrien, einer hochgelegenen Gebirgslandschaft. Auf fast jedem Berggipfel steht eine alte Burg. Früher haben viele Barone und Grafen in dieser Gegend gelebt, und ihre Nachkommen tragen noch heute ihre Titel. Einer meiner italienischen Freunde ist tatsächlich ein Baron.

Mario Albini und ich suchten verzweifelt Arbeit. Endlich fanden wir ein Haus, das angestrichen werden sollte, eine herrschaftliche Villa aus dem 19. Jahrhundert, die einer Gräfin gehörte. Es war oben auf einem Berg gelegen, von Pinien umstanden und verfügte über eine Privatstraße und eine Kette vor der Einfahrt. Rechts neben der Villa stand das Schloß, in dem die Gräfin lebte. Es enthielt wenigstens 20 Schlafzimmer. Sie gab uns den Auftrag, das Haus anzustreichen. Sie müssen wissen, daß das Haus im letzten Jahr von etwa 20 Studenten aus einem College in Kalifornien gemietet worden war. Sie hatten Marihuana geraucht und die Wände bemalt. Es herrschte ein tolles Durcheinander. Die Gräfin bat uns, nicht nur das Haus zu streichen, sondern auch die Gästezimmer in Ordnung zu bringen. Das Wohnzimmer war riesig, mit einem etwa fünf Meter breiten und drei Meter tiefen Kamin. Man konnte auf Bänken am Kamin sitzen.

Als wir eines Abends dort saßen und uns von der Tagesarbeit ausruhten, erzählte mir Mario Albini die Geschichte einer wahren Begebenheit im Jahr 1966. In jenem Jahr hatte er mit drei italienischen Freunden und deren schwedischen Freundinnen einen nahe gelegenen Ort besucht, der La Casa del Diavolo heißt. Er ist etwa 40 Kilometer von dem Ort entfernt, an dem wir waren. Sie wollten sich eine Kirche anschauen, von der die Italiener sagten, sie sei verflucht. Alle ihre Türen waren verbarrikadiert, und der Vordereingang war von außen zugemauert, so daß niemand hineinkonnte. Die drei Freunde und eines der schwedischen Mädchen beschlossen, sich Einlaß zu verschaffen. Mario wußte nicht, wie, aber es gelang ihnen, hineinzukommen. Sie entdeckten hinten in der Kirche einen kleinen Raum mit zwei Gräbern, die von Marmorplatten mit eisernen Ringen bedeckt waren.«

»Sehr geheimnisvoll«, bemerkte ich scherzhaft.

»Warten Sie ab, bis Sie hören, was als nächstes geschah«, sagte Pascalis. »Mario Albini konnte mir nicht mehr über diesen Besuch seiner Freunde in der Kirche und das, was genau dort geschah, mitteilen. Er wußte nur, daß einer seiner Freunde an der Treppe zur Kirche starb und der andere in einer psychiatrischen Klinik in Perugia endete. Die Schwedin, die ebenfalls in die Kirche gegangen war, befand sich für eine Weile in einem Schockzustand; sonst geschah nichts Dramatisches mit ihr. Die Polizei suchte alles ab, um herauszufinden, was die jungen Leute entdeckt hatten, aber sie fanden keine Lösung des Geheimnisses, und der Fall ist bis heute ungelöst. Das Mädchen kehrte nach Schweden zurück, und Marios Freund befindet sich immer noch in der Klinik.«

Ich schüttelte den Kopf und dachte bei mir, daß der Bericht von Pascalis eine neuerliche Geschichte von einer ungewöhnlichen, dämonischen Energie oder einem kollektiv geschaffenen, bösen Elemental war, das solche Tragödien hervorrufen kann.

»Als ich diese Geschichte von Mario Albini gehört hatte«, fuhr Pascalis fort, »sann ich eine Weile darüber nach, dann vergaß ich sie wieder. Aber einige Monate später, im Spätfrühjahr 1973, wurde das Thema wieder aktuell. Ein paar Freunde, die in einer Villa außerhalb von Perugia wohnten, besuchten uns. Unter ihnen war Mikis Papadopoulos, ein Grieche von der Insel Ithaka. Er war auf dem Weg nach Griechenland und wollte von dort aus nach Amerika fahren, um sein Studium fortzusetzen. Mikis wurde von vier Studentinnen aus San Francisco begleitet. Im selben Haus wie Mikis wohnten Zacharias Markantonis aus Saloniki, ein anderer Freund von mir, sowie Demos von Patras, ein weiterer griechischer Student. Wir gaben ihm den Spitznamen ›die Krähe‹, weil er lange, dunkle Haare und eine lange, spitze Nase hatte, die wie der Schnabel einer Krähe aussah. In dem Apartment neben Mikis und Demos wohnte eine weitere Gruppe von Freunden, drei Engländer und ein Kanadier mit ihren Freundinnen, zwei englischen und zwei amerikanischen Mädchen. Wir alle hatten ein freundschaftliche Verhältnis zu dieser Gruppe, und wir luden sie ein, bei uns Spaghetti zu essen. Wir entzündeten ein Feuer im Kamin, als die ganze Gruppe eintraf. Ich hatte damals eine Freundin aus Jugoslawien, und Mario hatte eine Freundin aus Chicago, die Susan Smith hieß. Wir fingen an, unsere Spaghetti zu essen, und tranken einen guten italienischen Wein dazu. Dann erzählten wir einander Geschichten, um uns die Zeit zu vertreiben. Ich erinnerte mich an die Geschichte von La Casa del Diavolo, die Mario Albini mir erzählt hatte, und schlug halb im Ernst und halb im Spaß vor: ›Wie wäre es mit einem Besuch in La Casa del Diavolo?‹ ›Was ist La Casa del Diavolo?‹ fragten sie. Mario Albini berichtete ihnen in ein paar Worten die Geschichte. In großer Erregung kamen wir alle überein, sofort dorthin zu fahren.

Es war inzwischen Viertel nach elf. Mario Albini kannte nur einen Teil des Weges und gab uns Anweisungen. Wir mußten von Perugia aus zum Bahnhof und von dort aus bis zu der Fabrik Perugia weiterfahren, die auf der ganzen Welt für ihre Schokolade berühmt ist. Dann sollten wir durch eine Hügellandschaft voller Olivenbäume, schmutziger Straßen und Bauernhöfe bis zu einer bestimmten Straßenkreuzung fahren. ›Laßt uns bis dorthin fahren‹, sagte Mario Albini. ›Dann müssen wir den weiteren Weg erfragen, weil ich ihn nicht kenne. Ich bin niemals dort gewesen.‹ Wir stiegen in unsere Autos.

Ach, übrigens, ich vergaß zu erwähnen, daß eine Sache mit den Autos für die Geschichte wichtig ist. Susan Smith besaß einen roten, amerikanischen Wagen. Zacharias Markantonis, mein Freund aus Saloniki, hatte einen ganz neuen Alfa Romeo. Ich selbst fuhr einen alten Volkswagen, den ich Mikis Papadopoulos abkaufen wollte. Demos, die Krähe, hatte einen kleinen Fiat. Also stiegen wir alle in unsere Wagen und brachen nach La Casa del Diavolo auf.

Zunächst fuhren wir auf die Hauptstraße, dann kamen wir an den Bahnhof. Wir fuhren weiter über eine ungepflegte Straße und erblickten ein Haus – ein typisches Landhaus –, dessen Verandalicht brannte. Wir hielten an, um zu fragen, wie wir nach La Casa del Diavolo kommen würden. Wir sagten zu Mario Albini: ›Du bist Italiener und kennst dich besser aus, also klopf an die Tür und frag.‹ Er stieg die Stufen zu der kleinen Veranda hoch und klopfte an die Tür. Ein Mann mit einem ländlichen Hut öffnete. ›Was wünschen Sie?‹ fragte er. ›Wir suchen La Casa del Diavolo‹, erwiderte er. ›Wir wollen dorthin fahren.‹ Der Landsmann gab ihm keine Antwort. Er sagte nur ›Oh‹ und wies die Straße entlang. Dann schlug er die Tür zu, bevor Mario auch nur Gelegenheit hatte, sich abzuwenden.

Nun sind die Italiener in der Regel sehr freundlich und verbindlich, deshalb war das Verhalten des Mannes unerklärlich. Egal, wir folgten der Richtung, die er uns gewiesen hatte. Wir fuhren durch eine Reihe enger Straßen, bis wir nicht mehr wußten, wo wir waren. Endlich – nachdem wir mehrere Hügel umfahren hatten – erreichten wir um Mitternacht unser Ziel. Wir befanden uns auf einer Hochebene von vier- oder fünfhundert Metern Ausdehnung. Vor uns lag eine mit Marmorgeröll verstopfte Durchfahrt, neben der eine große, unheimlich wirkende Kirche stand. Dahinter, jenseits der mäßig tiefen Durchfahrt, stieg der Berg weiter an, und auf seinem Gipfel stand eine Burg. Das heißt, die Ruinen einer Burg – nur die Mauern standen noch.

Wir parkten vor der Kirche und verließen unsere Autos. Der

Vordereingang war mit Ziegeln und Felsbrocken zugemauert. Es war unmöglich, hineinzugelangen. Aber wir wollten hinein. Die Kirche war sehr hoch, vielleicht zehn oder zwölf Meter. Ich kann mich nicht genau erinnern, aber sie könnte noch höher gewesen sein. Wir machten uns auf die Suche nach einem Eingang und entdeckten, daß die rückwärtige Mauer eingestürzt war. Aber dahinter erhob sich eine zweite Mauer, die wie die Rückwand eines Raumes aussah. Sie war nur einige Meter hoch, so daß wir sie übersteigen konnten.

Als erster kletterte Zacharias Markantonis, der groß und stark war. Er stieg auf unsere Schultern und konnte die Mauerkrone mit der Hand erreichen. Dann zog er uns der Reihe nach zu sich hoch. Acht bis zehn Meter höher und ein Stück weiter fort war das Dach der Kirche. Die Außenmauer war etwa einen Meter dick, eine sehr feste Mauer. Aber an der Stelle, wo sie eingestürzt war, konnten wir den Boden des hinteren Raumes betreten, der nicht aus festem Material bestand. Wir hielten unsere Taschenlampen hoch und halfen allen, zu uns hochzuklettern. Es gab kein Licht und kein Haus im Umkreis von drei bis fünf Kilometern. Als wir alle im hinteren Raum waren, fragten wir uns, wie wir in die Kirche gelangen konnten. Zacharias deutete auf einen Balken und sagte: ›Wir nehmen den hier.‹ Wir hoben den Balken auf und begannen, die Rückwand der Kirche zu bearbeiten. Plötzlich brach die Mauer an einer Stelle, die offenbar dünner war, zusammen. Sie bestand nur aus verhältnismäßig kleinen, flachen Ziegelsteinen. Auf diese Weise schufen wir eine Öffnung, durch die wir ins Innere der Kirche gelangen konnten. Zacharias ging als erster. Dann folgte ich mit Demos, der Krähe. Als wir in der Kirche waren, befanden wir uns in einem Raum ähnlich dem, in dem wir zuvor gewesen waren. Er besaß den Grundriß eines Parallelogramms und wies an jeder Seite vier Türen auf. An einer Seite des Raumes lag eine alte, zerrissene Matratze, die wie ein schmutziger Bettvorleger aussah. Es gab auch einen kleinen Kamin. Wir öffneten eine der Türen und kamen in einen weiteren Raum. Dann öffneten wir wieder eine Tür und gelangten in einen zweiten Raum. Die Räume waren sehr hoch. Es gab zu viele Räume, und wir fürchteten, uns zu verirren. Wir beschlossen also, zurückzukehren und den anderen zu berichten, was wir vorgefunden hatten. Um uns nicht zu verirren, nahmen wir uns vor, in gerader Linie in Richtung der Kirche vorzugehen und nur immer die Türen entlang dieser Linie zu öffnen. Wir gingen hinaus und forderten die übrigen auf, uns zu folgen. Nachdem wir in einer Reihe standen und einer den anderen bei der Hand ergriffen hatte, bewegten wir uns in Richtung der Kirche, deren Dach über uns ragte. Wir erreichten den letzten Raum und öffneten die Tür, die direkt in die Kirche führen mußte. Inzwischen hatten wir fünf oder sechs kleine Räume in einer Fluchtlinie passiert.

Wir spürten etwas Fremdes, das uns bedrückte. Jedesmal, wenn wir die Tür zu einem der Räume geöffnet hatten, war ein Windstoß entstanden, der ein merkwürdig zischendes Geräusch erzeugte. Wir wollten dieses Phänomen nicht überbewerten, obwohl es uns merkwürdig vorkam. Immerhin wehte draußen kein Wind, und wir konnten auch nicht herausfinden, aus welcher Richtung der Luftstoß kam. Der letzte Raum lag höher, und wir erblickten unter uns das Innere der Kirche. Eine etwa acht Meter lange Leiter, die auf dem Boden der Kirche stand, ragte mit dem anderen Ende in den Raum, in dem wir uns befanden. Sie stellte die einzige Möglichkeit dar, in die Kirche zu gelangen, denn – wie ich Ihnen schon sagte – die Eingangstür war zugemauert. Also stiegen wir alle diese Leiter hinab und suchten nach den Gräbern, von denen man uns gesagt hatte, daß sie sich hier befänden. Mario Albini, der mehr Ahnung als wir übrigen zu haben schien, übernahm die Führung. Wir beleuchteten mit den Taschenlampen unseren

Weg, gingen mitten durch die Kirche auf das Sanktum zu und erreichten das Ende der Kirche. Rechts befand sich ein kleiner Raum, in dem wir die beiden Marmorgräber fanden. Susan Smith schlug vor, sie zu öffnen, um zu sehen, wer oder was sich darin befand.«

»Wie haben Sie sich in diesem Augenblick gefühlt?« fragte ich Pascalis.

»Nicht so gut«, erwiderte er mit einem schuldbewußten Lächeln. »Aber warten Sie nur, bis Sie hören, was danach geschah. Wir alle stellten uns im Kreis um diese Gräber. Es gelang uns, eines von ihnen mit einer Brechstange zu öffnen. Darunter befand sich ein großer Hohlraum, dessen Boden mit menschlichen Hand- und Beinknochen, Schädeln und so weiter bedeckt war. Susan Smith, Mario Albinis Freundin, wurde sehr erregt und sprang in das Grab, um nach einem unversehrten Skelett zu suchen, das sie mitnehmen konnte. Sie fand nur einen guterhaltenen Schädel und sammelte ein paar Handknochen auf. Sie saß dort ein oder zwei Minuten lang, dann reichte ihr jemand die Hand und zog sie hinauf. Nun versuchten wir, auch das andere Grab aufzubrechen, aber das erwies sich als unmöglich.

Zacharias und Demos, die kräftige Arme hatten, bemühten sich vergebens. Inzwischen war Susan Smith in die Kirche zurückgegangen und hielt nach Kunstschätzen Ausschau. Sie stammte aus einer reichen amerikanischen Familie und war ganz verrückt nach Kunstobjekten. Sie erblickte die Statue eines Heiligen, brach ihr den Kopf und die Arme ab und nahm sie – zusammen mit den Knochen – mit, um ihr Zimmer mit ihnen zu dekorieren. Ich war bei Zacharias, Mikis und den vier Amerikanerinnen aus San Francisco. Wir blieben einfach nur in der Mitte der Kirche und schauten uns um. Ich fühlte mich unbehaglich bei dem, was wir taten, und schlug Mikis vor, daß wir hinausgehen und eine Zigarette rauchen sollten. Er war einverstanden, meinte aber, daß wir die Eingangstür öffnen sollten. Mit einiger Anstrengung schafften wir es, die Tür von innen aufzubrechen. Es war eine Metalltür. Aber, wie ich Ihnen bereits sagte, von außen war sie mit Ziegeln und Steinen zugemauert worden. Wir brachen eine Öffnung heraus und kamen genau auf dem Vorplatz heraus, auf dem wir unsere Autos geparkt hatten. Wir gingen zu dem Volkswagen – ich selbst, die vier Mädchen und Zacharias. Wenige Minuten später kamen Demos und Mikis heraus. Sie setzten sich in ihren Wagen. Die drei Engländer und der Kanadier mit ihren Freundinnen waren immer noch in der Kirche. Auch Mario Albini und Susan Smith waren noch drinnen. Wir übrigen waren hinausgegangen, weil wir uns gar nicht wohl fühlten bei dem, was vor sich ging.«

»Was meinen Sie damit?« fragte ich Pascalis. Ich merkte seiner Erwiderung ein gewisses Zögern an: »Ich spreche von dem Vandalismus in der Kirche. Auch Zacharias gefiel es nicht, und den vier Frauen aus San Francisco ging es ebenso. Deshalb waren wir mit den übrigen hinausgegangen. Wir zündeten uns Zigaretten an und warteten nervös.

Plötzlich hörten wir Musik. Es war eine zauberische, unbeschreibliche Musik. Wir dachten, wir würden verrückt. Wir fragten einer den anderen, um uns zu vergewissern, daß wir nicht halluzinierten. Wir alle hörten diese seltsame Musik. Es war eine Flöte. Ich sagte zu den übrigen: ›Wir werden bestimmt verrückt. Wer könnte zu dieser Stunde und an diesem Ort Flöte spielen? Ich werde die anderen fragen, ob sie dasselbe hören.‹ Ich fragte Demos im anderen Auto. ›Ja, ich höre es‹, sagte er. ›Es muß ein Schäfer sein.‹ ›Aber zu dieser Zeit?‹ warf ich ein. Nirgendwo war ein Licht. Wir versuchten, uns keine allzu großen Sorgen zu machen. Aber noch bevor wir unsere Zigaretten zu Ende rauchen konnten, hatte ein unglaublich starker Wind zu blasen begonnen. Es war ein Wind von der Art, der Bäume entwurzeln kann. Es war schrecklich. Und dann hörten wir ein lautes, unheimlich klingendes Heulen von der Burg her, die etwa 200 Meter von der Kirche entfernt auf dem Gipfel des Berges steht. Wir waren wie versteinert.

Ich spüre noch jetzt, während ich Ihnen dies erzähle, einen Schauer mein Rückgrat hinablaufen«, sagte Pascalis, nachdem er eine Weile innegehalten hatte.

Dann fuhr er fort: »Zacharias sagte zu mir: ›Das ist nicht gut. Wir müssen von hier verschwinden.‹ Wir eilten in die Kirche, um den übrigen zu sagen, daß wir sofort aufbrechen müßten. Ich sagte ihnen nicht, was draußen vor sich ging. Normalerweise hätten sie nicht auf mich gehört, denn die unausgesprochene Regel in unserer Gruppe lautete, daß jeder tat, was ihm beliebte, ohne auf die übrigen zu hören. Ihnen vorzuschreiben, was sie tun sollten, kam nicht in Frage. Die meisten von uns waren recht unreife Zwanzigjährige. Aber sobald ich ihnen sagte, daß wir verschwinden müßten, war es, als hätte ich ihnen befohlen, sich in einer Reihe aufzustellen, und einer nach dem anderen beeilte sich, die Kirche zu verlassen, und sie liefen auf ihre Autos zu. Wir alle standen kurz vor einer Panik. Dieses schreckliche Heulen dauerte an. Wir stießen und drängelten einander, um in unsere Wagen zu gelangen. Wir waren bleich vor Furcht.

Übrigens habe ich vergessen, Ihnen zu berichten, daß, als wir in die Auffahrt nach La Casa del Diavolo einbogen – zwei Kilometer vor der Kirche – die Kühlerhaube von Zacharias' Alfa Romeo von selbst aufging und ein Stück aus der Windschutzscheibe herausbrach, das Demos, die Krähe, traf. Er saß auf dem Beifahrersitz und trug einen Kratzer an der rechten Wange davon.

Jetzt fuhren wir also in Panik fort. Wir atmeten heftig, als wir das Heulen hörten, das die ganze Fahrt über zurück durch die Berge zur Hauptstraße nicht aufhörte. Das Geheul und der dämonische Wind folgten uns etwa zehn Kilometer weit. Die Olivenbäume bogen sich unter der unglaublichen Gewalt dieses Windes. Wir konnten vor Angst kaum atmen. Als wir die Hauptstraße erreichten und nachdem der Wind und das Heulen aufgehört hatten, stiegen wir alle aus unseren Wagen und fragten einander: ›Was war da eigentlich los?‹ Die drei Engländer und eine der Frauen waren in einem Schockzustand. Wir konnten uns die Ereignisse nicht erklären. Wir beschlossen, daß wir uns zu Hause alle zusammensetzen und über das sprechen wollten, was geschehen war. Wir waren voller Angst und Sorgen und stellten einander ständig Fragen, um uns bestätigen zu lassen, was wir gehört und gesehen hatten. Jene von uns, die außerhalb der Kirche gewesen waren, hatten die Musik und das Heulen vor denen gehört, die in der Kirche waren. Diejenigen, die in der Kirche und später herausgekommen waren, hatten nur das Heulen gehört; nicht die Musik. Nach einer Weile wurden wir ruhiger, und wir fingen sogar an, Witze über unser Erlebnis zu machen. Ich nehme an, es war unsere Art, unsere Angst zu lindern. Wir dachten, es gäbe dort vielleicht Leute, die eine Art Kampf ausfochten. Aber Mario Albini war ganz sicher, daß es im größeren Umkreis kein Haus, keinen Menschen gab. Wir beschlossen, alle im selben Haus zu schlafen, denn wir hatten Angst vor dem Alleinsein. Also blieben alle bei uns. Nur Demos, die Krähe, sagte, er hätte keine Angst, und ging nach Hause. Zacharias sagte: ›Wir wollen beieinander schlafen. Ich habe zuviel Angst.‹ Wir wohnten in einem großen Haus, wie ich Ihnen schon sagte, und wir konnten eine Menge Leute unterbringen.«

Pascalis hielt ein paar Sekunden lang inne, um seine Gedanken zu ordnen. Dann fuhr er fort: »Das Schrecklichste und Furchterregendste an unserem Erlebnis war das, was folgte. Alle Wagen, mit denen wir zu jener Kirche gefahren waren, wurden innerhalb von einer Woche in Unfälle verwickelt. Einer brannte vollständig aus. Mikis, der den Volkswagen besaß, an dessen Kauf ich Interesse hatte, war an einem ernsten Unfall beteiligt. Zacharias, mein anderer Freund, der mit dem Alfa Romeo, fuhr nach Pavia, um seinen Kram abzuholen und nach Perugia zu bringen, bevor er nach Griechenland aufbrach. Vor Florenz fing der Motor seines Wagens an zu brennen. Es war ein Totalschaden. Nur die Reifen blieben unversehrt. Und es war ein fast fabrikneuer Wagen. Der Fiat ging bei einem Unfall vollständig zu Bruch, und die drei Engländer und der Kanadier mit ihren Freundinnen wurden mit gebrochenen Rippen ins Krankenhaus gebracht. Susan Smith fuhr gegen einen Baum, als sie auf dem Weg zu uns den Hügel hinauffuhr. Sie trug Verletzungen am ganzen Körper davon. Auch ihr Wagen hatte einen Totalschaden.

Die einzigen, die verschont blieben, waren Mario Albini, ich selbst und Zacharias. Alle übrigen erlitten einen Autounfall.«

»Das ist schon ein merkwürdiges Zusammentreffen«, sagte ich und schüttelte den Kopf.

»Aber die Geschichte ist noch nicht zu Ende«, erwiderte Pascalis. »In dem Haus, in dem ich wohnte, lebten, wie gesagt, außerdem Mario Albini und Susan Smith. Eines Abends fuhr Mario Albini nach Ancona, um seine Mutter zu besuchen. Also war ich mit meinem Kater Sylvestro nachts allein in meinem Schlafzimmer. Sylvestro schlief auf meinem Bett, da hörte ich Gläserklirren in der Küche. Das Schlafzimmer von Susan Smith lag auf der anderen Seite des Hauses, auf der Ostseite. Um zu ihrem Schlafzimmer zu gelangen, mußte man die Küche durchqueren, die recht groß war, und dann durch einen etwa 20 Meter langen Flur gehen. Als ich die Geräusche in der Küche hörte, dachte ich kurz, jemand würde Geschirr spülen. Aber das ergab keinen Sinn. Es war zwei Uhr morgens, und das Geräusch hatte mich aufgeweckt. Ich machte die Tür auf, um zu sehen, was in der Küche vor sich ging, aber es war zu dunkel. Es war niemand dort. Ich ging ins Bett zurück. Ich hörte Geräusche auf dem Dach, als liefen dort Ratten herum. Plötzlich vernahm ich einen Schrei: ›Aiuto! Aiuto!‹ Das heißt ›Hilfe, Hilfe‹ auf italienisch. Der Schrei kam aus dem Schlafzimmer von Susan Smith. Sylvestro sprang auf und begann wie verrückt im Kreis herumzulaufen, als wolle er seinen Schwanz fangen. Ich schaltete das Licht in meinem Schlafzimmer und auf dem Flur an und lief zum Schlafzimmer von Susan Smith. Ich fand sie völlig aufgelöst vor. Das Licht brannte. Sie sagte, etwas sei am Fenster. ›Da war ein schreckliches Geräusch an meinem Fenster‹, sagte sie. ›Bitte, hilf mir.‹ Ich ging zum Fenster, um es zu öffnen. Ich hatte ebenfalls Angst und begann zu zittern. Ich fing an zu schreien, um fortzujagen, was auch immer an dem Fenster sein mochte, das zu öffnen ich im Begriff war. Ich machte es ganz auf.« Pascalis brach seine Erzählung ab.

Dann sagte er: »Bevor ich fortfahre, lassen Sie mich an dieser Stelle etwas anmerken. Die Geschichte hatte auch eine komische Seite. Wir hatten einen großen Freundeskreis, und wir hatten allen erzählt, was geschehen war. Eines Nachts – es war vier Uhr am Morgen – kamen ein paar Freunde, um uns aufzuziehen. Es gelang ihnen, sich in den Keller unseres Hauses Einlaß zu verschaffen. Dies war möglich, weil der Keller nicht von außen abgeschlossen wurde. Wir wohnten, wie ich Ihnen schon sagte, in einem alten Landhaus. Der Keller war riesig. Sie gelangten also hinein und machten Geräusche, um uns im Schlaf zu erschrecken. Aber wir wußten sofort, wer diese Geräusche verursachte, obwohl es vier Uhr morgens war und wir noch halb schliefen.

Jedenfalls, als ich das Fenster geöffnet hatte, konnte ich draußen nichts erblicken. Susan Smith war so verängstigt, daß sie nicht allein in einem Raum bleiben wollte. Sie kam mit in mein Schlafzimmer und schlief neben mir.

Als Mario Albini zurückkam, erzählten wir ihm die Geschichte. Daraufhin gestand er uns, daß er die Geräusche ebenfalls gehört hatte, uns aber nichts davon gesagt hatte, weil er nicht wollte, daß wir glaubten, er sei verrückt geworden. ›Laßt uns gehen und die Gräfin fragen‹, schlug er vor. Wir gingen zu der Gräfin, die eine Aristokratin war, aber nicht sehr klug zu sein schien. Tatsächlich kam sie uns sehr merkwürdig vor. Sie besaß graue Augen und einen rätselhaften Blick. ›Gräfin‹, sagten wir, ›wir haben seltsame Geräusche im Haus gehört.‹ ›Oh‹, erwiderte sie, ›das müssen Geister oder Gespenster sein. Das Haus ist alt und historisch. Es muß so etwas hier geben. Aber wieso sind Sie deswegen beunruhigt?‹ ›Vielen Dank auch für Ihre Hilfe‹, sagte ich verärgert. Ich hatte mir beinahe in die Hose gemacht. Wir sagten der Gräfin, das Problem sei *ernst*. ›Keine Sorge‹, erwiderte sie, ›diese Dinge sind nicht geheimnisvoll. Sie geschehen einfach. Es ist nichts.‹ ›Na, großartig‹, sagte ich ungehalten zu mir selbst, und wir gingen.

Etwa 700 Meter entfernt von unserem Haus, am Fuß des Hügels, lebte ein Bauer, der sich um den riesigen Besitz der Gräfin kümmerte und das Land bestellte. Sie lebte allein und hatte nur noch eine Frau, die ihr im Schloß half. Also gingen wir zu diesem Bauern. Er war ein guter Mann, der mit seinen Ochsen das Land bearbeitete. Er hatte Wein, dunkles Brot, Truthühner und dergleichen, was wir ihm gelegentlich abkauften. Wir berichteten ihm, was geschehen war. Wir sagten nichts von La Casa del Diavolo, weil wir uns vor der Polizei fürchteten, die uns wegen Vandalismus anzeigen konnte. ›Was soll ich Ihnen sagen‹, erwiderte er, ›ich höre in dieser Gegend laufend von solchen Dingen. Die einzige Person, die Ihnen vielleicht helfen könnte, ist ein Eremit, ein Mönch, der in einer kleinen Kapelle am nahe gelegenen Friedhof lebt.‹«

»Ich wollte nichts mit Mönchen zu tun haben«, fuhr Pascalis in einem fast ärgerlichen Tonfall fort. »Ich hatte weder nach

Priestern noch nach Mönchen Verlangen. Und ich machte meine Einstellung den anderen sehr deutlich. ›Ich werde mich mit dieser Sache nicht mehr befassen‹, sagte ich zu ihnen. ›Wir müssen die Situation so akzeptieren, wie sie ist, und uns einfach nur beruhigen.‹ Wir waren alle sehr aufgeregt. Aber Mario Albini und Susan Smith gingen trotzdem zu dem Mönch. Sie sagten ihm alles. Es war für sie eine Art Geständnis dessen, was sie getan hatten. Sie erzählten ihm die Geschichte in allen Einzelheiten so, wie ich sie Ihnen jetzt erzähle.

Oh, ich vergaß, Ihnen zu berichten, daß wir eines Abends alle vier, als wir in der Küche waren und kochten (es war kurz bevor meine jugoslawische Freundin uns verließ, um in ihr Land zurückzukehren), dieselbe Flöte wieder hörten, dieselbe Art von Musik. Wir waren äußerst erschrocken und versicherten uns ständig gegenseitig, daß wir alle dasselbe hörten.

Der Mönch wies die beiden an, ihm sofort alles auszuhändigen, was sie aus der Kirche mitgenommen hatten. ›Tun Sie alles in einen Beutel, und bringen Sie ihn zu mir‹, sagte er. ›Dann will ich sehen, was ich tun kann.‹ Wie ich Ihnen sagte, hatte Susan Smith Skeletteile mitgenommen, und sie hatte zwei auf diese Art gefaltete Hände an der Küchenwand befestigt.« Pascalis faltete die Hände. »Sie hatte den Schädel über dem Kamin aufgehängt und ihn mit einer dunklen Sonnenbrille und einem Hut geschmückt. Die übrigen Objekte – Teile von der Statue und des Skeletts – hatte sie im ganzen Haus verteilt. Jetzt warf sie alles in einen Beutel und brachte ihn zu dem Mönch.«

»Also, was soll ich Ihnen sagen?« fuhr Pascalis mit Verwunderung in der Stimme fort, »seitdem hörten alle Belästigungen auf. Wir haben weder die Musik noch die Geräusche auf dem Dach oder das Heulen jemals wieder gehört. Bis zu jenem Zeitpunkt waren wir bereits in einem derart elenden Zustand, daß wir angefangen hatten, Beruhigungsmittel zu nehmen. Ich weiß nicht, was der Mönch unternahm, aber es war, als wären unsere Probleme mit dem Messer abgeschnitten worden. Wir konnten wieder ein normales Leben führen. Wir hatten unseren geistigen Frieden wiedergefunden.[2]

Wir sprachen zwar noch gelegentlich miteinander über diese sonderbaren Erlebnisse, aber die Unterhaltung erzeugte keine Furcht oder Angst. Es gab keine Musik oder dergleichen mehr, um unsere Angst anzustacheln. Wir beruhigten uns.«

Pascalis seufzte und schwieg eine Weile. Dann fuhr er fort: »Ich versuchte mir das, was wir erlebt hatten, anhand der Wahrscheinlichkeitsgesetze zu erklären. Ich fragte mich, ob wir wegen unseres Vandalismus unter einer Art von kollektivem Schuldbewußtsein gelitten und so etwas wie eine Gruppenhalluzination erlebt hatten. Aber diese Erklärung befriedigte mich nicht. Unsere Erlebnisse waren zu real gewesen, um sie als Halluzination abtun zu können.«

»Besonders, da Sie alle sie hatten«, warf ich ein.

»Genau«, bestätigte Pascalis eifrig.

»Ein Jahr später«, fuhr er fort, »erzählte ich die Geschichte einem Freund von mir aus Athen und seiner irischen Freundin. Sie lebten in Perugia zusammen. ›Oh‹, sagte er, ›das ist Unsinn. Ich glaube nicht an solche Sachen. Laß uns dorthin gehen und sehen, was geschieht.‹ ›Nein, vielen Dank‹, erwiderte ich. ›Ich werde nicht noch einmal dorthin gehen. Aber wenn du willst, erkläre ich dir den Weg.‹ Er war einverstanden. Ich sagte: ›Ich werde dich bis zu einer bestimmten Stelle begleiten und dir dann den weiteren Weg zeigen.‹ Es war etwa zehn Uhr abends. Wir stiegen in den kleinen Fiat meines Freundes und fuhren zum Bahnhof, so daß ich mit dem Zug zurückfahren konnte. Ich stieg aus dem Wagen und fing an, meinem Freund zu erklären, wie er nach La Casa del Diavolo gelangen würde. In diesem Augenblick fing sein Wagen Feuer. Flammen schlugen unter der Kühlerhaube hervor. Der Wagen brannte vollständig aus. Wir fuhren mit dem Zug zurück. Mein Freund fragte nie wieder, wie er nach La Casa del Diavolo gelangen könnte. Diese Geschichte ist mir bis heute ein Rätsel.« Pascalis verstummte für eine Weile, um zu sehen, wie ich reagieren würde.

»Pascalis«, begann ich, »ich möchte gern erfahren, in welcher Weise diese Erfahrung Sie berührt hat.«

»Schauen Sie«, erwiderte er hastig, »ich glaube nicht an derlei Dinge. Ich hatte nie zuvor oder seitdem ein solches Erlebnis. Ich hatte schon vorher ähnliche Geschichten gehört und sie als Unsinn abgetan, und ich werde dies auch weiterhin tun.«

»Ich versuche, solche Dinge natürlich zu erklären«, fuhr er nachdenklich fort. »Ich habe mich zum Beispiel gefragt, ob vielleicht ein Hirte die Flöte spielte.« Er unterbrach sich kurz und fuhr fort: »Aber das war unmöglich. All diese Zufälle, und dann die Sache mit dem Mönch...«

»Haben Sie den Eremiten danach besucht, um ihn zu fragen, was er getan hatte?«

»Ich habe persönlich nie mit ihm gesprochen«, erwiderte Pascalis nachdrücklich. Er schien einen tiefen Haß gegen die Kirche, gegen Priester und Mönche zu hegen. Er betonte, daß er ein waschechter Atheist sei.

»Und was geschah mit Susan Smith?« erkundigte ich mich in beiläufigem Ton.

»Das kann ich wirklich nicht sagen«, erwiderte Pascalis mit einem nervösen Lachen. »Nach diesem Abenteuer geriet ich in Streit mit Mario Albini... Es war wirklich albern. Wegen Frauen, meine ich...«

»Wie das?«

Pascalis fuhr nach kurzem Zögern fort: »Also, Susan Smith fühlte sich zu mir hingezogen. Tatsächlich war ich es gewesen, der sie zuerst getroffen hatte. Wir waren für eine Weile zusammen, aber ich hatte mich schon für eine andere entschieden. Danach ging Mario Albini mit ihr. Er war ein sehr enger Freund von mir. Er hatte eine Menge griechische Freunde, und wir pflegten alle zusammen Ouzo zu trinken und zu tanzen. Er war ein wundervoller Freund. Nun sah es so aus, als wäre Susan Smith tief innen wütend auf mich. Sie war sehr reich, und ihr Ego war sehr groß. Sie gab das Fünfzehnfache des Geldes aus, das mir zur Verfügung stand, und schien tatsächlich zu glauben, daß sie mich kaufen könnte. Und was glauben Sie, was sie tat? Sie sagte zu Mario: ›Als du fort warst, in Ancona, hat Pascalis die Gelegenheit genutzt und mich verführt.‹ Natürlich war es eine Lüge. Ich war schockiert, als ich später herausfand, was sie gesagt hatte. Also sagte Mario zu mir: ›Laß uns in eine Taverne gehen.‹ ›Gut‹, erwiderte ich, ›gehen wir.‹ Wir gingen also und begannen zu trinken. Plötzlich sagte Mario: ›Du weißt, daß ich dich sehr liebe, aber ich möchte dich umbringen.‹ ›Wenn du willst‹, erwiderte ich ungläubig, ›laß uns hinausgehen und uns gegenseitig umbringen. Um was geht es? Was ist los?‹ Er hat mir nie geglaubt. Wir beendeten unsere Freundschaft, und ich zog aus dem Haus aus. Mario heiratete Susan Smith. Ein Jahr später wurden sie geschieden.«

»Haben Sie zur Zeit Kontakt mit ihnen?«

Pascalis seufzte erneut. »Wenn er mich jetzt träfe, müßte er eine Menge Erklärungen vorbringen, weil er erkannt haben muß, daß ich unschuldig war. Aber ich habe keine Ahnung, wo er sein könnte.«

»Was mich am meisten interessiert, Pascalis«, sagte ich, »ist, welchen Eindruck dieses Erlebnis in La Casa del Diavolo auf Sie persönlich gehabt hat, wie es Ihr Leben verändert hat.«

»Es hat mich beeinflußt, gut. Ich denke schon so viele Jahre darüber nach, ohne eine befriedigende Erklärung zu finden. Eigentlich ist dies der Grund dafür, daß ich mit Ihnen sprechen wollte.«

»Natürlich beschäftige ich mich nicht ausschließlich damit«, beeilte Pascalis sich hinzuzufügen. »Ich habe nie zuvor etwas Derartiges erlebt, weder vorher noch hinterher. Es übersteigt meine Logik. Wie sind so viele Zusammentreffen nur möglich? Wie ich Ihnen schon sagte – ich habe versucht, es mir zu erklären, aber vergeblich. Ich dachte, vielleicht hätte mir meine Phantasie einen Streich gespielt. Aber ich konnte nicht glauben, daß so viele Personen, die dasselbe erlebten, derselben Massenhalluzination zum Opfer fielen. So viele erlebten und sahen dasselbe zur selben Zeit.«

»Vielleicht läßt sich Ihr Erlebnis bis zu einem gewissen Grad erklären«, sagte ich vorsichtig, »falls Sie bereit sind, die Möglichkeit in Betracht zu ziehen, daß es andere Dimensionen der Realität und Existenz gibt... Aber, mein Freund, Sie können diese Dinge nicht glauben, und doch haben Sie dieses Erlebnis gehabt. Es paßt nicht in Ihre Wahrnehmung der Realität. Ich glaube, dies ist das Problem, das Sie für sich selbst lösen müssen. Sie hatten ein außergewöhnliches Erlebnis – und zwar ein negatives –, das Ihren liebgewonnenen Ansichten über das Wesen der Wirklichkeit widerspricht.«

»Wollen Sie wissen, weshalb ich dieses Rätsel nicht lösen kann?« erwiderte Pascalis mit einer leichten Erregung in der Stimme. »Ich würde sagen, wir haben noch nicht den wissenschaftlichen Stand erreicht, der es uns ermöglichen würde, derartige Phänomene zu erklären. Aber ich kann nicht im Ernst umschwenken und gewisse Grundannahmen über die Wirklichkeit akzeptieren, die unwissenschaftlich sind – das heißt Annahmen, die nicht auf experimentellen Überprüfungen beruhen, und dergleichen.

Natürlich könnte ich eine Erklärung liefern, wenn ich bereit wäre, meine Annahmen über die Wirklichkeit zu ändern und zu glauben, daß es eine Geisterwelt gibt und so weiter. Meine Position in dieser Sache«, fuhr Pascalis in einem bestimmten und endgültigen Ton fort, »meine Philosophie, wenn Sie so wollen, ist, daß die Wissenschaft schließlich in der Lage sein wird, all diese Dinge zu erklären. Es mag erst nach meinem Tod soweit sein, aber es wird geschehen. Das ist in Ordnung. Aber wir müssen auf dem festen Boden der Wissenschaft bleiben.«

»Sagen Sie mir, Pascalis, was haben Sie für eine Einstellung zur Religion?« erkundigte ich mich leise und pointiert.

Pascalis antwortete mir mit der Bestimmtheit eines Mannes, der seinen Standort kennt. »In Fragen der Existenz glaube ich nur an eines: an die Materie. Und ich sage, daß Geist oder Seele nichts weiter als eine Zustandsform der Materie darstellt. Ich kann nichts außerhalb der Materie akzeptieren, das ich ›Geist‹ nennen würde. Nein!« Pascalis schlug mit der Hand auf den Tisch. »Das ist es, was die Wissenschaft sagt und was die Logik mir sagt.«

»Ich verstehe«, sagte ich und nickte.

»Nehmen wir zum Beispiel die Medizin«, fuhr Pascalis fort. »Angenommen, ich treffe jemanden, den ich liebe und den ich schon lange nicht mehr gesehen habe. Ich bin ein emotionaler Mensch, und solche Erlebnisse bewegen mich stark. Wenn Sie in diesem Augenblick eine Mikroelektrode in mein Gehirn senken würden – in einen bestimmten Teil des Gehirns –, könnten Sie sehen, daß dieser Teil meines Gehirns eine höhere elektrische Aktivität aufweist. Dies bedeutet, daß Dinge wie Gefühle, Wahrnehmungen und Erinnerungen wissenschaftlich erklärbar sind. Und ich glaube, daß wirklich alles nur Materie ist. Was wir Geist nennen oder was wir in unseren Körpern erzeugen – also Wahrnehmungen, Vorstellungen, Phantasien, alles das –, ist nichts weiter als eine synthetische Zustandsform der Materie. Und ich akzeptiere weder den Geist als Realität noch die Metaphysik. Ich glaube, daß unsere Existenz kein metaphysisches Geheimnis darstellt, sondern ein Produkt der Materie ist. Und die Materie selbst ist Energie. Spalten Sie ein Atom, und Sie erhalten Energie.«

»Und weshalb glauben Sie, daß die Energie eine Ausdrucksform der Materie ist und nicht andersherum?« fragte ich provokativ.

»Ich kann die Energie nicht wahrnehmen. Und ich glaube nur, was ich vor mir sehe. Materie kann ich sehen; ich kann sie berühren, und deshalb glaube ich an sie. Sie sehen, ich versuche nur, ein so einfacher Mensch wie möglich zu sein. Ich weiß zum Beispiel, daß ich Energie erhalten werde, wenn ich bestimmte wissenschaftliche Prozeduren durchführe, die im Verlauf von Jahrhunderten ersonnen wurden und bei denen man das eine oder andere mit der Materie anstellt. Aber bis heute hat mir noch niemand gezeigt, daß man von der Energie aus zur Materie gelangen kann. Und auch das, was die Leute ›Geist‹ nennen, schaffen wir durch Materie.

Und was die Religion betrifft, so glaube ich, daß sie ein Ausdruck der menschlichen Schwäche ist. Alle Religionen sind so. Was wir nicht beobachten und rational verstehen können, schreiben wir dem Wirken von Göttern zu.«

»Sagen Sie mir, Pascalis«, fragte ich, »waren all Ihre Freunde, mit denen zusammen Sie dieses ungewöhnliche Erlebnis hatten, derselben Überzeugung, was die Religion betrifft?«

»Ich weiß es nicht. Aber eines weiß ich. Sie waren keine Kirchgänger, und sie interessierten sich nicht für religiöse Fragen. Wir haben niemals über solche Themen gesprochen. Tatsächlich sind wir deshalb alle zu dieser Kirche gegangen, weil wir solche Geschichten für abergläubischen Unsinn hielten.

Mein Weltbild wurde jedenfalls durch dieses Erlebnis nicht erschüttert«, fuhr Pascalis in einem Ton fort, als versuche er, sich selbst zu überzeugen. »Und mein Glaube ist streng materialistisch und wissenschaftlich. Ich kann diese Prinzipien, die der Mensch im Verlauf so vieler Jahrhunderte erarbeitet hat, nicht einfach deshalb ablegen und sie durch etwas Eigenes ersetzen, nur weil ich diese Erlebnisse hatte. Ich glaube an Fortschritt und Evolution. Die Theorien Darwins befriedigen mich in vielerlei Hinsicht. Wir haben uns aus Materie entwickelt, und wir waren einmal Affen.«

Pascalis dachte kurz nach und sah aus, als hätte er doch ein paar Bedenken zu dem, was er soeben mit soviel Sicherheit gesagt hatte – zu der Vorstellung, daß er einmal ein Affe gewesen war. Dann sagte er in bewegtem Ton: »Ja, ja, mein Freund. Das, was ich erfahren habe, hat meine Vorstellungen vom Sinn des Lebens und der Existenz erschüttert. Ich hoffe, die Wissenschaft wird solche Dinge eines Tages erklären können.«

»Sind Sie sicher, Pascalis«, sagte ich vorsichtig, »daß es keine wissenschaftlichen Theorien außerhalb des Modells der Wissenschaft gibt, das Sie im Kopf haben, die möglicherweise ein Licht auf Ihre Erlebnisse in Italien werfen könnten? Ich meine, eine Wissenschaft mit einem weiteren Bezugsrahmen?«

Aber Pascalis war in seinen weltanschaulichen Vorstellungen festgefahren, und er schien meine Frage zu überhören. Er glaubte an »die Wissenschaft«, und damit basta.

Wir verließen die Cafeteria, wanderten eine Weile über den Campus und unterhielten uns über griechische Politik und Pascalis' Plan, sich später in einem Vorort von Athen als Arzt niederzulassen.

4
Guru und Schüler

Die Geschichte von Pascalis faszinierte mich nicht nur von ihrem Inhalt her, sondern auch wegen seiner eigenen Reaktion auf sie. Er war ein durch und durch weltlich gesinnter Mann. Und wie alle modernen Weltmenschen besaß er ein unerschütterliches Vertrauen in die erlösende Kraft und die Fähigkeit der Wissenschaft, nicht nur letztlich die gesamte Wirklichkeit zu erklären, sondern auch die Welt zu einem besseren Ort zu machen. Es war derselbe Glaube, der auch die führenden Denker des 19. Jahrhunderts beseelt hatte, die ihre Philosophien innerhalb der Grenzen des Newtonschen Modells vom Weltall formulierten, eines Weltalls, das mit seinen festgelegten Gesetzen von Ursache und Wirkung an eine riesige Uhr erinnerte. Descartes' geflügeltes Wort *cogito, ergo sum* (ich denke, also bin ich) war in Gelehrtenkreisen das geläufigste Schlagwort. Es stellte die metaphysische und einzig legitime Grundlage für das Studium dieser großen, mechanischen Uhr dar und verließ sich auf nichts als das reine Denken und dessen Versprechen, die Geheimnisse dieses mechanistischen, unbelebten Universums zu ergründen. Die materialistische, »objektive« Forschung war das Mittel zu diesem Zweck. Subjektive Erfahrung, Intuition, Gefühle, Werte und nähere Wirklichkeiten waren verdächtig und wirklichkeitsfremd geworden und aus den intellektuellen Erörterungen der westlichen Welt buchstäblich verbannt.

In Anbetracht der Bildung, die Pascalis genossen hatte, konnte ich seine Einstellung voll und ganz verstehen. Es fiel ihm schwer, an seine eigene Erfahrung zu glauben. Er hielt sich streng an seine Überzeugungen: Die einzige Welt, die existiert, ist die Welt unserer Sinne, und alle anderen Vorstellungen von über- oder außersinnlichen Realitäten – von Wirklichkeiten jenseits unserer gewöhnlichen Wahrnehmung – sind einfach sinnlos.

Die Reaktion von Pascalis erinnerte mich an Freuds Reaktion auf einen paranormalen Vorfall, der sich im Jahr 1909 in seinem Arbeitszimmer ereignete. C. G. Jung – damals sein Freund und vorgesehener Nachfolger, dazu ausersehen, das Evangelium der Psychoanalyse zu verbreiten – war zugegen. Jung war nach Wien gereist, um Freud zu fragen, was er von Präkognition und Parapsychologie im allgemeinen hielt, ein Gebiet, das Jung stark interessierte, da er selbst Erfahrungen dieser Art machte. Jung beschreibt in seiner posthum erschienenen Autobiographie in bildhaften Details, was im Verlauf ihres schicksalhaften Treffens geschah.

»Als ich ihn [Freud] im Jahre 1909 in Wien besuchte, fragte ich ihn, wie er darüber dächte. Aus seinem materialistischen Vorurteil heraus lehnte er diesen ganzen Fragenkomplex als Unsinn ab und berief sich dabei auf einen dermaßen oberflächlichen Positivismus, daß ich Mühe hatte, ihm nicht allzu scharf zu entgegnen. Es vergingen noch einige Jahre, bis Freud die Ernsthaftigkeit der Parapsychologie und die Tatsächlichkeit ›okkulter‹ Phänomene anerkannte.«

Was sich danach ereignete, war ein Wendepunkt, der Anfang vom Ende ihrer Zusammenarbeit und ihrer Freundschaft. Jung schreibt, daß er eine merkwürdige Empfindung verspürte, während Freud »okkulte« Phänomene als Unsinn abtat. »Es schien mir, als ob mein Zwerchfell aus Eisen bestünde und glühend würde – ein glühendes Zwerchfellgewölbe. In diesem Augenblick ertönte ein solcher Krach im Bücherschrank, der unmittelbar neben uns stand, daß wir beide furchtbar erschraken. Wir dachten, der Schrank fiele über uns zusammen. Genauso hatte es getönt. Ich sagte zu Freud: ›Das ist jetzt ein sogenanntes katalytisches Exteriorisationsphänomen.‹«

112

Als Freud mit Unglauben reagierte, bestand Jung darauf, daß es ein wirklicher, paranormaler Vorfall gewesen war. »›Sie irren, Herr Professor‹«, sagte er zu Freud. »›Und zum Beweis, daß ich recht habe, sage ich nun voraus, daß es gleich nochmals so einen Krach geben wird!‹ – Und tatsächlich: Kaum hatte ich die Worte ausgesprochen, begann der gleiche Krach im Schrank! Ich weiß heute noch nicht, woher ich diese Sicherheit nahm. Aber ich wußte mit Bestimmtheit, daß das Krachen sich wiederholen würde. Freud hat mich nur entsetzt angeschaut.«[1]

Ich dachte, daß der Fall bei Pascalis doppelt problematisch lag. Er stand nicht nur jeder »metaphysischen« Erklärung der Phänomene, die er erlebt hatte, ablehnend gegenüber – auf »wissenschaftlichem« Boden –, sondern er hatte auch noch die marxistische Feindseligkeit gegenüber allem im Hinterkopf, was mit Religion zu tun hatte.

Am Abend darauf sprach ich mit dem Maler Michael Lewis, meinem guten Freund und Kollegen, über das, was Pascalis erlebt hatte. Ich war noch spät im Büro mit Vorbereitungen für meine Reise nach Zypern beschäftigt, als ich bemerkte, daß in seinem direkt über meinem Büro gelegenen Atelier Licht brannte. Das bedeutete, daß Michael noch arbeitete. Ich pflegte häufig meine Arbeit zu unterbrechen und hinaufzugehen, um mit ihm zu reden und sein neuestes Werk zu begutachten. Ich spürte den Drang, mich zu »erleichtern«, nachdem Pascalis mir seine Geschichte erzählt hatte. Michael war ein ausgezeichneter Zuhörer, und da er als Künstler eine bemerkenswerte, spirituelle Sensibilität sowie große Einsichten in menschliche Belange besaß, glaubte ich, er sei genau der Richtige, um mit ihm zu besprechen, was ich gehört hatte. Sein Atelier war eine geräumige Mansarde, die Michael in ein Paradies voller Pflanzen, Gemälde und Musik verwandelt hatte. Ich spürte schon allein dadurch, daß ich hier war, neue Energie in mich fluten. Ich saß in einem Schaukelstuhl und schaute Michael zu, wie er ein soeben fertiggestelltes Gemälde mit mythologischen, vergeistigt blickenden Gestalten vor dem Hintergrund der Wälder und des Himmels von Maine rahmte.

»Es scheint, als sei dein Freund auf dem Weg, seinen wissenschaftlichen Materialismus zu überwinden«, sagte er nachdenklich, während er die Glasscheibe über seinem neuen Werk zurechtrückte.

»Wie kommst du darauf?« erkundigte ich mich, während ich im Stuhl schaukelte.

»Das Erlebnis zwingt ihn, seine Überzeugungen in bezug auf die Wirklichkeit zu überdenken. Es hat in seinem Kopf eine Unvereinbarkeit geschaffen, die er irgendwie klären muß. Es ist eine Aufforderung, seine Werte zu überprüfen.«

Ich bemerkte, so etwas sei für Marxisten außerordentlich schwierig. Der wissenschaftliche Materialismus, so fuhr ich fort, hatte in seiner Blüte gestanden, als Marx *Das Kapital* schrieb. Marx hatte seine Theorien über die politische Ökonomie als »wissenschaftlich« präsentiert, und seine Theorie über Religionen ist zur Genüge bekannt – »Opium fürs Volk«. Deshalb war es für Pascalis wie für die meisten glühenden Marxisten doppelt schwierig und problematisch, seinen Materialismus zu überwinden. Als erstes mußte er seine ideologische Ergebenheit der Wissenschaft gegenüber überwinden.

»Was meinst du damit?« fragte Michael, während er den Rahmen sorgfältig zusammenfügte.

»Er muß seinen absoluten Glauben an die wissenschaftliche Methode als das A und O allen Wissens überwinden. Das ist keine leichte Aufgabe, besonders nicht für einen Doktor der Medizin, dem die Vorstellung eingebleut wurde, der Mensch bestünde nur aus Fleisch und Knochen. Der Wissenschaftsglauben ist meiner Überzeugung nach schon an sich eine wirkungsvolle Zwangsjacke.«

»Meine Worte!« sagte Michael und fuhr mit seiner Einrahmungsarbeit fort.

»Ein Marxist wie er muß noch zusätzlichen ideologischen Ballast abwerfen. Er muß seine Überzeugung überwinden, daß Religion nichts weiter als ein Beruhigungsmittel für die unterdrückten Klassen ist – ›der Seufzer der Unterdrückten‹ und ›das Opium fürs Volk‹ nach Marx. Denk nur daran, wie voreingenommen er allein schon bei der Vorstellung war, den Mönch zu besuchen, von dem er zugibt, daß er eine wesentliche Rolle bei ihrer Befreiung von jenen negativen Erlebnissen gespielt hat.«

»Aber gerade das«, erwiderte Michael, »ist ein Zeichen dafür, daß er dabei sein könnte, seine Überzeugungen im Licht seiner Erfahrung zu überprüfen.«

»Vielleicht. Aber was ich sagen wollte, ist, daß dies besonders für Marxisten extrem schwierig ist. Sie müssen nicht nur ihren wissenschaftlichen Materialismus überwinden, sondern auch ihre ideologische Bindung an ein philosophisches und politisches Dogma.«

»Ich frage mich, was nun geschehen wird, nachdem der Kommunismus in Osteuropa zusammengebrochen ist?« sagte Michael, der das fertig gerahmte Bild begutachtete.

»Wie du weißt, habe ich darüber nachgedacht«, erwiderte ich und schilderte dann, wie die marxistische Sehweise der Wirklichkeit mehrere Generationen lang eine erhebliche Anzahl an fähigen Köpfen und rebellischen Akademikern in der westlichen Welt gefangengehalten hatte, die von dem leidenschaftlichen Wunsch nach einer gerechten Weltordnung verzehrt wurden. Ganze Bände – ja, ganze Bibliotheken – sind über das Leben und Denken von Marx geschrieben worden, über jeden Absatz, den er jemals geschrieben hat, über jede Fußnote und jede Anmerkung in seinem Werk. Und die grundlegende Lehre von Marx lautet, daß das menschliche Bewußtsein oder

Denken das Produkt eines materiellen, historischen Prozesses ist. In seiner Sicht gibt es keine anderen Welten, keine Paradiese und Höllen, keine Geisterwelten und keine Götter außer jenen, die Menschen erschaffen haben, um ihr irdisches Leiden zu lindern. Die Menschheit kann ihre Erlösung nur durch den historischen Klassenkampf erlangen, der letztlich – wenn die klassenlose Gesellschaft fest etabliert ist – zu ihrer Befreiung führen wird. Dann wird die Menschheit keinen Bedarf mehr an Religionen haben, kein Verlangen mehr, sich groteske theologische Doktrinen über Geister, Dämonen und Engel auszudenken.

Ich erzählte Michael, daß ich glaubte, der Zusammenbruch von Osteuropa müsse die Faszination untergraben, die vom Marxismus ausgeht. Er würde die Köpfe befreien, die so viele Generationen lang in diesem Denksystem gefangen waren, so daß sie frei wären, ganzheitlichere Sehweisen der Wirklichkeit zu gewinnen und auf der Grundlage ihrer neuen Überzeugungen zu handeln.

»Vielleicht kann man dasselbe von der Lehre Freuds sagen«, bemerkte Michael.

»O gewiß«, erwiderte ich. Dann berichtete ich ihm von einem Gespräch, das ich mit einem anderen Freund geführt hatte, mit Robert, einem Psychologieprofessor an einer staatlichen Universität, der sich sehr für transpersonale Psychologie und Spiritualität interessierte und sich mit diesen Themen befaßte.

»Im letzten Sommer ging ich eines schönen Morgens mit ihm durch Nikosia. Wir unterhielten uns über die Psychoanalyse. Robert stellte halb im Scherz die Theorie auf, daß die Psychoanalyse möglicherweise eine luziferische Verschwörung darstellt. Als ich ihn um eine nähere Erläuterung bat, sagte er: ›Angenommen, Gott habe der menschlichen Psyche einen göttlichen Funken eingegeben, der jeden Menschen dazu antreibt, sich um Selbsterkenntnis zu bemühen, nach dem göttlichen

Selbst in sich zu suchen. Dann hat Luzifer als Ablenkungsmanöver Freud gesandt, um Gottes Plan zu sabotieren. Er machte sich dieses Verlangen des Ichs nach Selbsterkenntnis zunutze, indem er die Psychoanalyse als Irrweg anlegte.‹«

Diese Vorstellung rief ein Lächeln bei mir hervor, das Michael erwiderte. »Was hast du gesagt? Hast du ihm zugestimmt?«

»Nein. Ich behauptete, daß Freud und seine Psychoanalyse zum Werk Gottes gehörten. Ich sagte, er habe Freud gesandt, um uns die Realität des Unbewußten bewußtzumachen. Ich glaube, Freud war ein Vorbote des heutigen Interesses an der Spiritualität. Daß Freud selbst Atheist war, ist dabei nicht wichtig. Wir müssen uns die unbeabsichtigten Auswirkungen seines Werkes anschauen. Zum Beispiel hätte es keinen C. G. Jung gegeben, wenn Freud nicht gewesen wäre. Und Jung hat eine entscheidende Rolle bei der gegenwärtigen Erneuerung der spirituellen Psychologie gespielt. Gottes Wege sind wahrlich wunderbar«, sagte ich und lachte. »Er könnte sogar Luzifer freundschaftlich verbunden sein. Oder anders gesagt«, fuhr ich bedachtsam fort, »vielleicht ist Luzifer eine Manifestation des Göttlichen, nur daß er mit anderen Mitteln arbeitet...«

Mir war noch frisch ein Streitgespräch über genau diese Frage zwischen David Ray Griffin und Huston Smith, zwei berühmten Theologen und Philosophen, im Gedächtnis. In einem gemeinsam verfaßten Werk[2] vertrat Griffin die Theorie, daß in der Schöpfung Gottes etwas wirklich Böses am Werk sei, während Smith, der sich auf die *Philosophia perennis* und die Urtradition stützte, die Meinung äußerte, daß das Böse nur eine relative Existenz besäße, die auf den höchsten Bewußtseinsebenen nicht mehr vorhanden sei, daß das Böse aber den dialektischen Mechanismus und den Dorn im Fleisch darstelle, der genau für das Fortschreiten des menschlichen Bewußtseins in Richtung Gott nötig sei. Deshalb spiele das Böse eine funktionale Hauptrolle in der gesamten göttlichen Sin fonie der Schöpfung. Für Huston Smith und andere »Perennealisten« ist deshalb das Böse – obwohl es auf allen Ebenen bekämpft werden muß – nur scheinbar real. Sobald das Bewußtsein der All-Einheit – die höchste Erweckungsstufe – erreicht wird, wird das Böse transzendiert, und nur die absolute Liebe Gottes bleibt übrig.

Ich sagte zu Michael: »Huston Smith zitiert den heiligen Augustinus über dieses Thema, dessen Standort recht genau mit demjenigen der orientalischen Mystiker übereinstimmt.«

»Was hat Augustinus gesagt?« fragte Michael.

Ich ging in mein Büro hinab und holte das Buch von Griffin und Smith. Während Michael ein weiteres Gemälde für die bevorstehende Ausstellung in New York rahmte, las ich ihm die entsprechenden Worte des Augustinus vor: »Ich verlangte nicht länger nach einer besseren Welt, weil ich mir die Schöpfung als Ganzes vorstellte; und in dem Licht dieser ausgewogeneren Erkenntnis war ich zu der Sicht gelangt, daß höhere Dinge zwar besser als niedrigere Dinge sind, daß aber die Summe der Schöpfung besser als die höheren Dinge allein ist.‹«

»Das klingt sehr nach dem, was die Erewna lehrt«, sagte Michael.

»Genau«, erwiderte ich. »Kostas sagte mir einmal, das Böse könne und müsse zwar aus unserem individuellen Bewußtsein und von unserem Planeten verbannt werden, könne aber niemals aus der Gesamtheit der Schöpfung verbannt werden. Das Gute und das Böse sind in den Welten der Schöpfung – in den Welten der Polarität und der Getrenntheit – immer absolut im Gleichgewicht. Wäre es nicht so, sagte er, hätte unser Pneuma-Ich keine Erfahrungen sammeln können, um seine Einzigartigkeit und Autonomie innerhalb des Einsseins des einen und absoluten Gottes zu entwickeln.«

Wir wandten uns wieder Pascalis' Begegnung mit dem Bösen

zu und versuchten ihr einen Sinn auf der Grundlage der esoterischen Philosophie zu geben, die ich seit länger als einem Jahrzehnt studierte.

Phänomene dieser Art ereignen sich überall auf der Welt und wurden in allen Epochen von Augenzeugen berichtet. Aber wir in unserem modernen Zeitalter tun solche Geschichten von vornherein als Produkte der menschlichen Phantasie oder Projektionen der unbewußten, menschlichen Schwachheit ab. Wir haben uns – wie Bertrand Russell – davon überzeugen lassen, daß die Welt der fünf Sinne die einzige Welt ist, die es gibt, und daß sie irgendwie immer dagewesen ist, ohne einen Schöpfer oder eine Erklärung zu benötigen. Aber wenn es andere Welten gibt, wie die Mystiker behaupten, oder andere Schwingungsfrequenzen, die einander durchdringen und die Welten unserer fünf Sinne beeinflussen, dann sollte man Phänomene wie La Casa del Diavolo ernst nehmen.

»Wahrscheinlich«, so spann ich meinen Gedanken weiter, »sind in der Umgebung dieser Kirche oder der zugehörigen Burg schreckliche Dinge passiert, entweder vor ihrer Errichtung oder danach. Vielleicht wurde dort der Teufel verehrt, oder es gab Morde, einen Massenmord, rituelle Menschenopfer, schwarzmagische Praktiken oder dergleichen. Und es muß ein böses Elemental entstanden sein, das in der Ätherwelt schlummert, aber lebendig ist. Ein solches satanisches Elemental wurde oft unter ähnlichen Bedingungen aktiviert, wie Pascalis sie beschreibt. Den Menschen müssen dort in der Vergangenheit üble Dinge widerfahren sein, und die Leute am Ort glaubten, die Kirche sei verflucht. Deshalb haben sie sie versiegelt. Dieser kollektive Glaube verstärkte die Macht des bösen Elementals noch. Allein der Glaube der Menschen in dieser Region versorgte diese satanische Macht, die aus eigener Kraft eine Realität wurde, mit mehr Energie.«

»Und als die jungen Leute in der Kirche Vandalismus betrieben«, fügte Michael hinzu, »griff das Elemental sie an, und sie bekamen die Folgen zu spüren.«

»So wird es gewesen sein«, bestätigte ich. »Der Mönch hat wahrscheinlich einen Exorzismus ausgeführt, der zu den esoterischeren Ritualen der Kirche gehört. Formeln zur Durchführung solcher Rituale gibt es sowohl in der katholischen Kirche als auch in der östlichen Orthodoxie.«

»Der Prozeß, der die Erschaffung eines bösen Elementals bewirkt«, führte Michael aus, »entspricht dem Prozeß der Erschaffung heilender, gutartiger Elementale.«

»So ist es. Orte wie Lourdes in Frankreich, die Marienkirche auf der griechischen Insel Tinos und die Madonna von Guadalupe in der Nähe von Mexico City sind heilende Orte. Die Mystiker würden sagen, daß es dort gute, engelhafte Energien gibt, die durch die Verehrung und den Glauben der Menschen geschaffen wurden. Gemäß dieser Erklärung sind solche Elementale, gute wie böse, Erzeugnisse des menschlichen Bewußtseins, besitzen aber eine eigene Realität. Sie erlangen eine objektive Existenz unabhängig und oberhalb von jedem individuellen Bewußtsein, das sie entstehen ließ. Colin Wilson hat ausführlich über solche Fragen geschrieben, und in einem seiner neuesten Bücher[3] trägt er, wie ich meine, eindrucksvolle Argumente und Indizien zugunsten der objektiven Realität solcher paranormaler Phänomene vor.«

»Für die meisten Menschen«, sagte Michael, »darunter unsere Kollegen in den Universitäten, sind solche Themen einfach zu bedrohlich. Sie vermeiden es, darüber zu sprechen, weil es ihre Weltansicht erschüttern könnte.«

»Sie tun all das als ›Pseudowissenschaft‹ ab«, bekräftigte ich.

Eine Woche später fuhr ich mit Emily und unseren beiden Kindern nach New York. Wir besuchten Verwandte und Freunde, um anschließend nach Zypern zu fahren, wo ich den Sommer über meine Forschungen fortsetzen wollte. Emily und die beiden Kinder, Constantine und Vasia, flogen mit den British Airways via London voraus. Ich wollte mich noch mit meinem Verleger, meinem literarischen Agenten und ein paar Freunden, die ich seit der Veröffentlichung meiner Bücher gewonnen hatte, in New York treffen.

Am Tag nach der Abreise Emilys und der Kinder hatte ich eine Verabredung mit Ted, einem befreundeten Geschäftsmann. Ich saß in seinem Büro in der 5th Avenue und unterhielt mich mit ihm über meine Arbeit und andere Themen, als das Telefon klingelte. Es war Julia, eine gemeinsame Freundin, die sich ihr Leben lang eifrig mit Spiritualität und Mystik befaßt hatte. Sie war ebenfalls Autorin und außerdem Doktorin der Psychologie und von beachtlicher beruflicher Erfahrung.

»Ich möchte, daß ihr beide kommt und Baba kennenlernt«, sagte sie zu Ted, »wir treffen uns um ein Uhr zum Lunch mit anderen Freunden. Nehmt ein Taxi und kommt auch gleich herüber.«

Julia hatte mir schon oft von Baba erzählt und versichert, er sei »unglaublich«. Er besäße ungewöhnliche, paranormale Fähigkeiten, die mich buchstäblich vom Hocker reißen würden. Julia sagte, seit ihrem Treffen mit Baba habe sich ihr Leben entschieden zum Besseren verändert. Sie hatte sich häufig bei mir darüber beklagt, daß sie ständig an körperlichen und emotionalen Schmerzen litte und daß kein Arzt, kein Heiler und keine Medizinfrau in ihrem 50jährigen Leben ihr hatte helfen können – bis sie Baba traf, diesen ungewöhnlichen Wundermann aus Südindien. Julia hatte mir oft gestanden, wenn ihre spirituellen Bedenken nicht gewesen wären, hätte sie sich mehrere Male zum Selbstmord entschlossen. Aber sie als Kennerin der spirituellen Literatur wußte, daß Selbstmord keine Lösung für persönliche Probleme war. Das Erscheinen dieses geheimnisvollen orientalischen Guru hatte ihre Suche nach Sinn und Zweck ihres Lebens beendet. Julias Verwandlung in einen Menschen mit einer gesünderen und zuversichtlicheren Lebenseinstellung machte mich froh.

Ich war begierig, Baba zu sehen, nicht nur, weil Julia von ihm begeistert war und wegen seiner offensichtlichen Rolle bei ihrer Verwandlung von einem Saulus in einen Paulus, sondern auch wegen seiner angeblichen Fähigkeit, Körper sichtbar und unsichtbar zu machen, von der Julia sprach. Da ich von Natur aus skeptisch und ein studierter Soziologe bin, hätte ich solche Reden normalerweise als die Phantasien eines ungebildeten Geistes abgetan. Aber ich war neugierig, weil ich Julia als hartgesottene Wissenschaftlerin kannte, die viele Jahre lang in einem Ausschuß zur Vergabe von Forschungsbeihilfen gesessen hatte. Ich war noch neugieriger geworden, als sie in ihrem letzten Brief behauptete, Baba bewege sich »ebenso leicht und selbstverständlich in Zeit und Raum hinein und wieder heraus, wie wir anderen von einem Zimmer ins andere gehen, und er sieht eine Welt, die so komplex und multidimensional ist, daß man aus dem Staunen nicht herauskommt.« Weiterhin schrieb Julia: »Wenn die Meister, bei denen du in Zypern studiert hast, zu den letzten, großen Mystikern der christlichen Ära gehören, dann, denke ich, ist Baba der große Lehrer der nächsten 2000 Jahre – der nächsten Ära, oder wie auch immer man es nennen will. Die Gelegenheit, bei ihm zu sein, ihm nahe zu sein, besonders jetzt, wo noch verhältnismäßig wenige ihn kennen, ist unbezahlbar.«

»Was sagst du, Kyriaco? Sollen wir gehen?« fragte Ted, bevor er den Hörer wieder auf die Gabel legte.

»Laß uns gehen«, erwiderte ich, ohne zu zögern, und stand schon auf. Ted war selbst an spirituellen Fragen und allem Paranormalen interessiert und ebenso wißbegierig und neugierig wie ich.

Die Adresse, die Julia uns gegeben hatte, war ein Haus mitten in Manhattan. Wir nahmen ein Taxi und waren in weniger als

20 Minuten dort. Wir klopften mehrmals an, bis eine lächelnde Frau Ende 30 die Tür öffnete. Wir mußten ihr erklären, daß wir Gäste Julias waren und daß wir ihren indischen Lehrer kennenlernen wollten, bevor sie uns eintreten ließ. Sie geleitete uns in einen Raum, in dem mehrere andere in zwangloser Kleidung und in guter Laune darauf warteten, daß der Meister erscheinen würde. Julia kam ein wenig später und begann mit ihrer überschwenglichen Begeisterung, uns den Leuten im Raum vorzustellen. Sie alle wirkten sehr offen und intelligent und strahlten eine freudige Erregung aus. Tatsächlich wirkten sie auf uns wie Menschen, die ein großes Geheimnis teilten, zu dem nur sie – die Privilegierten – einen Zugang besaßen.

»Ich muß gestehen«, sagte ich zu Julia, »daß ich dich nie in besserer Form gesehen habe.«

»Oh, das bin ich auch«, versicherte sie mir glücklich. »Ich verdanke alles Baba. Es ist wundervoll. Dies ist es, was ich wollte und wonach ich mein ganzes Leben lang gesucht habe.«

Als wir uns nach dem Verbleib Babas erkundigten, teilte man uns mit, er habe in einem anderen Raum eine Besprechung mit einem seiner Anhänger. Man sagte uns, das Haus gehöre einer Psychiaterin, die in Anerkennung der Arbeit Babas ihm den ersten Stock mietfrei zu wöchentlichen Treffen überlassen habe. Ihre Praxis befand sich im zweiten Stock.

»Baba ist kein Mensch. Baba ist eine Erfahrung«, erklärte eine attraktive Frau, der Ted und ich Fragen über den Meister gestellt hatten, entschieden. Wir sagten ihr, daß wir sehr glücklich über die Gelegenheit seien, einen so weit fortgeschrittenen Yogi zu erleben. Man erklärte uns, Baba sei vor ein paar Jahren von mehreren Psychiatern nach Amerika geholt worden, die bei einem Besuch in Indien Augenzeugen seiner erstaunlichen Fähigkeiten geworden waren und ihn zu untersuchen wünschten. »Wir sind sehr gespannt darauf, ihn kennenzulernen«, sagte ich und warf Ted einen Blick zu. Er nickte lächelnd.

Kaum hatte ich zu Ende gesprochen, da ging eine Tür auf, und ein gutaussehender, schlanker Mann Anfang 40 kam herein. Er war frisch rasiert, besaß einen durchdringenden, intelligenten Blick und trug ein kräftig blaues Hemd. Ich erkannte sofort, daß es sich um Baba handeln mußte, als ich das freudige Lächeln auf allen Gesichtern erblickte. Auch Ted und ich lächelten und gaben dem Guru die Hand, während Julia ihn uns mit glücklicher Miene vorstellte.

Wir wurden eingeladen, an einem Mahl im Hof teilzunehmen, einem kleinen, von hohen Apartmenthäusern umbauten Platz, der sehr hübsch und gepflegt war, mit Rasen, Pflanzen und Blumenkübeln. Wir bedienten uns selbst in der Küche mit den Speisen, die Babas Anhänger bereitet hatten, und setzten uns um zwei runde Tische. Ted und mir wurde die Ehre zuteil, am selben Tisch mit Baba zu sitzen. Julia saß neben mir.

Während wir aßen, begann ich ohne weitere Umstände, Baba Fragen zu stellen. Julia stellte ihr kleines Tonbandgerät an. Es schien, als habe Baba meine Fragen erwartet, und er begann, unbefangen seine persönliche Geschichte zu erzählen.

Er berichtete uns von seiner Jugend in einer kleinen Stadt in Südindien und davon, wie er schon sehr früh erkannt hatte, daß nicht alle Menschen die Welt auf dieselbe Art wie er erfuhren. Wie er damals bald herausfand, besaß er ungewöhnliche Fähigkeiten, die er persönlich als selbstverständlich betrachtete.

»Baba«, unterbrach ich ihn, »ist es wahr, daß Sie Menschen unsichtbar machen können?« Er hörte mit seinem Kauen auf einem Stück Hühnerfleisch auf und wandte sich mit einem inquisitorischen, fast vorwurfsvollen Blick an Julia.

»Hast du ihm das gesagt?« fragte er mit sanfter Stimme und einem Lächeln.

»Na ja«, erklärte Julia mir ein wenig verwirrt, »normalerweise reden wir nicht über diese Dinge. Ich habe es wegen deiner Arbeit auf Zypern zu dir gesagt.«

»Akzeptiert«, erwiderte ich und gab Baba zu verstehen, daß es in Ordnung war. Daß weder Ted noch ich selbst in bezug auf die Kräfte des menschlichen Geistes und dasjenige, was er vermag, unwissend waren. Aber Baba wollte nicht über die Unsichtbarkeit menschlicher Körper sprechen, also wechselte ich das Thema.

»Welcher mystischen Tradition gehören Sie an?« fragte ich. Ich wollte wissen, ob Baba zu den Hindu-Yogis gehörte, von denen Yogananda in seiner *Autobiographie*[4] spricht, oder ob er ein buddhistischer Bodhisattva war. Oder vielleicht ein unabhängiger Guru, der seine eigene Schule gründete, einen vollständig neuen Lehrpfad erschloß und seine Praxis ausschließlich auf sein eigenes Charisma, seine eigenen spirituellen Entdeckungen und Erleuchtungen gründete.

Ich war nicht sicher, ob Baba wirklich auf meine Frage antwortete. Er sagte nur, daß seine Methoden anders seien, daß er nicht in einer bestimmten Tradition arbeite und daß sein Hauptbestreben darin bestehe, seine Anhänger in einen Zustand zu bringen, in dem sie »das Licht unmittelbar absorbieren« können. Tatsächlich wurde dies in der Broschüre, die man mir mitgab, sehr klar festgestellt: »Indem Sie das Licht bei einer Sitzung oder in meiner Gegenwart erfahren... ist es, als würde die Dunkelheit in Ihnen vertrieben.«

Ich fragte Baba, ob Heilungen zu seiner Praxis gehörten. »Nicht direkt«, erwiderte er. »Gesundheit hängt von Ihrem psychischen Zustand ab. Wenn Sie psychisch gesund sind, werden Sie auch körperlich gesund. Wir arbeiten mit der Psyche.«

»Kommen Sie mit mir«, sagte Baba, nachdem wir unser Mahl beendet hatten. Er wollte Ted und mich gesondert sprechen.

Ich wartete mit den übrigen in dem Raum, und Ted ging als erster hinein. Als er nach etwa 15 Minuten wieder herauskam, schüttelte er den Kopf. »Was ist passiert?« fragte ich. »Du wirst es bald selbst herausfinden«, sagte er und deutete auf das Zimmer, in dem Baba sich befand. Ich ging in banger Erwartung hinein, da ich nicht wußte, was mich erwartete. Aber ich beruhigte mich bald. Baba schien mir ein liebenswürdiger Mann zu sein. Julia hatte mir zuvor erzählt, daß Liebe und Mitleid im Mittelpunkt der Lehre Babas stünden. Es gab keine »dunklen Stellen«. In der Broschüre wurde ein Satz von Baba zitiert, aus dem hervorging, daß er jedem seine individuelle Freiheit ließ: »Abhängigkeit von etwas außerhalb Ihrer selbst, etwa von irgendwelchen Substanzen oder vom Sex oder auch nur von mir, steht der natürlichen Entfaltung Ihrer eigenen Erweckung im Wege.«

»Legen Sie sich bequem hin, und schließen Sie die Augen«, wies Baba mich an und deutete auf eine Psychiatercouch neben seinem Stuhl. Ich zögerte. Ich war nicht gekommen, um mich einer parapsychischen Erfahrung zu unterziehen. Alles, was ich wollte, war, einfach mit Baba zu sprechen. Ich wollte nicht, daß er irgendwelche Dinge mit mir anstellte, besonders da ich buchstäblich nichts über ihn wußte, mit Ausnahme dessen, was Julia mir berichtet hatte. Aber sein freundlicher Ton ließ meinen Widerstand dahinschmelzen, und ich legte mich hin. Er schaltete das Licht aus. Es herrschte vollkommene Dunkelheit, nicht der geringste Lichtstrahl gelangte in das Zimmer. Ich schloß die Augen, und Baba setzte sich hinter mich und legte mir die Hände auf die Stirn. Er ließ seine Hände dort liegen und sagte kein Wort. Ich hörte ihn tief atmen und wußte nicht, was mich erwartete. Dann plötzlich drückte er mit einem Finger mitten auf meine Stirn. Ich konnte nur noch stammeln: »O mein Gott, was ist das! O mein Gott!« Mein Herz schlug wie rasend. Bei der Berührung seines Fingers sah ich eine Explosion von Licht in verschiedenen Farben, leuchtende Farben, unter denen Weiß vorherrschte. Baba demonstrierte seine Kraft, aber ich war nicht sicher, ob ich sie spüren wollte. Ich hatte die Augen geschlossen, der Raum war vollständig dunkel, und plötzlich war es, als scheine mir die Sonne direkt in die Augen. Und doch waren meine Augen fest geschlossen. Dieser Zustand hielt nur wenige Sekunden an, aber sie reichten aus, um mich zu erschüttern. Der Gedanke, der mir unmittelbar in den Kopf kam, lautete: Weshalb war Baba bereit, seine psychischen Kräfte zu demonstrieren?

Ich ging in den Raum zurück, in dem die übrigen saßen. Ich erkannte an ihrem Lächeln, daß sie wußten, was ich soeben erlebt hatte. Nach mir ging ein bärtiger Mann Ende 30 in das Zimmer. Ich sah, wie er sich hinlegte, bevor Baba die Tür schloß. Julia teilte mir mit, er sei Ingenieur gewesen, aber Baba habe ihn angewiesen, seinen Beruf aufzugeben und Taxifahrer zu werden. Es handelte sich dabei um eine Art spiritueller Übung, sagte Julia. Mark hatte angefangen, sich in seinem Beruf zu wohl zu fühlen, und eine Herausforderung gebraucht. Er mußte etwas tun, das zu tun er tief verabscheute.

Als Baba die Tür öffnete, kam ein kalter Luftzug aus dem Zimmer. Es fühlte sich an, als habe er ein Tiefkühlhaus geöffnet, wie die Metzger es benutzen, um ihr Fleisch frisch zu halten. Aber in dem Zimmer stand nicht einmal ein Kühlschrank. Und Mark, der auf der Couch gelegen hatte, war nirgendwo zu sehen. »Baba hat eben Marks Schwingungen erhöht und ihn für unsere Augen unsichtbar gemacht«, flüsterte Julia im Ton einer Feststellung. Ted und ich schauten einander ungläubig an. »Julia, bist du sicher, daß du uns nicht auf den Arm nimmst?« erkundigte ich mich halb im Ernst und zog die Augenbrauen hoch. »Bist du sicher, daß Mark sich nicht irgendwo in dem Zimmer versteckt?«

»Kommt«, erwiderte Julia kichernd, »kommt und seht selbst.«

AXIOM =

Wir gingen hinein, als Baba herauskam und belanglose Worte mit den übrigen auszutauschen begann. Wir schauten uns um, konnten aber Mark nirgendwo entdecken. »Mark ist gleich hier auf der Couch«, versicherte Julia uns, »aber seine Schwingungen sind höher als unsere. Und wir können uns auf dieselbe Couch setzen, während er dort liegt.«

Wir setzten uns für ein paar Sekunden auf die Couch.

»Julia«, sagte ich, »bist du persönlich davon überzeugt, daß Baba nicht eine Art Zauberer oder ein Betrüger ist? Ist es möglich, daß er sich mit Mark abgesprochen hat, um diese Illusion oder dieses Phänomen, oder wie auch immer du es nennen willst, hervorzurufen?« Noch vor zehn Jahren wäre ich versucht gewesen, von einer »Farce« zu sprechen. Aber meine lange Erfahrung mit Mystikern und Medien hatte mich gelehrt, meinen Geist offen zu lassen und nicht alles von vornherein als absurd abzutun – wie auch immer es meinen Sinnen in diesem Augenblick vorkommen mochte. Ich befolgte diese Regel als ein Prinzip, ein methodologisches Axiom, wenn Sie so wollen.

»Ich kenne sowohl Mark als auch Baba schon seit langem. Ich versichere dir, daß hier kein Trick im Spiel ist. Ich habe mir zu Beginn selbst diese Frage gestellt und die Möglichkeit gründlich untersucht. Glaub mir, es ist real. Laß mich wiederholen, was ich dir schon so oft am Telefon versichert habe«, sagte Julia eindringlich, während wir auf der Couch saßen, auf der Mark angeblich immer noch lag. »Ich habe bisher noch nie jemanden getroffen, der mich führen und meinen Aufstieg zur Erleuchtung anleiten kann. Ich habe mich immer nach Erleuchtung gesehnt und endlich jemanden gefunden, der Menschen vollkommen transparent machen kann, so daß das Licht sie ungehindert durchdringt. Er kann sich selbst so transparent machen, daß du ihn nicht siehst«, beeilte Julia sich, hinzuzufügen.

»Das ist schwer zu glauben«, sagte ich.

»Natürlich. Ich habe ihn schon an zwei Orten zugleich gesehen. Einmal kam er die Treppe herauf, und andererseits war er im Zimmer und gab eine Lektion.«

»So etwas kann die Gutgläubigkeit auch des ergebensten Schülers strapazieren«, sagte ich.

»Noch ein weiterer Fall«, fuhr Julia fort und senkte ihre Stimme so weit, daß nur Ted und ich sie hören konnten. »Vor ein paar Tagen kam Baba aus diesem Zimmer, hielt sich davor auf und machte einige belanglose Bemerkungen. Dann kehrte er in das Zimmer zurück. Während der ganzen Zeit war eine Frau in dem Zimmer gewesen und hatte ständig mit Baba gesprochen und seine Hand gehalten. Die Frau sagte zu ihm: ›Baba, ich kann draußen Ihre Stimme hören.‹ Er machte einen Witz daraus und sagte: ›Oh, wirklich?‹ Er hatte den Raum nie verlassen«, betonte Julia. Sie mußte sich bemühen, nicht zu rasch zu sprechen. »Und doch war er zugleich draußen gewesen, wo alle ihn sehen und mit ihm reden konnten, während er im Zimmer die Hand der Frau hielt und sie belehrte.

Seht ihr, er macht solche Dinge. Es ist keine Show. Er gibt uns Unterricht. Und diese Lektionen enthalten auch die Elemente Spaß und Spontaneität.« Julia sagte auch, daß Licht aus Babas Körper komme und im Raum sichtbar sei. Sie sagte, sein Körper leuchte förmlich und das Licht reiche aus, um die Zeitung dabei zu lesen, »das heißt, wenn man unbedingt unter diesen Umständen Zeitung lesen will«, fügte sie hinzu.

»Kann er Gedanken lesen?« fragte Ted.

»Er mischt sich nicht in unser Privatleben ein. Er sieht das gesamte Leben jeder Person wie eine Landkarte. Aber er sagt niemals etwas darüber zu jemandem. Er mischt sich aus Prinzip nicht ein. Ich habe ihn mehrmals gebeten, mir etwas darüber zu sagen. Er tut es nicht. Aber ich glaube, er hat Zugang zu allem Wissen, wenn er es will. Meistens sagt er, daß er nicht nachschauen möchte.«

»Weshalb nicht?« fragte ich.

»Weil es nicht lustig ist«, erwiderte Julia fröhlich. »Es ist besser, wenn man es nicht weiß.«

Ted und ich schüttelten die Köpfe und folgten Julia aus dem Zimmer. Ein paar Minuten später kam Baba zurück und schloß die Tür kurz. Als er sie wieder öffnete, war Mark wieder aufgetaucht. Er lag auf derselben Couch, auf der wir soeben gesessen hatten, in einem Zustand, der Tiefschlaf oder eine Art Trance sein mochte. Baba schloß und öffnete die Tür mehrere Male, und einmal sahen wir Mark dort liegen, und dann wieder nicht. Aber wir sahen ihn niemals tatsächlich auftauchen oder verschwinden, was uns natürlich verdächtig vorkam. Julia erklärte, Baba könne nicht zulassen, daß wir die De- und Rematerialisierung von Marks Körper direkt mit anschauen, weil das Licht, das während einer solchen Transformation den Raum erfüllt, für unsere Augen unerträglich wäre.

Baba öffnete die Tür ein weiteres Mal, und wieder einmal war Marks Körper »verschwunden«. Baba rief Ted ins Zimmer und bat ihn, sich mit geschlossenen Augen hinzustellen, das Gesicht der Tür zugewandt, die Arme nach vorn ausgestreckt. Die Couch, auf der Mark angeblich immer noch unsichtbar lag, befand sich hinter ihm. Dann schloß Baba die Tür. Er selbst, Ted und der unsichtbare Mark waren im Zimmer. Etwa zehn Minuten später öffnete Baba die Tür, und der gleiche kalte Luftzug kam heraus. Ted, der immer noch dort stand, die Arme vorgestreckt und die Augen geschlossen, sah erschreckend bleich aus. Auf der Couch war immer noch niemand sichtbar. Baba kam aus dem Zimmer und schloß die Tür hinter sich. Zwei Minuten später öffnete sich die Tür wieder, und Ted kam eilig heraus. Er sah ängstlich aus.

»Sie hätten nicht herauskommen sollen«, sagte Baba und schüttelte den Kopf. Dann erkannte ich, was vor sich ging: Baba versuchte, Ted unsichtbar zu machen! Ted berichtete mir später, er sei in Panik geraten, als Baba das Zimmer verließ und die Tür hinter sich schloß, da er nicht wußte, was mit ihm geschehen würde. Also hatte er die Augen aufgemacht und sich umgeschaut, und dort hatte Mark auf der Couch gelegen, mit völlig leblosem Gesicht.

Ted setzte sich auf einen Stuhl, um sich von dem Schock zu erholen. »Eigentlich«, sagte er zu mir, als Julia und Baba in das Zimmer gegangen waren, in dem Mark immer noch in Trance lag, »habe ich eine sehr angenehme Energie durch meinen Körper strömen gefühlt. Aber ich geriet in Panik, weil ich nicht wußte, wohin mich das alles führen würde.« Baba hatte Ted nicht vorgewarnt, daß er versuchen würde, ihn unsichtbar zu machen.

Die Frau, die gesagt hatte, Baba sei »kein Mensch, sondern eine Erfahrung«, fragte uns, ob wir eine »Privataudienz« mit Baba wünschten. »Es kostet 100 Dollar pro Sitzung.« Für eine Weile sagte niemand etwas. »Schauen Sie, Baba muß seinen Lebensunterhalt verdienen«, fuhr sie fort, »und er nimmt nicht mehr als die hiesigen Psychiater.« Sie klang, als sei ihr die Sache peinlich und als fühle sie sich unbehaglich.

»Oh, ich verstehe vollkommen«, sagte ich. »New York ist ein sehr teures Pflaster.«

Wir dankten, lehnten das Angebot aber ab. Ted sagte – und ich nickte dazu –, wir brauchten ein wenig Zeit, um unsere Eindrücke und Erlebnisse zu verarbeiten, und könnten uns nicht auf Experimente einlassen, wie exotisch und verlockend sie uns auch vielleicht erschienen. Ich war erleichtert, daß Ted so offen sprach. Ich war ganz und gar nicht bereit, mein Unterbewußtsein in die Hände eines Fremden zu legen, der mir eine beachtliche parapsychische Macht zu besitzen schien. Baba war ein liebenswürdiger Mann und für seine Anhänger offenbar ein großer, charismatischer Heiler, und Julias Besserung ihres Zustandes war gewiß eindrucksvoll, aber ich brauchte

Zeit, um über alles nachzudenken. Dann sagte Julia uns, daß nicht Baba selbst es war, der diese Phänomene hervorrief, sondern daß er die Fähigkeit besäße, sich machtvolle Geistführer dienstbar zu machen. Ich mußte gestehen, daß diese Enthüllung mich nicht weniger bedenklich stimmte.

»Nun, Ted, was hältst du von all dem?« fragte ich, als wir im Taxi zu seinem Büro fuhren.

»Ich weiß nicht, was ich darüber denken soll«, erwiderte Ted bedächtig und schaute mir ins Gesicht, um meine Reaktion zu sehen.

Ich hob die Schultern, um ihm zu zeigen, daß ich genauso unsicher war. Auch ich wußte nicht, was ich von den Erfahrungen halten sollte, die wir soeben gemacht hatten. Ich hatte mich lange genug mit Geistheilern befaßt, um nicht die ganze Sache als Farce abzutun. Baba war allem Anschein nach ein ungewöhnlicher Mensch mit ungewöhnlichen paranormalen Fähigkeiten. Zumindest konnte er kollektive Illusionen erzeugen, die seine Anhänger davon überzeugten, daß er über die gewaltige, parapsychische Macht gebot, lebende Körper verschwinden und wiederauftauchen zu lassen. Andererseits berichten die esoterischen und okkulten Traditionen aller Zeitalter – besonders die indischen und tibetischen Traditionen –, daß solche Phänomene möglich und real sind und daß Menschen sie hervorrufen können. Sai Baba[5] zum Beispiel ist dafür berühmt, »heilige Asche« und Objekte aller Art vor den staunenden Augen seiner Anhänger materialisieren zu können, und viele Augenzeugen haben das bestätigt. Trotzdem war ich bei solchen Geschichten vorsichtig. Die hohen spirituellen Traditionen warnen vor der Anwendung solcher Kräfte – ohne den Beitrag solcher paranormaler Phänomene bei der Sensibilisierung von Ungläubigen zu schmälern –, außer unter ungewöhnlichen Umständen und nur, um zu dienen und zu heilen.

»Ich bin froh, daß du nicht unsichtbar geworden bist«, sagte ich im Scherz zu Ted, »sonst hätte ich mir wirklich Sorgen gemacht.«

»Mir würde es im umgekehrten Fall ebenso gehen«, erwiderte Ted erleichtert.

»Aber stell dir nur einmal vor«, sagte ich, »welche Auswirkungen auf unsere Realitätsauffassung es hätte, wenn das, was wir erlebt haben, eine verifizierbare, authentische Erfahrung wäre. Gleich hier, mitten in Manhattan, zu genau dieser Zeit, während Hunderte von Wissenschaftlern in dieser höchst weltlichen Stadt in ihren Laboratorien bei dem Versuch schwitzen, die Geheimnisse der Natur zu entschlüsseln, läßt ein unbekannter Yogi allein durch die Kraft seines Willens Körper verschwinden und wieder auftauchen!

Übrigens, während du in dem Zimmer warst und darauf gewartet oder vielmehr nicht gewartet hast, unsichtbar zu werden, sagte mir eine Frau, Baba habe einmal eine Freundin von ihr von einem Teil der Stadt in einen anderen teleportiert. Sie sagte, ihre Freundin sei aus einem Gebäude an der Ecke 7th Avenue und 54th Street gekommen, und draußen habe sie festgestellt, daß sie sich an der Ecke 34th und 5th Avenue befand. Ein anderes Mal hatte eine Frau, die auf der Couch unsichtbar wurde, sich mit dem Gesicht nach unten auf dem Bett im Schlafzimmer des Apartments darüber wiedergefunden. Julia versicherte mir, daß sie zugegen gewesen war und dieses Phänomen direkt vor ihren Augen stattfand. Als ich ihr gegenüber die Realität dessen bestritt, was sie beobachtet hatte, sagte sie: ›Die Position eines *advocatus diaboli* läßt sich nur bis zu einem gewissen Punkt halten; darüber hinaus muß man sie aufgeben, wenn man mit stichhaltigen Beweisen konfrontiert wird.‹«

»Man kann sich kaum vorstellen, daß solche Phänomene wissenschaftlich nachweisbar sind«, sagte Ted und schüttelte den Kopf. Ich stimmte ihm unbehaglich zu.

5
Das Komitee der Skeptiker

Jedesmal, wenn ich ein Flugzeug besteige, bin ich begeistert. Ich fühle mich wie ein Kind, das sich staunend zum ersten Mal den Wundern der modernen Wissenschaft und Technik gegenübersieht. Jedesmal, wenn ich den Atlantik überquere, habe ich dieses »Alice-im-Wunderland«-Gefühl.

Meine Onkel, die in den goldenen Zwanzigern in das Land der unbegrenzten Möglichkeiten aufbrachen, verließen Zypern auf einem Schiff, das über einen Monat bis New York brauchte. Sie sahen ihre Schwestern auf Zypern nie wieder. Damals war die Trennung eines Amerikafahrers von seinen Verwandten praktisch eine endgültige Trennung – wenn man jenen, die man hinter sich ließ, Lebewohl gesagt hatte, war es ein Lebewohl fürs ganze Leben. Aus diesem Grund bin ich den Forschern und Erfindern des Flugzeugs so dankbar. Es ermöglicht Menschen wie mir, in Amerika zu leben und den Kontakt mit Verwandten und Freunden in der Heimat aufrechtzuerhalten. Und es ermöglichte mir eine Fortsetzung meiner Studien auf Zypern und in der griechischen Welt.

Ich saß behaglich am Fenster, legte den Sicherheitsgurt an und schaute zu, wie die Lichter von New York allmählich verblaßten, als das Riesenflugzeug vom Typ Boeing 747 auf dem Flug nach London brüllend in den Abendhimmel abhob. Die Boeing 747 braucht rund sieben Stunden, um den Heathrow Airport zu erreichen. Von dort aus dauert der Flug nach Zypern noch etwa viereinhalb Stunden. Ich wollte meine Familie in London treffen, wo sie Onkel Akis besuchten, den Bruder Emilys. Dann wollten wir alle gemeinsam an Bord einer Maschine der British Airways gehen und unserem Sommeraufenthalt auf Zypern entgegenfliegen.

Ich kann während eines Fluges kaum jemals schlafen und nehme deshalb gewohnheitsmäßig ein Buch mit an Bord, um in den langen Stunden Gesellschaft zu haben. Bevor ich New York verließ, hatte ein Buch mit dem Titel *Not Necessarily the New Age: Critical Essays*[1] meine Aufmerksamkeit erregt, das ich in einem Buchladen in der Nähe des Open Center fand. Das Buch ist eine von Robert Basil herausgegebene Sammlung von Essays und geht scharf mit dem ins Gericht, was die Autoren als die »New-Age-Bewegung« bezeichnen. Ich dachte, ich müßte lesen, was diese kritischen Autoren zu sagen hatten. Als ich das Buch durchblätterte, erkannte ich, daß es sich um eine schonungslose Kritik unbelehrbarer Skeptiker an allem handelte, was mit dem derzeit wiederauflebenden Interesse an spirituellen Fragen und paranormalen Phänomenen zu tun hatte. Eine kurze Prüfung der Essays in der Sammlung zeigte mir, daß es sich um Verteidigungen eines bestimmten Standpunktes handelte – des Standpunktes, daß nur die wissenschaftliche Forschung zu Wahrheiten führt und daß es unmöglich ist, nicht-existente spirituelle und paranormale Realitäten mit dem Verstand oder der Wissenschaft zu erforschen. Derartige Unternehmungen seien nichts weiter als »pseudowissenschaftlich« und stellten absichtliche Versuche dar, die Leichtgläubigen zu verwirren und zu manipulieren.

Als ich den Namen Carl Sagan oben auf der Liste der Autoren las, schüttelte ich den Kopf und sagte leise zu mir selbst: »Kein Wunder.« Ich wußte, daß der berühmte Astronom gemeinsam mit Leuchten wie dem Science-fiction-Autor Isaac Asimov, dem Bühnenzauberer Randi und anderen eine Gruppe mit der eindrucksvollen Bezeichnung »Komitee zur wissenschaftlichen Untersuchung des angeblich Paranormalen« gegründet hatte. Der Zweck dieses »Komitees der Skeptiker« ist die Bloßstellung dessen, was diese Leute als »Pseudowissenschaft« bezeichnen und was sie als Bedrohung der Grundlagen unseres rationalen, wissenschaftlichen Erbes betrachten. Aus einem Merkblatt dieses Komitees, das ich als Lesezeichen benutzte, ging hervor, daß ihrer Meinung nach das Herz und die Seele der westlichen Zivilisation auf dem Spiel standen. »Wir gehen durch eine Zeit des wiedererweckten Mystizismus... Das Komitee der skeptischen Fragesteller antwortet darauf... Wenn Alchemie und Horoskope an Einfluß gewinnen, weshalb dann nicht auch die Mysterien von Blut und Rasse oder die übrigen Verirrungen, die als Fluch auf unserer Geschichte lasten? Wissenschaft ist nicht das einzige, was es gibt, aber ihre Feinde könnten nur allzuleicht das Ende von allem sein.«

Bei Carl Sagans Namen erinnerte ich mich daran, im September 1986 im Radio von seinem Auftritt im National Press Club gehört zu haben. Im Verlauf des Interviews hatte er seinen bekannten Vorschlag geäußert, daß wir unsere militärische Ökonomie in eine Friedensökonomie umwandeln, indem wir eine ökonomische Umstrukturierung vornehmen – fort von der Produktion von Kriegsgerät – und unsere Hochtechnologien und Energien auf andere Ziele richten. Eine Möglichkeit, so sagte er, sei die Erforschung des Weltraumes in Zusammenarbeit mit den Russen. Eine gemeinsame Marsexpedition würde zum Beispiel eine sehr positive Friedensbotschaft verkünden. Sehr gut, hatte ich gedacht und applaudiert, obwohl ich nicht sicher war, ob es weise wäre, wenn wir unsere Energien und Geldmittel dazu verwendeten, um ein paar Russen und Amerikaner auf den Mars zu bringen, wo doch hier, auf unserem verwundeten und gefährdeten Planeten, so viel getan werden mußte.

Was mich aber aufhorchen ließ, war Carl Sagans Antwort, als ein Mitglied der Audienz fragte: »Wie ist Ihre Ansicht über die Erforschung der Innenräume der Welt?« Der Cornell-Astronom erwiderte in vollem Ernst sinngemäß: »Natürlich haben wir auch die Tiefen des Ozeans noch nicht vollständig erforscht, und wir dürfen – während wir den Weltraum untersuchen – auch die Erforschung des Erdinneren nicht vernachlässigen.«

Was mich aber wirklich schockierte, war nicht Sagans Antwort, sondern die Tatsache, daß er die Frage nicht zu verstehen schien. Aus seinem Tonfall bei dieser Bemerkung ließen sich weder Humor noch Ironie herauslesen. Er begriff einfach nicht, daß die Frage sich auf die *psychischen* Räume bezog. Seine Antwort war typisch für die Einstellung der etablierten, institutionell gestützten Wissenschaft gegenüber Spiritualität und parapsychischen Erfahrungen: pauschale Ablehnung.

Für »objektive« Wissenschaftler besitzen subjektive Erfahrungen einfach keine eigene und selbständige Realität. Subjektive Erfahrung ist das Gegenteil jenes Wissens, das als »objektiv« – das heißt außerhalb des Beobachters existierend – betrachtet wird. Wenn wir Subjektivität zum Status des Wissens erheben, spielen wir, nach Ansicht dieses »Komitees der skeptischen Fragesteller« mit dem Irrationalen. Deshalb haben sie eine Gegenbewegung ins Leben gerufen, die das, was sie als die gefährlichste Eigenschaft der »New-Age-Bewegung« betrachten, als Scharlatanerie, Betrügerei, Irrationalität entlarven und den pseudowissenschaftlichen Anspruch der »New Ager« widerlegen soll.

Ich persönlich habe mich nie als New Ager oder als Fürsprecher der New-Age-Bewegung betrachtet. Tatsächlich habe ich allen »Bewegungen« stets mißtraut. Alle Ideologien sind Zwangsjacken, in denen der Verstand Zuflucht sucht und gefangen wird. Das Problem, das ich bei den »skeptischen Fragestellern« sehe, ist ihre Unfähigkeit, die Möglichkeit ins Auge zu fassen, daß ihre eigene Bewegung aus irrationalen, ideologischen Motiven heraus entstand. So forderten sie in einer ihrer Broschüren auf, ihrer Gesellschaft »zur wissenschaftlichen Untersuchung paranormaler Phänomene« beizutreten.

Und doch stempelten sie in genau dieser Broschüre den Glauben an sogenannte paranormale Phänomene als irrational ab und verkündeten, ein Ziel ihrer Gesellschaft sei ein wissenschaftlicher Kreuzzug, der erweisen sollte, daß alle diejenigen, die sich für dieses Thema interessieren, Schwindler und Betrüger sind. Das »Komitee der Skeptiker« hat sich bereits entschieden und die Schlußfolgerung vorweggenommen, daß paranormale Phänomene Scheinphänomene sind. Die Ideologen des wissenschaftlichen Fundamentalismus weigern sich – wie alle Ideologen – ihre eigenen Vorstellungen vom Wesen der Wirklichkeit in Frage zu stellen.

Bevor ich zu lesen begann, holte ich mein Notizbuch heraus und notierte mir ein paar Einfälle, die das Buch schon jetzt hervorgelockt hatte.

»Ich sehe die Sache so«, schrieb ich, »es gibt zwei allgemeine Realitätsmodelle, die eingeführt und historisch erfahren wurden. Das eine lautet, daß die höchste Wirklichkeit hinter der phänomenalen Welt Gott oder das Absolute oder eine Art göttliche Intelligenz ist. Das menschliche Leben hat in dieser Sehweise nur dann eine Bedeutung, wenn es sich auf die Erkenntnis einer höchsten Gottheit gründet. Aus dieser Sicht ist unsere Welt der fünf Sinne nicht die einzige Welt, die es gibt. Wenn es andere Welten gibt, die unseren fünf Sinnen unzugänglich sind, dann wird es zu einem persönlichen und kollektiven Ziel, Wissen über diese Welten zu erlangen. Es ist unsere ureigenste Natur, Wissen zu sammeln, weil wir unserer selbst bewußte Lebewesen sind, die sich bemühen, einen Sinn in ihrem Leben zu erkennen und die ewigen Fragen zu beantworten, wer wir sind, weshalb wir hier sind und wohin wir am Ende unserer Reise gelangen werden.

Das andere Realitätsmodell ist dasjenige, dem die materialistische Wissenschaft anhängt und das die Leute vom Komitee der Skeptiker vertreten. Für sie ist die grobstoffliche Welt die einzige Welt, die es gibt – die Welt, die unseren fünf Sinnen und unserem rationalen Verstand zugänglich ist. Alle anderen Behauptungen sind a priori falsch und häufig Zirkelschlüsse. Dies ist die Sicht, die in unserer kulturellen Landschaft der modernen Welt dominiert, die Sehweise, die in unseren Lehrplänen von der Grundschule bis zu den Doktorandenseminaren der besten Universitäten vermittelt wird. Von dieser Warte aus betrachtet, ist die einzige lohnende Beschäftigung des Menschen die Erforschung der Materie und ihrer Evolution im Lauf der Zeitalter. Die Wissenschaft ist das geeignete Mittel dazu. Tatsächlich verspricht allein diese Erforschung eine bessere Welt, das Paradies auf Erden. Jeder transzendentale Glaube stellt angeblich eine Form des Eskapismus dar – ein Überbleibsel aus unserem irrationalen Kindheitsglauben – und eine Bedrohung für das ungehinderte Fortschreiten der Wissenschaft.

Der Fortschritt in Wissenschaft und Technik hat das Wissen um eine andere Welt ersetzt, das in vergangenen Zeitaltern vorhanden war. Der Sieg der Rationalität, der Wissenschaft und des Glaubens, daß diese materielle Welt immer weiter vervollkommnet werden kann, wurde nach erbitterten Schlachten mit den offiziellen Sprechern des alten Modells oder Paradigmas gewonnen, den Priestern und Theologen. Weil sie wissen, wie schwer dieser Sieg der Wissenschaft über die Religion errungen wurde, fühlen sich die Wächter der wissenschaftlichen Orthodoxie angesichts des sogenannten Wiederauflebens der New-Age-Spiritualität so unbehaglich.

Die Ursache dieses Unbehagens ist der in der Sicht der orthodoxen Wissenschaftler alarmierende Trend, daß viele Vertreter ihrer eigenen Sparten sich der New-Age-Bewegung anschließen, Kollegen, denen die moderne Quantentheorie einen willkommenen Anlaß für Argumente zugunsten einer grundsätzlich spirituellen Deutung der höchsten Wirklichkeit bietet. Dieser Umstand ist es, der die Orthodoxen vor Zorn schäumen und die New Ager als pseudowissenschaftlich angreifen läßt. Es ist aufschlußreich, daß die orthodoxen Wissenschaftler keinerlei Streit mit der orthodoxen Religion und Theologie haben. Diese Institutionen wurden durch die Säkularisierung so weitgehend ins Abseits gedrängt, daß sie keine Bedrohung für die etablierten wissenschaftlichen Materialisten und Technokraten darstellen. Im Gegenteil, die alteingesessene Religion hat sich mit der alteingesessenen Wissenschaft zusammengetan, um gemeinsam zu bekämpfen, was beide als Bedrohung durch diese amorphe, wandlungsfähige und ungeordnete ›New-Age-Bewegung‹ betrachten.«

Was geht hier wirklich vor? Ich nippte an der Bloody Mary, die mir die Stewardeß gebracht hatte, und dachte an meine Studienjahre zurück. Ich erinnerte mich an mein erstes Jahr als Student der Soziologie und an mein erstes Seminar in soziologischer Theorie. Der Professor forderte jeden von uns auf, sich einen bedeutenden soziologischen Denker auszusuchen und ihn eingehend zu studieren. Jeder von uns sollte eine längere Arbeit über die Ideen des von ihm ausgesuchten Meistersoziologen anfertigen. Der Professor gab uns einen Tag, um zu entscheiden, wen wir studieren wollten.

Zu meinem großen Verdruß entdeckte ich, daß die meisten der großen Namen schon bald von meinen entschlußfreudigeren Kommilitonen reserviert worden waren. Karl Marx, Emile Durkheim, Max Weber – die säkulare Dreifaltigkeit der klassischen, theoretischen Soziologie – waren bereits vergeben. »Die einzigen Namen, die bislang noch nicht beansprucht wurden«, sagte mein Professor, »sind Auguste Comte, Herbert Spencer, Charles Horton Cooley und Pitirim Alexandrowitsch Sorokin. Suchen Sie sich doch einen von denen aus.« Ich war niedergeschlagen und beneidete die übrigen, die sich die richtigen Denker ausgesucht hatten, um sich ihnen zu widmen. Ich ging in die Bibliothek und begann meine Suche. Ich war sofort aus vorwiegend irrationalen Gründen von dem Russen Sorokin angetan. Sorokin, ein Flüchtling vor der Oktoberrevolution, besaß – ebenso wie ich selbst – einen östlich-orthodoxen Hintergrund, und es fiel ihm schwer, sich an die amerikanische Kultur anzupassen. Da ich selbst so etwas wie ein Außenseiter war und mich damals ins Abseits gedrängt fühlte, spürte ich eine gewisse Affinität sowohl zu Sorokins Ideen als auch zu seiner entwurzelten Person, die widerstrebend darum kämpfen mußte, sich an eine fremde Kultur anzupassen.

Seit diesem Seminar war ich von den Ideen Sorokins so begeistert und besessen, daß mich meine Kommilitonen noch ein Jahr nach meinem lebhaften Vortrag mit »Pitirim« ansprachen. Niemand, einschließlich meines Professors, hatte jemals Sorokin gelesen oder seine Ideen ernst genommen, und ich hatte das Gefühl, daß sie ihr gesamtes Wissen über ihn meinem Vortrag verdankten. Und doch galt er nach den Worten eines seiner früheren Studenten an der Harvard-Universität allgemein als Meister des soziologischen Denkens, als genialer Geist, als »wandelnde Enzyklopädie«.

Als ich jetzt hoch über dem Atlantik über das Buch in meinem Schoß nachsann, erwachte meine eingehende Beschäftigung mit Sorokins Denken plötzlich in meinem Kopf zu neuem Leben – wie eine längst vergessene Leidenschaft. Seine Ideen warfen ein gewisses Licht auf die New-Age-Bewegung und die Reaktionen der Leute vom Skeptikerkomitee.

Sorokins Ideen über Geschichte und Gesellschaft ergaben sich nicht nur durch seine russische Herkunft, sondern auch auf Grund seiner Erfahrungen mit der Russischen Revolution, in deren Verlauf er beinahe von den Bolschewiken exekutiert worden wäre. Sorokin, ein Sozialdemokrat und Menschewik, opponierte heldenhaft gegen das zaristische Regime und wurde ein Sekretär Kerenskys, der nach dem Sturz des Zaren die

Interimsregierung leitete. Als Lenin seinen Oktoberputsch ausführte und die Macht an sich riß, die »auf den Straßen lag«, wie er sich ausdrückte, floh Sorokin ins russische Hinterland. Schließlich ergab er sich und wurde kurz darauf zum Tode verurteilt. Aber am Tag vor der festgesetzten Exekutierung wurde er freigelassen, nachdem einer seiner früheren Soziologiestudenten – jetzt ein führender Bolschewik – Lenin überredet hatte, sein Leben zu verschonen. Nach der Freilassung aus der Haft, von seinen Erfahrungen mit der Revolution geschüttelt, ging Sorokin nach Amerika, um niemals wieder nach Rußland zurückzukehren. In den 30er Jahren, nach fünfjähriger Lehrtätigkeit an der Universität von Minnesota, wurde er eingeladen, an der Harvard-Universität eine soziologische Fakultät zu gründen.

Sorokin fühlte sich angesichts der philosophischen Strömungen, die damals in Amerika vorherrschten, nicht sehr wohl: ein ungezügelter Glaube an die Rationalität, an die Wissenschaft und den Fortschritt. Er, der die Schrecken des ersten Weltkrieges und der Russischen Revolution durchlebt hatte, besaß eine weniger optimistische Meinung über den Zustand der Welt. Am Vorabend des zweiten Weltkrieges ließ er sich auf ein monumentales Projekt zur Erforschung der westlichen Zivilisation von ihren Anfängen in der homerischen Periode bis zum 20. Jahrhundert ein. Das Ergebnis war ein vierbändiges Opus mit einem Umfang von jeweils 1000 Seiten pro Band. Einige nannten sein *Social and Cultural Dynamics*[2] einen Klassiker.

Sorokin begann mit der Darlegung dessen, was er als eine durch nichts zu rechtfertigende Naivität bezeichnete, die vom gemeinen Volk und den kulturellen und wissenschaftlichen Leuchten gleichermaßen geteilt würde: die Annahme nämlich, daß die Welt »fortschreite«. Wie können wir von einem gesellschaftlichen Fortschritt sprechen, fragte er, obwohl es soviel Gewalt und Massenvernichtung in diesem angeblich so aufgeklärten 20. Jahrhundert gegeben hat? Sorokin machte sich nicht die entgegengesetzte Sicht zu eigen, die einige wenige Historiker wie der Deutsche Oswald Spengler vertraten, der – nachdem die Deutschen den ersten Weltkrieg verloren hatten – seinen Bestseller *Der Untergang des Abendlandes*[3] schrieb. Spengler behauptete, das Schicksal der Zivilisationen entspräche dem Lebenslauf aller Lebewesen: Geburt, Blüte, Reife und schließlich Verfall. Die meisten Historiker waren davon nicht beeindruckt, aber den Deutschen gefiel diese Theorie. Immerhin war es das Schicksal aller großen Nationen, abzusteigen und zu sterben. Deshalb mußten die Deutschen, die sich für die Crème de la crème der Zivilisationen des Abendlandes hielten, sich nicht selbst für ihr politisches Desaster und für ihre entehrende militärische Niederlage verantwortlich fühlen. Spengler linderte ihren Schmerz. Ihre Entehrung war Bestimmung, ein unausweichliches, historisches Gesetz. Sorokin schloß sich weder einer »Fortschritts«-Ideologie noch einem »Blüte-und-Verfall«-Szenario an. Statt dessen gelangte er nach einer erschöpfenden und detaillierten Untersuchung der sozialen und kulturellen Geschichte des Abendlandes zu dem Schluß, daß Zivilisationen nicht in alle Ewigkeit in gerader Richtung fortschreiten, und sie erblühen nicht, um unvermeidlich abzusteigen und zu verfallen. Statt dessen unterliegen Zivilisationen – besonders die Zivilisationen des Abendlandes – im ständigen Wechsel Transformierungen von extremer Religiosität bis hin zu extremem Materialismus. Geschichte ist für Sorokin wie ein Pendel, das zwischen diesen beiden Polen, diesen beiden »letzten Definitionen der Realität«, hin- und herschwingt. Der Westen ist für Sorokin nicht zwangsläufig zur Auslöschung vorbestimmt, wie die Untergangspropheten der Geschichte meinen; aber es ist ihm unausweichlich bestimmt, seinen Materialismus abzulegen und sich in Richtung einer mehr spirituellen Definition der Realität zu bewegen. Zivilisationen gehorchen historischen Gesetzen der Transformierung von der Religion zum Materialismus und wieder zurück zur Religion. Was sich wie Abstieg und Untergang ausnimmt, ist in Wirklichkeit die Transformierung von einem Pol der Weltsicht zum anderen.

Sorokin behauptet, das Wesen einer Kultur oder Zivilisation werde durch die Art und Weise bestimmt, wie sie die »höchste Wirklichkeit« definiert. Wenn die höchste Wirklichkeit als Gott gesehen wird, neigt die betreffende Zivilisation dazu, sich als Gesamtheit entsprechend dieser Sehweise zu formieren. Zum Beispiel kreiste während der Hochblüte des Mittelalters der gesamte kulturelle und gesellschaftliche Ausdruck um die Vorstellung, daß Gott die höchste Wirklichkeit ist. Die führende Institution in jeder Zeit war die Kirche. Alle übrigen Einrichtungen hingen von der Kirche ab, sei es im politischen, häuslichen, wirtschaftlichen, pädagogischen Bereich oder sonstwo. Die führenden Denker der damaligen Zeit waren religiöse Philosophen, wie Augustinus und Thomas von Aquin. Im kulturellen Ausdruck herrschte Gott vor: Kunst war religiöse Kunst, Musik war religiöse Musik, Poesie war religiöse Poesie. Sorokin nannte solche Kulturen *ideationell.*

Auf der entgegengesetzten Seite des Pendelausschlags finden wir das 19. Jahrhundert, den Höhepunkt der *sensuellen* Phase der abendländischen Zivilisation. In dieser Zeit wurde die höchste Wirklichkeit in rein materialistischen Begriffen definiert, darüber hinaus gab es keine Realität. Die einzige Realität war diejenige, die mit den fünf Sinnen wahrgenommen werden konnte. Die ganze Epoche wurde entsprechend dieser Kernidee definiert und geprägt. Die Kirche war nicht länger die wichtigste Institution der Gesellschaft; an ihre Stelle trat der säkulare Staat als die wichtigste gesellschaftliche Einrichtung. Die Theologie war nicht länger die »Königin der Wissenschaften«; sie wurde durch die Naturwissenschaften ersetzt. Religion und religiöse Institutionen wurden an den Rand gedrängt, als unbedeutende Überbleibsel des in Verruf geratenen Mittelalters.

Fast alle Denker jener Zeit waren erklärte Atheisten, die den Triumph der Rationalität und der Naturwissenschaften und die Befreiung des menschlichen Geistes von den Ketten des religiösen Aberglaubens feierten. Die Philosophen des 19. Jahrhunderts entdeckten, daß der Himmel leer war. Viele von ihnen waren glücklich über diese Entdeckung und sahen eine Art Befreiung darin. Und einige wenige hielten es wie Friedrich Nietzsche, der selbst Atheist war und vor seinem Nervenzusammenbruch den Tod Gottes als historisches Unheil düster akzeptierte und die Entfesselung diabolischer Kräfte im bevorstehenden Jahrhundert prophezeite. Gott wurde entweder eine Projektion des Unterbewußtseins und ungelöster Ängste oder das Werkzeug der herrschenden Klassen, um die Unterdrückten in Schach zu halten, oder eine Projektion der Gesellschaft. Auf jeden Fall war Gott für alle Zeiten und unwiderruflich tot.

Die Künstler drückten diesen Glauben aus, indem sie sich auf die Schönheit der Natur konzentrierten, und bevor die Fotografie ihren Einzug hielt, bemühten sie sich, sie so »objektiv« und detailgetreu wie möglich zu porträtieren. Wissenschaftliches, objektives Wissen wurde das grundlegende Paradigma der Epoche. Das 19. Jahrhundert erreichte eine hohe Ebene der kulturellen Integration, aufbauend auf dem Konzept der letzten Gültigkeit und Überlegenheit der physikalischen, materiellen Natur und des kognitiven Primats der Sinne.

Sorokin behauptete, zwischen diesen beiden Polen bestünde noch eine weitere Phase – eine andere Form der kulturellen Integration –, die beide polaren Gegensätze miteinander verbindet. Er nannte diese Phase der Zivilisation »idealistisch«.

Sie tritt nur kurzzeitig auf, aber auch sie erlebt eine Blüte und einen Verfall und muß einem der beiden Pole weichen, dem sensuellen oder dem ideationellen.

Das beste Beispiel für die idealistische Phase in der abendländischen Zivilisation ist das Goldene Zeitalter des perikleischen Athen. Die Wirklichkeit wurde als sowohl göttlich wie auch als profan definiert, und die Hauptbeschäftigung der Philosophen und Künstler galt der »idealen Form«, sei es ein idealer Staat oder eine ideale Schönheit. Für den Bildhauer war es wichtig, nicht die Statue einer Frau oder eines Mannes, sondern ein Kunstwerk zu schaffen, das die ideale Schönheit wiedergab, als habe unter den Händen des Künstlers ein göttliches Prinzip Gestalt angenommen. Das Parthenon wurde in der Blüte des idealistischen Ausdrucks der abendländischen Zivilisation geschaffen – ein höchst »vollkommenes« Bauwerk zu Ehren der Göttin Athene.

Was Sorokin jedoch am meisten beschäftigte, war das unvermeidliche Pendelschwingen zwischen dem ideationellen und dem sensuellen Pol oder zwischen der sensuellen und der ideationellen Definition der höchsten Wirklichkeit. Die Geschichte des Abendlandes, so sagt er, war weder die Geschichte seines Fortschritts noch die Geschichte seines Aufstiegs und Untergangs. Das Abendland hat vielmehr zwischen dem ideationellen und dem sensuellen Pol oszilliert, und es wird bis in unbestimmte Zeit damit fortfahren.

Sorokin begann seine Analyse mit der homerischen Periode etwa um 1500 vor Christus. Auf dem Gipfel dieser Zeit, als die *Ilias* entstand, wurden die Geschicke der Menschen unmittelbar von den Göttern bestimmt. Verschiedene Götter faßten eine Vorliebe zu verschiedenen Helden und sorgten für sie, indem sie sie in der Schlacht führten. Kein wichtiges Ereignis in dieser Welt war das Ergebnis eines Zufalls. Wenn wir uns die These von Julian Jaynes[4] zu eigen machen, hörten die homerischen Helden buchstäblich Stimmen in ihrem Kopf, die sie als Stimmen der Götter deuteten. Im wörtlichen Sinne bei ihren Aktionen durch diese Stimmen geleitet, waren die Menschen des Altertums wie »Schizophrene«, die »Stimmen« hören. Die heutigen Schizophrenen sind Rückfälle in jene frühere Periode der Menschheitsgeschichte, als es normal war, Stimmen zu hören – so Jaynes von der Psychologischen Fakultät der Princeton-Universität.

Die ursprüngliche, ideationelle Phase der abendländischen Kultur erreichte laut Sorokin ihren Gipfel an einem bestimmten Punkt, jenseits dessen sie ihren »Abstieg« begann – das heißt, sich von ihrem eigenen Integrationsprinzip entfernte. Sorokin sagt, alle Zivilisationen stünden unter dem Einfluß axiomatischer Prinzipien, dem »Prinzip der immanenten Veränderung« und dem »Prinzip der Grenzen«. Das »Prinzip der immanenten Veränderung« besagt, daß Zivilisationen sich ständig von innen heraus ändern, entweder zu einer größeren kulturellen Integration oder von einer solchen Integration fort. Alles ist in einem Zustand des Fließens, nichts steht still.

Das »Prinzip der Grenzen« besagt, daß eine Zivilisation, die sich zu einer höheren Integrationsstufe bewegt – sei es ideationell, sensuell oder idealistisch –, schließlich eine Grenze erreichen wird, über die hinaus eine weitere Integration unmöglich ist. Sobald diese Grenze erreicht ist, beginnt dank des Prinzips der immanenten Veränderung eine entgegengesetzte Bewegung – fort von der Integration, hin zur Desintegration. Aber auch diese Bewegung fort vom Gipfel der Integration erreicht schließlich ihre eigene Grenze der Desintegration, an der eine umgekehrte Bewegung in Richtung Integration einsetzt – eine neue Phase des historischen Pendels.

Als also die ideationelle, homerische Periode ihren Gipfel erreicht hatte, eröffnete die Umwendung zur Desintegration den Weg zu einer neuen Phase der Integration, nämlich dem idealistischen Goldenen Zeitalter etwa um 400 vor Christus. Aber auch diese Periode ging durch ihre Phase des Aufstiegs und Abstiegs, und eine neue sensuelle Periode wurde eingeläutet: das hellenistische Zeitalter der Sophisten, Stoiker und Epikureer, das seine Blüte während der Römerzeit erlebte. Aber auch dieses Zeitalter begann wieder, sich zu desintegrieren. Es verlor seine kulturelle Integration und beschritt den Weg in die ideationelle Periode des Heiligen Römischen Reiches und des theokratischen Mittelalters. Nach dem Ausklang des Mittelalters gab es eine kurze Periode der idealistischen Kultur zur Zeit Dantes, und dann begann die lange Bewegung zu der sensuellen Phase der abendländischen Zivilisation mit ihren wissenschaftlichen, industriellen und politischen Revolutionen, die im 19. Jahrhundert ihren Höhepunkt der Integration erreichte.

Sorokin sagt, das 20. Jahrhundert stelle die Abstiegsphase der sensuellen Ära der abendländischen Kultur dar – eine Phase, die mit der Römerzeit vergleichbar ist. Er sagt, in den Desintegrationsphasen der sensuellen Kultur käme es zu Exzessen von Gewalt, Volksaufruhr und Kriegen.

Nachdem er *Social and Cultural Dynamics* geschrieben hatte, richtete Sorokin seine Energien darauf, für einen »sanfteren Übergang« in ein ideationelles Zeitalter einzutreten – eine Bewegung, die er für unvermeidlich hielt. Mitten in den Wirren des zweiten Weltkrieges sagte er das unvermeidliche Heraufkommen einer neuen, spirituellen Renaissance voraus.

Von der akademischen Zitadelle der Harvard-Universität aus focht Sorokin einen eifrigen Kampf gegen den Materialismus einer sensuellen Zivilisation. Er machte, wie viele andere russische Autoren und Mystiker, nie einen Hehl aus seiner Vorliebe für eine spirituellere, ideationellere Kultur, die er als die nächste Bewegung des historischen Pendels betrachtete. Sorokin wetterte wie ein alttestamentarischer Prophet gegen das, was er als zügellose, sensuelle Habsucht und Konsumbesessenheit seiner Wahlheimat betrachtete. Er sprach sich dafür aus, daß alles unternommen würde, um den Übergang zum ideationellen Pol weniger zerstörerisch zu gestalten – der Mensch konnte, da er jetzt den fortlaufenden historischen Prozeß begriff, willentlich einschreiten, um den Übergang reibungsloser zu vollziehen.

Die Explosion der Atombomben über Japan nährte Sorokins missionarischen Eifer. Zum ersten Mal sah es so aus, als gelange das historische Pendel an einen endgültigen, unwiderruflichen Halt. Nero hatte Rom abgebrannt, aber auch er konnte nicht die ganze Welt verbrennen. Die abendländische Zivilisation hatte in der Vergangenheit überlebt und sich in neue Formen der kulturellen Integration transformiert, aber das mögliche Erscheinen eines modernen Nero am Steuer nuklearbewaffneter Staaten schien den Übergang in die ideationelle Phase zu gefährden. Sorokin schloß, daß wohlmeinende und mitfühlende Männer und Frauen mobilisiert werden müßten, die sich für die Förderung der altruistischen Liebe einsetzten, die für das Überleben der menschlichen Zivilisation unerläßlich war – er hoffte, durch Liebe und Altruismus die Tiefen des Niedergangs der sensuellen Kultur überbrücken zu können.

Sorokin klagte darüber, daß die Sozialwissenschaften ihr Hauptgewicht auf das Studium der Sozialpathologie gelegt hätten. Er sagt, unser gesamtes Verständnis der Gesellschaft und des Individuums gründe sich auf diese Studien. Aber es sei wichtiger, das Positive zu untersuchen, zu studieren, auf welche Weise Liebe und Altruismus den einzelnen wie auch die Gesellschaft transformieren könnten. Nach seinem Eintritt in den Ruhestand gründete Sorokin das »Harvard-Center für die Erforschung des kreativen Altruismus«. Es bestand nur so lange, wie er lebte.

Das Phänomen der New-Age-Bewegung hat so viel Aufregung

unter so vielen orthodoxen Wissenschaftlern und Geistlichen verursacht, daß man es in der Tat als den Übergang zu einer anderen Form der kulturellen Integration bezeichnen könnte. Als Sorokin Ende der 30er und in den 40er Jahren seine Vorhersagen machte, gab es noch keine New-Age-Bewegung. Die meisten Geschichts- und Sozialwissenschaftler stimmten darin überein, daß die säkulare Epoche den Gipfel eines evolutionären Prozesses im menschlichen Bewußtsein darstellte, der in den Tiefen der Ignoranz, des Aberglaubens und der Barbarei begonnen und in das moderne, rationale, wissenschaftliche Zeitalter geführt hatte. Man pries Werke wie jenes von Sorokin wegen seiner Originalität und seiner historischen und philosophischen Tiefgründigkeit, konnte sie aber nicht ernst nehmen, weil sie nicht auf »überprüfbaren Voraussetzungen« beruhten. Und als Sorokin wetterte, die Sozialwissenschaftler litten unter geistigen Störungen namens »Testomanie« und »Quantophrenie«[5] und seien aus diesem Grund blind für die wichtigsten Themen unserer Zeit, wurde er als unbedeutender Soziologe abgestempelt. Trotzdem wurde Sorokin ein Jahr vor seinem Tod in Anerkennung seines gewichtigen Beitrags zum modernen Denken als Präsident des Amerikanischen Soziologenverbandes gewählt.

Ich habe oft zu meinen Kollegen gesagt, daß ich Sorokin – wie Jung – für einen beachtenswerten, wenn auch nicht anerkannten Vorläufer des gegenwärtig wiederauflebenden Interesses an der Spiritualität halte, für einen soziologischen Propheten einer ideationellen Kultur und eines New Age. Der Mangel an Klarheit und Integration, der sich sowohl im entstehenden New Age als auch in der verfallenden sensuellen Kultur zeigt, ist die Folge eines Zustandes, den Sorokin 50 Jahre zuvor prophezeit hatte. Und sein Konzept des »Suprabewußtseins«[6] als die Quelle der höheren Kreativität und eines höheren Bewußtseins als das Unterbewußtsein und Bewußtsein Freuds nimmt Abraham Maslow, die humanistische Psychologie und auch ihren Sprößling, die transpersonale Psychologie, vorweg.

Ich war so sehr in meine wehmütige Erinnerung an die Jahre als Student und meine damalige Beschäftigung mit Sorokins Denken versunken, daß ich die Sammlung kritischer Essays in meinem Schoß und die ehrfurchtgebietende Tatsache, daß ich mich 10000 Meter über dem Atlantik befand und mit der unglaublichen Geschwindigkeit von nahezu tausend Kilometern pro Stunde bewegte, beinahe vergessen hatte. Das Dinner war bereits serviert worden, und die meisten Passagiere bereiteten sich entweder auf den Schlaf vor oder schauten sich auf der Fernsehleinwand einen Film an, den ich schon gesehen hatte. Ich schaltete das Licht an und versenkte mich in die Lektüre.

Nach Meinung der skeptischen Autoren erfreute sich die New-Age-Bewegung einer landesweiten Aufmerksamkeit, seit der amerikanische Soziologe Andrew Greeley eine Untersuchung veröffentlicht hatte, aus der hervorging, daß im Land eine Art »spirituelle Revolution« stattfand. Mit Unterstützung durch das Nationale Meinungsforschungsinstitut der Universität von Chicago berichtete Greeley 1987 in der Zeitschrift *American Health*, daß 67 Prozent der Befragten über Fälle von außersinnlicher Wahrnehmung berichteten, 31 Prozent hatten Fälle von Hellsehen erlebt, 29 Prozent hatten »Visionen« gehabt, und 42 Prozent hatten »Kontakt mit den Toten«. Greeley stellte ferner fest, daß jene Personen, die von derartigen »paranormalen« Erlebnissen berichteten, weder »religiöse Spinner« noch psychiatrische Fälle waren. Ganz im Gegenteil, sie standen bildungs- und intelligenzmäßig über dem Bevölkerungsdurchschnitt und in ihrer Religiosität geringfügig darunter.

Ich fand, daß diese Ergebnisse mit meinen eigenen, nichtquantitativen Beobachtungen bei Menschen übereinstimmten, die mir von ihren ungewöhnlichen Erfahrungen berichtet hatten. Aber für diese Skeptiker stellen solche Statistiken Warnsignale dar, die das Eindringen des Irrationalen in die amerikanische Kultur anzeigen, und sie fürchten, daß die ganze Wissenschaft selbst in Gefahr sei, weil so viele intelligente Personen von solchen Erfahrungen berichten. Diese Erfahrungen sind nach Meinung der Autoren »unbestätigt durch die Wissenschaft« und deshalb (so lautet die unterschwellige Botschaft) nicht in der Realität begründet.

»Die Beweise für… psychische Kräfte, Reinkarnation, Telekinese, Channeling und so weiter sind in der Tat mangelhaft und gewiß nicht überzeugender als die Beweise für die körperliche Auferstehung Jesu: Die Überzeugungen der New-Age-Bewegung erwachsen aus dem Glauben, nicht aus Beweisen, die alle Welt bezeugen und nachvollziehen kann.«[7] Diese Schlußfolgerung ist in hohem Maße angreifbar. Die Beweise für die Realität von »Psi« (aus griech. *psyche* = Seele) wurden mehr als 100 Jahre lang eingehend von wissenschaftlichen Forschern untersucht und dokumentiert. Nur ein unverbesserlicher wissenschaftlicher Materialist könnte diese Ergebnisse leugnen. Sogar *Nova*, das ernsthafte und angesehene populärwissenschaftliche US-Fernsehprogramm, hat dieses Thema behandelt und kam zu einem überwältigenden und eindeutigen Ergebnis zugunsten von Psi. Es ist völlig verfehlt, das umfangreiche Material der Psi-Forschung und die wissenschaftlichen Beweise, die sie erbracht hat, mit dem christlichen Glauben an die körperliche Auferstehung Jesu zu vergleichen. Und doch ist dies die Position der Autoren. Man hat den Eindruck, daß es eine hoffnungslose Aufgabe wäre, diese hartgesottenen Skeptiker zu überzeugen. Welchen Beweis man ihnen auch immer vorlegte, sie würden ihn nicht beachten, wie ein fanatischer religiöser Fundamentalist, der nicht bereit ist, Beweise für die Evolution anzuerkennen.

Die Autoren fuhren mit einem Angriff auf Shirley MacLaine fort – als repräsentiere die gefeierte Schauspielerin den Gipfel einer imaginären Hierarchie des New Age. Sie zitierten MacLaine dahingehend, als habe sie gesagt, sie hätte das Interesse an der Politik und an der Gesellschaft verloren, nachdem sie die Spiritualität entdeckt hatte, und daß diese Dinge weitgehend bedeutungslos für sie geworden wären. Sie wird mit folgenden Worten zitiert: »Weshalb wählen oder weshalb marschieren, wenn alles Leiden guten, karmischen Zwecken dient, wenn wir alle reinkarniert werden, wenn übernatürliche Wesenheiten kommen werden, um uns zu befreien?«

Arme Shirley! dachte ich bei mir. Sie muß als Sündenbock herhalten. Die ewige Philosophie, die hermetische Tradition, die vedische Philosophie Indiens, der Taoismus, der Buddhismus, die christliche Mystik und sämtliche großen Lehren des Ostens und des Westens stehen oder fallen mit den öffentlichen Statements, persönlichen Aktionen, mit dem Ruf und den literarischen Äußerungen eines amerikanischen Hollywoodstars.

Hätten die Skeptiker ihren Anschlag gegen die Kommerzialisierung der Spiritualität gerichtet, gegen die Korruption durch selbsternannte Gurus, gegen die Ausbreitung suspekter und regelrecht grotesker Kulte, die sofortige Resultate und mühelose Erleuchtung anbieten – dann hätten sie uns einen dringend nötigen Dienst erwiesen. Aber sie greifen alle Formen der Spiritualität – authentisch oder nicht – als Bedrohung der Rationalität und der westlichen Zivilisation selbst an. Die tragische Ironie dabei ist, daß sie sich der irrationalen Grundlagen ihrer eigenen starren, positivistischen Glaubenssätze und Dogmen ganz und gar nicht bewußt sind.

Während ich in dem Buch weiterlas, erkannte ich, daß die Autoren nur ein geringes Unterscheidungsvermögen besaßen, daß sie nur schlecht zwischen real und authentisch auf der einen und falsch und unecht auf der anderen Seite unterscheiden konnten. So machen sie das Buch *Ein Kurs in Wundern*[8], jenes gefeierte und inspirierte, medial übermittelte Werk zweier Psychologen von der Columbia-Universität im selben Atemzug herunter und lächerlich wie ein wunderliches Medium, das in Kalifornien irgendwelchen Unsinn verzapft.

Sie gehen so weit zu behaupten, da sie über keine einheitliche Philosophie verfüge, sei die sogenannte New-Age-Bewegung eine um so gefährlichere Bedrohung der modernen, rationalen Kultur. »Da sie Drogen und Politik verworfen hat, ist die New-Age-Bewegung weit weniger definiert als die Gegenkultur... Aber die Gestaltlosigkeit der Bewegung verleiht ihr nicht weniger, sondern mehr Macht, als frühere Bewegungen der Gegenkultur sie besaßen. Flexibel und beharrlich, wie sie ist, kann die Bewegung leicht mit Einzelbewegungen zusammenarbeiten oder sie verleugnen; sie kann sich tarnen, um sich in die etablierten Institutionen einzuschleichen.«

Diese Reaktion erinnerte mich an einen Artikel, den ich in der Aktentasche bei mir trug. Ich holte ihn heraus und verglich ihn mit dem, was die skeptischen Autoren sagten. Er war 1990 in der Monatsschrift *Orthodox Observer*, herausgegeben von der griechisch-orthodoxen Kirche Nord- und Südamerikas, erschienen. Ein gewisser Pater Philip Armstrong hatte den Artikel mit dem Titel »New Age: eine neue Häresie« verfaßt. Der höchst orthodoxe Pater schrieb mit allen Anzeichen des Erschreckens:

»In den letzten Jahren wurde meine Aufmerksamkeit durch eine verdächtige Bewegung erregt, die ein außerordentliches Wachstum zu verzeichnen hat und einen ständig zunehmenden gesellschaftlichen Einfluß gewinnt. Die gebräuchlichste Bezeichnung dieser Bewegung lautet ›New Age‹... Meine erste Begegnung mit der New-Age-Bewegung fand in einem unscheinbaren Buchladen in Boston statt. Als ich in den Büchern blätterte, konnte ich nicht umhin, zu bemerken, daß eine ganze

154

Abteilung Bücher unter der Rubrik ›New Age‹ lief. Ich blätterte einige Bücher aus dieser Abteilung durch und erschrak über das, was ich las. Ich entdeckte… die höchst erschreckende Grundlegung einer neuen gnostischen Religion, die sich als gefährlich verlockend für das leicht beeinflußbare amerikanische Volk erweisen mußte. Nachdem ich die Bücher wieder fortgestellt hatte, bemerkte ich andere Gegenstände, die üblicherweise in Buchhandlungen nicht angeboten werden: Kristalle, Pyramiden, die an Ketten um den Hals getragen werden, und Abziehbilder. Als ich jenen Laden verließ, hatte ich noch wenig Ahnung, wie rasch sich diese Bewegung nicht nur in Amerika, sondern auch in der ganzen Welt ausbreiten würde.«

Und der gute Pater fuhr fort, die Alarmglocke zu läuten.

»Heute umfaßt die Bewegung unter anderem die folgenden Organisationen: den Lucis Trust, Amnesty International, das Stanford Research Institute (SRI) und die Dorian Association. Sogar die Guardian Angels, eine paramilitärische Organisation, ist mit ihr verbunden… Die Bewegung hat weiterhin unsere Gesellschaft wie auch unsere Kirchen mit fünften Kolonnen infiltriert, zu denen die alternativen Gesundheitszentren, die Montessorischulen, die Waldorfschulen, die Transzendentale Meditation (TM), die Mind-control-Kurse, Hungerprojekte und der Whole-Earth-Katalog gehören. Die Bewegung ist außerdem stark vertreten in vielen sozialen Organisationen sowie auch in der Erforschung und bei Experimenten mit Astralprojektionen, Channeling, der ›Harmonischen Konvergenz‹, der Parapsychologie und Vorhersagen in Trance. Man findet Menschen aus allen Lebensbereichen – selbst in den höchsten Rängen der Geschäftswelt und des öffentlichen Dienstes – in ihren Reihen. Es ist schwer, zu beurteilen, wie weit die Fangarme der New-Age-Bewegung bereits vorgedrungen sind, weil sie keine einheitliche Struktur aufweist.«

Der Pater fuhr fort, indem er umriß, was er für die gefährlichen und häretischen Prinzipien dieser Bewegung hielt: den Glauben an eine persönliche Erlösung, ohne daß man der Kirche bedürfe, die Reinkarnation, die Einheit aller Religionen und die Schaffung einer »obligatorischen neuen Weltreligion«. »Wenn man über diese Zielsetzungen nachdenkt, durchläuft einen ein Schauer. Die Bewegung will unter dem Deckmantel einer toleranten und humanitären Herrschaft die vollkommene Kontrolle über das öffentliche und private Leben.«

Ich legte den Ausschnitt in meine Aktentasche zurück und seufzte. Nun haben sich, so dachte ich mit einer Mischung aus Traurigkeit und Belustigung, die etablierte Religion und Wissenschaft zusammengetan, um einen gemeinsamen Teufel zu bekämpfen, die New-Age-Bewegung. Ich fragte mich, was Sorokin sagen würde, wenn er heute noch am Leben wäre. Sorokin hatte sich nie durch Zurückhaltung ausgezeichnet. Er würde triumphierend verkünden: »Ich habe es euch gesagt!« Und daß die New-Age-Bewegung die Strenggläubigen und die Ungläubigen gleichermaßen derart alarmiert, ist typisch für den Beginn des Zusammenbruchs der sensuellen Kultur und des Marsches in Richtung des ideationellen Pols der kulturellen Integrationsform.

Ich war müde. Die skeptischen Autoren hatten mich mehrere Stunden lang in Beschlag genommen, während die meisten der übrigen Passagiere schliefen. London war nur noch knapp zwei Stunden entfernt. Ich knipste mein Licht aus – selbst eine Viertelstunde Schlaf konnte mich so weit wiederherstellen, daß ich fähig sein würde, die Formalitäten am Flughafen zu überstehen. Ich wollte mich in London weiter mit den Skeptikern befassen.

»*Straighten your seat, please, and fasten your seatbelt.*« Ich spürte eine leichte Berührung an meiner Schulter, als die Stewardeß mich weckte. In 15 Minuten würden wir in Heathrow landen.

6
Pioniere

Die nächsten beiden Tage verbrachte ich damit, mich zu erholen und an die veränderte Zeitzone anzupassen. Ich wohnte am Stadtrand von London im Haus von Emilys Bruder, einem zypriotischen Geschäftsmann, der das Londoner Büro der zypriotischen Genossenschaften zum Import von Produkten der Insel (Kartoffeln, Karotten, Weintrauben, Wassermelonen, Zitronen, Apfelsinen etc.) auf die europäischen Märkte leitete. Während Emily Freunde in London besuchte, blieb ich zu Hause, um meine imaginäre Debatte mit dem »Komitee der Skeptiker« zu beenden, bevor ich am folgenden Tag das Flugzeug nach Zypern besteigen würde. Es war einer jener unwahrscheinlich sonnigen Tage, die einen Besucher, der zum ersten Mal hier war, über das übliche Wetter in dieser großen Metropole täuschen konnten. Ich setzte mich in den gepflegten großen Garten und widmete mich wieder dem Buch.

Ich las mich in einen Beitrag von Paul Edwards über Karma und Reinkarnation ein, ein Thema, das für mich sowie für die mystische Religion im allgemeinen von großem Interesse ist.[1] Die Herausgeber priesen den Essay in ihrer Einführung als »die gewichtigste Kritik an Karma und Reinkarnation, die jemals geschrieben wurde«. Da diese beiden Konzepte den Kern des Glaubens der New-Age-Bewegung betreffen, rüttelt ein Angriff auf sie an ihren Grundfesten. Die Herausgeber, die behaupten, eine ausgeglichene, »objektive« Sammlung von Artikeln über diese Konzepte vorgelegt zu haben, wenden sich mit folgenden Worten an den Leser: »Paul Edwards entlarvt diese schändlichen Phrasen [Karma und Reinkarnation] mit schonungsloser Schärfe... Edwards findet sie empirisch nicht verifizierbar, logisch unhaltbar und moralisch verwerflich.« Soviel also zur Objektivität, dachte ich.

Der Autor des Artikels läßt, zu seiner Ehre sei dies gesagt, die »Rohfassung« der Inkarnationslehre weg, die besagt, daß manche Seelen als Tiere oder sogar Pflanzen oder Mineralien reinkarnieren können. Statt dessen richtet sich seine Kritik gegen die verfeinerte Version, daß eine menschliche Persönlichkeit nur als Mensch wiedergeboren werden kann. Soweit ich weiß, wird diese Version in allen ernstzunehmenden esoterischen Lehren vertreten.

Aber schon nach wenigen Abschnitten seines Artikels macht Edwards einen gewichtigen Fehler, indem er behauptet, die Lehre würde in ihren höchsten Formen behaupten, daß die Seele eines Individuums, die dessen Körper bewohnt, keinen Anfang habe und seit einer unbestimmt langen Zeit existiere. »Die Reinkarnationslehre widerspricht jeder Lehre einer ›gesonderten Schöpfung‹ der Seelen. Sie leugnet, daß der Schöpfung jemals ›neue Seelen‹ zugefügt werden. Alle Seelen existieren seit Anbeginn der Zeit. Jede Geburt ist eine Wiedergeburt – die Wiedergeburt einer Seele, die seit jeher existiert.«

Er zitiert die *Bhagavad Gita*, das heilige Buch der Inder: »Das Ewige im Menschen kann nicht sterben« und »Wir alle sind für immer da: ich und du und all die Könige der Menschen. Und wir werden für alle Zeit sein, wir alle, für immer und ewig.«

Offenbar macht der Autor keinen Unterschied zwischen »Sein« und »Existenz«, keinen Unterschied zwischen dem Pneuma, das gemäß den esoterischen Lehren keinen Anfang und kein Ende hat, und der Seele, die mit der ersten Inkarnation in die Welt der Polarität beginnt. Das Pneuma ist der Gott in allem, der definitionsgemäß keinen Anfang und kein Ende hat, während die Seele, die sich bis hin zu der permanenten und der derzeitigen Persönlichkeit erstreckt, die Art und Weise darstellt, wie das Pneuma sich in den niederen Welten manifestiert. Ich war sicher, daß die Weisen, die die *Bhagavad Gita* geschrieben hatten – das seit seinem Erscheinen Hunderte von Generationen beeinflußte –, dies im Sinn hatten. Das Pneuma ist das »ICH BIN DER ICH BIN«, das niemals geboren wurde und niemals sterben wird, und nicht das Individuum als derzeitige Persönlichkeit.

Edwards fuhr fort: »Die Vorstellung eines körperlosen Bewußtseins scheint vielen Philosophen recht unlogisch, aber selbst wenn sie nicht unlogisch sein sollte, scheint sie nicht mit den Beweisen der Neurologie dafür vereinbar zu sein, daß das Bewußtsein vom Gehirn abhängt.« Und weiter: »Es besteht nicht der geringste Anlaß für die Vermutung, daß wir die Ursache für die außergewöhnlichen Fähigkeiten von Menschen wie Mozart... außerhalb des menschlichen Gehirns suchen müssen. Man sollte im Auge behalten, daß die Hirnforschung ungeachtet ihrer eindrucksvollen Fortschritte in den letzten Jahren noch in den Kinderschuhen steckt. Ich bin sicher, nur sehr wenige Hirnforscher haben ernsthafte Zweifel daran, daß wir mit einer weiteren Verbesserung unseres Instrumentariums viel Licht in diese Fragen bringen können. Es scheint zum Beispiel vollkommen plausibel, daß Mozarts Hörhirn sich in gewisser Hinsicht deutlich von demjenigen anderer Menschen unterschied, denen es an seinen Fähigkeiten gebricht.«

Es mag sein, daß die Skeptiker sich dies glühend wünschen, aber kein großer Philosoph oder Wissenschaftler in der Geschichte hat das jemals gesagt oder geglaubt. Mir kamen die Namen einiger der größten Philosophen des Abendlandes in den Sinn: Pythagoras, Plato, Sokrates, Aristoteles, Thomas von Aquin, Kant, Hegel, Schopenhauer und Heidegger, ganz zu schweigen von großen Wissenschaftlern wie Newton (ja, sogar Newton), Kepler, Einstein und David Bohm. Sie alle haben die Realität Gottes und eines vom Körper unabhängigen »Geistes« als selbstverständlich vorausgesetzt. Wer also, mit Ausnahme von Nietzsche, Russell und Sartre, sind die »vielen Philosophen«, von denen der Autor spricht? Und wie sieht die Sache aus, wenn wir die großen Denker des Ostens, von Shankara und Patanjali bis hin zu Sri Aurobindo hinzunehmen? Meines Wissens werden wir keinen einzigen Namen finden, der die Realität einer höheren Wirklichkeit hinter der vergänglichen Welt der Phänomene – der *Maya* – in Frage gestellt hat. Gewiß, die Materialisten, die Positivisten und die Reduktionisten, die in den letzten 150 Jahren die Führung in unserem intellektuellen und kulturellen Leben übernommen hatten, haben unablässig versucht, uns davon zu überzeugen, daß ihre verkrüppelte Weltsicht die einzig legitime Sehweise darstellt und daß jeder, der nicht so denkt, eine Bedrohung der Rationalität und der Zivilisation darstellt.

Und was die »Beweise der Neurologie« betrifft, so sind einige führende Forscher zu genau dem gegenteiligen Schluß gelangt, daß nämlich der Geist nicht durch das Gehirn erklärbar ist. Der berühmte Hirnforscher Dr. Wilder Penfield schreibt in seinem Buch *The Mystery of the Mind*[2], er sei den größten Teil seines Lebens hindurch ein hundertprozentiger Materialist gewesen und habe geglaubt, daß der Geist nicht unabhängig vom Gehirn existieren kann. Aber als er bei den Grundlagen seiner Forschung anlangte, erkannte er, daß sich bestimmte Funktionen des Geistes nicht durch das materielle Gehirn erklären ließen. Diese Erkenntnis führte ihn zu dem Schluß, daß der Geist nicht im Gehirn enthalten sein kann und daß das Gehirn lediglich ein Vehikel für den Geist darstellt. Ein Kritiker stellte fest: »Dieses Buch ist Wilder Penfields Entschuldigung für seinen späten Übertritt vom Monismus zum Dualismus. Dies mag sich nicht aufregend anhören, aber Professor Penfield – der heute am Ende seiner Laufbahn als bahnbrechender Neurochirurg und Hirnforscher steht – ist zu dem Schluß gelangt, daß Gehirn und Geist zwei voneinander getrennte Phänomene darstellen und daß zwar das Denken als aktiver Vorgang gewöhnlich vom Gehirn abhängt, daß sich der Geist aber nicht vollständig anhand der Hirnmechanismen erklären läßt. Auf einem Gebiet, auf dem viele der dort Tätigen nicht einmal die Existenz nichtkörperlicher Realitäten wie des Geistes zugeben, stellt dies eine beachtliche Schlußfolgerung dar.« Und weiter schreibt der Rezensent: »Ich habe einmal gehört, wie ein indischer Yogi zu einer Gruppe westlicher Wissenschaftler sagte, das Gehirn sei im Geist enthalten, aber nicht der ganze Geist im Gehirn. Jetzt einen westlichen Neurochirurgen etwas Ähnliches sagen zu hören, ist höchst bemerkenswert.«[3]

Überlegungen dieser Art sind es, die dazu führen, daß diese armen Skeptiker der Schlag trifft, dachte ich bei mir selbst und lachte in mich hinein.

Larry Dossey, ein medizinischer Forscher und praktizierender Arzt, hat uns mit seinem Buch *Recovering the Soul*[4] einen großen Dienst erwiesen. Dossey hat als Arzt häufig rätselhafte Fälle von Heilungen und andere Dinge bei seinen Patienten erlebt, die er sich mit Hilfe der herkömmlichen Wissenschaft nicht erklären konnte. Er befaßte sich mit den neuesten Forschungsergebnissen und kombinierte die Ideen führender Wissenschaftler wie Schrödinger, Einstein, Gödel und Margenau mit den Einsichten der ewigen Philosophie. Er fand überwältigende Beweise für eine »nicht-lokale«, holistische Sicht des Geistes und, wie angesehene Kritiker seines Buches meinen, »Beweise für die Existenz der Seele«.

Kurz bevor ich Maine verließ, schickte mir mein Freund Professor Robert Sollod von der Cleveland State University eine Fotokopie der letzten Nummer des *Brain/Mind Bulletin* vom Januar 1990 mit der angehefteten Notiz: »Dachte, das würde Sie interessieren.« Das *Brain/Mind Bulletin* bringt Berichte von der Front der Forschung auf Gebieten, die mit diesem Thema zu tun haben. Auf der ersten Seite dieser Nummer wurde von aufsehenerregenden Ergebnissen in der Erforschung der Fähigkeit eines Individuums berichtet, mental den körperlichen Zustand eines anderen Individuums zu beeinflussen: »Texanische Forscher, die eine überzeugende Testmethode benutzen ... sagen, eine Serie erster Experimente habe bewiesen, daß ein derartiger Effekt tatsächlich nachweisbar ist. William Braud und Marilyn Schlitz von der Mind Science Foundation in San Antonio berichteten vor kurzem, daß in 13 sorgfältig vorbereiteten Tests die geistigen Bilder einer Person bei weitem häufiger mit dem physiologischen Zustand einer anderen Person übereinstimmten, als sich durch Zufall oder die bekannten Körperrhythmen erklären ließe.« Das heißt, Versuchspersonen konnten die Gehirnwellen anderer Personen an anderen Orten unter kontrollierten Bedingungen beeinflussen, ohne daß ein physischer Kontakt zwischen beiden bestanden hätte. Die texanischen Forscher gelangten zu dem Schluß: »Wir glauben, daß psychosomatische Faktoren einen großen Anteil an Heilungen haben ... Aber da unsere Studie so angelegt war, daß diese Art einer Beeinflussung ausgeschlossen blieb, lassen die Ergebnisse die Existenz eines separaten Mechanismus vermuten, mit dessen Hilfe Heilungen und andere Arten von Einflüssen möglich sind. Offensichtlich lassen sich unsere Ergebnisse durch die herkömmlichen wissenschaftlichen Mittel schwer erklären, deshalb verstehen wir zu diesem Zeitpunkt nicht, wie dies geschehen ist. Aber der Effekt ist eindeutig vorhanden.«

Im Anschluß daran boten die Autoren gewisse vorläufige Schlußfolgerungen an: (a) die Fähigkeit, solche geistigen Bilder zu erzeugen und zu empfangen, muß weit verbreitet sein, (b) es handelt sich um eine Fernwirkung, (c) der Empfänger muß nicht notwendigerweise etwas von den Versuchen wissen, und (d) der Effekt stellt sich nicht jedesmal ein.[5]

Eine vergleichbare Pionierstudie erschien bereits im Juli 1988 im *Southern Medical Journal*. Sie wurde von dem Kardiologen Dr. Randolph Byrd an der Medizinischen Fakultät der Universität von Kalifornien in San Francisco ausgeführt. Professor Byrd erforschte die mögliche Wirkung des Gebets bei 400 Herzpatienten. Er teilte die Patienten in zwei Gruppen auf, die Kontroll- und die Versuchspersonen. Für die Patienten in der Versuchsgruppe wurde gebetet, für die anderen Patienten nicht. Die Vornamen der Versuchspersonen wurden mitsamt einer kurzen Beschreibung ihres Zustandes an mehrere Betergruppen in verschiedenen Teilen der USA weitergeleitet. Sie wurden ersucht, jeden Tag eine bestimmte Zeitlang für diese Patienten zu beten. Die Ergebnisse waren statistisch signifikant – ein bemerkenswertes Phänomen! Jene Patienten, für die gebetet wurde, neigten bedeutend weniger zu kongestivem Herzversagen und brauchten fünfmal weniger Antibiotika. Darüber hinaus benötigte keine der Personen, für die gebetet wurde, eine »endotracheale Intubation« (eine künstliche Atemöffnung), und nur verhältnismäßig wenige von ihnen entwickelten eine Pneumonie. Das Aufsehenerregende an dieser Studie ist der Umstand, daß die Forscher die strengsten wissenschaftlichen Maßnahmen beachteten – darunter Randomisierung (Auswahl nach dem Zufallsprinzip) – und ein Doppelblindexperiment ausführten, bei dem weder die Betroffenen selbst noch die Krankenschwestern und Ärzte wußten, zu welcher Gruppe die Patienten gehörten. Dr. Larry Dossey schrieb in seinem Kommentar zur Bedeutung des Experiments: »Diese strenge Studie läßt vermuten, daß eine Eigenschaft des Geistes ihm ermöglicht, auf den Verlauf *örtlich entfernter* Ereignisse einzuwirken... In dieser Gebetsstudie schien der Grad der räumlichen Entfernung keine Rolle zu spielen.«[6] Dossey schloß, daß der Geist nicht auf das Gehirn begrenzt ist: Das Gehirn ist nur ein Ausdrucksmittel des Geistes. Es ist nicht der Geist, der im Gehirn sitzt; das Gehirn befindet sich im Geist.

Natürlich rufen derartige Forschungsprojekte und ihre Veröffentlichung die heftigsten Reaktionen seitens der zitierten Skeptiker hervor, die solche mutigen Unternehmen systematisch mit einem Bann belegen und zurückweisen, indem sie ihnen das Etikett der »Pseudowissenschaftlichkeit« aufkleben und die Bereitschaft von Stiftungen untergraben, Forschungen dieser Art zu unterstützen, so daß viele Wissenschaftler vor ihnen zurückschrecken. Leider gelingt es ihnen auf diese Weise häufig, die Arbeit von Pionieren an der vordersten Front des zeitgenössischen Denkens zu untergraben.

Doch zurück zum Thema Karma und Reinkarnation. Ich lese weiter, was Paul Edwards dazu schreibt. Der Autor zitiert David Hume, den agnostischen Philosophen des 18. Jahrhunderts, der sagte, wenn man die Theorie von Karma und Reinkarnation mit der traditionellen, christlichen Sicht von ewiger Hölle und Verdammnis vergliche, sei das erstere Konzept ausgewogener. Schließlich könnte ein liebender Gott nicht den größten Teil der Menschheit zu dem ewigen Elend verdammen, das die Verkünder von Hölle und Verdammnis ausmalten. Aber die Erkenntnis, daß die Reinkarnation eine Verbesserung gegenüber dem Glauben an Hölle und Verdammnis darstellt, machte sie nach den Worten des Autors nicht wahrer. So weit, so gut. Doch in der Folge bezeichnet Edwards die Theorie von Karma und Reinkarnation schon an sich als »moralisch unhaltbar und regelrecht abscheulich« und außerdem als empirisch falsch.

Der Autor findet die Feststellung, daß alles, was einem Menschen geschieht, das Resultat früherer Leben darstellt oder karmisch begründet ist, also moralisch unhaltbar. Für ihn klingt das so, als spreche man das Opfer einer Untat schuldig, weil es ein Opfer war. Man leidet, weil man es verdient hat. Man muß in einem früheren Leben etwas Schreckliches getan haben. Und wenn man ein gutes Leben führt, bedeutet dies, daß man für die guten Taten in einem früheren Leben belohnt wird. Für den Autor ist diese Idee absurd. Sie rechtfertigt alle möglichen ungerechten Institutionen wie das Kastensystem in Indien und vermutlich sogar die Sklaverei.

Die moralischen Grundlagen des Karma sind für ihn nicht einleuchtender als der Sozialdarwinismus zu Beginn dieses Jahrhunderts. »Man erkennt die Inhaltslosigkeit der Karmatheorie am deutlichsten, wenn man sie mit einer anderen pseudowissenschaftlichen Theorie vergleicht, die sich bei näherer Untersuchung als vollständig inhaltlos erweist. Ich denke hierbei an den Sozialdarwinismus, wie er von dem amerikanischen Soziologen William Graham Sumner vertreten wurde.« Sumner lehrte, daß nur der Tauglichste überleben sollte und daß die sozialen Klassen einander nichts schulden. Jene, die zur untersten Schicht der Gesellschaft gehören, verdienen es tatsächlich nicht besser, entweder wegen ihres Karmas, gemäß der östlichen Lehre, oder weil sie nicht überlebensfähig sind, gemäß den Sozialdarwinisten.

Ich fand es aufschlußreich, daß Edwards das Gesetz des Karma als »pseudowissenschaftlich« ablehnte. Der Glaube an das Karma bestand bereits seit mehreren tausend Jahren, als die wissenschaftliche Methode eingeführt wurde, und die Weisen, die der Welt ihre Erkenntnisse mitteilten, haben die Glaubwürdigkeit dieser Erkenntnisse niemals von der Anerkennung durch das wissenschaftliche Denken abhängig gemacht, das erst in den letzten zwei- oder dreihundert Jahren aufkam.

Historisch betrachtet, wurde die Karmalehre tatsächlich bei den herrschenden Klassen populär, die sie übernahmen und verfälschten, um ihre Herrschaft und ihre Ungerechtigkeiten zu rechtfertigen. Aber die Lehre von Karma und Reinkarnation auf Grund solcher sozialer und historischer Mißbräuche als moralisch unhaltbar abzutun ist genau so, als mache man Jesus für die Inquisition verantwortlich. Das karmische Gesetz ist nach den esoterischen Lehren nichts weiter als das Gesetz von Ursache und Wirkung. Und diese Feststellung findet man nicht nur in den Lehren der großen orientalischen Mystiker, sondern auch innerhalb der jüdisch-christlichen Zivilisation. In den Worten des Apostels Paulus: »Täuschet euch nicht; Gott läßt seiner nicht spotten, denn was ein Mensch sät, das wird er auch ernten« (Gal. 6,7). Dies ließe sich innerhalb einer einzigen kurzen Lebensspanne offenbar nicht verwirklichen. Wäre dies gemeint gewesen, hätte dieser Spruch keinen logischen Sinn ergeben. Natürlich kann das karmische Gesetz kurzfristig wirken, und das tut es auch. Aber das Wort Christi an Petrus: »Wer durch das Schwert lebt, kommt durch das Schwert um« ergibt erst einen Sinn, wenn man von mehreren Leben ausgeht. Immerhin sterben viele Mörder und Tyrannen friedlich und im hohen Alter.

Der moralische Einwand des Autors gegen das Karmagesetz gilt der Feststellung, daß die Welt im karmischen Sinne letztlich gerecht ist. Er schreibt: »Die Inhaltlosigkeit folgt – soweit es die Morallehre betrifft – aus dem karmischen Dogma, daß die Welt gerecht ist. Wer an das Karma glaubt, hat auch unbedingtes Vertrauen in diese Annahme... Er ist davon überzeugt, daß die Welt gerecht ist, unabhängig davon, was wir tun. Was auch immer geschehen mag, ob wir einem Obdachlosen helfen oder nicht, ob wir uns bemühen, die Nöte und Leiden des Lebens zu lindern oder nicht: das Endergebnis wird gerecht sein in dem Sinne, daß jeder Mensch genau das bekommt – nicht mehr und nicht weniger –, was er verdient.« Edwards zufolge ist es aus diesem Grund vernünftiger, zu akzeptieren, daß die Welt absurd ist (wie sonst könnten wir uns die Scheußlichkeiten in der Geschichte wie den Holocaust erklären?), als etwas zu unternehmen, um diese Absurdität zu lindern.

Ich denke, das Problem bei solchen Überlegungen ist von

zweierlei Art. Erstens gehen sie von der Annahme aus, daß das Karma in seiner Funktionsweise und in allen Einzelheiten der gewöhnlichen Logik verständlich und zugänglich sein müßte, um als real gelten zu können. Die Skeptiker glauben, was sich der gewöhnlichen, wissenschaftlichen Logik entzieht, könne nicht wahr sein. Möglicherweise ist dies überhaupt der Grund dafür, daß intellektuelle Argumente bei solchen Fragen niemanden überzeugen können. Daß man gewisse Wahrheiten nicht nur mit der Logik begreifen, sondern auch mit seinem gesamten Wesen erfassen muß, ist für viele eine Vorstellung, die sie nicht akzeptieren können.

Zweitens halten diese Skeptiker die Vorstellung für absurd, daß die Leiden eines Menschen notwendigerweise die Folgen früherer Sünden sein müssen. Für sie würde dies bedeuten, daß niemand einer unschuldigen Person irrtümlich Leiden zufügen könnte. Wenn es so wäre, so würde dies nach ihrer Logik bedeuten, daß viele Märtyrer in der Geschichte, darunter Jesus selbst sowie Paulus und Petrus, ihre Strafen verdienten. Dieses Problem läßt sich meiner Meinung nach weitgehend auf eine falsche Deutung des karmischen Gesetzes zurückführen. Wenn man von den esoterischen Lehren ausgeht statt von den volkstümlichen Versionen, auf die sich diese Skeptiker ständig beziehen, gibt es so etwas wie Belohnungen und Bestrafungen, die von außen verteilt werden, nicht. Nach der Theorie der Elementale zum Beispiel kehren alle Energien, die wir nach außen projizieren – seien es Gedanken, Gefühle oder Taten – letzten Endes zu uns selbst zurück, nicht als Lohn oder Strafe, sondern infolge der Gesetzmäßigkeit der Elementale und der Mechanismen, mit deren Hilfe wir Menschen Erfahrungen für unser spirituelles Wachstum sammeln. Aus diesem Grund haben alle großen Lehrer auf die goldene Regel hingewiesen, die da lautet: »Handele anderen gegenüber so, wie du selbst behandelt werden möchtest«, denn in Wirklichkeit tun wir gemäß diesen Lehren alles, was wir tun, letztlich uns selbst an.

Nun führen die Skeptiker die Moral als eines ihrer Argumente gegen die Lehre von Karma und Reinkarnation an. Aber darin zeigt sich ein grundsätzlicher Widerspruch. Auf welchem moralischen Grund stehen sie denn selbst, da die logische Folge ihrer antispirituellen und vollkommen materialistischen Haltung nicht Moralität ist, sondern die Leugnung aller Werte? Tatsächlich gründen ihre moralischen Argumente – natürlich ohne daß es ihnen bewußt wäre – genau auf den moralischen Prinzipien, die zu leugnen sie sich bemühen. Denn woher rühren ihre humanistischen Werte, Neigungen und Besorgnisse, wenn nicht von den großen Lehrern der Menschheit wie Buddha, Krischna, Pythagoras, Sokrates, Plato und so weiter? Genau diese Weisen waren es, die uns die Funktion des Gesetzes von Ursache und Wirkung und das Prinzip der Entwicklung der Seele durch eine Reihe von Leben gelehrt haben – nicht als Theorien, sondern als Fakten des Lebens, zu denen jedermann Zugang hat, der ernsthaft nach der Wahrheit sucht.

Der Autor erhebt in der Folge die Frage nach »karmischen Verwaltungsproblemen«, zum Beispiel, wer dafür sorgt, daß alle Details berücksichtigt werden, damit die vorgebliche Funktion des Karma möglich wird. Gibt es eine Art kosmischen Computer, der als zentrale Verrechnungsstelle dafür Sorge trägt, daß jedermann genau das bekommt, was ihm zusteht? Diese Frage war in einem spöttischen Ton gehalten, wie um die Absurdität der Karmaidee zu verdeutlichen. Meine spontane Reaktion war, daß ich mir eine Notiz am Rand des Buches machte: »Das werde ich Ihnen sagen, wenn Sie mir sagen, wer hinter dem Big Bang stand, der unser Universum in Gang setzte!«

Paul Edwards wetterte, ebenso wie andere Autoren des Bandes, gegen die Marotte der Rückführungen in frühere Leben und bezeichnete sie als »große Illusion«. Was bei Erfahrungen dieser Art geschieht, hat seiner Ansicht nach nichts mit früheren Leben zu tun, sondern stellt eine »Kryptoamnesie« dar: Vorfälle und Erlebnisse dieses Lebens, die im Unterbewußtsein aufgezeichnet wurden und – wenn die betreffende Person mit hypnotischen Mitteln zu diesen Erlebnissen »regrediert« – in Form von »Erinnerungen an frühere Leben« an die Oberfläche kommen. Das ist genau das, was auch die Erewna über solche Experimente sagt. »Wenn Menschen durch künstliche Mittel versuchen, sich an frühere Inkarnationen zu erinnern«, hatte Kostas einmal zu mir gesagt, »gelangen sie meistens in Wirklichkeit in ihr Unterbewußtsein.« Nach der Erewna können sich nur sehr fortgeschrittene Seelen tatsächlich an frühere Leben erinnern. Diese Erinnerungen werden erst geweckt, wenn sie keine Störung mehr in der gegenwärtigen Persönlichkeit auslösen können. Deshalb ist es unklug, die Vergangenheit vorzeitig wieder zum Leben zu erwecken. Das Vergessen stellt eine Form des göttlichen Erbarmens dar, die es der Persönlichkeit erlaubt, sich auf ihre derzeitige Inkarnation zu konzentrieren, ohne daß Erinnerungen an frühere Situationen, Probleme oder Tragödien stören würden. Vergessen ist somit für die spirituelle Entwicklung erforderlich.

Indem die Skeptiker sich nur auf strittige Fälle beziehen, folgern sie, daß jede Erinnerung an ein früheres Leben eine »große Illusion« und die Idee der Fortdauer des menschlichen Bewußtseins über die Lebensspanne des materiellen Körpers hinaus eine Täuschung ist. In ähnlicher Weise konzentrieren sie sich auch auf solche Fälle angeblicher Reinkarnation, die sich leicht als falsch nachweisen lassen, und gelangen zu entsprechenden Schlüssen. Mir ist aufgefallen, daß wissenschaftliche Forscher, die auf der Suche nach Beweisen gegen die Reinkarnationstheorie oder gegen nichtmedizinische Heilungen sind, generell ihre Argumentation auf Fälle aufbauen, die auch ernsthafte Wahrheitsforscher zurückweisen würden.

In der ganzen umfangreichen Sammlung von Beiträgen dieses Buches fand ich keine einzige Besprechung des spektakulärsten Falls von nichtmedizinischer Heilung, der indirekt für Heilungen der Art sprechen könnte, die von den Skeptikern als »unmöglich« bezeichnet werden. Ich wendete eine Seite nach der anderen um, ohne auf eine Erwähnung des Falles des brasilianischen Dorfbewohners Arigo zu stoßen, dessen unglaubliche Heilungen gut von medizinischen Forschern dokumentiert und sogar auf Video aufgenommen wurden.

John G. Fullers Buch über Arigo[7] ist ein atemberaubendes Dokument über den wohl bedeutendsten Fall nichtmedizinischer Heilung in diesem Jahrhundert. In Brasilien ist der Name Arigo noch berühmter und erweckt tiefere Gefühle als der von Pelé, dem legendären Fußballchampion. Und doch ist er in Nordamerika und Europa kaum bekannt. Erst nachdem ich selbst über dieses Thema geschrieben hatte, fiel mir dieses Buch in die Hände – mein Freund Demetrios, ein Akupunkteur aus New Bedford, schickte es mir mit der Post, nachdem er meine Bücher gelesen hatte.

Dieser Fall ist, wie gesagt, sorgfältig dokumentiert. Das Buch enthält Bestätigungen von Ärzten, Fotografien, Zeitungsausschnitte und Namen geheilter Personen, und sein Verfasser John G. Fuller ist ein achtbarer amerikanischer Forscher und Autor, so daß nicht der geringste Zweifel daran bestehen kann, daß die Geschichte wahr ist. Natürlich ziehen die Skeptiker es vor, einen solchen Fall nicht zu erwähnen und sich auf leichtere Ziele zu konzentrieren.

Arigo war ein bescheidener Mann, der in seinem Dorf Congonhas do Campo nur die Grundschule besucht hatte. Er war tief religiös, und eines Abends hatte er nach einer Zeit entsetzlicher Kopfschmerzen eine äußerst lebhafte Halluzination.

Ein dicker, kahlköpfiger Arzt, der sich als Dr. Adolpho Fritz bezeichnete, erschien vor Arigo und teilte ihm mit, er sei im ersten Weltkrieg gestorben und habe seine Arbeit auf der Erde nicht vollenden können. Außerdem berichtete er Arigo, er selbst und eine Gruppe von Geistern, die ebenfalls Ärzte gewesen seien, hätten ihn lange Zeit hindurch beobachtet und sie hätten beschlossen, ihn wegen seiner Uneigennützigkeit und Herzensgüte als Werkzeug zu benutzen, um ihre Arbeit auf der Erde fortzusetzen. Das Erlebnis war für Arigo so real und aufwühlend, daß er nackt auf die Straße lief. Die örtlichen Ärzte konnten bei ihm nichts feststellen, und er suchte dringend Hilfe beim Priester des Ortes und bei mehreren Psychiatern, auch die Psychiater fanden jedoch nichts Außergewöhnliches bei ihm. Aber Dr. Fritz erschien Arigo immer wieder und versuchte, ihn zu dem Einverständnis zu bringen, sich diesen verstorbenen Ärzten als Werkzeug zur Verfügung zu stellen. Wenn Arigo seinen Frieden wiederfinden wollte, mußte er anfangen, den kranken und in Not befindlichen Menschen zu helfen, die seine Hilfe brauchten.

Als Arigo dem Druck schließlich nachgab, verschwanden seine Kopfschmerzen. Schließlich wurde er zu einer Legende, als er im Durchschnitt 300 Menschen täglich heilte. Die Leute kamen aus ganz Brasilien und anderen lateinamerikanischen Ländern mit Krankheiten aller Art zu ihm. Ebenso bemerkenswert ist, daß Arigo gemäß den strengen Anweisungen von Dr. Fritz niemals Geld für seine Hilfe annahm.

Arigos Ruhm zog die Aufmerksamkeit der Ärzteschaft sowie auch von Dr. Henry Puharich auf sich, einem praktischen Arzt aus New York. Puharich reiste nach Congonhas und zeichnete gemeinsam mit ein paar Kollegen einige der ungewöhnlichen Heilungen Arigos auf Video auf. Arigo geriet in einen Zustand der Halbtrance und erstellte dann mit einem deutschen Akzent nicht nur eine umfassende Diagnose und gab medizinisch korrekte Verschreibungen, sondern führte auch an Ort und Stelle schwierige chirurgische Eingriffe aus, bei denen er nichts als ein Messer aus seiner Küche benutzte. Er verwandte bei diesen Operationen keine Anästhetika und verzichtete auch darauf, sein Messer vorher zu sterilisieren.

Es folgt die Beschreibung des ersten Falles, bei dem Dr. Puharich Zeuge eines medizinischen Eingriffs durch Arigo war:

Brüsk und unvermittelt griff er [Arigo] nach dem ersten Mann in der Reihe – es war ein älterer, gutgekleideter Gentleman in einem tadellosen grauen Kammgarnanzug –, packte ihn fest bei den Schultern und drückte ihn an die Wand, direkt unter dem Spruch »Denk an Jesus«. Puharich, der neben dem Mann stand, war über diese Vorgehensweise erstaunt und fragte sich, was als nächstes geschehen würde. Dann nahm Arigo ohne ein Wort ein Schälmesser aus rostfreiem Stahl mit zehn Zentimeter langer Klinge... und stieß es dem Mann buchstäblich ins linke Auge, unter dem Lid und bis tief in die Augenhöhle hinein.

Trotz der Jahre seiner medizinischen Praxis und Erfahrung war Puharich verblüfft und schockiert. Seine Verwunderung steigerte sich noch, als Arigo heftig mit dem Messer zwischen dem Augapfel und der Innenseite des Lides zu schaben begann und gewaltsam in den Nebenhöhlenbereich vorstieß. Der Mann war hellwach, bei vollem Bewußtsein, und zeigte keinerlei Anzeichen von Furcht. Er bewegte sich nicht und zuckte nicht einmal. Eine Frau im Hintergrund schrie, eine andere wurde ohnmächtig. Dann setzte Arigo das Messer als Hebel an, so daß das Auge aus der Höhle hervortrat. Der Patient, immer noch völlig ruhig, schien sich nur von einem Umstand belästigt zu fühlen: Eine Fliege war auf seiner Wange gelandet. Und in demselben Augenblick, als sein Auge buchstäblich aus der Höhle trat, verscheuchte er ohne Hast die Fliege.

Während er diese Handlungen ausführte, warf Arigo kaum einen Blick auf seinen Patienten und wandte sich nur einmal an einen Assistenten, ohne sein Schaben und Stoßen zu unterbrechen. Gleich darauf wandte er sich ganz von dem Mann ab und ließ ihm das Messer halb aus dem Auge hängen.

Dann wandte er sich abrupt an Puharich und bat ihn, seinen Finger auf das Augenlid zu legen, so daß er die Messerspitze unter der Haut fühlen konnte. Puharich befand sich inzwischen in einem Schockzustand, aber er tat, worum er gebeten worden war, und konnte deutlich die Messerspitze unter der Haut fühlen. Puharich forderte einen der Dolmetscher auf, den Patienten zu fragen, was er fühle. Der Mann stellte ruhig und gelassen fest, daß er sich zwar des Messers bewußt war, aber keine Schmerzen oder unangenehme Gefühle hatte.

Arigo bemerkte – immer noch mit einem harten, deutschen Akzent –, daß er diese Technik häufig benutze, entweder als diagnostisches Mittel oder bei Augenoperationen. Für Puharich verstieß diese Methode gegen jede medizinische Technik, die er in den 20 Jahren Berufserfahrung, seit er an der Northwestern-Universität studiert hatte, kennengelernt hatte. Auch für Henry Belk [einen Begleiter Dr. Puharichs], der an der Duke-Universität Psychologie studiert hatte, war diese Vorgehensweise einfach unbegreiflich. Er fühlte Schwäche und eine leichte Übelkeit.

Wenige Augenblicke später zog Arigo das Schälmesser mit von Eiter verschmierter Spitze aus dem Auge. Er warf einen befriedigten Blick darauf, wischte das Messer achtlos an seinem Sporthemd ab und entließ den Patienten. »Sie werden gesund werden, mein Freund«, sagte er. Dann rief er den nächsten Patienten. Die ganze »Untersuchung« hatte weniger als eine Minute gedauert.[8]

Arigo sagte immer, daß nicht er selbst es sei, der die Heilungen durchführte, sondern Dr. Fritz, und behauptete, sich nicht an das erinnern zu können, was er während der Behandlung getan hatte. Außerdem verschwand sein deutscher Akzent, sobald die Behandlungen des Tages vorbei waren.

Arigos Ruhm stieg, nachdem er einen brasilianischen Senator namens Lucio Bittencourt geheilt hatte, der nicht müde wurde, über dieses wunderbare chirurgische Erlebnis zu berichten. Die Presse griff den Fall auf, und Arigo wurde ein Gesprächsthema ersten Ranges in Brasilien. Natürlich führte dies zu einer Reaktion der Medizinischen Gesellschaft Brasiliens und der katholischen Kirche. Das Ergebnis war, daß Arigo im Gefängnis landete, weil er unerlaubt und ohne Lizenz medizinische Behandlungen ausgeführt hatte. Das Erstaunliche an der Sache war, daß nachweislich keinem der Tausenden von Menschen, die Arigo behandelt hatte, Schaden zugefügt worden war, obwohl seine Ankläger sich vor Gericht um einen solchen Nachweis bemühten.

Die Reaktion in der Öffentlichkeit war so stark, daß Arigo sieben Monate später von dem damaligen Präsidenten Juscelino Kubitschek – der selbst von den heilenden Kräften Arigos profitiert hatte – begnadigt wurde. Daraufhin erlaubte man Arigo, seine ungewöhnlichen Behandlungen unter der Aufsicht brasilianischer Ärzte fortzusetzen.

Arigo stellte ein derart ungewöhnliches Phänomen dar, daß ein Team amerikanischer und brasilianischer Ärzte unter Leitung von Dr. Puharich ihn systematisch studierte und seine Heilungen aufzeichnete. Zu Arigos Freude sollte in seinem eigenen Dorf ein Hospital errichtet werden, um sowohl seine Arbeit als auch die Kontrolle durch die Ärzte zu erleichtern. Aber dazu kam es nicht mehr. Arigo starb am 11. Januar 1971 bei einem Autounfall im Alter von 49 Jahren, und das Bauprojekt wurde gestoppt.

Zufällig hörte ich durch zwei Augenzeugen, die sich mit mir trafen, nachdem sie meine Bücher gelesen hatten, aus erster Hand von Arigo, von Professor Jacques Brack und Henry Belk, beide aus North Carolina, beide seit langer Zeit mit der Erforschung paranormaler Phänomene befaßt, und beide Freunde Dr. Puharichs. Henry Belk, der in John Fullers Bericht erwähnt wird, hatte Puharich selbst nach Brasilien begleitet. Er erzählte mir, wie erschüttert er gewesen war, als er persönlich zusah, wie Arigo den chirurgischen Eingriff genauso ausführte, wie Fuller ihn beschrieben hat. Und Jacques Brack schilderte mir sehr detailliert seine eigenen Untersuchungen des Phänomens Arigo, und wie er und eine Pfarrerin der Spiritualistenkirche den Augenblick, in dem Arigo rund 19 Kilometer von ihnen entfernt starb, »gespürt« hatten.

Für die amerikanische und brasilianischen Ärzte, die Arigo beobachtet hatten, bestand das Problem nicht in der Tatsache seiner unglaublichen Heilerfolge, derer sie selbst Zeugen wurden und die sie gewissenhaft aufgezeichnet hatten, sondern in der Schwierigkeit, sie zu erklären. Ihr westliches Medizinstudium half ihnen nicht dabei. Was sie gesehen hatten, ließ sich nicht mit der herkömmlichen Logik erklären. Die Ärzte wußten nicht, wie sie mit dieser außergewöhnlichen Herausforderung der herkömmlichen Medizin umgehen sollten.

Luis Rodriguez, ein brasilianischer Intellektueller, der nicht nur gründlich mit der westlichen Denkweise und der Psychiatrie vertraut, sondern auch ein bekannter Forscher auf dem Gebiet paranormaler und spiritueller Phänomene ist, schrieb einen Brief an das amerikanische Team, in dem er eine Erklärung anbot. Für Rodriguez ist die beste Erklärung diejenige, die Arigo selbst abgegeben hatte, daß Dr. Fritz tatsächlich der Geist eines Verstorbenen war. Es folgen ein paar Auszüge aus dem langen und sehr beredten Brief des geachteten Brasilianers:

Die enge Zusammenarbeit zwischen Arigo und seinen verstorbenen Freunden läßt sich erst dann begreifen und möglicherweise von anderen wiederholen, wenn man folgende Grundtatsachen des Lebens berücksichtigt:

1. Daß der Mensch eine inkarnierte Seele ist.
2. Daß diese Seele *nicht* zum Zeitpunkt ihrer Geburt geschaffen wurde.
3. Daß sie viele andere Leben auf der Erde geführt hat, der wiederum weitere folgen werden.
4. Daß Kontakte zwischen inkarnierten und diskarnierten Personen stattfinden, seit der Mensch zum ersten Mal auf der Erde erschien.
5. Daß die parapsychische Fähigkeit, die als Medialität bekannt ist, eine von der Natur geschaffene Methode ist, diese notwendigen und erleuchtenden Kontakte herzustellen.
6. Daß Primitive auf der ganzen Welt mit diesen einfachen Tatsachen des Lebens vertraut sind.

Was ich gelernt habe, ist, daß es unsere Pflicht ist, die Art dieses Kontakts zu verbessern, indem wir seine Verläßlichkeit erhöhen und ihn von dem Aberglauben befreien, der mit religiösen Glaubensbekenntnissen, Doktrinen oder Dogmen verbunden ist und von Riten und Ritualen ausgeht. Wir dürfen unsere Zeit nicht länger mit halsstarrigem Skeptizismus verschwenden, der den Fortschritt lähmt, indem er nach pseudowissenschaftlichen Erklärungen verlangt, die gar nichts erklären.[9]

Ärger mit wissenschaftlichem Dogmatismus ist ein ständiges Problem, wie ernsthafte Wissenschaftler, die paranormale Phänomene untersuchen, erfahren, wenn ihre Forschungen erst unter Beschuß durch die Skeptiker geraten. Fälle wie Arigo würden normalerweise von vornherein mit dem Hinweis darauf abgetan, daß die Berichte nicht wahr sein können und daß sie das Ergebnis eines menschlichen Irrtums oder eines Betrugs sind. Ein objektiver und aufrichtiger Blick auf die Beweise wird gar nicht erst in Betracht gezogen. Der englische Philosoph und Autor Colin Wilson, der selbst ursprünglich ein Skeptiker war, liegt meiner Meinung nach genau richtig, wenn er die mißliche Lage der modernen Wissenschaftler beklagt, die sich dem Thema paranormale Phänomene gegenübersehen:

Skeptische Wissenschaftler in London oder New York haben bereits entschieden, daß das Paranormale nicht existiert, weil es nicht existieren *kann*. Kaum einer von ihnen würde sich der Mühe unterziehen, einen Geistheiler aufzusuchen, selbst, wenn sie dazu nur um die nächste Ecke gehen müßten. Sie teilen einem gelangweilt mit, sie wüßten, daß nichts geschehen wird oder daß es nichts als ein Trick ist. Sie sind höchstens einmal bereit, Berichte aus zweiter Hand zu prüfen – vorzugsweise in bereits aufbereiteter Form, denn es mangelt ihnen allen an Geduld – und sich dann Einwände auszudenken. Und der Rest der wissenschaftlichen Gemeinde übernimmt das Ergebnis ihrer Überlegungen als sachliche Schlußfolgerungen eines unbestechlichen Wissenschaftlers. Tatsächlich handelt es sich um wenig mehr als um ein Wiederkäuen der Meinungen, die sie bereits seit Jahren äußern, Meinungen, die absolut starr sind, weil die Wissenschaftler keinerlei Absicht haben, die Tatsachen selbst zu erforschen.

Dann legt Wilson seinen eigenen Standpunkt in dieser Frage dar:

> Ich kann mich nur dem unwirschen Kommentar des ameri-kanischen Forschers Professor James Hyslop anschließen, der bemerkte: »Ich betrachtete die Existenz diskarnierter Geister als wissenschaftlich bewiesen, und ich spreche den Skeptikern jedes Recht ab, über dieses Thema zu sprechen. Jedermann, der die Existenz diskarnierter Geister und die Beweise für sie nicht akzeptiert, ist entweder ein Ignorant oder ein moralischer Feigling. Ich habe keine Geduld mit ihm und diskutiere nicht mehr mit ihm, weil ich davon aus-gehe, daß er keine Ahnung von dem Gegenstand hat.«[10]

Ich blätterte weiter in dem Buch, um noch mehr von seiner skeptischen Weisheit zu kosten. Ich fand bei allen Autoren die-selben Klagen über das New Age – über einen vermeintlichen Mangel an Respekt für die Wissenschaft und die Rationalität, über sorglosen Umgang mit faktischem Wissen, über äußer-ste Subjektivität, Irrationalität und so weiter, und so weiter.

Typisch dafür ist der Artikel von Ted Schultz.[11] Schultz, ein Biologe, betrachtet die folgenden Ansichten als die immer wie-derkehrenden Hauptthemen des New Age: 1) Materialistische Wissenschaft und Rationalität im allgemeinen sind die Ursa-chen für den größten Teil des Übels auf der Welt. 2) Objekti-ve Wahrheit ist eine Illusion. 3) Alles Wissen stammt von einer spirituellen Ebene, die »höher« oder wichtiger als die materi-elle Welt ist. 4) Jeder Mensch ist »persönlich verantwortlich« für seine Lebensumstände. Den letzten Punkt bezeichnet der Autor als »Shirley-MacLainismus«.

Die erste Klage, die materialistische Wissenschaft sei für den größten Teil des Übels auf der Welt verantwortlich, ist wohl nicht ganz unbegründet. Wenn wir es zum Beispiel schaffen würden, die Erde entweder durch einen nuklearen Holocaust oder durch eine ökologische Katastrophe zu zerstören, träfe die materialistische Wissenschaft gewiß die Hauptschuld, da sie dies ermöglicht hat. Immerhin haben wir es nur der Zusammenarbeit zwischen materialistischen Wissenschaftlern zu verdanken, daß wir »intelligente« Bomben sowie auch große, dumme Bomben bauen können. Und es ist nur dank dem Geschick und der fröhlichen Kooperation von Wissenschaftlern möglich, daß immer mehr tödliche Schadstoffe produziert werden. Und welches größere Übel wäre vorstellbar als das, was einige Ökologen »Ökozid« nennen: die Zerstörung unseres Planeten durch Bomben oder Umweltgifte.

Aber zugleich brauchen wir die Wissenschaft so dringend, damit sie uns hilft, die Probleme zu lösen, zu deren Entstehung sie beigetragen hat. Und wir müssen auch zugeben, daß viele New Ager blind sind für ähnliche Gefahren, die aus ihrer eigenen, unkritischen Faszination durch parapsychische Kräfte und okkulte Phänomene herrühren. Nach der ewigen Weisheit lassen sich auch solche Kräfte zu allerlei bösen Zwecken mißbrauchen, bewußt oder unbewußt. Aus diesem Grunde haben die Weisen im Laufe der Geschichte immer wieder vor Leichtfertigkeit bei der Anwendung dieser Kräfte gewarnt, die sie oft als »dämonisch« bezeichnen. Die großen, universalen Traditionen von Patanjali und den frühen Kirchenvätern bis in die Gegenwart haben ihre Anhänger daran erinnert, wie wichtig es ist, den spirituellen Teil des Selbst zu pflegen. Überwinde das Ich, mache dich von egoistischer Genußsucht frei, dann werden sich auch die parapsychischen Kräfte von selbst in dir entfalten. Nach der Erewna läuft man – wenn man bestrebt ist, solche Kenntnisse und Kräfte durch »technische Mittel« zu entwickeln, bevor man reif dafür ist – Gefahr, zu einem Schwarzmagier zu entarten, der anderen und sich selbst Schaden zufügt. Deshalb darf das Wissen um die parapsychischen

Kräfte – von den Parapsychologen »Psi« genannt – und ihre Kultivierung erst auf das spirituelle Erwachen des Selbst folgen.

Dieselbe Mahnung wäre allerdings bei der materialistischen Wissenschaft angebracht. Das Problem ist nicht die Wissenschaft selbst. Immerhin befaßt sich die materialistische Wissenschaft mit dem Wissen, wie die grobstoffliche, materielle Welt aufgebaut ist, und stellt deshalb ein sehr wichtiges Unternehmen dar. Das Problem ist, daß auch viele Wissenschaftler in Wirklichkeit »Schwarzmagier« sind, die Gut und Böse in unterschiedlichen Graden verkörpern. Sie haben Wissen über die Geheimnisse der grobstofflichen, materiellen Welt erlangt und sich durch »technische Mittel« gewaltige Kräfte nutzbar gemacht, ohne zuvor ihr Unterbewußtsein von egoistischen Wünschen befreit zu haben. Die Abschaffung der wissenschaftlichen Kenntnisse zu fordern ist ebenso töricht, wie Wissen über parapsychische Fähigkeiten abschaffen zu wollen. Aber man kann darauf bestehen, daß die Verfolgung und Erlangung von Kräften, die aus der Kenntnis entweder über den parapsychischen Bereich oder über die grobstoffliche, materielle Ebene erwachsen, mit der spirituellen Entwicklung und Erweckung des jeweiligen Forschers Hand in Hand gehen muß.

»Objektive Wahrheit ist eine Illusion.« Das »Komitee der Skeptiker« hämmert uns immer wieder ein, diese Behauptung repräsentiere den universalen Glauben aller New Ager. Alan MacRobert schreibt in seinem Artikel »Der New-Age-Unsinn« [12] im Ton resignierter Verzweiflung: »Die eigentliche Bedeutung des paranormalen Booms liegt darin, daß so viele von uns ihn so unkritisch hinnehmen. Es ist, als hätte die Frage ›Ist es so?‹ keine Bedeutung mehr und sei durch die Haltung ersetzt worden: ›Wenn es sich gut anfühlt, muß es für mich richtig sein.‹ Dies ist eine sehr grundsätzliche Änderung in der

Einstellung. Daß außerhalb unserer internen Sicht eine objektive Realität existiert und daß diese objektive Realität es wert ist, untersucht zu werden, ist eine verhältnismäßig neue Vorstellung in der Geschichte der Welt. Sie hat erst in der Renaissance Fuß gefaßt, und obwohl sie rasch zu den Naturwissenschaften geführt hat, die unsere Welt veränderten, ist diese Idee der menschlichen Natur möglicherweise fremder, als wir denken.«

Ich bezweifle, daß ernsthafte Denker und Erforscher der sogenannten New-Age-Bewegung behaupten würden, es gäbe keine objektive Realität. Ich kann mir nicht vorstellen, daß zum Beispiel Ken Wilber, Colin Wilson, Marilyn Ferguson, Huston Smith, Barbara Brennan, Charles Tart, Matthew Fox oder Jean Houston mit einem solchen Unsinn aufwarten würden. Indem sie sich auf Aussagen von selbsternannten Channeling-Medien, Mode-Astrologen und von Leuten konzentrieren, die an der Straßenecke Kristalle verhökern, gelangen die Skeptiker zu der absurden »wissenschaftlichen« Verallgemeinerung, im New-Age-Denken gäbe es weder Moralität noch Realität, und alles hinge nur von den persönlichen Neigungen und der subjektiven Phantasie ab. Wenn es ein solches Denken gibt, dann ist es die unmittelbare Folge eines äußersten Relativismus, der typisch für ein Zeitalter ist, das seine überlieferten, transzendentalen Fundamente verloren hat. Und natürlich konzentrieren sich die Skeptiker bei dieser These fast ausschließlich auf die Schriften einer Hollywoodschauspielerin, die sie als leichte Beute ausgemacht haben. Vor schwierigeren Objekten, wie der erwähnten Barbara Brennan, scheuen sie gewohnheitsmäßig zurück. Als frühere NASA-Wissenschaftlerin ist Frau Brennan dem objektiv verifizierbaren Wissen verpflichtet, aber zugleich ist sie eine international anerkannte Heilerin, die einen außergewöhnlichen Beitrag bei der Überbrückung der Kluft zwischen der Wissenschaft und den alternativen Heilmethoden, um die es beim New Age vor allem geht, geleistet hat.[13]

Vom Standpunkt aller großen esoterischen Überlieferungen aus – egal, ob New Age oder Old Age – ist die Erkenntnis einer »objektiven Realität« tatsächlich das Ziel. Die Verwirrung dieser Skeptiker ist in der Prämisse begründet, daß subjektive Erfahrung nicht »objektiv« sein kann. Es handelt sich um ein niemals in Frage gestelltes Axiom, daß das eine das genaue Gegenteil des anderen ist. Subjektiv erfahrenes Wissen läßt sich mit dem Instrumentarium der Wissenschaft nicht verifizieren. Deshalb, so lautet die Überlegung der Materialisten, kann es nicht real sein. Aber sogar das wissenschaftlichste, empirischste Wissen weist eine subjektive Komponente auf. Die Wissenschaftler müssen »subjektiv« zustimmen, daß dasjenige, was sie beobachten, wahr ist. Es kann ohne die subjektive Übereinkunft der wissenschaftlichen Beobachter keine wissenschaftliche, »objektive« Wahrheit geben. Und die kollektive Übereinstimmung der Wissenschaftler darüber, was eine wissenschaftliche Wahrheit ausmacht, hat sich im Laufe der Zeit als recht relativ erwiesen. Was heute im wissenschaftlichen Sinne wahr ist, muß es morgen nicht mehr sein. Und was heute als »unmöglich« gilt, kann morgen als Tatsache akzeptiert werden.

Seit der amerikanische Wissenschaftstheoretiker Thomas Kuhn Anfang der 60er Jahre sein umstrittenes Werk *Die Struktur wissenschaftlicher Revolutionen«*[14] veröffentlichte, wurde uns die Relativität der wissenschaftlichen Wahrheit selbst sehr bewußt. Genau dies ist es, was die Skeptiker nicht wahrhaben wollen – daß eine wissenschaftliche Wahrheit nicht notwendigerweise »objektiv« wahr und für alle Zeiten gültig ist. Aus diesem Grund betrachten ernsthafte Philosophen und Mystiker die Wahrheiten der ewigen Philosophie als überlegene Wahrheiten, da Wissen dieser Art »zeitlos«, tatsächlich für alle Zeiten gültig und jedem ernsthaften Studenten der esoterischen Praxis zugänglich ist. Und aus diesem Grund achten Philosophen wie Huston Smith sorgsam darauf, die ewige Philosophie von der Wissenschaft unabhängig zu halten, weil die letzte den Launen von Zeit und Wandel unterworfen ist.

Ken Wilber identifiziert in seinem Buch *Eye to Eye*[15] mit der Präzision eines Logikers drei Wege, wie wir als Menschen die Welt begreifen können. Wilber zeigt, indem er sich auf die Werke von Philosophen und Mystikern bezieht, daß wir auf folgende Arten Erkenntnis über die Welt erlangen: a) durch das Auge der fünf Sinne, b) durch das Auge der Vernunft und c) durch das Auge der Kontemplation. Dies sind die drei unterschiedlichen Bereiche, durch die wir Erkenntnis erlangen können. Das Auge der Sinne ist das Mittel, durch das wir die äußere Welt des Raumes, der Zeit und der Objekte wahrnehmen. Die empirische Wissenschaft ist eine historische Erfindung, eine Methode, die unsere Fähigkeit zur Beobachtung und zum Verständnis externer Gegenstände vergrößert. Und diejenigen, die diese Methode beherrschen, besitzen einen privilegierten Zugang zu Wissen, das sie einander mitteilen können. Zum Beispiel können zwei oder mehr erfahrene Parasitologen durch Laborexperimente eine wissenschaftliche Übereinkunft erlangen, daß ein bestimmtes Virus eine bestimmte Kartoffelsorte schädigt. Wenn daraufhin eine deutliche Mehrheit ähnlich erfahrener Parasitologen zu derselben Schlußfolgerung gelangt, wurde auf dem Gebiet der Parasitologie eine wissenschaftliche Tatsache etabliert.

Eine ähnliche Prozedur ist erforderlich, um eine bestimmte Wahrheit in den Augen des Verstandes zu etablieren. Ein Beispiel dafür ist die Logik in der Philosophie und in der Mathematik. Um eine bestimmte Wahrheit in der Philosophie, der Logik oder der Mathematik zu verstehen, muß man sich einer entsprechend langen Schulung unterziehen. Mit anderen Worten, man muß das Auge des Verstandes trainieren, so daß es fähig wird, bestimmte Wahrheiten zu sehen, die jemand, der nicht in diesem Bereich geschult ist, nicht wahrnehmen kann. Auch das Auge der Kontemplation benötigt eine entsprechende und langwierige Form der Schulung, bevor es das »dritte Auge« öffnen und gewisse Wahrheiten und Realitäten sehen kann, für die die beiden anderen Augen blind sind. Es ist dieses »dritte Auge« der Kontemplation, durch das wir die göttlichen Bereiche des Inneren erkennen können, etwas, wobei uns weder das Auge der Sinne (Wissenschaft) noch das Auge des Verstandes (Philosophie/Mathematik) helfen kann. Andererseits kann uns das Auge der Kontemplation nichts über bestimmte Wahrheiten sagen, die sich nur im Laboratorium der Wissenschaft entdecken lassen.

Jeder Bereich, so sagt Wilber, stellt eine legitime Domäne der Erkenntnis dar, und wenn eine Sehweise unzulässigerweise in das Territorium einer anderen eindringt, ist ein »Kategorienirrtum« die Folge. Zum Beispiel hat der reine Rationalist Descartes alle anderen Formen der Erkenntnis (empirisch-wissenschaftlich und kontemplativ) ausgeklammert und kategorisch behauptet, es gäbe nur eine rationale Wahrheit.

Einen ähnlichen »Kategorienirrtum« begingen alle Weltreligionen, indem sie annahmen, man könne durch das Auge der Kontemplation die Wahrheit der beiden übrigen Domänen begreifen. Deshalb schloß Justinian, der Kaiser von Konstantinopel, die Philosophieschulen in Athen, weil er die Philosophie für überflüssig und gefährlich erachtete, da die Wahrheit bereits durch Jesus Christus offenbart worden war.

In ähnlicher Weise hat heute das Auge der Sinne, das heißt die moderne, empirische Wissenschaft, die Oberherrschaft über die beiden anderen Augen übernommen und versucht, ihre Einsichten auf ihre eigenen empirischen Maße zu reduzieren. Die wissenschaftliche Methode wurde zum *Szientis-*

mus, einer dogmatischen Ideologie – nämlich dem Glauben, die einzige gültige Wahrheit weit und breit sei die wissenschaftliche Wahrheit. Unter dem Eindruck der wissenschaftlichen Erfolge wandelte sich das Auge des Verstandes (Philosophie) zum Positivismus, jener philosophischen Position, die besagt, die einzige gültige Wahrheit sei die »objektive«, externe Wahrheit, die mittels der experimentellen Methode erlangt wird. Das Auge der Kontemplation, das die Wahrheit des »inneren«, höheren, spirituellen Raumes enthüllen kann, wurde durch eine empirische Wissenschaft und eine kastrierte Philosophie, die sich bemüht, den Erwartungen der experimentellen Wissenschaft zu entsprechen, entwertet.

Wilber legt dar, wie das Auge der Kontemplation durch eine Schulung geschärft wird, die der Schulung des Auges der Sinne und des Verstandes entspricht. Er zeigt, daß wir betreiben können, was Rudolf Steiner als Wissenschaft von den höheren Welten beschreibt. Alle ernsthaften Schüler der Mystik haben gesagt, spirituelles Wissen sei, wie alle anderen gültigen, kognitiven Wissensformen, »experimentell, wiederholbar und öffentlich verifizierbar«. Dies ist so, sagt Wilber, weil es – wie alle anderen gültigen Wissensformen – aus drei Prozessen besteht: einer Formel, nach der man bestimmten Anweisungen folgen muß, um ein bestimmtes Ergebnis zu erhalten, dem kognitiven Begreifen, das sich einstellt, wenn man den Anweisungen folgt, und der allgemeinen Anerkennung. Letztere setzt voraus, daß man seine Erfahrungen und Ergebnisse zusammen mit anderen überprüft, die denselben Anweisungen gefolgt sind.

»Wenn Sie etwas über die tatsächlichen, transzendentalen Bereiche wissen wollen«, schreibt Wilber in *A Sociable God*,[16] »führen Sie kontemplativ-meditative Übungen aus… und finden Sie für sich selbst heraus…, an welchem Punkt die alles umfassende Gemeinschaft der Transzendenz sich in Ihrem

Fall enthüllt und im Feuer der Gleichgesinnten geprüft werden kann.« Es handelt sich um den gleichen ernsten Rat, den auch Frits Staal, ein anderer ernsthafter Schüler der Mystik, gibt.[17] Die einzige verläßliche Methode, die Wahrheiten des Auges der Kontemplation zu erforschen, besteht darin, daß man unter der Anleitung eines erfahrenen Lehrers selbst kontemplative Übungen ausführt. Dies war der Weg aller esoterischen Traditionen in allen Weltreligionen.

Während mir Wilbers Ideen durch den Kopf gingen, dachte ich bei mir, daß die Skeptiker die Wächter des Auges der Sinne darstellen, die Alarm rufen, wenn das Auge der Kontemplation in diesen letzten Dekaden der sensoriellen Phase der westlichen Kultur versucht, sein Comeback zu feiern. Das Comeback findet inmitten einer Zivilisation statt, die den kontemplativen Stil seit den triumphalen Dekaden der wissenschaftlichen Revolution entschlossen in den Untergrund verbannt hat.

Ich hörte Geräusche vor der Tür und legte das Buch beiseite. Die beiden ungestümen Hundekinder meines Schwagers – liebevoll »die dicken Mädchen« genannt – sprangen auf, weil Emily, ihr Bruder und der Rest unserer beiden Familien von ihrem Ausflug nach London zurückkehrten.

7
Filter des Bewußtseins

Als ich auf Zypern ankam, nahm ich als erstes Kontakt mit Kostas in Limassol auf. In der Woche unserer Ankunft auf der Insel war er gerade mit den bürokratischen Notwendigkeiten beschäftigt, die mit der Einrichtung und Verwaltung einer neuen Tankstelle verbunden waren. Wir kamen überein, Zeit miteinander zu verbringen, sobald er seine geschäftlichen Pflichten erledigt hatte. Ich nutzte die Gelegenheit, mit Emily und unseren beiden Kindern Urlaub in Akámas zu machen.

Unser Freund Janis, ein Geschäftspartner von Kostas und Mitglied seines Kreises, lud uns ein, ein paar Tage in dem bequemen Wohnwagen zu verbringen, den er an einem Strand im nordwestlichen Teil der Insel abgestellt hatte. Um dorthin zu gelangen, mußten wir durch Paphos reisen, den mythologischen Geburtsort der Aphrodite und den Ort, wo der örtliche Herrscher den Apostel Paulus an einen Pfahl binden und ihm 39 Peitschenhiebe verabreichen ließ, weil er das Wort Christi gepredigt und versucht hatte, die Heiden zu bekehren. Der Strand liegt knapp 10 Kilometer westlich der malerischen Stadt Polis, gleich am Anfang der Halbinsel Akámas, einer bis jetzt noch nicht verdorbenen Ecke Zyperns, nicht weit vom türkisch besetzten Teil der Insel entfernt. Nur wenige Touristen kamen in diesen Teil der Insel, weil er so abgelegen ist. Das Fehlen von Luxushotels und Touristeneinrichtungen zog mich und Emily, die wir uns nach dem Zypern unserer Jugend sehnten, unwiderstehlich an. Hier gab es immer noch freie Natur, und die meisten der Menschen hier verdienten ihren Lebensunterhalt als Bauern, Schäfer, Fischer und kleine Geschäftsleute statt als Kellner, Busfahrer und Landerschließer. Wir waren uns wehmütig der Tatsache bewußt, daß wir die letzten

Überreste einer Welt sahen und uns an ihnen erfreuen konnten, die rasch unter den Bulldozern des wirtschaftlichen »Fortschritts« und des Besitzstrebens verschwand.

Ich verbrachte meinen Morgen damit, daß ich mit Emily über die lange Bay schwamm. Constantine und Vasia schnorchelten mit ihren Freunden und spielten mit einem kleinen, aufblasbaren Floß. Nach anderthalb Stunden im Wasser gingen wir zu dem Wohnwagen, der neben einem kleinen, von einer Familie betriebenen Restaurant-Café geparkt war. Die Hitze des Tages wurde durch einen angenehmen Wind gelindert, der aus südwestlicher Richtung zum Meer hin blies und eine trügerische Stille am Strand erzeugte. Unter einem Zeltvordach zu sitzen, ein Buch zu lesen, und immer wieder zum blauen Horizont zu schauen, wo sich Himmel und Erde vermählten – das war meine Vorstellung von Glückseligkeit auf der grobstofflichen, materiellen Ebene.

Ich versenkte mich in *Die heilende Kraft*[1], das bahnbrechende Werk des in Indien geborenen Endokrinologen Deepak Chopra, der nach Jahren seiner Tätigkeit als praktischer Arzt in Neuengland die Weisheit der indischen, ayurvedischen Medizin entdeckte und versuchte, sie im Westen einzuführen. In diesem Buch erforschte er die Möglichkeiten einer Geist/Körper-Medizin, genau die Art von Literatur, die nicht einmal zu lesen sich die Autoren vom »Komitee der Skeptiker« die Mühe machen würden und die sie dennoch, ohne zu zögern, als »Pseudowissenschaft« ablehnen würden. *Die heilende Kraft* geht von der Prämisse aus, daß der Geist weder auf den Körper beschränkt ist noch sich durch ihn erklären läßt.

In dem Kapitel, das ich las, sprach Chopra über das Leben und die Welt der *Rishis* und *Sadhus*, der heiligen Männer Indiens, deren Leben ausschließlich der inneren Erforschung und dem Schweigen gewidmet ist. Chopra untersuchte die spirituellen Traditionen Indiens und ihre Bedeutung für unsere Zeit im

Licht, das sie auf einige scheinbar unerklärliche Phänomene in der medizinischen Praxis werfen. Er erwähnte, wie einer seiner Onkel, der ganz Indien bereiste und Sportartikel verkaufte, ihm Geschichten über diese heiligen Männer erzählt hatte, denen er sein Wissen über sie verdankte.

»Laß mich dir etwas vorlesen«, sagte ich zu Emily, die in ihre eigene Lektüre vertieft neben mir saß. »Es ist nur ein kurzer Abschnitt.« Emily ließ ihr Buch sinken, betrachtete den Horizont durch ihre Sonnenbrille und hörte zu.

Bara Onkel war unglaublich redselig und gesellig. Er erzählte die abenteuerlichsten Geschichten über das, was er unterwegs erlebt hatte. Das Denkwürdigste davon geschah in Kalkutta. Bara Onkel bahnte sich einen Weg durch die Menge, als er plötzlich fast über einen alten Sadhu stolperte, der am Rinnstein saß. Geistesabwesend griff mein Onkel in die Tasche, fand zwei Annas (etwa vier Pfennig) und warf sie in die Schale des Sadhus. Der Sadhu warf ihm einen Blick zu und sagte: »Wünsch dir etwas, was immer es auch sein mag.«

Verblüfft stieß mein Onkel hervor: »Ich möchte ein bißchen Barfi.« Barfi ist eine indische Leckerei, etwa wie Weichkaramel, und wird üblicherweise aus Mandeln oder Kokosnuß hergestellt. In aller Ruhe griff der Sadhu mit der rechten Hand in die Luft, materialisierte zwei Stücke frischen Barfi und gab die Bara Onkel. Der stand ein paar Sekunden lang wie angewurzelt da, gerade lange genug, um zu sehen, wie sich der Sadhu erhob und wie ein Schatten in der Menge verschwand. Mein Onkel sah ihn niemals wieder. In gewisser Hinsicht hatte er einen angemessenen Gegenwert für seine zwei Annas erhalten, denn damit hätte er bei einem Straßenverkäufer zwei Stücke Barfi bekommen. Aber jedesmal, wenn er die Geschichte erzählte, schüttelte er den

Kopf und sagte reuevoll: »Wenn ich an all die Dinge denke, die ich mir hätte wünschen können ...«

Ich wandte mich an Emily und fragte sie rasch und in einem drängenden Ton: »Angenommen, dir wäre so etwas passiert – was hättest du dir gewünscht? Denk nicht darüber nach. Antworte einfach nur schnell.«

»Unsterblichkeit«, erwiderte sie prompt.

»O nein!« Ich tat so, als habe sie die Chance ihres Lebens verspielt. »Jetzt hast du es verpatzt, meine Liebe. Du hast es wirklich verpatzt.«

»Und wieso habe ich es verpatzt, wenn ich fragen darf?«

»Weil du um etwas gebeten hast, was du bereits besitzt«, erwiderte ich selbstzufrieden. »Würdest du nicht auch sagen, daß es unklug ist, um etwas zu bitten, was man bereits hat?«

»Um was hättest du denn gebeten?«

Ich tat so, als hätte ich noch nicht darüber nachgedacht, und sagte nach einer Weile triumphierend: »Um Erleuchtung natürlich. Das ist es, was ich noch nicht habe.«

Eigentlich war ich fast sicher, daß ich dieselbe Antwort gegeben hätte wie Emily, wenn man mir dieselbe Frage gestellt und mich genötigt hätte, sofort zu antworten, ohne zuvor darüber nachzudenken. Wir alle wünschen uns instinktiv Unsterblichkeit, weil wir uns nicht vorstellen können, daß die Welt ohne uns existiert. Aber die esoterischen Lehren versichern uns, daß wir unsterbliche Wesen sind. Wir wissen es einfach nicht. Was uns fehlt, ist Wissen, die Erkenntnis unseres eigenen, inneren, unsterblichen Selbst. Auf Grund unseres Nichtwissens fürchten wir uns vor dem Tod und neigen zum Verdrängen und zum Verleugnen der Realität unserer eigenen Sterblichkeit. Tatsächlich stellt alles, was wir im Leben tun, einen Versuch dar, mit dieser Erkenntnis, der Gewißheit unseres Todes, fertig zu werden.

Wir alle wünschen uns Unsterblichkeit, Gläubige ebenso wie Ungläubige. Und wir versuchen stets, Auswege aus unserer mißlichen Lage zu finden, aber wir finden nur scheinbare Auswege. Das grundlegende Motiv für unsere Bemühungen um beruflichen Erfolg, Profit, Macht oder heroische, gesellschaftliche Visionen ist unser Versuch, unsere Sterblichkeit zu verleugnen. Wir möchten vergessen, daß unsere Lebensuhr unausweichlich unserem Ende entgegentickt. Und die meisten von uns verbrauchen bewußt oder unbewußt ihre Energien, um eine ersatzweise Unsterblichkeit zu erlangen.

Aber die Erkenntnis der Begrenztheit aller »Unsterblichkeitsprojekte« kann zu Schwierigkeiten führen. Wenn die Menschen ihren Tod ernst nähmen, so warnte der Soziologe Peter Berger[2], würden die meisten Aktivitäten, mit denen wir befaßt sind, zum Stillstand gelangen. Nur wenige Menschen würden sich noch die Mühe machen, etwas zu produzieren. Denken Sie nur an die Tibetaner, die vielleicht mehr als alle übrigen Menschen ihren Tod ernst genommen haben. Vor der chinesischen Invasion in Tibet war ein großer Teil der männlichen Bevölkerung dieses Landes – nach Schätzungen bis zu einem Drittel – Mönche, die ihr Leben mit Meditieren und der Erforschung der inneren Realitäten verbrachten.

»O Gott!« rief ich und sprang wie von einer Tarantel gestochen auf. Während wir unseren Gedanken über die Unsterblichkeit nachhingen, hatten wir nicht bemerkt, daß Vasia und ihre Freundin Ultredt in dem kleinen Schlauchboot abtrieben. Der vom Land fort wehende Wind war dabei, sie ins offene Meer hinauszutreiben. Ihre beiden Spielzeugruder waren nutzlos, da sie nicht kräftig genug damit rudern konnten.

Ich bemühte mich, nicht in Panik zu geraten, während ich in höchster Eile an den Strand lief. Es waren keine Motorboote in der Nähe, und ich wußte aus Erfahrung, daß man ein Schlauchboot schnell aus den Augen verliert, wenn der Wind vom Land her bläst. Zum Glück trug ich meine Badehose und hatte ein Paar Schwimmflossen bei mir. Ich wußte, daß ich ohne sie keine Chance gehabt hätte. Die Kinder waren bereits so weit fortgetrieben worden, daß ich mir Sorgen wegen meiner Ausdauer machte. Ich zog die Schwimmflossen an und schwamm, so rasch ich konnte, in der Hoffnung, sie zu erreichen, bevor ich meine Kraft verlor. Das war mein einziger Wunsch im Augenblick. Sämtliche Gedanken an Unsterblichkeit und Erleuchtung verschwanden, während ich all meine Energien sammelte, um das Schlauchboot rechtzeitig zu erreichen, so daß ich die beiden elfjährigen Mädchen retten konnte. Mit Hilfe meines Adrenalins und meiner Gebete an Jesus erreichte ich das Schlauchboot genau zu dem Zeitpunkt, als meine Kraft zu versiegen begann. Ich packte wortlos die Seite des Bootes. Ich besaß nicht mehr die Energie, um dem dringenden Wunsch nachzukommen, die beiden glücklich kichernden Mädchen anzuschreien. Mit Hilfe der Schwimmflossen stieß ich das Boot langsam ans Ufer zurück. »Kinder nicht unbeaufsichtigt lassen, wenn sie mit diesem Produkt spielen«, las ich direkt neben meiner Nase, während ich das Boot vor mir her schob.

Ich fühlte mich bis auf die Knochen erschöpft und dankte Gott, daß ich die Mädchen nicht in der Nähe der 60 Kilometer entfernten türkischen Küste hatte auffischen müssen. Ich habe zu viele aufblasbare Spielzeuge – von Gummibällen bis hin zu Luftmatratzen – unter ähnlichen Bedingungen am Horizont verschwinden sehen, um nicht ernsthaft besorgt zu sein.

»Daß ich sie erwischt habe, war ebenso wunderbar wie die Materialisierung des Barfi durch den heiligen Mann in Indien«, flüsterte ich Emily zu, die – wie auch die beiden Mädchen – die ganze Situation eher komisch fand, als eine knapp abgewendete Katastrophe darin zu sehen. Dies machte mich nur noch wütender, aber ich war zu erschöpft, um darauf zu reagieren. Statt meinen Ärger ausbrechen zu lassen, schloß ich die Augen und bemühte mich, Atem zu schöpfen und meinen Zorn zu überwinden.

Ich atmete ein paar Minuten lang tief und visualisierte weißes Licht, das jede meiner Körperzellen und -atome durchdrang. Ich bemühte mich, diese Lichtenergie, die meinen ganzen Körper erfüllte, zu sehen und zu fühlen. Bei jedem Einatmen visualisierte ich, daß meine Aura heller und heller wurde. Nachdem ich diese Übung zehn Minuten lang ausgeführt hatte, war der ganze körperliche und psychische Aufruhr verschwunden. Dann dachte ich über die Lektion nach, die meine Tochter und ihre Freundin mir mit ihrem Mißgeschick gegeben hatten.

Bald nach Sonnenuntergang kam Janis mit drei weiteren Freunden aus Nikosia, die Neulinge in der Erforschung der esoterischen Künste waren. Janis selbst hatte vor seiner Beschäftigung mit der Erewna eine Zeitlang zu einem indischen Kult gehört, einer Gruppe von streng vegetarischen Asketen, die sich gewohnheitsmäßig jeden Morgen Hände und Füße in kaltem Wasser wuschen. Janis behauptete, sie seien hochgebildet und erfahren. Eines Tages sei er so tief in der Meditation mit dieser Gruppe versunken gewesen, so sagte er, daß er sich levitieren sah. »Ich saß auf meinem Bett und meditierte«, sagte er, »als ich zu levitieren begann und das Bettuch mit mir zusammen emporschwebte, und ich erhob mich mehrere Fuß hoch.«

Eines Tages war ein Paar bärtiger Eingeweihter in rosafarbenen Gewändern auf die Insel gekommen. Sie hatten beide einen Schädel und einen Dolch mit sich geführt. Was Janis schließlich befremdete, war, als er hörte, daß die beiden Yogis bei Nacht auf einen Friedhof gingen und sich auf ein frisches Grab hockten, um zu meditieren und tief dabei zu atmen, angeblich, um die Ätherenergie des frisch Verstorbenen in sich aufzunehmen. Zwei griechische Polizisten vermuteten Grabräuber in den beiden und pirschten sich an sie heran. Da ereigneten sich gewisse merkwürdige Phänomene: Die Zypressen des Friedhofs bogen sich. Kreuze wurden aus den Grabhügeln gezogen und zusammen mit Steinen auf dem Friedhof umhergeworfen. Die armen Polizisten waren wie versteinert. Als die Mönche seelenruhig vom Friedhof gingen, traten die Polizisten an sie heran. Bebend und mit zitternder Stimme verlangten sie, daß die beiden niemals wiederholen würden, was sie getan hatten. Sie nahmen sie nicht fest.

Janis erzählte uns diese Geschichte, während wir an dem abgelegenen und stillen Kieselstrand ein Lagerfeuer entfachten, ein seltener Luxus auf einer Insel, die schon an Übererschließung leidet. Allein die Vorstellung dieser vergnüglichen Szene mit den armen Polizisten ließ uns alle lachen.

»Nachdem ich von dieser Episode gehört hatte«, sagte Janis lachend, »verließ ich die Gruppe.«

Das Gelächter setzte sich fort, als Emily ihnen von dem Mißgeschick mit dem Schlauchboot und dem Gespräch erzählte, das ihm vorausgegangen war. Wir saßen um das Lagerfeuer auf dem Kieselstrand und sprachen bis in die frühen Morgenstunden über die ewigen Fragen der menschlichen Existenz.

»Die Inder«, sagte ich, während ich mit einem langen Stock das Feuer schürte, »haben eine ausgeklügelte und höchst eindrucksvolle Psychologie zur Art und Vielfalt des menschlichen Verlangens entwickelt. Sie haben mit großem Feingefühl die Frage beantwortet, was Menschen sich wirklich wünschen.«

»Erzähl uns davon«, verlangte Lenia, eine Lehrerin in einer hiesigen höheren Schule, und ließ Cracker und Käse herumgehen.

»Das wurde mir klar«, erwiderte ich, »nachdem ich mich mit den Werken mehrerer Hindu-Meister befaßt hatte, unter anderem von Paramahansa Yogananda. Aber die gründlichste und überzeugendste Darstellung dieses Themas durch einen westlichen Philosophen fand ich in Huston Smiths *The Religions of Men*,[3] einem Buch, das als Klassiker gefeiert wird.« Ich hatte die Abhandlung über diesen Gegenstand von Smith noch frisch im Gedächtnis, da ich sie als Grundlage für meinen Kurs über die Soziologie der Religion genommen hatte.

»Die Hindus sagen, daß man bekommen wird, was auch immer man sich wünscht«, sagte ich.

»Na, das ist doch phantastisch!« witzelte Janis.

»Es hat Ähnlichkeit mit dem, was die Erewna lehrt«, bemerkte Emily.

»Genau. Die Elementale des Verlangens, die wir nach außen projizieren, müssen sich schließlich manifestieren. Wenn du dir Vergnügen wünschst, wirst du Vergnügen haben. Wenn du reich sein willst, wirst du es. Ist es Macht, die du willst, wirst du Macht bekommen, früher oder später. In der Ewigkeit müssen alle Wünsche erfüllt werden. Vielleicht erfüllen sich deine Wünsche nicht in diesem Leben. Vielleicht erfüllen sie sich im nächsten Leben oder im Leben danach oder in einer Inkarnation in der fernen Zukunft. Am Ende werden alle deine Wünsche wahr. Aber ist es das, was du wirklich willst? Denn gemäß dieser Kosmologie sind es deine Wünsche, die dich in diese Welt des Leidens und der Tragödien zurückbringen. Wenn du in diesem Leben zum Beispiel arm bist und dich nach Reichtum sehnst, bekommst du ihn vielleicht schließlich, aber er wird dir nicht unbedingt Glück und Erfüllung bringen. Der Erfolg, den man ersehnt, bringt oft nur Elend mit sich, wie es die Biographen der Berühmten und Mächtigen so gut belegen. Worin deine Wünsche auch bestehen mögen, sie bringen dich auf diese Erde zurück, damit sie sich erfüllen und dein Verlangen gesättigt wird und du deine Wünsche letzten Endes transzendierst.«

»Was ist mit den edlen Wünschen, wie zum Beispiel altruistisch zu sein und anderen zu dienen?« fragte Lenia.

»Alle Wünsche bringen uns auf die Erde zurück, edel oder selbstsüchtig. Tatsächlich ist die Bodhisattva-Tradition im Buddhismus auf dieses Prinzip gegründet – daß diejenigen, die auf dem spirituellen Pfad am weitesten fortgeschritten sind, immer zurückkehren werden, bis der letzte Mensch auf der Erde zur Gottesverwirklichung gelangt ist. Also bringen uns auch die Wünsche, anderen zu helfen, in diese Dimension hinab, ebenso wie der Wunsch, reich oder erfolgreich oder sonst etwas zu werden, dazu führt, daß du auf diesem Planeten wiedergeboren wirst. Verlangen ist der Magnet, der uns in die drei Dimensionen hinabzieht, so ist es nun einmal.«

»Das hört sich nicht sehr verheißungsvoll an«, sagte Janis mit einem Seufzer. »Ich würde lieber auf der anderen Seite bleiben. Das ist es, was ich mir wünsche.«

»Das ist ein Wunsch«, bemerkte ich, »der warten muß, bis alle deine anderen Wünsche und alle Wünsche von allen anderen Menschen auf diesem Planeten erfüllt und transzendiert wurden. Nach den mystischen Lehren, wie wir sie verstehen, erlangt niemand allein völlige Befreiung. Wir alle sitzen in demselben kosmischen Boot, und jeder hängt völlig von allen übrigen ab. Das ist der Grund dafür, daß die großen Mystiker immer wieder herabkommen und denen helfen, die auf einer niedrigeren Stufe der spirituellen Entwicklung stehen. Ihr seht, im tiefsten Innern unseres Wesens sind wir alle eins.« Ich machte eine Pause und streckte mich auf den Kieseln aus, um meinen Rücken auszuruhen. Dann fuhr ich auf den Wunsch der übrigen hin fort, die Evolution des Verlangens gemäß den Indern zu umreißen, so, wie ich sie durch meine Lektüre verstanden hatte.

»Nach dem Kern der indischen Religion beginnen Menschen ihre Reise als inkarnierte Seelen, weil sie körperliche Lust erfahren wollen. Aber die Lust ist ihrem Wesen nach flüchtig und von kurzer Dauer und erzeugt in der Seele den Wunsch nach etwas Dauerhafterem. Als nächste Stufe auf der Leiter des Verlangens kommt der weltliche Erfolg. Er scheint dem Ich dauerhafter zu sein. Aber auch weltlicher Erfolg in Form von Reichtum, Ruhm oder Macht weist seinem Wesen nach Begrenzungen auf, ähnlich wie Lust. Außerdem sind diese Dinge immer unsicher, weil andere sich ebenfalls um sie bemühen. Man hat Macht, weil andere sie nicht haben. Man ist reich, weil andere arm sind. Man ist nur berühmt, weil die meisten Menschen es nicht sind. Es ist ein hartes Nullsummenspiel.

Das Verlangen nach weltlichem Erfolg als Hauptziel im Leben läßt sich niemals befriedigen. Die Inder würden sagen, der Versuch, das Verlangen nach Reichtum mit Hilfe von Geld zu sättigen, ist genauso wirksam, als versuche man, ein Feuer zu löschen, indem man Öl darübergießt. Der französische Soziologe Emile Durkheim, der nicht die geringste Ahnung von indischer Religion hatte, bemerkte zutreffend, menschliches Verlangen sei seinem Wesen nach unbegrenzt und unersättlich. Daraus schloß er, daß Menschen durch wirkungsvolle moralische Gesetze im Zaum gehalten werden müssen.«

»Natürlich ist Erfolg auch kurzlebig«, warf Janis ein.

»Das ist es, was die Hindus sagen«, erwiderte ich. »Was auch immer ein Mensch erreicht, es ist nicht von Dauer.«

»Also sind Lust und Erfolg bei den Hindus etwas Schlechtes?« schloß einer der Freunde von Janis.

»Nein, im Gegenteil«, erwiderte ich, »sie betrachten beides als notwendige Werkzeuge für junge Seelen. Aber während man von einem Leben zum nächsten reifer wird, überwindet man die Faszination, die von diesem Pfad des Verlangens ausgeht, und sucht nach erhabeneren Zielen. Die nächste Stufe in der Entwicklung der Seele ist gemäß dieser Tradition etwas, was die Hindus den Pfad der Entsagung nennen. Er folgt immer auf den Pfad des Verlangens.«

»Hört sich ganz schön negativ an«, sagte Lenia.

»Das ist eine Fehlinterpretation. In Wahrheit entspricht dieser Pfad dem, was ein Sportler macht, der sich alle Genüsse versagt, die ihn von seinem Ziel abbringen. Der Pfad der Entsagung beginnt, wenn ein Mensch den Punkt der Sättigung mit Lust und Erfolg erreicht hat und die Trivialität all dieser Dinge angesichts der Sterblichkeit des Menschen und der verrinnenden Zeit erkennt.

Dies ist der Beginn der wahren Religion, der Religion des Dienens, dem dritten großen Ziel des Lebens in der hinduistischen Weltsicht. Wenn die menschliche Seele die Faszination überwunden hat, die von Lust und Erfolg ausgeht, weiht sie sich endlich dem Dienst an der Gesellschaft.«

»Du meinst, indem sie patriotisch wird?« warf Janis ein.

»Es umfaßt Patriotismus und alle Formen von sozialen und kommunalen Aktivitäten. Aber schließlich gelangt auch diese Aktivität an ihre eigenen, tragischen Grenzen und kann die menschliche Suche nicht befriedigen. Der betreffende Mensch wird früher oder später erkennen, daß auch die Gesellschaft vergänglich ist, daß sie nicht für alle Zeiten bestehen wird und daß sie sich beharrlich weigert, vollkommen zu werden. Diese Erkenntnis ist heute – dank der Entdeckungen der modernen Naturwissenschaft – um so aktueller geworden. Wir wissen heute zum Beispiel, daß unser Planet und unser Sonnensystem eine begrenzte Lebensspanne haben. Tatsächlich wird – wenn die Big-Bang-Wissenschaftler recht haben – das gesamte bekannte Universum letzten Endes kollabieren.

Früher oder später stellt sich jeder Mensch die Frage nach dem Sinn seines Lebens. Also, wenn weder Lust noch Erfolg, noch Dienst an der Gesellschaft uns letztlich befriedigen können – was sollen wir dann tun? Worin bestehen unsere wirklichen, unsere tiefsten Wünsche und Sehnsüchte?

Als ich Emily heute morgen bat, einen einzigen Wunsch auszusprechen, erwiderte sie: ›Unsterblichkeit‹. Das genau ist es, was die Hindu-Religion als den ersten *wirklichen* Wunsch bezeichnet. Wir wollen *sein*. Wir können uns nicht vorstellen, daß die Welt ohne uns existiert. Die Antwort auf Hamlets Frage muß hier lauten: Sein. Aber das ist nicht genug.«

»Das begreife ich nicht«, sagte Lenia, und es gab Gelächter.

»Wir wollen sein, aber wir wollen mit voller Bewußtheit sein«, sagte ich. »Wir wünschen uns bestimmt nicht, ein unsterbliches Gemüse zu sein.«

»Also glauben die Inder«, schloß Lenia, »daß das wahre Verlangen des Menschen Unsterblichkeit und Bewußtsein ist.«

»Nicht ganz. Der Teufel ist unsterblich und voll bewußt«, sagte ich lachend. »Dasein und Bewußtsein sind an sich noch keine befriedigenden Zustände. Man würde es nicht akzeptieren, für immer und voll bewußt in der Hölle zu leben.«

»Also wollen wir Dasein, Bewußtsein und Freude«, schloß Janis.

»Genau. Wir wollen Glückseligkeit, unbegrenzte, ewige Glückseligkeit. Was wir nach dem esoterischen Hinduismus wirklich wollen, sind diese drei Dinge: unbegrenztes Sein, unbegrenztes Bewußtsein und unbegrenzte Glückseligkeit.«

Ich stocherte im Feuer, um es heller auflodern zu lassen. »Am wichtigsten ist«, fuhr ich fort, »daß alle drei Dinge, unbegrenztes Sein, unbegrenztes Bewußtsein und unbegrenzte Glückseligkeit, für jeden Menschen erreichbar sind. Wir können bekommen, wonach wir uns am tiefsten sehnen. Genau genommen sind wir tief innen bereits dort angelangt, aber wir wissen es nicht. Deshalb ist das äußerste Ziel des Lebens Erleuchtung, die Erkenntnis, daß wir tatsächlich göttliche Wesen sind und alle Eigenschaften der Göttlichkeit besitzen.«

»Worin unterscheidet sich dies von dem, was die Erewna lehrt?« fragte Janis.

»Offen gestanden, sehe ich da keinen großen Unterschied.

Meines Wissens lehren alle esoterischen Traditionen dasselbe. Der Unterschied ist vielleicht kulturell bedingt und besteht nur in der unterschiedlichen Betonung beim Ausdruck identischer Wahrheiten.«

»Aber ich kenne keine Leute«, sagte Janis, »die sich auf dem Pfad des Verlangens befinden und keine existentiellen Probleme haben. Sie scheinen auch nicht gelangweilt zu sein.«

»Vielleicht nicht in diesem Leben. Nach dem Hinduismus können Menschen ein ganzes Leben voller Lust verbringen, und auf dem Sterbelager haben sie vielleicht das Gefühl, ein reiches und bedeutsames Leben geführt zu haben. Zu mir haben schon Leute gesagt: ›Ich habe ein erfülltes Leben geführt. Ich bin jederzeit bereit, zu sterben‹. Und mit diesem ›erfüllten Leben‹ meinten sie Lust – das heißt Sex, Reisen, gutes Essen, gute Freunde, Lieder, Tänze und dergleichen. Und wenn sie gebildet waren, nannten sie sich selbst ›Epikureer‹, um ihrem Lebensstil einen philosophischen Rahmen zu geben. Ich nehme an, Kazantzakis' Gestalt des Alexis Sorbas wäre ein gutes Beispiel dafür. Aber wenn die Seele reifer wird, verliert die Lust weitgehend ihre Anziehungskraft. Es wäre, als würde man einen Universitätsstudenten in eine Grundschulklasse versetzen. Er würde sich zu Tode langweilen und sich nach etwas sehnen, das ihn mehr erfüllen würde. Für die jüngeren Kinder hingegen ist die Grundschulklasse aufregend und anregend. Nach der esoterischen Hindu-Tradition entspricht die Lust, wenn sie zum Hauptinhalt des Lebens wird, dem Unterricht in einer Grundschulklasse.«

Wir setzten unsere Unterhaltung bis spät in die Nacht hinein fort, dann rösteten wir Eßkastanien im Feuer und lauschten dem Geräusch der Wellen, die über die Kiesel liefen.

Am folgenden Tag mußte ich kurz nach Mittag nach Paphos fahren, um Bob Newman zu treffen, einen Arzt aus Australien, der mir mehrere Briefe geschrieben und mich wiederholt angerufen hatte, um mir zu sagen, daß er sich sehr wünschte, Zypern zu besuchen und die Erewna-Mitglieder kennenzulernen. Unseren Gesprächen am Telefon hatte ich entnommen, daß Bob ein ernsthafter Schüler der esoterischen Weisheit war. Er behauptete, eine Zeitlang in einer inneren, psychischen Welt ähnlich derjenigen gelebt zu haben, die ich in meinen Büchern beschrieb. Er wünschte sich, Kostas kennenzulernen und Ratschläge von ihm zu bekommen. Wir hatten vereinbart, uns in einem Hotel in Kato Paphos in der Nähe der »Königsgräber« zu treffen und dann gemeinsam nach Limassol zu fahren, wo wir Kostas treffen würden.

Ich habe mich stets dafür interessiert, Menschen kennenzulernen, die behaupten, die Welt, die ich in meinen Büchern schreibe, entspräche ihrer eigenen Realität. Dies ist mir derart zur Gewohnheit geworden, daß ich heute von der Existenz zweier Kulturen überzeugt bin: der exoterischen und der esoterischen. Die exoterische Kultur ist diejenige, derer sich die meisten Menschen bewußt sind. Es ist auch die Kultur der Wissenschaft und die Kultur, die meine eigene Fachdisziplin, die Soziologie, untersucht. Die esoterische Kultur hingegen ist die Kultur der Mystiker und der Anhänger der kontemplativen Künste. Es ist die Kultur des inneren Raumes, dessen sich die allermeisten Menschen – besonders im Westen – nicht bewußt sind. Vielleicht könnte man auch sagen, daß die exoterische Kultur den bewußten Teil der Kultur darstellt und die esoterische Kultur das Unbewußte oder den unsichtbaren Teil der Kultur, der nur einigen wenigen Schamanen, Heiligen und Mystikern in jeder Gesellschaft zugänglich ist.

Bob war ein vitaler, angenehmer Mann mit rundem Gesicht und einem breiten Lächeln, das er hinter einem gepflegten Bart versteckte. Wir saßen auf der Hotelveranda, schauten aufs Meer hinaus (immer das Meer!) und unterhielten uns eine Weile. Er erzählte mir, er habe das, was er aus meinen Büchern gelernt hatte, dazu verwandt, um Heilungen auszuführen, während er als gewöhnlicher Arzt tätig war. Er berichtete mir von den ungewöhnlichen Heilerfolgen, die sich infolge seiner Praxis vor seinen Augen einstellten, und wie dies sein Leben vollständig verändert hätte.

»Es dürfte Sie interessieren zu erfahren, daß ich nicht immer so war. Tatsächlich war meine Lebensphilosophie bis 1985 sehr ichbezogen und materialistisch. Ich war 21 Jahre lang Anhänger des sogenannten ›Objektivismus‹«, sagte er mit einem Grinsen. »Meine Einstellung dem Leben gegenüber war nicht altruistisch, nicht ehrfurchtsvoll, nicht demütig. Ich glaubte an uneingeschränkten Egoismus auf philosophischer Grundlage und daß man Gleiches mit Gleichem vergelten sollte.«

»Das hört sich für mich an, als seien Sie ein echter Anhänger von Adam Smith gewesen«, sagte ich. »Aber was hat zu einer so drastischen Veränderung geführt?«

»Alles änderte sich am 19. August 1985, als ich einen Anruf von meiner Schwester erhielt, daß meine Eltern – die gerade nach Israel ausgewandert waren und in einem Apartment in Jerusalem lebten – tot aufgefunden worden waren. Offenbar hatte es sich um einen Fall von Mord und anschließendem Selbstmord gehandelt.«

»O mein Gott«, murmelte ich. Bob seufzte tief und fuhr fort: »An diesem Abend, bevor ich die tragischen Neuigkeiten erfuhr, hatte mich das Verlangen gepackt, meine Theorien über das Leben auf der Grundlage des ›Objektivismus‹ niederzuschreiben. Ich eilte an meinen Computer, als hätte ich ein Projekt zu beenden und müsse eine Abgabefrist einhalten, und schrieb wie ein Besessener. Es war 23 Uhr 30 am 19. August 1985, als ich den Computer ausstellte. Um 23 Uhr 50 am selben Abend erhielt ich die traurige Nachricht von meiner Schwester.

Meine Theorien über das Leben, die ich aufgeschrieben hatte, halfen mir nicht im geringsten, mit diesem schweren Verlust fertig zu werden. Schließlich gab ich sie als nutzlos auf. Ich fing an, in die Synagoge zu gehen, und in mir fand ein spirituelles Erwachen statt. Ich traf mich mit Rudolf-Steiner-Gruppen und begann, ernsthaft zu meditieren. Ich gelangte so weit, daß ich willentlich außerkörperliche Erlebnisse haben konnte, und traf Wesen und Geistführer, die auf höheren Schwingungsebenen leben. Und diese Verwandlung in mir fand unmittelbar nach der Tragödie mit meinen Eltern statt. Das Zusammentreffen mit dem Zeitpunkt, an dem ich zu schreiben aufhörte, ist für mich bedeutsam. Es machte mir deutlich, daß ich bis zum 19. August 1985 mit der Entwicklung des niederen Selbst beschäftigt und davon völlig vereinnahmt gewesen war.«

Wir schwiegen eine Weile still, während ich über Bobs traurige, aber bedeutsame Erzählung nachsann.

»Haben Sie auf irgendeine Weise von außerhalb bestätigt bekommen, daß Ihre Erfahrungen mit Geistführern und Ihre außerkörperlichen Reisen authentische Erlebnisse waren und nicht Erzeugnisse Ihres eigenen Unterbewußtseins?« fragte ich.

»Ja. Lassen Sie mich Ihnen von einem meiner frühesten Erlebnisse berichten, das genau dies bestätigte«, erwiderte Bob, ohne zu zögern. »Nach der Tragödie begann ich, wie schon gesagt, in die Synagoge zu gehen. Ich ging jeden Abend, um ein *Kaddisch*-Gebet für meine verstorbenen Eltern zu sprechen. Dort traf ich einen Mann namens Bill Stein. Ich traf ihn jeden Abend, und wir sprachen das Kaddisch gemeinsam. Manchmal war es schwierig für ihn, das Kaddisch zu beten, weil ihn der Verlust seines geliebten Sohnes Jon zu sehr betrübte, der unmittelbar nach seinem Doktorexamen bei einem Autounfall gestorben war.

Bill war oft durch meinen neugewonnenen Geistesfrieden frustriert und fragte mich häufig, woher ich die Zeit nähme, in der Synagoge zu sitzen und zu beten, wo doch Doktoren so beschäftigt seien. Sein Sohn, so sagte er, habe rund um die Uhr gearbeitet und nicht einmal eine Minute Zeit für andere Dinge gefunden.«

»Und was haben Sie ihm erwidert?«

»Ich sagte, daß ich mir die Zeit nehmen müsse. Eines Abends lud er mich zu einem Drink in sein wunderschönes Haus ein. Er schien von außerirdischen Lebewesen besessen zu sein und suchte in der Tora nach Hinweisen auf ihre frühere Existenz. Er war zutiefst traurig, weil er seinem Sohn, zu dem er eine überwältigende Liebe empfand, sehr nahe gestanden hatte. Er konnte nicht verstehen, wieso ihm erst die Fähigkeit zu einer derart starken Liebe gegeben wurde und dann der Gegenstand seiner Liebe genommen wurde. Ich sagte ihm, ich würde mit ein paar Freunden sprechen und zusehen, was ich für ihn tun könne. Ich sagte ihm nicht, daß ich meine Erkundungen selbst ausführen würde. Ich versenkte mich in meine Meditation und bat Xanox, mich zu beschützen.«

»Wer ist Xanox?« fragte ich.

»Mein Geistführer«, erwiderte Bob.

»Oh, ich verstehe.« Ich hatte mich inzwischen daran gewöhnt, daß medial Begabte mir von ihren ständigen Beziehungen zu Geistführern berichteten, deshalb reagierte ich auf diese Eröffnung nicht mit einem ungläubigen Blick, wie ich es früher getan hätte.

»Ich fragte«, fuhr Bob fort, »ob ich in diesem Fall helfen und die Erlaubnis erhalten könne, Bills Sohn zu finden. Ich erbat Schutz bei dem Versuch, in irgendeiner Form Kontakt aufzunehmen und vielleicht eine Botschaft zu empfangen, um Bobs Leid zu mildern. Ich bat meinen Geistführer, mich dorthin zu bringen, wo ich Jon finden würde.

Während meiner Meditation und als ich Xanox' Hilfe beschwor, empfing ich nach und nach ein Bild von dem Ort, an dem sich der Unfall ereignet hatte, und von Jon, der leblos auf einem Felsvorsprung lag. Allmählich wurde ich mir eines unangenehmen Gefühls in meinen Muskeln bewußt, als wolle ich mich strecken oder laufen. Es war ein Gefühl wie bei einer Muskelverspannung oder einer körperlichen Vorahnung, und es wurde so stark, daß ich aus der Meditation herauskam, weil ich sie als unangenehm empfand. Ich hatte das Gefühl, als sei mein Hals in einem unnatürlichen Winkel gekrümmt gewesen. Ich stand auf, fühlte mich leichter im Kopf und versenkte mich wieder in die Meditation, da es mir so vorkam, als sei sie nicht fertig ausgeführt. Als ich später zu Bett ging, hatte ich wieder diese unangenehmen Empfindungen in den Muskeln.

Am folgenden Morgen besuchte ich Tina, eine Freundin von mir, die ebenfalls ein Medium ist. Ich erzählte ihr von meiner Erfahrung und bat sie um ihre Erklärung. Sie sagte, ich sei in die Nähe der körperlichen Hülle des Sohnes meines Freundes versetzt worden, damit ich wüßte, wo er war, und er brauche Hilfe, um in die Welt des reinen Geistes geleitet zu werden. Meine Schmerzen waren auf die zu große Nähe zurückzuführen; da ich ein Neuling war, hatte ich nicht den nötigen Abstand eingehalten.

Tatsächlich hatte ich die Schmerzen und die seelische Erfahrung erlebt, die Jon nach seinem Unfall erlebte. Tina riet mir, noch einmal zu meditieren, mich an den Unfallort zu begeben und Jon zu erklären, daß er hinübergegangen war und sich jetzt in seiner Ätherform bewegen konnte. Sobald ich ihn dazu gebracht hätte, daß er sich bewegte, könnte ich es ihm selbst überlassen, zu den freundlichen Geistern zu gehen, die ihn erwarteten.

Diese Erklärung faszinierte mich. Ich fragte Tina, was sie zu der Annahme veranlasse, daß ich fähig oder in der Lage sei, eine derart fortgeschrittene spirituelle Arbeit zu verrichten. Sie erwiderte, daß diese Fähigkeit in uns allen ist. Sie muß nur nutzbar gemacht werden. Sie sehen, daß ich damals noch recht naiv war. Ich war verletzlich und ungeschützt und deshalb allen möglichen ätherischen, elementalen Kräften ausgeliefert, über die ich nichts wußte.«

»Also haben Sie meditiert, um Jon zu finden?« fragte ich.

»Ja. Ich war sehr aufgeregt. Dies war mein bisher ehrgeizigstes Abenteuer. Ich sandte ein Gebet an Gott und bat dann Xanox, mich zu schützen und zurück an den Ort zu bringen, wo ich der körperlichen Form Jons gewahr geworden war. Ich ging so vor, wie Tina es mir geraten hatte, und begrüßte Jon von innerhalb meiner selbst und stellte mich ihm als Bob Newman vor. Ich sagte ihm, daß seine körperliche Hülle leblos sei und daß er sich jetzt in der herrlichen Welt des reinen Geistes befinde, in der es keine Unvollkommenheiten gebe, nur Perfektion. Ich ermutigte ihn, zu fühlen, daß er sich bewegen konnte, und sagte, er solle erkennen, daß sein spiritueller Leib – der ein Spiegelbild des Körpers sei, den er bisher gekannt hatte – weder Schmerzen empfand noch irgendwelche Knochenbrüche aufwies. Sein Hals streckte sich, und er stand auf. Ich wurde mir keiner Antwort oder wörtlichen Mitteilung von ihm bewußt, aber er schien meine Gedanken empfangen zu können.

Dann bat ich meinen Geistführer, Jon bei der Hand zu nehmen und ihn zu den spirituellen Vorfahren zu geleiten, die ihn erwarteten. Ich fühlte mich ein wenig verletzlich, als ich dort so allein stand, und hatte das Gefühl, meinen Geistführer bitten zu müssen, sich nicht allzu lange aufzuhalten und zu mir zurückzukehren, sobald er ihn abgeliefert hatte. Ich gab meinem Impuls nach. Dann versuchte ich zu sehen, wem Jon übergeben wurde. Aber es gelang mir nicht. Ich bat um ein Zeichen oder einen Namen, der Bill und mir selbst etwas bedeuten mochte und der beweisen konnte, daß mein Erlebnis eine Tatsache war und keine Einbildung.«

Bob schwieg für eine Weile und sagte dann, inzwischen habe er gelernt, daß man niemals solche Fragen stellen sollte. Er sagte, er habe aus Unwissenheit heraus, aber mit den besten Absichten gehandelt. Als ich Bob fragte, ob er eine Antwort erhalten habe, bejahte er.

»Ob mir der Name ›Mordecai‹ in derselben Meditation oder später im Schlaf kam, weiß ich nicht genau. Aber als ich am Morgen wach wurde, wußte ich, daß ich Bob nach diesem Namen fragen mußte.

Ein paar Tage später, in der Synagoge, fragte ich Bob, ob jemand in seiner Familie Mordecai heiße. Er wußte von niemandem dieses Namens, also gingen wir auf einen Drink in sein Haus und fragten seine 85jährige Mutter. Nach einer lebhaften Diskussion in rumänischer Sprache sagte seine Mutter: ›Ah, Mordecai!‹ Sie bestätigte, daß Mordecai ein berühmtes Mitglied der Familie war. Er war Jons Urgroßvater gewesen, der als religiöses Oberhaupt in ihrer Gemeinde fungiert hatte. Diese Bestätigung meiner Meditation führte dazu, daß ich mich sehr demütig fühlte, und ich dankte Gott, daß er mir die Gnade erwiesen hatte, mit Hilfe von Xanox in die Welt des reinen Geistes eintreten und das Werkzeug sein zu dürfen, mit dessen Hilfe Jon den Schritt in die nächste Welt tun konnte. Dieser Vorfall ist für mich bis heute das deutlichste Zeichen. Ich habe danach niemals wieder um einen Beweis gebeten.«

Ich dankte Bob, daß er mir von seiner außergewöhnlichen Erfahrung erzählt hatte, dann sagte ich: »Ich denke, wir sollten jetzt nach Limassol aufbrechen. Kostas wird uns erwarten. Ich bin sicher, es gibt eine Menge Dinge, über die ihr beiden euch unterhalten wollt.«

Angeregt durch die wunderschöne Szenerie, die sich uns darbot, während wir von Paphos nach Limassol fuhren, begann

Bob, Gedichte zu zitieren, die er nach der Tragödie mit seinen Eltern – die seiner Meinung nach der Beginn seiner eigenen spirituellen Erweckung gewesen war – verfaßt hatte. Er sagte, er hoffe, sie eines Tages veröffentlichen zu können.

»Erzählen Sie mir von Kostas«, sagte Bob ein paar Minuten später, nachdem ich ihn auf den Kieselstrand rechts von uns aufmerksam gemacht hatte, den die Legende als Geburtsort der Aphrodite bezeichnete.

»Was wollen Sie denn über ihn wissen?« fragte ich.

»Alles. Immerhin bin ich deswegen nach Zypern gekommen.«

Ich erzählte ihm kurz von meiner mehr als zehn Jahre alten Verbindung zu Kostas, über die ich bereits in meinen Büchern geschrieben habe.

»Zweierlei an ihm beeindruckt mich«, sagte ich. »Erstens ist er ein metaphysischer Philosoph mit einer beachtlichen und einzigartigen Einsicht in das Wesen der Wirklichkeit. Er ist nicht einfach nur ein Heiler, müssen Sie wissen. Das hat mich schon immer beeindruckt, besonders, wenn Sie bedenken, daß er keine formelle Schulung hinter sich hat, weder in der Religion noch in der Philosophie. Und noch erstaunlicher ist, daß er niemals Bücher liest. Die einzigen Bücher, die er gelesen hat, wie er mir einmal versicherte, waren die Fachbücher über die Ingenieurstechnik, die ihm seine Professoren empfahlen, als er in England studierte. Für mich stellt schon dies allein ein Phänomen dar, das einer Erklärung bedarf.«

»Was sagt er über sich selbst?« erkundigte Bob sich.

»Das Wissen, das er lehrt, kommt seinen Worten nach aus ihm selbst, aus seinem innersten Selbst. Er behauptet, jeder Mensch habe es in sich und jedermann habe letztlich Zugriff darauf.«

»Ja, das kann ich bestätigen.« Bob nickte verstehend. »Aber was war das zweite, das Sie bei Kostas beeindruckt hat?«

»Seine Integrität«, erwiderte ich und konzentrierte mich auf die Straße.

»Um die Wahrheit zu sagen«, bemerkte Bob nach kurzem Schweigen, »eigentlich bin ich nach Zypern gekommen, weil ich herausfinden will, weshalb es so vielen Gurus und geachteten Meistern so sehr an ethischer Integrität mangelt. Ich bin froh, von Ihnen zu hören, daß es sich bei Kostas nicht so verhält.«

Ich gab Bob gegenüber zu, daß dieses Problem auch mich sehr beschäftigt hatte. Ich hatte, wie die meisten Leute, angenommen, jemand, der nicht nur mediale Kräfte und Heilfähigkeiten, sondern auch große Weisheit zeigt, müsse auch im Alltagsleben ein Heiliger sein. Aber wir hatten in letzter Zeit von vielen verehrten Meistern gehört, die sich als das genaue Gegenteil dessen erwiesen, was ihre früheren Anhänger von ihnen gehalten hatten.

Ich sagte: »Dieses Problem hat in der Tat epidemische Ausmaße angenommen.«

»Es dürfte Sie interessieren, Kyriaco«, fuhr Bob fort, »daß ich selbst einer solchen Gruppe angehört habe. Wir hatten einen Lehrer, der ein großer Heiler und profunder Kenner der Weisheit war. Aber dann fanden wir heraus, daß er mehrere Mängel aufwies, die er lange Zeit geschickt vor uns verborgen hatte...« Bob zögerte einen Augenblick lang, bevor er das Geheimnis preisgab. »Er mochte junge Knaben... Wir hatten einen Pädophilen als Guru, und wir hatten geglaubt, er lebe wie ein Heiliger.«

»Nun«, sagte ich und schüttelte den Kopf. »Sie sind weder der erste, noch werden Sie der letzte sein, der durch die charismatische Aura eines falschen Messias verführt wurde.«

»Schauen Sie, das Schreckliche war«, fuhr Bob fort, »daß er Jungen im Teenageralter anlockte – angeblich, um sie spirituell anzuleiten – und dann mit allen psychologischen Tricks überredete, ihm zu erlauben, daß er Fellatio bei ihnen ausführte oder daß sie ihn anal befriedigten. Und während dieser Akte versicherte er diesen halben Kindern, es handele sich um ein sakrales Heilungsritual, das zu ihrer Erleuchtung beitrage!«

»Das ist es, was man auch Swami Muktananda[4] vorgeworfen hat«, sagte ich, den Blick auf die Straße gerichtet. »Nur, daß er ein Liebhaber junger Mädchen war, nicht von Jungen.«

»Er redete sogar einem 15jährigen ein«, fuhr Bob fort, »er brauche seinen Samen zu seiner Gesundheit, so daß der Junge glaubte, es sei seine Pflicht, seinen Meister zu retten. Tatsächlich berichtete mir einer der Jungen, nachdem der Skandal aufgeflogen war, der Meister habe ihm versichert, während er den Guru anal befriedigte, sie beide nähmen an einer heiligen Liebeskommunion teil. Stellen Sie sich das einmal vor.« Ich überzeugte mich mit einem raschen Seitenblick davon, daß sich auf Bobs Gesicht, während er diese Dinge erzählte, Abscheu gemischt mit einer nervösen Belustigung widerspiegelte.

»Was ist mit diesen Jungen geschehen?« fragte ich.

»Einige von ihnen brauchten eine längere Psychotherapie«, erwiderte Bob und fuhr fort: »Dieser Mann besaß die Klugheit, seine Schwächen zu verbergen, und schaffte es, selbst reife Erwachsene irrezuführen. Er stellte sich als Vorbild der Selbstlosigkeit und Güte dar und ließ die Leute glauben, daß alle Gerüchte, die um ihn kursieren mochten, einfach nur bösartige Verleumdungen waren, die seine Feinde ausstreuten.«

»Und Sie haben gesagt, er habe eine große Fähigkeit bewiesen, Weisheit zu verbreiten.«

»Ja. Das ist das Paradoxe. Er war nicht nur ein großer Lehrer der esoterischen Weisheit, sondern er führte auch vor unseren Augen Heilungen aus. Und er demonstrierte wiederholt seine hellseherischen Fähigkeiten. Auf diese Weise hat er uns alle irregeführt.«

»Ich habe mich schon selbst über solche Widersprüche gewundert, und ich bin sicher, daß Kostas uns viel darüber sagen kann. Kurz bevor ich nach Zypern kam, habe ich mich mit meinem Freund Demetrios getroffen, einem Akupunkteur aus New Bedford, der selbst ein erfahrener Heiler ist. Er erklärte mir bei einer Tasse Kaffee im Café Paradise in der Nähe des Harvard Square in Cambridge, daß Heilungen auf zweierlei Weise stattfinden können. Erstens kann jemand so heilig und rein werden, daß der Heilige Geist einfach ein Wunder durch ihn wirkt. Das ist der Weg zum Beispiel der Heiligen in der östlichen Tradition.

Der zweite Weg, den Demetrios mir erklärte, bedient sich technischer Mittel. Man kann lernen, wie man heilt. Aber es ist unerläßlich, daß man zur Zeit der Heilungen reine Motive hat – das heißt, man muß sich um den anderen sorgen, sonst funktioniert es nicht. Also, so sagte er, kann man ein Leben führen, das ganz und gar nicht heilig ist, aber durch verschiedene erlernte Methoden zu Heilungen fähig sein, ähnlich einem geschickten Arzt, dessen Privatleben vielleicht ein einziges Chaos ist.

Sie sehen, die Dinge sind nicht schwarz oder weiß, wie wir angenommen haben. Wir entstammen einer materialistischen Zivilisation, deshalb sind wir nicht gut dafür ausgerüstet, diese feinen Unterscheidungen zu treffen. Aber dank solcher Erfahrungen hoffen wir, die nötige Sensibilität zu entwickeln, um zwischen dem spirituell Authentischen und dem spirituell Nichtauthentischen unterscheiden zu können. Aber jedenfalls können uns auch nichtauthentische Gurus etwas Gutes beibringen. War es nicht der Prophet Elias, der gesagt hat, daß der Herr nicht alle Menschen salbt, aber durch alle Menschen handelt?«

Wir näherten uns Limassol. Soeben hatten wir die britischen Stützpunkte und das Apolloheiligtum des Altertums passiert.

Das Meer zu unserer Rechten begann, seine Farbe zu ändern, als die Sonne den Horizont berührte. An dem Touristenpavillon, der auf einer Klippe über der Kourion-Bucht erbaut worden war, legten wir eine kurze Pause ein, um die Schönheit des Augenblicks zu genießen.

»Sie hatten Glück, daß Sie sich schließlich von dem Bann Ihres Meisters befreien konnten, ohne Schaden zu erleiden«, sagte ich, als wir auf der Veranda des Pavillons saßen, die frische Brise genossen, die von der See her wehte, und den Sonnenuntergang betrachteten. »Ich habe andere kennengelernt, die nicht so glücklich waren. Eine Frau, die ich traf, klagt immer noch über ihre verlorene Jugend, die sie zu Füßen eines korrupten Guru verbrachte, der sie einmal beinahe das Leben gekostet hätte. Ich las irgendwo von einem tibetischen Sprichwort, das sich mir eingeprägt hat. Es lautet sinngemäß ›Ein Guru ist wie ein Feuer. Wenn du zu nahe herantrittst, verbrennst du. Bleibst du zu weit entfernt, bekommst du nicht genug Wärme mit. Ein feinfühliges Mittelmaß ist vonnöten.‹« [5]

»Zu meinem Glück«, erwiderte Bob, »habe ich mich nach diesem Sprichwort gerichtet, ohne es zu kennen. Für mich war es ein allmähliches, schmerzliches Erkennen dessen, was vor sich ging. Das Problem war nicht nur der sexuelle Mißbrauch der Jungen, müssen Sie wissen. Um diese Schwäche zu vertuschen, mußte er zu allen möglichen Lügen und Intrigen Zuflucht nehmen. Mir dämmerte allmählich, daß das, was er predigte, das genaue Gegenteil von dem war, was er lebte. Als ich begann, mich emotionell von seinem Einfluß zu befreien, bekam ich auch einen Blick für andere Verhaltensmuster von ihm, die ich zuvor nicht hatte wahrnehmen können. Ich fing an, zu erkennen, wie er die Menschen auch auf andere Weise manipulierte.«

»Zum Beispiel?«

»Es ging um Geld und Prestige. Die Leute waren wie gebannt

von den Heilungen, die sich vor ihren Augen vollzogen, und bestaunten die große Weisheit, die er von sich gab. Unter diesem Bann – unter dem die Menschen ihm ihre Liebe und ihr Vertrauen schenkten – ereigneten sich schändliche Dinge.« Bob hielt kurz inne.

»Erzählen Sie«, sagte ich.

»Ich bemerkte die subtilen und weniger subtilen Arten, wie er den Leuten das Geld aus der Tasche zog. Er benutzte auch seine Anhänger, um seine Philosophie zu verbreiten, die ich schließlich als vorwiegend egoistisch motiviert entlarvte. Ich bemerkte, daß seine Gier nach Geld und Ruhm häufig in den Mittelpunkt rückte und all seine übrigen Interessen wie Heilen und spirituelle Dinge verdrängte. Da er ein fähiger Heiler war, fiel es ihm nur allzuleicht, diejenigen, die ihn umgaben, auszubeuten. Und das Traurigste von allem war, mitanzusehen, was mit denjenigen geschah, die nichts mehr besaßen, was sie ihm hätten geben können. Er ließ sie oft rücksichtslos fallen, setzte ihre Namen auf eine schwarze Liste und wies seine übrigen Anhänger streng an, sich von ihnen fernzuhalten. Und dieses Entzweien von Menschen und Loyalitäten setzte sich fort und führte zu einem ständigen Kommen und Gehen von Menschen, die sich seiner Gunst erfreuten und aus ihr entlassen wurden.«

»Das hört sich für mich nach einer sehr narzißtischen Persönlichkeit an«, sagte ich, »aber es ist typisch für andere Fälle, denen ich begegnet bin.«

»Da war noch etwas«, fuhr Bob fort. »Ich bemerkte, daß die Art und Weise, wie er die Menschen manipulierte, einem bestimmten Muster folgte. Erst kamen Schmeicheleien. Dann erkannte er ihre Schwächen und nutzte sie zu seinem Vorteil aus.«

»Nun ja«, sagte ich, während wir zu dem Wagen zurückgingen, um die restliche Strecke hinter uns zu bringen, »all dies müssen ungeheuer bedeutsame Lektionen gewesen sein.«

»Sicherlich. Es ist eine Warnung, daß wir in Gesellschaft von Gurus mit ungewöhnlichen parapsychischen Fähigkeiten die Augen offenhalten müssen.«

»Lassen Sie uns hören, was Kostas zu all dem meint«, sagte ich, als ich den Wagen an seinem Haus parkte.

Kostas war gerade aus der Dusche gekommen; er hatte einen ermüdenden Arbeitstag hinter sich. Die Einrichtung seiner Tankstelle verlangte seine volle Aufmerksamkeit und viel Zeit von ihm selbst und seiner Frau. Seit er 1974 als Flüchtling aus Famagusta gekommen war, nachdem die türkische Armee diesen Küstenort eingenommen hatte, hatte Kostas sich bei jedem geschäftlichen Projekt, das er in Angriff nahm, ungewöhnlichen Hindernissen gegenübergesehen. Daß er aus einer reichen Familie kam, die bei der türkischen Invasion alles verlor, verstärkte sein Gefühl, ungerecht behandelt zu werden. Er und seine Frau hatten große Hoffnungen in ihr neues Unternehmen gesetzt. Aber es gab immer noch Schwierigkeiten, die einen großen Teil seiner Zeit verschlangen – Zeit, die von seinen Heilungen und seiner Erewna-Arbeit abging.

Kostas war fest entschlossen, das Heilen nicht zu seiner Ganztagsbeschäftigung zu machen. »Eine Möglichkeit, sowohl das Heilen als auch die Erforschung der Wahrheit von verderblichen Einflüssen reinzuhalten, besteht darin, daß man sie in seiner Freizeit ausübt«, hatte er oft gesagt. Er blieb seinen Prinzipien selbst dann treu, als immer mehr Menschen aus Zypern wie auch aus dem Ausland ihn aufsuchten.

Zwischen Bob und Kostas bestand sofort eine gegenseitige Zuneigung. Sie kamen glänzend miteinander aus und hatten keinen Mangel an Gesprächsstoff. Die nächsten 20 Minuten lang saßen wir im Wohnzimmer, tranken Tee und sprachen über Bobs Interesse daran, nach Zypern zu kommen. Als Bob Kostas von seinem Problem mit dem früheren Guru erzählte, seufzte Kostas und schüttelte den Kopf.

»Das ist ein Punkt, dem ich schon mehrmals begegnet bin«, sagte er. »Die Leute kommen und erzählen mir alle möglichen Horrorgeschichten über ihre spirituellen Lehrer. Wir können morgen darüber sprechen, wenn Sie wollen. Heute abend muß ich einen Vortrag halten, der« – er warf einen raschen Blick auf seine Uhr – »in ungefähr einer halben Stunde anfängt. Würden Sie gern mitkommen?«

»O ja«, erwiderte Bob. »Aber ich spreche kein Wort Griechisch.«

»Machen Sie sich keine Gedanken darüber. Der Vortrag wird vor einer Gruppe von Besuchern aus dem Ausland gehalten, wie Sie es sind. Ich werde englisch sprechen. Sie sehen, Sie kommen zu einer günstigen Zeit.« Kostas lächelte.

»Worüber wirst du reden, Kostas?« fragte ich.

»Das weiß ich noch nicht«, erwiderte er. »Ich werde es herausfinden, wenn ich dort bin.«

Kostas hatte mir bereits mehrmals versichert, daß er sich auf seine wöchentlichen Vorträge über metaphysische Themen kaum vorbereitete. Vieles von dem, was er bei diesen Treffen sagte, kam spontan, besonders in der Frage-und-Antwort-Stunde.

Die Zuhörerschaft bestand aus Deutschen, ein paar Briten, einigen Schweizern und zwei Amerikanern. Außerdem waren vier griechische Zyprioten anwesend, darunter auch Maroulla, die Sekretärin der Erewna, die selbst Lehrerin war und Kostas' »rechte Hand« darstellte. Insgesamt befanden sich etwa 25 Personen im Raum, der zu einem kleinen Apartment gehörte, das die Gesellschaft gemietet hatte. Der Raum hätte auch 40 Personen gefaßt. Die Wände waren schmucklos und leer von allem, was man gewöhnlich in einem spirituellen Center erwartete, bis auf ein großes Gemälde vom kabbalistischen »Baum des Lebens«, das Kostas zu Demonstrationszwecken benutzte. Die spartanische Ausstattung des Raumes stand in deutlichem Kontrast zu den griechisch-orthodoxen Kirchen mit ihren Ikonen und Kerzenleuchtern und anderem religiösen Gerät. Tatsächlich spiegelte diese karge Einrichtung die Erewna-Einstellung der Realität gegenüber wider – nichtritualistisch, nichtkonfessionell und ihrer Natur nach rational-philosophisch mit Meditationspraktiken als empirischer Komponente. Ich war zu der Erkenntnis gelangt, daß die Erewna dasjenige war, was die Hindus *Jnana-Yoga* nennen würden – den Weisheitspfad zum *Atman* (Pneuma). Ich konnte mich auch als Akademiker mit dieser Methode einverstanden erklären. Der sokratische Ansatz, die metaphysischen Fragen zu ergründen, sagte mir zu. Dies war einer der Gründe dafür, daß ich mich seit über einem Jahrzehnt mit dieser Lehre befaßte.

Bob und ich saßen in der ersten Reihe neben Maroulla, als Kostas seinen Vortrag begann. Es stellte sich heraus, daß es um die Relativität der Begriffe gut und böse ging. Kostas sagte, das Gute, wie es zu einer bestimmten Zeit kollektiv verstanden wird, würde häufig zu einer späteren Zeit – wenn sich das menschliche Bewußtsein höher entwickelt hat – als böse wahrgenommen.

Kostas sagte: »Zum Beispiel entsprangen die spirituellen Methoden, die in vergangenen Epochen angewandt wurden, um die Wirklichkeit zu erforschen, der Bewußtseinsebene jener Zeit. Diese Annahme ist logisch, meinen Sie nicht?« Ich war nicht sicher, worauf Kostas hinauswollte, aber ich hob mir meine Fragen für später auf.

»Entsprechend«, fuhr er fort, »könnte das, was wir heute als gut und richtig betrachten, aus der Sicht der Zukunft – wenn sich unser Bewußtseinsfilter weiter verfeinert hat – völlig inakzeptabel sein. Das Gute der Gegenwart wird das Böse von morgen. Das heißt, der Filter des menschlichen Bewußtseins, durch den wir die Wirklichkeit wahrnehmen, wird zunehmend reiner und reiner und ermöglicht uns eine immer klarere Sicht.

Am Ende wird nichts weiter übrigbleiben als das *Agathon*, das Gute selbst, jenseits aller menschlichen Bedeutungen und Definitionen. Bei der Theose wird das Selbst die absolute Liebe Gottes vollständig und unmittelbar ausdrücken. Somit werden Gut und Böse, wie sie der Mensch wahrnimmt, schließlich transzendiert werden, weil das Individuum auf der höchsten Stufe der Selbsterkenntnis oder der Theose das Selbst nicht mehr durch die Begrenzungen der von Menschen konstruierten Bedeutungen und Begriffe ausdrücken wird, durch die Beschränkungen, denen die menschliche Wahrnehmung unterworfen ist.

Wir als Erforscher der Wahrheit müssen darum kämpfen, die Wirklichkeit zu erfahren, aber wir sollten niemals vergessen, daß wir bestenfalls die relative Wirklichkeit kennenlernen können. Wir steigen ständig höher und kommen der Wirklichkeit näher, und wir erreichen jedesmal eine höhere Stufe auf der Leiter der *relativen Wahrheit*. Deshalb sollten wir niemals erwarten, die endgültige Wahrheit zu finden, während wir arbeiten und forschen. Wie wir schon viele Male gesagt haben: Niemand weiß, was die Wahrheit ist, bevor er selbst zur Wahrheit wird.«

»Wir müssen ständig im Gedächtnis behalten«, fuhr Kostas nach einer Pause fort, »daß wir in einer Welt des Ausgleichs leben und nicht in einer Welt der Harmonie.« Er erklärte kurz, daß die Welten der Harmonie dort existieren, wo das menschliche Wahrnehmungsvermögen nicht eingegriffen hat. Gott schuf die Universen in Harmonie. Aber die menschliche Wahrnehmung wirkt auf diese Harmonie ein und verwandelt sie in Universen des relativen Gleichgewichts, des Ausgleichs.

»Können Sie uns bitte erklären, was Sie mit Ausgleich meinen?« fragte eine Frau mit starkem deutschem Akzent.

»Die Welten des Ausgleichs sind die Welten von Gut und Böse. In diesen Welten gibt es ebensoviel Gutes wie Böses. Es gibt soviel Schwarzes wie Weißes. Glauben Sie ja nicht, daß in diesen Welten das Schwarze schwächer sei als das Weiße.«

»Zum Beispiel« – Kostas wandte sich an Bob – »läßt sich jede psychische Kraft, die sich durch das Weiße ausdrücken läßt, auch durch das Schwarze ausdrücken. So lautet das Gesetz des Ausgleichs. Aus diesem Grund werden so viele Menschen von starken Medien und Mystikern genarrt, die mehr das Schwarze als das Weiße ausdrücken. Und ebenfalls aus diesem Grund bin ich persönlich vorsichtig bei der Anwendung althergebrachter, spiritueller Praktiken von Mystikern, die aus heutiger Sicht als überwiegend schwarz betrachtet werden müssen. Natürlich mag es einige dieser Praktiken geben, die heute noch von Bedeutung sind. Aber im ganzen betrachtet ist es nicht so, weil sich das menschliche Bewußtsein weiter entwickelt hat. Deshalb müssen wir heute andere Ansätze befolgen, die eher dem heutigen Stand des kollektiven Bewußtseins entsprechen.«

Ich wollte Kostas an diesem Punkt viele Fragen stellen, aber ich hob sie mir für später, eher private Gelegenheiten auf. Ich bemerkte, daß die internationalen Besucher darauf brannten, ihre eigenen Fragen loszuwerden.

»Es gibt heute Menschen«, fuhr Kostas fort, »die glauben oder sogar lehren, daß man jede beliebige Technik anwenden kann, um übersinnliche oder mediale Kräfte zu erlangen, und sie behaupten, daß es keinen anderen Weg gibt. Für uns ist dieser Ansatz völlig indiskutabel. Für uns besteht der einzig richtige Weg zur Erlangung medialer Kräfte in der psychonoetischen Entwicklung des einzelnen – das heißt, im Wachsen des Bewußtseins. Mediale Fähigkeiten stellen einfach nur Nebenprodukte dieses Prozesses dar und dürfen nicht direkt angestrebt werden. Wer mediale Fähigkeiten erlangt, die nicht in der Folge ihrer spirituellen oder psychonoetischen Entwicklung geweckt werden, wird sie unvermeidlich zu bösen Zwecken einsetzen, ohne dies auch nur zu erkennen.«

»Mich beunruhigt es, daß Gut und Böse von gleich großer Kraft sein sollen«, sagte ein jungianischer Therapeut aus England. »Wenn dies so ist, wo ist dann der Sinn darin, daß wir uns bemühen, einen besseren Ort aus der Welt zu machen?«

»Als ich sagte, daß Gut und Böse sich innerhalb der Schöpfung in einem Zustand des relativen Gleichgewichts und der Ausgeglichenheit befinden, meinte ich die Gesamtheit der Schöpfung, nicht einen einzelnen Planeten wie dem unsrigen. Natürlich müssen wir darum kämpfen, die Welt besser zu machen. Aber wir dürfen uns nicht der Illusion hingeben, daß wir innerhalb der Schöpfung – inmitten der Welten der Polarität, des Gleichgewichts und der Getrenntheit – eine perfekte Welt schaffen können. Perfektion gibt es nur in der Autarkie des Absoluten, und das einzige perfekte menschliche Wesen, das jemals über diesen Planeten wandelte, war ›Gottes eingeborener Sohn‹. Niemand sonst.

Lassen Sie es mich einmal so ausdrücken. Angenommen, das Gute würde innerhalb der Gesamtheit der Schöpfung all die Elementale des Bösen besiegen und zerstören. Das Böse wäre endgültig und unwiderruflich besiegt. In diesem Fall stünde Menschen nicht die Möglichkeit offen, im Verlauf mehrerer Leben oder Inkarnationen bedeutsame Erfahrungen auf den niedrigen Bewußtseinsstufen zu erlangen. Das Gesetz des Karma wäre außer Kraft gesetzt, und Geburten in die unteren Welten der Polarität und des Ausgleichs wären witzlos.«

»Ja, das Böse wird letztlich transzendiert«, fuhr Kostas nach kurzem Schweigen fort. »Aber diese Transzendenz findet intern statt, innerhalb des menschlichen Bewußtseins. Das ist die eigentliche Bedeutung der Wiederkunft Christi. Es ist kein Ereignis, das in einer historischen Zeit und Örtlichkeit stattfindet, wie es gemeinhin verstanden wird. Es ist ein individu-

TRANSZENDENZ =

eller, psychologischer Zustand, der an einem bestimmten Punkt der Entwicklung jeder einzelnen Seele zwangsläufig eintreten wird. Es ist eine Wiederkunft, wenn Sie so wollen, im Christusbewußtsein eines jeden Menschen. Es ist die Eröffnung dessen, was die orientalischen Mystiker des Herzchakra nennen, ein Vorspiel für die letzte und radikale Transzendenz und Befreiung von den Welten des Guten und Bösen, der Polarität und des Leidens.

Schauen Sie, früher nahm ich an, das Gute würde letztlich über das Böse triumphieren. Aber nach weiterer Forschung und Kontemplation erfuhr ich, daß dies nicht der Fall sein wird, jedenfalls nicht in den niedrigen Welten der Schöpfung. Die von Menschen ersonnenen Bedeutungen von Gut und Böse sind immer ausgeglichen durch das Gesetz des Karma und werden laufend zu höheren und immer höheren Ebenen des Verständnisses transformiert, bis sie beide durch das *Agathon*, das von menschlichen Bedeutungen unberührte Gute, ersetzt werden. Denken Sie über diese Dinge nach, und ziehen Sie Ihre eigenen Schlüsse.«

In der folgenden halben Stunde kamen weitere Fragen aus der Zuhörerschaft zu verschiedenen metaphysischen Themen. Nachdem Kostas uns durch mehrere Meditationsübungen geleitet hatte, teilte er den Besuchern mit, daß er Vortrag und Diskussion am übernächsten Abend fortsetzen würde.

Bob fühlte sich geehrt, daß Kostas sich den nächsten Tag freinahm und Zeit mit uns und zwei Amerikanern in Plataniskia verbrachte, einem etwa 45 Minuten westlich von Limassol an der Küste gelegenen Dorf. Maroulla lud uns für den folgenden Tag in ihr Haus ein, wo wir schwimmen gingen und zwanglose Gespräche über spirituelle Fragen führen konnten. Wir sahen einem richtigen Symposium entgegen – im übertragenen und im wörtlichen Sinn.

»Morgen«, sagte Kostas zu Bob, bevor wir auseinandergingen,

»können wir eingehender über die Frage sprechen, die Sie zu Beginn des heutigen Abends gestellt haben.« Kostas bezog sich auf den scheinbaren Widerspruch, daß Mystiker große Weisheit vermitteln und Heilungen vollbringen und zugleich in ihrem Alltagsleben schwere Makel aufweisen können. Er gab uns zu verstehen, daß die eben beendete Unterhaltung in gewisser Weise eine Einführung in die Fragen dargestellt hatte, die wir am folgenden Tag ausführlicher untersuchen wollten.

Es war 23 Uhr, als ich das Apartment meiner Schwiegereltern im vierten Stock eines Gebäudekomplexes am Stadtpark erreichte. Ich war allein. Meine Schwiegereltern verbrachten den Sommer in einem Ort in den Bergen, und Emily war noch für ein paar Tage mit Constantine und Vasia in Akámas geblieben. Da ich noch keine Lust hatte, schlafen zu gehen, tat ich etwas, was ich kaum jemals tat: Ich zündete mir eine Pfeife an und setzte mich auf den Balkon mit Ausblick über das nur hundert Meter entfernte Meer. Da ich mich im vierten Stock befand, hatte ich eine freie Aussicht. Rechts lag der zoologische Garten mit all seinen Pinien, Eukalyptusbäumen und Palmen und seinen beiden brüllenden Löwen. Vor mir erstreckte sich ein großer Orangenhain. Er befand sich im Besitz einer alten, aristokratischen Familie, die dank ihres Reichtums den größten Teil des Gebietes von Apartmenthäusern freihielt. Weit hinten, jenseits des ausgedehnten Obstgartens, verlief die Hauptstraße parallel zur Meeresküste.

Ich blies den aromatischen Rauch in die Luft und betrachtete den besternten Himmel und die weit draußen außerhalb des Hafens ankernden Schiffe, die darauf warteten, daß sie an die Reihe kamen, be- oder entladen zu werden. Trotz der rasanten Entwicklung konnte man in Limassol immer noch die Sterne betrachten. Man konnte immer noch die Milchstraße sehen und sich dabei die unvermeidliche Frage stellen, die der

Mensch stellt, seit er Bewußtsein hat: »Wer bin ich?« Ich kann mir nicht vorstellen, daß jemand zu den Sternen hochschaut, ohne daß ihm diese Frage in den Sinn käme. Wie traurig, dachte ich, daß so viele Menschen heute in großen Städten leben, die den Nachthimmel mit künstlichem Licht und Smog verschleiern, so daß ihnen das Erlebnis versagt ist, die Augen zur Milchstraße zu erheben und über ihre Stellung im Universum nachdenken zu können.

Kostas' Ideen über das Gute und das Böse, über Ausgleich und Harmonie gingen mir durch den Kopf. Die Vorstellung, daß das Gute und das Böse in der Gesamtheit der Schöpfung im Gleichgewicht sind, damit der Mensch Erfahrungen machen kann und Gelegenheit hat, spirituell zu wachsen und zu erwachen, schien mir sowohl einleuchtend als auch beunruhigend. Sie bot gewiß einige Antworten, zum Beispiel auf die Frage, weshalb das Böse sogar unter den günstigsten Bedingungen so allgegenwärtig ist und weshalb seine Präsenz Menschen wie die Gestalt des Iwan in den *Brüdern Karamasow* dazu verführt, die Vorstellung eines liebenden Gottes insgesamt zurückzuweisen. »Wie konnte Gott, wenn er existiert, dies zulassen?«

Aber Kostas sagte, das dynamische Nebeneinander von Gut und Böse spiele eine höchst bedeutende, kosmische Rolle. Vielleicht ist es das, was Augustinus im Sinn hatte, als er lehrte, daß höhere Dinge besser als niedrigere Dinge sind, daß aber die Gesamtheit der Dinge besser ist als die höheren Dinge allein.

Ich dachte, daß eines der Probleme der »New-Age-Spiritualität« in einer großen Unterschätzung der Macht des Bösen und in der Annahme besteht, alle metaphysischen Phänomene seien definitionsgemäß spirituell und gut. Infolge dieser Annahme werden Menschen im Westen, die nach spirituellen Erfahrungen dürsten und nicht auf überlieferte Richtlinien zurückgreifen können, eine leichte Beute für skrupellose Gurus, Yogis und Meister, die großzügig Weisheiten von sich geben, übersinnliche Kräfte demonstrieren und Heilungen vollführen. Möglicherweise ist jetzt – da wir Sorokins »ideationellem« Pol zustreben, an dem die Spiritualität ein solches stürmisches Comeback feiert – keine Warnung wichtiger als die Mahnung, die der Apostel Johannes in seinem ersten Brief ausspricht: »Geliebte, glaubet nicht jedem Geiste, sondern prüfet die Geister, ob sie aus Gott sind; denn viele falsche Propheten sind ausgegangen in die Welt.«

An den heiligen Johannes und die Frage von Gut und Böse zu denken hatte mich in eine religiöse Stimmung versetzt. Ich legte die Pfeife fort, stand auf, wandte mich gen Osten, breitete die Arme aus und hob mein Gesicht der Milchstraße entgegen. Einen Augenblick lang dachte ich an die erste Urexplosion, die vor 15 Milliarden Jahren stattgefunden hatte und aus der alles hervorgegangen war – die Sterne, die Planeten, mein Körper. Ich erschauerte. Das geschieht mir jedesmal, wenn ich an jenes Ereignis denke. Ich murmelte eine Anrufung des Heiligen Geistes, wie sie in der griechischen Liturgie rezitiert wird: »O himmlischer König, Tröster, Geist der Wahrheit, der du ewig gegenwärtig bist und alle Dinge erfüllst, Geber allen Segens und allen Lebens, komm und weile unter uns, und reinige uns von allem Makel, und rette unsere Seelen, o Heiliger.«

8
Falsche Propheten

Plataniskia liegt westlich der britischen Militärstützpunkte bei
Akrotiri auf einer trockenen, sonnenverwöhnten Anhöhe mit
Blick auf das Meer, zwanzig Minuten vom Strand entfernt. All
die Hügel und Täler um dieses liebliche Dorf sind, so weit das
Auge reicht, von Weingärten bedeckt, die ab und zu von ein
paar Weizenfeldern unterbrochen werden, und hier und dort
erblickt man Oliven- und Johannisbrotbäume. Es ist das Zentrum des Weinanbaugebietes von Zypern, und in früheren Zeiten luden die Bauern bei der Ernte ihre Bambuskörbe voll
Trauben ihren Eseln und Mulis auf den Rücken und zogen in
langen Karawanen nach Osten zu den Kellereibetrieben in Limassol.

Vor den tragischen Ereignissen der jüngsten Vergangenheit
war Plataniskia ein gemischtes Dorf aus griechischen und türkischen Zyprioten gewesen, die in herkömmlicher Weise in
freundschaftlicher Nachbarschaft lebten. Kirche und Moschee
standen nebeneinander, und die Dörfler besuchten einander
bei Hochzeiten, Taufen und Beschneidungszeremonien. Die
Briten, die auf der Insel bis 1960 die Oberherrschaft hatten, boten den Schirm, unter deren Schutz beide ethnischen Gruppen
sich verhältnismäßig sicher fühlten. Aber die Verkündung der
Unabhängigkeit von 1960 – als die Briten nach vierjährigem
Krieg gegen griechisch-zypriotische Nationalisten und Gue-
rillas gezwungen waren, die Insel zu verlassen – eröffnete den
Weg für gegenseitigen Argwohn und Neid. Als 1974 türkische
Truppen aus dem Mutterland den nördlichen Teil der Insel besetzten, war der letzte Nagel in den Sarg des griechisch-türkischen Miteinanders in Plataniskia und auf der übrigen Insel
getrieben. Die türkischen Einwohner flohen in die nahen bri-

tischen Stützpunkte und zogen von dort aus in den nördlichen, besetzten Teil der Insel.

Emily und ich erlebten jene erschütternden Tage, als ich von meiner Universität in Maine beurlaubt war, um ein Jahr lang am Sozialforschungszentrum Zyperns zu arbeiten, wo ich Feldforschungen in einem Dorf nicht weit von Nikosia, der Hauptstadt, durchführte. Das Dorf wurde später von türkischen Truppen überrannt, und die griechischen Bewohner flohen in den Süden.

Diese Erfahrungen prägten unser beider Leben. Es war eine unsanfte Erkenntnis der Ungesichertheit der Welt, in der wir leben. Für Emily war die Invasion besonders schmerzlich, weil sie ihr Haus und ihre Heimat in Famagusta verlor, dem einst blühenden Touristenzentrum der Insel, das jetzt eine verlassene Geisterstadt ist, von türkischen Truppen besetzt und von UN-Beobachtern kontrolliert. Emilys Eltern flohen, als die Panzer der Invasoren in die Stadt rollten. Wie alle übrigen Flüchtlinge aus Famagusta hatten sie mit der brennenden Sehnsucht gelebt, daß die Kämpfe auf Zypern schließlich aufhören würden, und in der Hoffnung, eines Tages nach Hause zurückkehren zu können. Es war diese bittere Erfahrung, die Emily in eine Friedensaktivistin verwandelte.

Maroulla war ebenso wie Emily und Kostas aus Famagusta geflohen. Sie hatte ihr Haus verloren und vorübergehend eines der verlassenen türkischen Häuser in Plataniskia zugewiesen bekommen. Sie konnte es wie ihr eigenes Haus behandeln und sich darum kümmern, bis die ethnischen Auseinandersetzungen beendet waren und die rechtmäßigen Besitzer zurückkehrten. Aber Maroulla war Physiotherapeutin von Beruf und keine Bäuerin. Sie nahm sich eine Wohnung in Limassol und benutzte das Landhaus als Wochenendsitz für sich selbst und ihre Tochter.

Jetzt, am Samstagmorgen, folgte ich ihren Angaben und fuhr

mit Bob nach Plataniskia. Als wir durch die engen Straßen fuhren, kam uns das Dorf recht klein vor. Es schienen nicht mehr als ein paar hundert Seelen hier zu leben. Viele Häuser sahen verlassen aus, und wären nicht die beiden geparkten Wagen auf der unbefestigten Straße vor Maroullas Haus gewesen und der alte Traktor auf dem Feld nebenan, hätte es sich um eine ländliche Szene aus einem vergangenen Jahrhundert handeln können. Auf den umliegenden Feldern streiften Ziegen umher, und an einen Johannisbrotbaum war ein großer Esel angebunden, der ab und zu klagend aufschrie.

Es war 9 Uhr 30, als wir Maroullas Haus erreichten, ein gutgepflegtes, einfach gebautes Haus im traditionellen Stil, in dessen Vorgarten ein großer Feigenbaum Schatten spendete. Es war am Dorfrand mitten auf einem freien Feld erbaut worden und besaß einen ausgezeichneten, um nicht zu sagen, spektakulären Ausblick. Die Farbenkombination – die grünen Weingärten, die goldenen, abgeernteten Weizenfelder und das dunkle Blau des Meeres in der Ferne – ergab eine Landschaft, die jeden Künstler ästhetisch begeistert hätte. Ich konnte begreifen, weshalb Maroulla ihre Wochenenden inmitten dieser ruhevollen, pastoralen Szenerie verbrachte.

Kostas war bereits dort und auch das amerikanische Paar, Anthony und seine Frau Helena. Sie saßen alle vier unter dem Feigenbaum, tranken türkischen Kaffee und aßen Pasteten, die Maroulla am Abend zuvor gebacken hatte. »Wir haben auf euch gewartet, um zum Strand zu gehen und zu schwimmen, bevor wir mit den ernsthaften Gesprächen anfangen«, sagte Maroulla munter und stellte Bob die beiden Amerikaner vor. Ich kannte Anthony und Helena bereits von der Erewna her, und wir waren Freunde geworden. Anthony war Computertechniker mit einem streng rationalen, methodischen Verstand und langgedientes Mitglied in spirituellen Gruppen und holistischen Gesellschaften. Helena war Therapeutin; sie ver-

HOLISTISCH =

wandte Tanz und Jungsche Prinzipien in ihrer Praxis. Beide waren Lehrer der Erewna geworden und leiteten einen Kreis im New Yorker Bereich. Ich genoß ihre lebhafte Gesellschaft stets, denn sie bot mir Gelegenheit, mit großem Gewinn an ihrem Wissen in esoterischen Dingen, an ihrer spirituellen Weisheit und ihrem verfeinerten Geschmack teilzuhaben.

Wir fuhren ans Meer, an einen Strand, den die Touristen noch nicht entdeckt hatten und den nur Maroulla und ein paar andere kannten. Einen einsamen Strand zu finden – etwas, was für uns eine Selbstverständlichkeit gewesen war, als wir auf Zypern aufwuchsen – stellte heutzutage eine Seltenheit dar. Die Ankunft der Düsenflugzeuge und der Landerschließer mit ihrer morbiden Liebe zum Zement hatte alles verändert.

»Es ist lange her, seit ich das letzte Mal einen solchen Urlaub hatte«, sagte Kostas, während er sich im Sand ausstreckte und seinen Rücken für ein paar Minuten in der Sonne briet. Wir schwammen eine Stunde lang, und um 11 Uhr 30 waren wir wieder in Plataniskia. Nachdem wir uns mit Wasser aus dem Brunnen Maroullas das Salz vom Körper gewaschen hatten, waren wir zu einem ernsthaften Gespräch unter dem Feigenbaum bereit. Bald nachdem wir unser kurzes Lunch beendet hatten, eröffnete ich die Konversation.

»Gestern abend«, sagte ich, »haben wir begonnen, eine sehr wichtige Frage zu untersuchen, die uns bewußtzumachen Bob hergekommen ist. Ich spreche von dem offensichtlichen und störenden Widerspruch, daß hochgeehrte Gurus zugleich Quellen großer Weisheit sein und doch schwere Makel in ihrem alltäglichen Verhalten aufweisen können, besonders wenn es um Sex, Geld und Macht geht. Es gibt so viele Beispiele für Lehrer esoterischer Weisheit, die viel zur Erweckung des spirituellen Bewußtseins bei Menschen beitrugen, aber in ihren Handlungen nicht so gelebt haben, wie sie es ihren Schülern beibrachten. Nehmen Sie zum Beispiel den

Fall des Bhagwan Shree Rajneesh, dessen Bücher so viele intelligente Menschen angeregt haben. Und doch erlebte die Gemeinschaft, die er gründete, Skandal um Skandal, bis er letztlich aus den Vereinigten Staaten ausgewiesen wurde.« Ich erwähnte noch eine Reihe weiterer berühmter Namen.

»Ich kann auch Baba Muktananda dieser Liste hinzufügen«, warf Helena ein.

»Richtig«, erwiderte ich. »Tatsächlich habe ich hier einen Artikel bei mir, den mir vor kurzem ein Freund schickte. Es wird darin behauptet, daß dieser Guru arglose Anhängerinnen mißbrauchte. Er wurde als ›der Guru der Gurus‹ bezeichnet, ein Mann, der seinen Schülern eine lange Liste von Geboten und Verboten gab. Dazu gehörten Anweisungen wie ›Mache das Ashram nicht zu einem Ort der Lust und der Zügellosigkeit‹, ›Verhalte dich entsprechend der Heiligkeit dieses Ortes‹ und ›Praktiziere zuerst selbst, was du andere lehren willst‹. Die Ankläger behaupten, dieser große Guru habe junge Mädchen belästigt und sei vom Geld besessen gewesen.«

»Genau dies ist auch in unserem Fall geschehen«, sagte Bob. »Hier ist, was Stan Trout, ein früherer enger Mitarbeiter und Anhänger von Baba Muktananda, zu sagen hatte«, fuhr ich fort und las Auszüge aus seinem veröffentlichten Brief vor.[1]

Ich habe keinen Zweifel daran, daß er [Muktananda] ein ungewöhnlich erleuchteter, gelehrter Mann war, der sich verständlich ausdrücken konnte und eine einzigartige Kraft besaß, eine dynamische, persönliche Ausstrahlung und ein Charisma, das die Menschen zu ihm kommen ließ und sie dazu bestimmte, ihm ihr Leben zu Füßen zu legen. Sicherlich ist eine derartige Kraft göttlichen Ursprungs, aber es gibt keine Möglichkeit, die Art und Weise zu rechtfertigen, wie er diese Kraft anwandte ... Er startete eine wohlüberlegte Täuschungskampagne, um arglose Seelen davon zu überzeugen, daß er die menschliche Begrenztheit transzendiert hatte, daß er durch Erkenntnis des ewigen Selbst heilige Vollkommenheit erlangt hatte. Er pflanzte den Herzen unschuldiger, gläubiger Schüler falsche oder unmögliche Träume ein und opferte sie dann seiner Lust. Mit arglistiger Leutseligkeit stahl er geschickt Hunderten, die ihm vertrauten, die Herzen und den Willen und beraubte sie ihres Selbstvertrauens, ihrer geistigen Gesundheit, ja sogar ihres Lebens... Er endete als schwachsinniger, sadistischer Tyrann, der jede Nacht ergebene junge Mädchen mit Versprechungen von Gunst und Selbsterkenntnis in sein Bett lockte.

Muktananda begründete seinen Anspruch, Vollkommenheit erlangt zu haben, auf die Behauptung, eine Person, die erleuchtet wurde, werde dadurch auch automatisch perfekt und vollkommen frei von menschlichen Schwächen. Das ist Unsinn; es ist ein Märchen, von unehrenhaften Männern in Umlauf gebracht, die die Verehrung und Anbetung erhalten wollen, die nur Gott allein zukommen. Es gibt kein Gesetz, das besagt, daß Erleuchtung zwangsläufig die moralische Tugend einer Person zur Folge hat. Es gibt keine Garantie gegen die Schwächen des Zornes, der Lust und der Habgier in der menschlichen Seele. Die Erleuchteten stehen auf derselben Stufe wie die Unwissenden, wenn es um den Kampf gegen das Böse in ihnen selbst geht – der einzige Unterschied besteht darin, daß der Erleuchtete die Wahrheit kennt und daß er keine Entschuldigung dafür hat, wenn er sie verrät.

Ich sah, daß Kostas nickte. Bob sagte, der Text, den ich vorgelesen hatte, beschreibe fast die gleiche Situation wie bei seinem eigenen früheren Guru; der einzige Unterschied sei, daß der letztere eine Schwäche für Knaben hatte.

»Mein lieber Kyriaco«, sagte Kostas, »das ist es, was wir den Menschen immer wieder zu sagen versucht haben. Weisheit, Wissen und Erleuchtung sind keine Garantie für den höchsten Bewußtseinszustand. Und das ist es auch, was die Leute sich weigern zu begreifen.«

»Solche Menschen«, sagte Anthony, »sind so charismatisch, daß sie die Leute unbedingt von ihren eigenen reinen Motiven überzeugen können. Als Sie diesen Text vorlasen, Kyriaco, fiel mir eine Stelle aus dem Matthäusevangelium ein: ›Denn es werden viele falsche Messiasse und falsche Propheten auftreten und werden große Zeichen und Wunder tun, um, womöglich, auch die Auserwählten irrezuführen.‹«

»Lassen Sie mich noch ein paar der Ermahnungen Muktanandas an seine Anhänger vorlesen«, sagte ich und zog aus meiner »Skandalakte« eine Fotokopie aus einem Buch hervor, das die SYDA-Foundation, die er kurz vor seinem Tod im Jahr 1983 gründete, veröffentlichte.[2] »›Gib Stolz und Egoismus auf. Demut führt zu Vollkommenheit, während Dünkel Selbsttäuschung ist.‹ Einige Abschnitte weiter belehrt er seine Anhänger: ›Keine Gottheit steht über dem Guru, nichts zählt mehr als die Gnade des Guru, kein *Japa* ist lohnender als das Gedenken an den Guru, kein Zustand höher als die Meditation auf den Guru – deshalb werde ein wahres Kind des Guru.‹«

Kostas schüttelte mißbilligend den Kopf. »Diese Menschen sind höchst gefährlich«, sagte er, »weil sie ihre Anhänger davon überzeugen, daß ihre Weisheit und ihre demonstrierten medialen Fähigkeiten Ergebnisse ihrer spirituellen Reinheit sind, daß sie auf irgendeine Weise Gotteserkenntnis erlangt haben.«

»Mir scheint«, warf Maroulla ein, »daß solche Personen bei ihrem Wissen über spirituelle Dinge die Folgen ihrer Handlungsweise kennen müßten. Aber ihre Besessenheit von ihrem Ich ist weitaus stärker als das Wissen, daß gewisse Selbstbestrafungen durch das Karma aus ihren Handlungen erwachsen werden.«

»Genau«, erwiderte Kostas. »Sie wissen, daß sie letzten Endes leiden werden, daß sie für ihre Taten zahlen müssen. Und doch tun sie es, weil ihr Bewußtsein im Kokon ihrer Besessenheit gefangen ist. Die Anziehungskraft dieser Besessenheit von sich selbst ist bei ihnen stärker als ihr Bewußtsein, das auf einer niedrigen spirituellen Ebene steht. Auch hier gilt, daß Weisheit nicht unbedingt auch Reinheit bedeutet. Eine solche Person kann Wissen und Weisheit zum Ausdruck bringen, weil sie ihren noetischen Körper entwickelt hat. Sie kann diese Art von Wissen haben, ohne eine gute integrierte, ausgeglichene Persönlichkeit zu sein.

Sie sehen, Weisheit und Wissen sind in uns, in jedem Menschen, in unserem Unterbewußtsein, in jedem Partikel unserer materiellen und nichtmateriellen Existenz. Folglich ist es möglich, durch technische Mittel – gleich, welcher Art – uns selbst mit jenem Teil unseres Unterbewußtseins in Einklang zu bringen und die Schleusen dieser Weisheit zu öffnen. Und Weisheit kann sich unabhängig von unserer psychonoetischen Entwicklung einstellen. Die Menschen kennen diese Methoden schon seit Jahrhunderten, und sie wurden von einer Generation zur nächsten überliefert. Aus diesem Grund begegnen uns in der ganzen Geschichte unausgeglichene Persönlichkeiten, die großes, esoterisches Wissen und Weisheit sowie ungewöhnliche, parapsychische Gaben zeigen.«

»Tatsächlich«, sagte ich, »ist Colin Wilson[3] in seiner historischen Studie über viele bedeutende Okkultisten zu ähnlichen Folgerungen gelangt. Seine Untersuchungen haben gezeigt, daß viele dieser Menschen mit Hilfe verschiedener Methoden auf ihre psychonoetischen Zentren – auf die Chakren – einwirkten. Aber statt an jenen Zentren zu arbeiten, die ihre Bewußtheit und Spiritualität erhöhten, stimulierten sie die Zentren der Kraft.«

»Können Sie das ein wenig genauer erläutern?« bat Helena.

»Neulich erhielt ich einen Anruf von einer Frau, die in Schwierigkeiten geriet, weil sie mit bestimmten Übungen am *Kundalini*-Zentrum an der Basis der Wirbelsäule begonnen hatte. Das ist sehr gefährlich. Die Kundalini, oder was wir die heilige Schlange oder das heilige Feuer nennen, wird auf natürliche Weise nur zugleich mit dem spirituellen Wachstum des oder der Betreffenden erweckt. Die freigesetzte Energie wandert dann bestimmungsgemäß aufwärts und nährt die höheren Chakras. Wenn dies eintritt, wird die betreffende Person spirituell gereinigt.«

»Das ist der Weg der Heiligen«, fügte ich hinzu.

»Richtig. Aber wenn Sie dieses heilige Feuer vorzeitig durch technische Mittel entfachen, kann das Ergebnis eine unausgeglichene Persönlichkeit sein, die der Energien, die sie entfesselt hat, nicht Herr wird. Dies war offenbar bei jener Frau geschehen. Die gegenwärtige Persönlichkeit wird von unbeherrschbaren sexuellen Zwängen übernommen. Ich bin beinahe sicher, daß dies auch bei Menschen wie Muktananda und Bobs früherem Lehrer geschehen ist. Es ist möglich, daß entweder die gegenwärtige oder eine der früheren Inkarnationen dieser Personen sich auf diese Zentren konzentriert haben, und statt daß die Energie sich aufwärts bewegte – wie sie es unter normalen Umständen tun sollte – wanderte sie abwärts zu den unteren Zentren der Genitalien und des Anus mit den verhängnisvollen Folgen, die wir kennen. Nur mit der richtigen spirituellen Praxis, bei der es um eine Erhöhung des Bewußtseins geht – das heißt um eine Erhebung unserer Gedanken und Gefühle – entfaltet sich die Kundalini-Energie allmählich und bewegt sich aufwärts. Und dann versorgt sie die höheren Chakras mit Energie und reinigt sie, reinigt die gegenwärtige Persönlichkeit. Das ist die Taufe mit Feuer, über die wir gesprochen haben. Das ist es, was Johannes der Täufer meinte, als er sagte: ›Ich taufe euch mit Wasser zur Umkehr. Der aber nach mir kommen wird, ist stärker als ich; ich bin nicht wert, ihm die Schuhe nachzutragen. Er wird euch in heiligem Geist und Feuer taufen.‹ Es ist das, was den Jüngern zu Pfingsten geschah.

Es ist schwer zu begreifen, daß eine Person, die angeblich die höchste Ebene der Spiritualität erreicht hat, auf Gedeih und Verderb ihren Instinkten ausgeliefert ist. Diese Menschen, die versichern, daß sie über ihre niederen Triebe erhaben sind, und sich doch derart unangemessen aufführen, stellen ein großes Problem dar, um es gelinde auszudrücken.«

»Und doch können sie«, betonte ich, »große Weisheit zeigen und wunderbare Heilungen vollbringen...«

»Ja, ja. Das kommt vor. Dabei handelt es sich um Fähigkeiten, die man mit technischen Mitteln entwickeln kann, wie bereits gesagt. Aber wir müssen daran denken, daß diese Fähigkeiten und diese Weisheit unabhängig davon sind, wie diese Menschen sich tatsächlich in dieser Welt der Zeit und des Raumes verhalten. Und lassen Sie mich eines sagen, der Weg ist für solche sogenannten Meister viel länger als für gewöhnliche Menschen, die in Unwissenheit leben. Sie selbst haben ihn länger gemacht.«

»Wenn wir sagen, daß solche Menschen Weisheit und Wissen haben können, meinen wir natürlich, daß sie Wissen bis zu einem bestimmten Punkt haben können«, erläuterte ich.

»So ist es«, bestätigte Kostas. »Man kann unter solchen Bedingungen nicht bis in die höchsten Bereiche emporsteigen. Aber jedermann kann sich unabhängig von seiner spirituellen Entwicklung Wissen von den relativen Realitäten aneignen, indem er sich mittels verschiedener technischer Methoden in Einklang mit seinem unterbewußten Geist bringt. Und, wie wir

233

bereits sagten, diese Methoden sind Menschen seit Jahrhunderten bekannt und wurden von Mystikern mit niederem Bewußtsein oder geringer psychonoetischer Entwicklung angewandt.«

»Dann müßte man sich fragen«, sagte Bob, »ob ein Mensch unter Anleitung eines mit Makeln behafteten Guru einen spirituellen Fortschritt machen kann.«

»Manche nehmen an«, erwiderte ich, »daß ein Fortschritt unter Anleitung durch einen solchen Guru möglich ist, in derselben Weise, wie ein Placebo bewirken kann, daß man sich besser fühlt.[4] Aber ich bin nicht sicher, ob dies die richtige Methode ist. Mein Freund Michael Lewis ist der Meinung, daß ein unvollkommener Guru eher einer falschen Medizin mit schädlichen Nebenwirkungen gleicht.« Es gab einen Ausbruch von Gelächter.

»Die Frage ist«, fuhr ich fort, »wie weit eine Person unter Anleitung oder Fehlleitung eines Meisters wachsen kann, der selbst nicht der Wahrheit entsprechend lebt.« Und ich fügte hinzu: »Natürlich sind wir alle Meister und Schüler füreinander, weil wir alle das Göttliche in uns haben und einander karmische Lektionen erteilen. So gesehen sind wir alle Gurus.«

»Ich habe eine weitere Frage«, sagte Maroulla. »Ist es möglich, daß solche fehlerhaften Meister doch der Menschheit einen Dienst erwiesen haben, indem sie dieses Wissen verbreiteten? Ich meine, ist es möglich, daß dieses Wissen für Menschen auf einer höheren psychonoetischen Entwicklungsstufe nützlicher ist als für jene, die es selbst erschlossen haben?«

»Oh, durchaus«, erwiderte Kostas. »Das Wissen selbst ist von hoch oben gesegnet. Es ist das Wissen, an dem jeder von uns teilhat, und es kommt von Gott. Es ist das Wissen Gottes.«

»Wir müssen die Botschaft vom Boten unterscheiden«, fügte ich hinzu.

PATHOLOGISCH -

»Richtig. Es gibt kein Problem, wenn Menschen, die diesem Wissen ausgesetzt werden, nicht der Ausbeutung durch den Guru unterworfen sind. Wissen an sich ist nützlich, und solange sie nur das Wissen mitgeteilt bekommen, haben sie einen Nutzen davon. Weshalb auch nicht? Die Probleme ergeben sich, wenn das Angebot der Mitteilung dieses Wissens durch den Meister oder Guru mit tiefergehenden, pathologischen Motiven verknüpft ist.«

»Dies gilt für jedes Wissensgebiet, sei es in der Wissenschaft, im Theaterwesen, in der Musik oder im Bereich der spirituellen Weisheit«, bemerkte Anthony.

»Genau so ist es, mein lieber Anthony«, erwiderte Kostas. »Wir müssen unsere unkritische Begeisterung für Gurus und Meister überwinden und sie als gewöhnliche Menschen sehen, die genau so sind wie wir selbst. Halten Sie sich von jedermann fern, der umherspaziert und behauptet, ein Meister zu sein und erwartet, wie ein Gott angebetet zu werden.«

»Ein großer Wissenschaftler oder Künstler, der einen größeren Beitrag auf seinem Gebiet geleistet hat, muß nicht unbedingt die Sorte Mensch sein, mit der Sie persönlich zu tun haben möchten. Alle Meister werden auf der Basis ihrer Bewußtseinsebene bewertet werden – das heißt danach, wie weit sie auf der Stufe ihrer psychonoetischen Entwicklung entsprechend der Größe der Weisheit leben, nicht anhand der Tatsache, daß sie ein Medium für die Weisheit selbst waren. Können Sie mir folgen?« Kostas schaute sich um und reckte sich auf seinem Lehnstuhl. Wir zeigten mit ein paar Gebärden an, daß wir begriffen, was er uns zu erklären versuchte.

»Was wir vielleicht noch im Sinn behalten müssen«, sagte ich nach einer Weile, »ist, daß wir Mitleid mit Gurus haben müssen, die in ihrem Verhalten ernsthafte Schwächen und Makel zeigen. Das heißt, wir müssen uns davor hüten, sie zu dämonisieren. Wir könnten in unserer Enttäuschung und in unserem Zorn dazu versucht sein. Aber sie haben im Verlauf der Geschichte einen großen Beitrag zum kollektiven Fortschritt des menschlichen Bewußtseins geleistet. Vielleicht handelt es sich hierbei ebenfalls um einen Teil des göttlichen Plans, der jenseits unseres rationalen Verständnisses liegt.«

Kostas stimmte zu, daß Mitgefühl das Leitmotiv für alle Menschen darstellen sollte und auch für Meister gelten sollte, die auf Abwege geraten sind. »Aber«, sagte er, »wir haben auch die Verantwortung, die Unschuldigen vor dem Mißbrauch durch solche Personen zu schützen.«

Bob fragte: »Weshalb läßt Gott zu, daß seine Weisheit nicht nur von heiligmäßigen Personen, sondern auch von Menschen mit schlimmen Charakterschwächen übermittelt wird?«

Kostas lächelte und schüttelte den Kopf. »Seine Weisheit? Aber, mein Lieber, sein Leben ist in jedem von uns, unabhängig von unserer spirituellen Stufe. Das ist es, was wir schon früher sagten. Wäre es anders gewesen, das heißt, wäre es nicht möglich gewesen, daß unvollkommene Menschen Wissen und Weisheit erlangen konnten, hätte es keine Polarität in der Schöpfung gegeben, die uns Möglichkeiten zu einer spirituellen Entwicklung bietet.«

»Laß uns ein konkretes Beispiel nehmen«, sagte ich. »Ich denke an Sokrates und das, was wir über ihn wissen. Die abendländische Zivilisation verdankt ihm große Weisheit in Form seiner Dialoge, die uns Plato überliefert hat. Nach dem, was du sagst, gibt es für uns keine Möglichkeit, zu erfahren, wie weit Sokrates spirituell entwickelt war. Ist es vorstellbar, daß ein Mann so großer Weisheit und Kenntnis nicht zugleich moralisch und spirituell fortgeschritten war?«

»Ja, es ist möglich, daß Sokrates keine ausgeglichene Persönlichkeit war, obwohl ich es nicht glaube. Aber im Prinzip ist es möglich. Allein anhand seiner Lehren kann man es nicht erkennen.«

»Immerhin hat er den Schierlingsbecher getrunken«, sagte Anthony in humorvollem Ton.

»In Wirklichkeit haben wir nicht das Recht, einen Menschen zu verurteilen, selbst dann nicht, wenn wir alles über ihn wissen. Nur Gott hat das Recht, zu richten.«

»Aber wenn man eine gottbewußte Person ist, die das erreicht hat, was die Kirchenväter eine ›erotische Beziehung zu Gott‹ nennen würden, kann man keine unausgeglichene Persönlichkeit sein«, bemerkte ich.

»Genau. Mit anderen Worten, man kann kein rein gewordener Mensch sein und zugleich in seinem Ausdruck unausgeglichen bleiben.«

»Mir wurde vor kurzem bewußt«, fuhr ich fort, »daß die frühen Kirchenväter eine unglaubliche spirituelle Literatur hinterlassen haben. Zwischen den Jahren 400 und 900 haben einige der griechischen Väter sehr profunde mystische Schriften verfaßt, und ich fange soeben an, mich damit vertraut zu machen. Ich kann mir nicht vorstellen, daß diese Menschen zugleich unausgeglichene Persönlichkeiten waren.«

»Wieso...?« erwiderte Kostas und bedachte mich mit einem merkwürdigen, fast ironischen Blick.

»Ich weiß es nicht.« Ich zuckte mit den Schultern, über seine Reaktion verwundert. »Sag du es mir.«

»Wie kann man die Persönlichkeit eines Autors anhand dessen beurteilen, was er geschrieben hat? Wie kann man die Motive hinter den Texten ahnen?«

»Somit kann man anhand von Büchern oder anderen Aufzeichnungen, die Mystiker über ihre Gedanken und Erfahrungen hinterlassen haben, niemals Genaues über ihren Charakter aussagen. Ist es das, was du sagen willst?«

»Genau. Schlicht gesagt, man kann es prinzipiell nicht wissen«, bestätigte Kostas.

»Aber auf welche Weise kann ein einfacher Mensch wie ich ei-

nen Fall von einem anderen unterscheiden – den wahrhaft fortgeschrittenen Meister, der Weisheit sowohl verbreitet als auch
nach ihr lebt, und den anderen, der nur darüber spricht?« fragte ich.

Kostas dachte kurz nach. »Du kannst es nicht erkennen«, sagte er, »weder an dem, was sie sagen, noch an dem, was sie tun.«

»Ich bin nicht sicher, ob ich Sie richtig verstehe«, sagte Bob.

»Die einzige Möglichkeit, einen Menschen zu verstehen, besteht darin, daß Sie sich mit seinen Motiven befassen. Sie werden die Motive und den Charakter eines Menschen besser verstehen, wenn Sie unter anderem sein Verhalten insgesamt in
der Gesellschaft beobachten. Achten Sie darauf, wie ein
Mensch reagiert, wenn er provoziert wird. Dann können Sie
sich ein besseres Bild von seinem Charakter machen. Wenn
zum Beispiel ein Meister in einem Augenblick große Erkenntnis und Weisheit verströmt und im nächsten Moment un-
flätige Reden gegen Menschen führt, sich über diejenigen er-
eifert und aufregt, die sich weigern, seinem Narzißmus zu hul-
digen, sollte ein Schüler außerordentlich vorsichtig sein. Sonst
wird man leicht genarrt, weil Gurus, die zu solchen Schaustel-
lungen fähig sind, auch große Schauspieler sind, die nicht nur
Einfältige verführen können, sondern auch solche, die schon
gewisse Erfahrung in solchen Dingen haben.«

»Jetzt habe ich aber ein Erkenntnisproblem«, sagte ich ein wenig aufgeregt. »Ich kann nichts über das Alltagsverhalten von
Menschen wissen, deren Bücher ich lese und die ich bewun-
dere.«

»Das ist richtig. Das kannst du nicht.«

»Wie kann ich wissen, ob der heilige Paulus, Petrus oder Johannes oder die übrigen Apostel und Evangelisten integre und
ausgeglichene Persönlichkeiten waren?«

»Mein lieber Kyriaco, was du tun solltest, ist, die überlieferte
Weisheit aufzunehmen. Das ist es, was zählt. Das ist es, was

ich all die Jahre über gesagt habe. Nun hast du allerdings ganz bestimmte Persönlichkeiten erwähnt, und das ist nicht fair...«

»Einen Augenblick mal – wieso ist das nicht fair?«

»Weil du heilige Persönlichkeiten erwähnt hast, die eine hohe Stufe der spirituellen Entwicklung erreicht haben. Ansonsten wären sie nicht die Schüler des höchst Geliebten gewesen.«

»Das ist es, was ich wissen will. Welches sind die Kriterien, die man anlegen kann, um heiligmäßige Persönlichkeiten zu erkennen?«

»Du kannst sie nicht erkennen, jedenfalls nicht allein anhand dessen, was sie geschrieben haben.«

»Ich nehme an«, schloß ich, »wenn man eine persönliche Beziehung zu einem Meister hat, muß man sich sein eigenes Urteilsvermögen, seine Integrität und seine Werte bewahren. Man darf nie die Kontrolle über sein Leben abgeben.«

»Völlig richtig«, bestätigte Kostas.

Wir unterbrachen unsere Diskussion, als Maroulla und Anthony uns eine köstliche, erfrischende rote Wassermelone brachten, eine der Sommerfreuden Zyperns, das zu den bedeutenderen Produzenten und Exporteuren dieser Frucht gehört. Außerdem brauchten wir Zeit, um zu verdauen, was wir gerade gehört hatten. Nachdem wir unseren Durst gelöscht hatten, nahmen wir die Diskussion wieder auf.

»Nach der Lehre der Erewna...«, fing Maroulla an.

»Einen Augenblick, Maroulla«, unterbrach Kostas sie. »Die Erewna hat keine Lehren.«

»Was heißt das denn schon wieder?« erwiderte Maroulla mit einem erstaunten Auflachen, und wir alle teilten ihre Verwunderung.

»Die Erewna befaßt sich mit den Lehren.«

»Worin besteht der Unterschied?«

»Es ist ein großer Unterschied. Wenn man es die Lehre der Erewna nennt, beansprucht man sie für sich, als könne die

Weisheit Gottes im Besitz eine Gruppe oder Organisation sein.« Kostas legte eine kurze Pause ein und fuhr dann mit Betonung fort: »Die Erewna befaßt sich mit der Lehre und übermittelt sie anderen.«

»Aber wessen Lehre ist es?« fragte Maroulla weiter.

»Niemandes. Die Lehre entstammt dem universalen Unbewußten. Sie ist ein Ausgießen der Weisheit, zu dem jedermann Zugang hat. Sie befindet sich in niemandes Besitz. Sie ist weder das Monopol noch der Besitz irgendeines Gurus oder einer Gruppe von Mystikern.«

»Oder einer bestimmten Kultur, Religion oder Zivilisation«, fügte ich hinzu.

»Richtig.«

»Aber sie wird stets durch bestimmten Kulturen, Religionen und Zivilisationen gefiltert und deshalb immer gefärbt und verzerrt«, sagte ich.

»Genau«, stimmte Kostas zu. »Und je mehr wir diesen Bewußtseinsfilter reinigen, desto leichter verstehen wir diese relative Wahrheit.«

»Demnach reinigt die Erewna also diesen Filter«, sagte Maroulla und lachte in ihrer fröhlichen, humorvollen Art.

»Ja. Es ist einfach einer der Wege zur Wahrheit, eine Methode. Wir sind nicht daran interessiert, die Wahrheit nur durch uns hindurchfließen zu lassen. Wir wollen sie assimilieren, sie zu einem Teil unseres Ausdrucks in Zeit und Raum machen. Wie ich bereits viele Male gesagt habe, wir müssen, während wir unser Wissen erhöhen, auch zugleich unser Bewußtsein erhöhen, das heißt die Reinheit unserer Gedanken und Gefühle.«

»Also ist die Erewna nicht am Channeling interessiert?« fragte Bob.

»Nein, natürlich nicht. Wäre dies unsere Absicht gewesen, hätten wir es sehr leicht gehabt«, erwiderte Kostas.

»Also betrachten Sie das Channeling, das heute so populär geworden ist, als eine unorthodoxe Art, sich der Wahrheit zu nähern?« fragte Bob weiter.

»Natürlich. Wir haben kein Interesse daran. Wir sind nicht daran interessiert, Medien zu werden. Unser Ziel ist es, unser Bewußtsein derart mit dem Unterbewußtsein zu koordinieren, daß alles Wissen, das daraus erwächst, zu einem ständigen Teil unseres eigenen Ausdrucks wird, unserer Gedanken, Gefühle und Taten.

Das Channeling selbst ist etwa so, als läse man ein Skript ab, ohne eine Ahnung zu haben, wovon es handelt«, fuhr Kostas fort. »Man kann Menschen sehen, die in Trance fallen und Botschaften oder Sprachen channeln, die sie nicht einmal verstehen. Was sie channeln, entspricht nicht ihrer psychonoetischen Entwicklungsstufe. Dies ist nicht unser Ansatz.«

»Ist es nicht möglich«, sagte ich, »daß eine geläuterte Persönlichkeit von einem höheren Wesen benutzt wird, um einen bestimmten Aspekt der Lehre auszudrücken?«

»Natürlich ist das möglich«, erwiderte Kostas.

»Der Koran ist ein Beispiel, das mir in den Sinn kommt«, sagte ich. »Mohammed war in einem Trancezustand, als er seinen Verwandten den Koran diktierte, damit sie ihn niederschrieben. Er selbst war des Schreibens unkundig, und doch ist der Koran hochstehende Lyrik. Es heißt, daß Mohammed auch ein sehr mitfühlender Mensch war.«

»Der *Kurs in Wundern*[5] wäre ein weiteres Beispiel«, warf Helena ein.

»Und auch die *Seth*-Bücher von Jane Roberts«,[6] fügte Bob hinzu.

»Aber für mich steht außer Frage«, sagte ich, »daß Channeling sich durch die ganze Menschheitsgeschichte hindurchzieht und sie auf sehr direkte oder auch auf indirekte Art beeinflußt hat.« Ich erwähnte Jon Klimo[7] und andere, die auf meisterhafte Weise und über jeden Zweifel erhaben die ständigen Auswirkungen des Channeling auf die Kulturen und Zivilisationen nachgewiesen haben.

»Ich bestreite die Bedeutung dieser Offenbarungen nicht«, stellte Kostas klar. »Sie tragen zum Erwachen der Menschheit und zur Anerkennung höherer Wirklichkeiten bei. Es ist einfach nicht unsere Sache, das ist alles. Schauen Sie, unsere Bemühungen gelten vor allem der Einstimmung des niederen Selbst – dessen, was wir unsere gegenwärtige Persönlichkeit nennen – in unsere innere Realität, in das Pneuma in uns. Für uns ist es wichtig, wie weit wir unser eigentliches Selbst durch Erhöhung unseres Bewußtseins ausdrücken können.«

Kostas erklärte wieder einmal, daß er unter »Bewußtsein« die Art und Weise versteht, wie ein Mensch fühlt, denkt und handelt. »Bewußtsein muß deshalb von Wissen und Weisheit unterschieden werden«, sagte er. »Jemand könnte durch Channeling oder durch andere Mittel große Weisheit zum Ausdruck bringen, ohne daß sein Bewußtsein unbedingt mit dieser Weisheit Schritt halten müßte. Das Ziel der Erewna, wie ich sie lehre, erschöpft sich nicht darin, unsere inneren Quellen der Weisheit zu erschließen, sondern zugleich unser Bewußtsein zu erhöhen, so daß es dieser Weisheit entspricht.«

Es war drei Uhr nachmittags, und die Hitze begann sich auf unsere Konzentration und die philosophische Diskussion auszuwirken. Wir beschlossen, den Gepflogenheiten der Insel zu folgen und ein paar Stunden lang Siesta zu halten, um uns zu erholen. Um fünf Uhr, wenn die Nachmittagsbrise vom Meer her erwachte, würde die Hitze abklingen.

Als wir uns wieder unter dem Feigenbaum zusammenfanden, hatte Anthony eine Liste mit Fragen dabei, die er Kostas stellen wollte. »Gestern abend wollte ich Ihnen einige Fragen über das stellen, was Sie gesagt hatten, aber ich kam nicht dazu«, sagte er.

»Nun, jetzt sind wir hier. Ich höre zu.«

»Sie haben über Ausgleich und Harmonie gesprochen und gesagt, das *Agathon* unterscheide sich von dem, was die Menschen unter gut verstehen. Sie sagten, Bedeutungen würden nur in den Welten des Ausgleichs existieren, nicht im Sein selbst.«

»Richtig.« Kostas nickte.

»Müssen wir deshalb davon ausgehen, daß wir jedesmal, wenn wir über etwas nachdenken, ein Ungleichgewicht schaffen, eine Störung des Gleichgewichts, ganz gleich, in welche Richtung unsere Gedanken gehen?«

»Eigentlich«, erwiderte Kostas, »gibt es niemals einen Zustand des Ungleichgewichts. Die Welten des Ausgleichs bleiben immer, wie sie sind. Wir verwenden das Wort Ungleichgewicht, um uns verständigen zu können, aber der Ausgleich geschieht automatisch. Der Mensch wird Schritt für Schritt vom Einfluß der Bedeutungen befreit. Man stärkt nicht eine bestimmte Bedeutung auf Kosten einer anderen, weil Bedeutungen sich stets in einem Zustand des Ausgleichs und des Gleichgewichts befinden. Was geschieht, ist, daß in Zeit und Raum – das heißt durch menschliche Erfahrung auf einem bestimmten Planeten – die Bedeutungen von Gut und Böse immer mehr verblassen, aber sie befinden sich ständig im Zustand des Ausgleichs und des Gleichgewichts. Sie verbleiben darin, bis das Bewußtsein des Individuums eine Ebene erreicht hat, auf der nur das *Agathon* ausgedrückt wird – das heißt die All-Güte des inneren Selbst jenseits aller menschlichen Bedeutungen.«

»Kann eine solche Person unter anderen Menschen leben, die weiterhin eine Existenz auf den niedrigeren Ebenen der Bedeutungen von gut und böse führen?«

»Natürlich. Bei Personen, die das *Agathon* erreicht haben, passiert der Ausdruck in Zeit und Raum keinen Bewußtseinsfilter mehr. Sie manifestieren unmittelbar ihre wahre Natur, ihr göttliches Selbst.

Solche Individuen betrachten ihre Mitmenschen, die noch in der Welt der Bedeutungen und der Unwissenheit befangen sind, mit unbedingtem Mitgefühl. Sie unterscheiden niemals zwischen ›guten‹ und ›bösen‹ Menschen. Statt dessen umarmen sie alle Menschen unterschiedslos, das heißt mit unbedingter Liebe, denn das entspricht ihrem inneren Selbst. Gott als der Christus-Logos ist ›das Licht, das jeden Menschen erleuchtet, der auf die Erde herabsteigt‹.«

»Können Sie bitte näher erläutern, worin sich Harmonie von Gleichgewicht unterscheidet?« bat Helena. »Dieser Punkt ist mir noch nicht ganz klar.«

»Es ist schwierig, wenn nicht sogar unmöglich, über das Wesen der Harmonie zu sprechen, weil es sich um einen Zustand handelt, der jenseits der von Menschen geschaffenen Bedeutungen besteht. Es ist ein Zustand, der den Eigenschaften der Autarkie des Absoluten entspricht. Ausgleich ist die Welt der Existenz durch das Wirken des karmischen Gesetzes. Ausgleich wird auf den vielen Ebenen des Ausdrucks der menschlichen Ignoranz aufrechterhalten.

Natürlich befinden wir uns in der Harmonie, aber wir sind uns dessen nicht bewußt. Wir haben Harmonie genossen. Wir haben sie auch in diesem Augenblick, aber wir drücken sie nicht aus. Wir müssen durch die Welten des Ausgleichs und des Gleichgewichts hindurchgehen und letztlich von unserer Unwissenheit befreit werden, um die Harmonie wiederherzustellen.«

»Befinden sich nicht auch die Welten der Existenz in der Harmonie?« fragte Helena.

»Aber natürlich. Die Welten der Existenz sind in der Harmonie, aber sie sind durch die Unwissenheit der Menschen verändert. Alles befindet sich in der Harmonie und Autarkie, da alles in Gott ist. Es gibt keine natürliche Welt der Polarität, der Gegensätze. Es ist die Vermittlung durch das menschliche Bewußtsein, die zu Polarität und Gegensätzen in diesen Welten führt. Und nun passen Sie auf: Wenn die Menschen von der Bedeutung der Gegensätze, der Polarität, befreit und ihr nicht länger verhaftet sind, dann werden die materiellen Welten – und damit meine ich nicht nur die grobstoffliche Welt, sondern auch die psychische und die noetische Welt – nicht länger Welten der Polarität, der dualen Gegensätze, sein.

Um es noch einmal zu sagen, es ist nicht das Wesen der Welt, in der wir uns befinden, das Polaritäten schafft – die Bedeutungen von gut und böse und so weiter –, sondern das Wesen unseres Bewußtseins. Es ist das menschliche Bewußtsein, das die Harmonie der Welt, die ihr Wesen ist, in eine Welt des Ausgleichs durch das Wirken des Karma transformiert. Wenn mein Bewußtsein in die höchsten Zustände transmutiert und über die von Menschen geschaffenen Bedeutungen hinaus erhoben wird, dann kann ich auf dieser Welt wandeln und tun, was ich tun muß, und lebe dennoch nicht in einer Welt der Gegensätze, sondern der Harmonie. Und die geringste meiner Sorgen gilt der Frage, welche Rolle ich in der Gesellschaft spiele.«

»Oh«, rief ich aus, »ich habe gerade während unserer Siesta ein wunderschönes Zitat genau zu diesem Thema von dem religiösen Gelehrten Shankaracharya gelesen. Darf ich es vorlesen?« Ich holte das Buch hervor, in dem ich das Zitat gefunden hatte.[8] »Manchmal ein Narr«, las ich, »manchmal ein Weiser, manchmal in königlicher Pracht; manchmal ein Wanderer, manchmal so reglos wie ein Python, manchmal mit gütigem Gesicht; manchmal geehrt, manchmal beschimpft, manchmal unbekannt – so lebt der Mensch, dem Erkenntnis zuteil ward, stets von höchstem Entzücken erfüllt. Wie ein Schauspieler stets ein Mensch ist, ob er das Kostüm seiner Rolle trägt oder ob er es ablegt, so ist der Mensch, der das Unvergängliche vollkommen erkannt hat, immer der Unvergängliche und nichts sonst.«

»Demnach existieren die Welten der Polarität, der Gegensätze, im Grunde außerhalb des menschlichen Bewußtseins nicht?« bemerkte Maroulla, nachdem ich ihr das Buch gegeben und sie es durchgeblättert hatte.

»Ganz genau«, erwiderte Kostas mit Begeisterung in der Stimme. »Diese Welt, in der wir uns jetzt befinden, ist der großartigste Traum, den die Menschheit träumt. Sie ist auch der einzige Traum. Es wird zwar andere geben, bescheidenere Träume, in den psychonoetischen Dimensionen, aber im Vergleich zu dem Traum, den die Menschheit jetzt träumt, werden sie unbedeutend sein.«

»Und deshalb«, fügte Helena hinzu, »werden Menschen, solange sie in diesem Traum sind, eine Welt des Ausgleichs und des Gleichgewichts schaffen und in ihr leben.«

»So ist es.«

Anthony meldete sich zu Wort: »Angenommen, alle Menschen auf diesem Planeten hätten kollektiv den höchsten Zustand der Entwicklung ihres Bewußtseins erreicht – würde die Welt des Ausgleichs auf dem Planeten dann fortbestehen?«

»Nein«, erwiderte Kostas.

»Wie soll dies geschehen? Wird die Welt des Ausgleichs und des Gleichgewichts in eine Welt der Harmonie transmutiert?«

»Wie schon gesagt, der Planet befindet sich bereits in Harmonie. Aber er steht unter dem Einfluß jener Disharmonie, die durch die ständig von Menschen erzeugten Elementale hervorgerufen wird. Als Resultat des Mißbrauchs der Kraft, mit der Menschen ausgestattet sind, wird innerhalb der Harmonie eine Disharmonie erzeugt. Unterschätzen Sie nicht die Kraft, die Menschen ständig nach außen projizieren. Sie ist die eigentliche Ursache sogar der Naturkatastrophen, die Menschen irrtümlich Gott zuschreiben, indem sie von Taten oder Plagen Gottes sprechen. Solche Katastrophen erfolgen auf Grund der Elementale, die wir selbst geschaffen haben und die in Form sogenannter Taten Gottes wie Stürme, Erdbeben und dergleichen auf uns zurückkommen.«

Bei diesen Worten Kostas' dachte ich an die Besorgnisse der Ökologen und anderer über die Erwärmung der Erde, den Treibhauseffekt und das Dünnerwerden der Ozonschicht. Wenn natürliche Katastrophen stattfinden – vernichtende Orkane, der Anstieg der Weltmeere, die Überflutung ganzer Städte – werden sie nicht »Taten Gottes« sein, sondern ihre Ursache sind die Elementale des Industrialismus, die wir seit 300 Jahren individuell und kollektiv so besessen erzeugen. Aber was Kostas sagte, ging noch tiefer. Alle Katastrophen, die seit Menschengedenken über die Menschheit hereingebrochen sind und zum Untergang von Völkern, zu Verletzten und Toten geführt haben, wurden letztlich nicht von Gott, sondern durch die Unvollkommenheit und Unwissenheit der Menschen verursacht. Es ist die Wirkung des karmischen Gesetzes in der Welt des Ausgleichs und der Gegensätze.

»Ich habe noch einige andere Fragen, Kosta, die ich Ihnen gern stellen würde«, sagte Anthony, nachdem wir uns ein paar Minuten lang einem weniger ernsthaften Gespräch hingegeben hatten. »Ich habe erfahren, daß Sie recht kritisch über die weitverbreitete Praxis des *Mantra*-Yoga sprechen.«

»Sie meinen die Wiederholung von Wörtern?«

»Ja. Es handelt sich um eine alte Methode, die Mystiker angewandt haben, um in transpersonale Bewußtseinszustände einzutreten, manchmal auch kosmisches Bewußtsein genannt. Weshalb haben Sie Vorbehalte gegenüber dieser Methode?«

Kostas dachte ein paar Sekunden lang nach. »Ich kann nur von meinen persönlichen Forschungen auf diesem Gebiet ausgehen«, sagte er schließlich. »Durch die Wiederholung von Wörtern oder Mantras über einen längeren Zeitraum hinweg kann man in einen Zustand gelangen, der nicht mehr kontrollierbar ist.

Auch während des Schlafes tritt man kurzfristig in solche Zustände ein. Aber durch diese Praxis versucht man, länger in diesem Zustand zu verweilen. Man erfährt eine gewisse Ruhe und Ausgeglichenheit, die kaum durch äußere Einflüsse gestört werden können. Aber die meisten Menschen ahnen nicht, daß ihre gegenwärtige Persönlichkeit in diesem Zustand verschiedenen unbewußten Einflüssen ausgesetzt ist, weil das Unterbewußtsein in diesem Augenblick weit geöffnet ist. Die Menschen erkennen dies nicht, bis es zu spät ist. Natürlich werden Sie fragen, ob alle, die diese Methode praktizieren, diesen Zustand erreichen. Zum Glück nicht. Die göttliche Gnade läßt es nicht zu. Und ich frage mich, worin der Nutzen dieser Praxis besteht. Ich glaube nicht, daß sie einen Nutzen hat.«

»Weshalb nicht?« erkundigte Anthony sich.

»Weil man mittels dieser Praxis nicht an seinem Bewußtsein arbeitet. Man tritt einfach in einen gelassenen Zustand ein, in dem die gegenwärtige Persönlichkeit von nichts mehr belastet wird. Das jedenfalls glaubt man.« Kostas hatte die letzten Worte betont.

»Wahres spirituelles Wachstum«, fuhr Kostas fort, »das in Wirklichkeit eine Erhebung des Bewußtseins ist, stellt sich ein, wenn man in die höheren psychonoetischen Zustände gelangt und sie meistert. Es stellt sich nicht ein, wenn man Methoden befolgt, die wie Beruhigungsmittel sind und die einen dorthin befördern, ohne ein wahrer Ausdruck des Bewußtseins zu sein. Es ist wirklich nicht sehr viel anders als der Zustand, in den man mittels Drogen oder durch Hypnose gelangt. Unser Ziel besteht darin, an unserem Bewußtsein zu arbeiten, indem wir ständig die Zustände meistern, in denen wir uns befinden. Nur darum geht es bei der Suche nach der Wahrheit, wie ich sie verstehe. Was würden Sie sonst gewinnen? Sie öffnen nur die Tür Ihres Hauses, das heißt Ihres Bewußtseins. Die Menschen erkennen nicht, daß dieses Haus von den wildesten Bestien des Planeten umlagert wird.«

»Sie sprechen von den Elementalen«, stellte Bob fest.

»Ja«, erwiderte Kostas. »Und wenn diese Bestien Nahrung wittern, kann nichts sie davon abhalten, ins Haus einzudringen.« In der Folge beschrieb Kostas mehrere klinische Fälle von Menschen, die dank solcher Praktiken negativen psychischen Energien zum Opfer gefallen waren. Ein Mann hatte ihm geschrieben, er habe sich nach einer ganztägigen Mantra-Übung in seinem Apartment in London in tiefer Meditation befunden, als draußen vor seinem Fenster Arbeiter anfingen, mit einem Preßlufthammer den Asphalt aufzustemmen. Er erlitt durch den plötzlichen, dämonischen Lärm einen heftigen Schock, und er fühlte, daß etwas in ihn eindrang. Wie er schrieb, blieb dieses unkörperliche »Ding« in ihm und quälte ihn jahrelang. Er bemühte sich verzweifelt um Hilfe. Ein anderer Mann, der seinen Lebensunterhalt als verläßlicher Regierungsbeamter verdiente, verlor seine Arbeit, weil sein Verhalten exzentrisch und für einen Beamten untragbar geworden war, nachdem er mit einer solchen Praxis begonnen hatte. Diese und andere Fälle veranlaßten Kostas zu ernsten Vorbehalten gegenüber solchen Methoden der spirituellen Praxis, die heute populär geworden sind.

Ich deutete an, daß es vielleicht nicht fair sei, eine Praxis, die so vielen Millionen Menschen in der ganzen Welt gutgetan habe, nur deswegen abzulehnen, weil ein paar Personen auf Grund einer übermäßigen Anwendung ohne geeignete Anleitung psychische Probleme bekommen hätten. Menschen, die bereits zu mentalen Problemen neigen, sagte ich weiterhin, sollten sich von solchen Praktiken fernhalten. Eine konventionelle Psychotherapie könnte für sie angemessener sein als mystische Praktiken, die Transzendenz anstreben. Ich wies auch auf Forschungsergebnisse hin, die gezeigt hatten, daß einige Meditationsformen wie zum Beispiel das 20minütige Wiederholen eines Mantras zweimal am Tag die Gesundheit stärkt. Und ich erwähnte die Arbeit von Dr. Herbert Benson[9] von der

Medizinischen Fakultät der Harvard Universität, der die »Entspannungsreaktion« erforscht hatte, eine Form des Mantra-Yogas als Technik der Tiefenentspannung, und die Arbeit von Dr. Dean Ornish[10], der eine solche Praxis mit großem Erfolg in die Behandlung von Herzpatienten eingebaut hatte.

Kostas erwiderte, seine Einstellung gründe sich auf seine Beobachtung der vielen Personen, die ihn um Hilfe gebeten hatten, nachdem sie über eine längere Zeit Mantras angewandt hatten, mit dem Ziel, ihr Unterbewußtsein für psychische Zustände und Einflüsse zu öffnen, über die sie keine Gewalt gehabt hatten. Er bezog sich nicht, so sagte er, auf Methoden zur Beruhigung des Nervensystems zu medizinischen Zwecken.

Helena sagte: »Kosta, Kyriakos hat uns gesagt, daß Sie auch die Praxis der Rückführung in ein früheres Leben, wie sie heute unter vielen New-Agern Mode geworden ist, nicht befürworten.«

»Ich bin entschieden dagegen, und zwar aus ähnlichen Gründen, wie ich sie in bezug auf die Mantras aufgeführt habe.«

Als Helena fragte, was genau er daran zu beanstanden hatte, antwortete Kostas ausführlicher. Er sagte, der Schleier des Vergessens, der insbesondere über die früheren Leben eines Menschen gebreitet ist, spiele eine sehr wichtige Rolle. Er ermögliche es dem Menschen, sich auf sein gegenwärtiges Leben zu konzentrieren, weil es das gegenwärtige Leben ist, das für die spirituelle Entwicklung des Selbst bedeutsam ist. In der Vergangenheit zu graben könnte Erinnerungen zu Tage fördern, die als Elementale früherer Inkarnationen die gegenwärtige Persönlichkeit heimsuchen würden.

»Wenn Sie bedenken«, sagte Kostas, »daß sich das Bewußtsein ständig höher entwickelt, dann können Sie sich vorstellen, daß die Einstimmung in eine frühere Inkarnation Sie in Kontakt mit einem Teil von Ihnen bringt, der sich auf einer niedrigeren Entwicklungsstufe befand. Sie können mit einer

Inkarnation in Berührung kommen, zu deren Zeit die Bedeutung von gut und böse anders war – auf einer tieferen Stufe stand – als die Bedeutung von gut und böse in der Gegenwart. Dies kann sich im heutigen Leben sehr störend auswirken. Wir sollten uns davor hüten, den Ozean, den wir das Unterbewußtsein nennen, aufzurühren. Wir sollten erkennen, daß der Mensch, der wir jetzt sind, das Ergebnis früherer Leben und der Entscheidungen ist, die wir in bezug auf Gefühle, Gedanken und Taten im Verlauf dieser Leben getroffen haben. Wenn wir das Wasser aufrühren, könnten andersgeartete Situationen aufsteigen und an der Oberfläche erscheinen, und dann muß die gegenwärtige Persönlichkeit die Folgen tragen. Gehen Sie niemals davon aus, daß Sie sich in früheren Inkarnationen auf einer höheren Bewußtseinsstufe befanden als heute. Vergessen Sie die Vergangenheit, vergessen Sie die Zukunft, und konzentrieren Sie sich auf den gegenwärtigen Augenblick, denn er ist es, der zählt.«

»Kosta, glaubst du nicht, daß Rückführungen in ein früheres Leben manchmal von therapeutischem Nutzen sein können? Verantwortungsbewußte Psychotherapeuten haben wichtige Arbeiten darüber veröffentlicht«, sagte ich und erwähnte die Namen von Brian Weiss[11] und Roger J. Woolger[12].

»Das ist ein anderer Fall, Kyriaco. Ja, natürlich. Eine Rückführung in ein früheres Leben kann einem Menschen vielleicht manchmal helfen, bestimmte Probleme in seinem derzeitigen Leben zu lösen. Aber das ist eine sehr verantwortungsvolle Arbeit, die dem Therapeuten sehr viel Wissen und Gewissenhaftigkeit abverlangt. Meine Einwände gegen Rückführungen in ein früheres Leben richten sich gegen die Praxis, sie als eine Art Sport zu betreiben, weil man neugierig ist.« Dann wiederholte Kostas, was er bereits viele Male gesagt hatte: daß der Schleier des Vergessens, der verhindert, daß Erinnerungen an frühere Leben in die Gegenwart einfließen, auf natürliche Weise gehoben wird, wenn die gegenwärtige Persönlichkeit spirituell so weit entwickelt ist, daß die sich manifestierenden Erinnerungen an die Vergangenheit keine Wirkung mehr auf die Gegenwart haben können.

»In Wirklichkeit hat das Unterbewußtsein keine Grenzen«, sagte er. »Wenn Sie sich anschicken, in diesen Ozean hinabzutauchen, müssen Sie sicherstellen, daß Sie einen entsprechenden Taucheranzug tragen. Das bedeutet, daß Sie dann Ihr Unterbewußtsein gemeistert haben und auch die Erinnerungen meistern werden, die aufsteigen wollen. Sie dürfen nicht an die Oberfläche kommen und Ihr derzeitiger Ausdruck als gegenwärtige Persönlichkeit werden. Die Erinnerungen an frühere Leben dürfen nicht wie eine Planke emporsteigen und an der Oberfläche des Ozeans schwimmen. Dies sind die Gefahren, wenn man versucht, zu Erlebnissen vergangener Inkarnationen zurückzukehren.«

»Ich habe einen Vorschlag zu machen«, sagte Maroulla mit begeisterter Stimme. »Es ist schon halb sieben, und bald wird die Sonne untergehen. Ihr könnt euch nicht vorstellen, wie schön es ist, zu dieser Stunde schwimmen zu gehen.«

Alle waren einhellig der Meinung, daß Maroullas Vorschlag großartig war. Wir stiegen in die Wagen und erreichten in weniger als 20 Minuten die Küste, zogen unsere Badesachen an und sprangen wieder einmal ins Meer. Wir wandten uns der untergehenden Sonne zu und schwammen alle sechs langsam nebeneinander, um die goldenen Sonnenstrahlen auf unseren Gesichtern zu genießen. In der folgenden Stunde unterhielten wir uns weiter, während wir parallel zum Ufer schwammen.

»Ich habe ein paar Fragen zu dem, was du gestern abend über die Relativität von gut und böse in bezug auf die Praktiken der Mystiker vergangener Epochen gesagt hast, Kosta«, sagte ich beim Schwimmen. »Nach deinen Worten müßte man Mystiker der Vergangenheit aus der Sicht der allgemeinen Entwicklung der gegenwärtigen menschlichen Bewußtseinsstufe als Diener nicht so gutartiger Mächte betrachten.«

»Richtig. Aber du mußt bedenken, daß die Mystiker der Vergangenheit zum Wachstum des menschlichen Bewußtseins beigetragen haben. Wenn diese Mystiker heute lebten und sich gemäß dem Standpunkt ihres Bewußtseins in jener früheren Epoche ausdrückten, dann würden die heute lebenden Menschen gemäß ihrer heutigen Bewußtseinsstufe sie eher als Diener der dunkleren als der helleren Mächte betrachten. Aber zu ihrer Zeit wurden sie allgemein als Diener des Lichts betrachtet, des Lichtes, soweit die Menschheit als Ganzes es zu jener Zeit erblicken konnte. Licht und Dunkelheit sind relative Begriffe. Wir sagen, daß jemand dem Licht dient und ein anderer der Dunkelheit. In Wirklichkeit sind wir alle Diener des Lichts, das aus der Höhe kommt und das jeder von uns in sich selbst findet. In Gottes Namen kann ich nicht akzeptieren, daß es Dunkelheit in der Wirklichkeit gibt. Es gibt nur dunkle Interpretationen auf der Grundlage des menschlichen Bewußtseins. Oder, wenn du so willst, es gibt vom menschlichen Bewußtsein geschaffene Elementale, die bewirken, daß die Menschen in Unwissenheit befangen bleiben. Dunkelheit ist Unwissenheit, die uns von der Gnosis oder von Wissen und Weisheit abhalten.«

»Aber wir haben früher gesagt, daß man Weisheit besitzen kann, ohne Selbstverwirklichung erlangt zu haben.«

»Ich meine Weisheit und Wissen, die du in deinen gegenwärtigen Ausdruck integriert hast, so daß deine gegenwärtige Persönlichkeit mit der Weisheit gleichgezogen hat, die aus deinem inneren Selbst entspringt.«

»Ich denke, hier könnte sich eine Schwierigkeit ergeben«, sagte ich, während wir gemächlich weiterschwammen. »Wer definiert denn, welche Bewußtseinsebene als Maßstab zum Zweck des Vergleichs und des Echtheitsnachweises benutzt werden kann? Wie kann man zum Beispiel bestimmen, ob eine bestimmte mystische Praxis einer tieferen Entwicklungsstufe des menschlichen Bewußtseins angehört?«

»Je näher du dem *Agathon* bist, desto höher ist deine Bewußtseinsstufe«, erwiderte Kostas.

»Aber wer kann das bestimmen?« fragte Helena.

»Wer kann sagen«, fügte ich hinzu, »ob eine bestimmte Praxis oder das Verhalten eines bestimmten Mystikers – auf der Grundlage der gegenwärtigen Bewußtseinsebene – in die Kategorie des Akzeptablen und Normalen fällt und wo das Nichtakzeptable oder Pathologische beginnt?«

»Laßt mich zuerst folgendes sagen. Kein Meister wird – unabhängig von seiner Bewußtseinsebene – wirklich das innere Selbst in seiner Gesamtheit manifestieren, das heißt kein Meister in dieser Dimension. Also lautet eure Frage, wie können wir wissen, ob das, was wir heute ausdrücken, viel höher steht als das, was wir gestern ausgedrückt haben? Die Antwort ist einfach: Der Vergleichsmaßstab muß das *Agathon* sein, die All-Liebe Gottes. Wie nahe sind wir ihr?«

»In Ordnung, das ist ein Maßstab«, sagte ich.

»Natürlich. Denkt nur, einige Meister früherer Epochen waren sogar die Anführer bei Menschenopfern. Sind sie von unserer heutigen Bewußtseinsebene aus akzeptabel?«

»Kann man diese Leute denn Mystiker nennen?« fragte Bob, der sich darum bemühen mußte, den Kopf über Wasser zu halten, weil es mit seinen Schwimmkünsten nicht besonders weit her war.

»In der Vergangenheit? O ja!« erwiderte Kostas. »Die Menschen betrachteten sie als Mystiker und Meister.«

»Aber waren sie Mystiker in dem Sinne, wie wir dieses Wort heute verstehen?« fragte Maroulla, die eine gewandte Schwimmerin war.

»Aus der Sicht unseres heutigen Bewußtseins, nein, sie waren es nicht. Aber für ihre Zeitgenossen waren sie Meister, und die Menschen knieten vor ihnen nieder.«

»Und sie besaßen parapsychische Kräfte«, fügte ich hinzu.

»Natürlich. Viele von ihnen haben gewaltige parapsychische Kräfte demonstriert. Und doch nahmen diese Mystiker ohne Furcht oder Reue Menschen das Leben, ohne sich etwas dabei zu denken. Sie besaßen große Kräfte, unbeschadet ihrer Bewußtseinsebene. Deshalb sollten wir auch, wie ich sagte, nicht so sehr in heutige Mystiker vernarrt sein, die Kräfte dieser Art zur Schau stellen und sie freigebig anwenden. Man kann alle möglichen Arten mächtiger Elementale anrufen und mit ihrer Hilfe spektakuläre Taten vollbringen, von denen die Anhänger fasziniert sind. Aber sind solche Dinge heute noch zulässig? Nach meiner Meinung nicht.«

»Und doch können solche Bravourstückchen«, bemerkte ich, »obwohl wir sie nicht als ernsthafte, spirituelle Arbeit akzeptieren können, dazu beitragen, daß die Menschheit ihre Besessenheit von dem vorherrschenden, materialistischen Aberglauben überwindet, daß nur diese Welt existiert. Vielleicht ziehen diese Manifestationen von Kräften die Aufmerksamkeit der etablierten Wissenschaft auf sich und bewirken, daß diese Phänomene untersucht werden.«

»Mag sein, aber für uns Sucher der Wahrheit sind solche Praktiken nicht akzeptabel. Und jene, die sich aus egoistischen Gründen statt zu Heilungszwecken mit ihnen befassen, belasten entsprechend ihr Karma, unabhängig davon, wie die unbeabsichtigten und indirekten positiven Auswirkungen auf das kollektive menschliche Bewußtsein aussehen«, sagte Kostas. Er drehte sich auf den Rücken und schwamm in dieser Position noch fünf Minuten mit kräftigen Zügen weiter.

Die Sonne war vor einer halben Stunde untergegangen. Wir setzten uns ein paar Minuten lang an den Strand und bedeckten uns mit Handtüchern. Der Sand war noch warm und die Temperatur ideal. Ich habe nie etwas beruhigender gefunden, als während des Sonnenuntergangs am Strand von Zypern zu sitzen. Wenn ich auf der Insel bin, lasse ich mir niemals die Gelegenheit entgehen, zu dieser Stunde am Strand zu sitzen, eine Gewohnheit, die sich schon früh in meinem Leben herausgebildet hat.

Wir lauschten dem Plätschern der Wellen und betrachteten den Horizont, während wir unser Gespräch noch für eine Weile fortsetzten.

»Ich habe immer noch ein Problem, Kosta«, sagte ich lächelnd. »Ich möchte nicht den *advocatus diaboli* spielen, aber die Mystiker der Vergangenheit befanden sich nicht alle auf derselben Ebene.«

»Das wäre auch verwunderlich gewesen«, erwiderte Kostas.

»Es gab sogar im fernen Altertum Mystiker, die fähig gewesen sein müssen, ins *Agathon* einzutreten, in die All-Liebe Gottes, des Absoluten, jenseits aller von Menschen erschaffenen Bedeutung, und uns von diesem Zustand zu berichten. Anderenfalls hätten diejenigen unter uns, die sich auf einer niedrigeren Ebene befinden, keinen Hinweis, daß es das *Agathon* gibt.«

»Du hast völlig recht. Aber denk daran, daß das *Agathon* in dir selbst ist.«

»Jedenfalls müssen wir die Mystiker der Vergangenheit von jemandem wie zum Beispiel Buddha unterscheiden...«

»Aber Kyriaco«, unterbrach Kostas mich, »wir sprechen nicht über diese Ausnahmen wie Buddha oder die Jünger des höchst Geliebten oder die übrigen großen Menschheitslehrer. Wir sprechen über die Mystiker der Vergangenheit, die von den meisten Menschen als Mystiker betrachtet wurden, und von den Praktiken, die sie ausübten. Aber wir müssen auch daran denken, daß selbst die größten Mystiker – wenn sie ihren Zeitgenossen ihre Erfahrungen übermittelten – stets die sprachlichen Mittel benutzten, die ihrer Zeit und der Bewußtseinsebene der damaligen Gesellschaft entsprachen.«

»Deshalb«, ergänzte ich, »werden sprachlich ausgedrückte Erkenntnis und Weisheit stets relativ sein.«

»Genau. Es kann nicht anders sein. Schau dir die Lehren sogar von Jesus Christus an. Er bot eine Lehre in der Sprache seiner Zeit. Wie viele Deutungen der Evangelien hat es gegeben, wie viele Dogmen, Häresien und so weiter? Und doch bleibt die eigentliche Lehre dieselbe – sie wird nur immer von verschiedenen Blickwinkeln aus betrachtet, je nach der Bewußtseinsebene des Interpreten. Auch wir beanspruchen, daß das, was wir lehren, mit den Evangelien übereinstimmt, und wir nehmen wörtlich, was Christus gesagt hat – daß das Himmelreich *endos emon* (in uns selbst) ist. Also forschen wir in uns selbst, und wenn andere über die Auferstehung des Fleisches und die Wiederkunft Christi reden, sagen wir, daß die Wiederkunft ein psychospiritueller Zustand ist, nämlich eine Öffnung für das Christusbewußtsein.«

»Demnach ist aus unserer Sicht oder aus der Sicht der Erewna«, sagte Helena, »jede mystische Praxis, die zu einem Christusbewußtsein führt, wahre Religion, ob sie Mahayana-Buddhismus, Sufismus, Vedanta oder Christentum genannt wird.«

»Jede mystische Praxis, die zu einer Entfaltung der Liebe, des Christus-Logos in uns führt, ist der Definition nach echt«, erwiderte Kostas.

Wir sprachen noch 20 Minuten lang über diese Fragen. Dann beschlossen wir – wiederum auf Maroullas Vorschlag hin –, uns anzukleiden und knapp drei Kilometer weit in ein Fischerdorf zu fahren und dort eine traditionelle, zypriotische Fisch-*Meze* zu essen.

Ich traf mich noch mehrere Male in Plataniskia mit Kostas und der Gruppe, gewöhnlich am Abend, um weiterhin Fragen in Zusammenhang mit der Erewna zu erforschen. Kostas war stets bereit und willens, sich mit den unterschiedlichen Besuchern zu treffen, die ihn aufsuchten, aber besonders mit Men-

DURDRINGEND

schen wie Anthony und Helena, die beide Erewna-Gruppen in New York leiteten. Bob bat darum, eine Gruppe in Australien gründen zu dürfen, und Maroulla versprach, ihm die transkribierten Lektionen zu schicken, die Kostas auf seine übliche, spontane Art gab.

Nachdem die beiden wieder abgereist waren, boten sich mir den Sommer über weitere Gelegenheiten, mich mit Kostas zu treffen. Oft ging ich in seine Tankstelle, wo er sich, von Kunden umgeben, auf endlose philosophische Diskussionen einließ. Er verfehlte nie, mich durch seine durchdringenden Einsichten in esoterisches Wissen in Erstaunen zu setzen, selbst wenn wir in bestimmten Einzelheiten geteilter Meinung waren. »Das hier ist nicht meine wirkliche Arbeit«, versicherte er mir eines Tages, als er mit einem Stapel amtlicher Dokumente befaßt war. Er war gerade von einer zweitägigen Geschäftsreise nach London zurückgekehrt, wo er über ein paar Dinge mit dem Management der Shell-Ölgesellschaft sprechen mußte. Er brauchte mir nicht zu erklären, worauf er sich bezog, denn ich wußte, daß Kostas nicht den Benzinverkauf für seine Lebensaufgabe hielt, sondern seine Tätigkeit als Heiler und Verbreiter esoterischer Weisheit durch die Erewna. Und doch mußte er, ein ergebener Ehemann und Vater zweier Kinder, auf die gewöhnliche Art arbeiten, um seinen Lebensunterhalt zu verdienen. Auch seine Frau – eine Cousine Emilys – betonte mit allem Nachdruck, sie wünsche nicht, daß ihr Mann ein Geistlicher und von ihr entfernter Vollzeit-Guru würde. Das Leben der beiden wurde bereits so, wie es war, durch den endlosen Zustrom von Besuchern nicht nur von Zypern, sondern aus der ganzen Welt beeinflußt, die Heilung und spirituelle Weisheit suchten. Trotz aller internationalen Aufmerksamkeit war eine würdevolle, in meinen Augen heroische Hartnäckigkeit um Kostas, der entschlossen war, sich nicht in der Falle der Guru-Verehrung fangen zu lassen.

9
Übergänge

Der Sommer 1990 neigte sich seinem Ende zu, als wir mit Stephanos und seiner Frau Erato ein paar Tage lang Urlaub in Platres machten, einem Bergdorf, das eine gute Zuflucht vor der Augusthitze bot. Die beiden waren mir und Emily seit vielen Jahren gute Freunde, und ihre Gesellschaft gehörte stets zum Schönsten bei unseren Besuchen auf Zypern. Stephanos und Erato waren einige Jahre lang Lehrer in »Praktischer Philosophie« gewesen, einer esoterischen Schule, deren Hauptsitz in London ist. Von dort aus verbreitete die Schule die Lehren eines »selbstverwirklichten« indischen *Shankaracharya* – ein Titel, der in etwa dem eines Bischofs entspricht. Stephanos war eigentlich die lokale »Säule« dieser Schule. Er leitete nicht nur die örtliche Schule und lehrte diese spezielle Mischung aus orientalischer Mystik, Philosophie und Praxis, sondern brachte den Menschen auch bei, methodisch zu meditieren, ähnlich wie in Maharishi Mahesh Yogis Transzendentaler Meditation. Während ich meine Erewna-Forschungen als »teilnehmender Beobachter« betrieb, hatte ich meinen Kontakt zu Stephanos beibehalten. Er diente mir als ethnologischer Informant und Berater bei den Vorgängen in anderen spirituellen Gruppen auf Zypern und anderswo. Am wichtigsten war, daß Stephanos ein zuverlässiger Vertrauter war. Ich besaß den Vorzug, von seiner Weisheit profitieren zu können, die sich auf mehrere Jahrzehnte der persönlichen Teilnahme an Gruppen der verschiedenen spirituellen Traditionen während seines 20jährigen Aufenthalts in London vor seiner Rückkehr auf seine Geburtsinsel Zypern gründete.
Ich hatte den Eindruck, daß die Dinge, die ich von Stephanos lernte, die Lehren von Kostas ergänzten. Da die beiden einan-

METANOIA=

der nicht kannten, brachte ich sie bei mehreren gesellschaftlichen Anlässen zusammen, und sie tauschten ihre Ansichten über spirituelle Fragen aus. Ich dachte bei mir, daß Kostas und Stephanos ein vorzügliches Duo abgäben, falls sie jemals beschließen sollten, ihre Tätigkeiten auf spirituellem Gebiet zu verbinden. Sie respektierten einander und erkannten, daß sie parallele, aber unterschiedliche Wege beschritten. Diese Verschiedenheit verhinderte jedoch nicht, daß einige der Schüler von Kostas den Diskussionsgruppen von Stephanos beiwohnten und umgekehrt.

Die spirituelle Odyssee von Stephanos hatte nach einem Unfall begonnen, der ihn beinahe das Leben gekostet hätte. Er hatte zwei ganze Jahre in einem Krankenhausbett zubringen müssen. Er sagt, vor dieser Zeit habe er buchstäblich das Leben des verlorenen Sohnes geführt, stets auf der Jagd nach Vergnügen und Geld. Wie er es ausdrückte: »Wärst du mir damals begegnet, hättest du nichts mit mir zu tun haben wollen.« Am interessantesten an Stephanos war seine Verwandlung von einem Saulus in einen Paulus – seine Metanoia – während und nach dem Unfall. Er erzählte mir, er erinnere sich daran, daß, als er eilends ins Hospital gebracht wurde, ein strahlend weißes Licht seinen Körper einhüllte. Er fühlte keine Schmerzen. Das Licht war drei Tage lang bei ihm geblieben, und er nahm es als eine Versicherung, daß am Ende alles gut werden würde. Es war der Beginn seines spirituellen Erwachens. Während seines langen Krankenhausaufenthaltes begann er, über sein »sündiges« und sinnloses Leben nachzudenken. Als er endlich aus dem Hospital entlassen wurde und wieder gehen konnte, war Stephanos ein radikal anderer Mensch. Er hatte sein früheres Selbst vollständig hinter sich gelassen und den Weg der spirituellen Erneuerung betreten. »An diesem Punkt«, so sagte er zu mir, »glaubte ich, daß Gott mir diese Erfahrung als Lektion für mein Erwachen geschickt hatte.«

260

Seine Suche nach Bedeutung und Erleuchtung führte ihn zu mehreren spirituellen Gruppen, von Sufiorden zum Zen und zur »Praktischen Philosophie«. Aber sein Geist war immer noch ruhelos. Trotz seiner Beliebtheit als Lehrer und Meditationsführer suchte er immer nach etwas Tieferem, wie er mir viele Male gestanden hatte.

In den letzten Jahren begann zu jedermanns Verwunderung eine neue radikale Verwandlung in Stephanos' spiritueller Entwicklung sich abzuzeichnen, eine Verwandlung, die sich auch auf mein eigenes Leben und Arbeiten auswirkte. Er fing an, sich mit der östlich-orthodoxen spirituellen Tradition vertraut zu machen. Irgendwann gelangte er zu dem Schluß, daß der mystische Pfad des Ostchristentums, wie er von den klösterlichen Orden beschritten wird und in den Schriften der Kirchenväter niedergelegt ist – der alten und der zeitgenössischen –, einen vielversprechenden Weg zum Göttlichen darstellte. Diese Neuorientierung seines Denkens von der orientalischen Mystik zur östlich-orthodoxen Spiritualität führte bei ihm und seiner Frau schließlich zu der dramatischen Entscheidung, ihre Stellungen als Lehrer der »Praktischen Philosophie« aufzugeben und ihre Energien auf den Demutspfad der östlichen Orthodoxie zu lenken. Sein Treffen in England mit Pater Sophrony, einem 96 Jahre alten russisch-orthodoxen Mönch, der als »lebender Meister und Heiliger« galt, besiegelte Stephanos' spirituelle Bekehrung zum östlich-orthodoxen Pfad.

»Was hast du in der Orthodoxie gefunden«, fragte ich ihn einmal, »was du in den anderen Traditionen nicht fandest?« Ich nahm an, er habe sich schließlich entschieden, dem östlich-orthodoxen Pfad zu folgen, weil dieser ein Teil seiner eigenen kulturellen Tradition war. Aber Stephanos versicherte mir, sein Hauptgrund sei die Entdeckung gewesen, daß der orthodoxe Pfad ein entschiedenerer und wirksamerer Weg war,

Egoismus und Narzißmus zu überwinden. Und dieser Weg, so sagte er, ist der Weg der Demut.

Die Menschen, die unser Leben am ehesten beeinflussen, sind gewöhnlich entweder diejenigen, die wir als unseresgleichen betrachten, oder solche, zu denen wir aufschauen. Wenn zum Beispiel ein Harvard-Professor der Psychiatrie sich mit Forschungen über UFO-Entführte befaßt und die Berichte solcher Menschen ernsthaft untersucht, werde ich mich weit mehr dafür interessieren, als wenn ich Artikel darüber in populären Illustrierten lese, die man in den Ständern an der Kasse der Supermärkte findet. Ich persönlich wurde erst in die Transzendentale Meditation eingeführt und praktizierte sie mehrere Jahre lang, nachdem ein Kollege und Freund, der selbst TM-Lehrer war, mich von der Wirksamkeit dieser Übungen überzeugte. Und auch von Stephanos' Hinwendung zur östlich-orthodoxen Spiritualität nahm ich nur deshalb Kenntnis, weil er ein enger Freund war, zu dem ich aufschaute.

Bei unseren häufigen Treffen und Gesprächen führte Stephanos mich in die reiche spirituelle und poetische Literatur ein, die die Anhänger dieser Tradition in Form von Bekenntnissen, Aphorismen und anderen Beschreibungen ihres spirituellen Lebens und ihrer Ratschläge für die Erlangung von Demut und Heiligkeit hinterlassen hatten. »Diese Literatur«, sagte Stephanos einmal zu meinem Erstaunen, »ist für mich weitaus bedeutsamer und profunder als die Veden und die Upanischaden.« Mit solchen Äußerungen stärkte er meine Entschlossenheit, mehr über diese mystische Tradition herauszufinden, die im Kern der abendländischen Kultur liegt und trotzdem weitgehend vernachlässigt wird.

Als ich mit meiner Erkundung der orthodoxen Spiritualität begann, versuchte ich, eine Verbindung zur Erewna zu sehen. In meiner Vorstellung hatte ich angefangen, die Erewna als Variante des *Jnana*-Yoga in der abendländischen spirituellen Tra-

 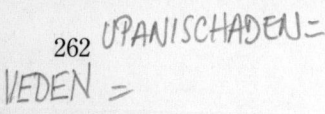

dition und die östlich-orthodoxe Spiritualität als den Demuts-pfad zu Gott zu betrachten, als das, was die Inder *Bhakti*-Yoga nennen würden. Ich wollte herausfinden, was an der orthodo-xen Spiritualität für den modernen Menschen, der kein Mönch und auch nicht unbedingt ein griechischer Orthodoxer ist, ei-ne Bedeutung haben konnte. Gab es an dieser Tradition etwas – vielleicht eine Übung –, das man »exportieren« konnte und das für alle Menschen des Westens wichtig war? Oder han-delte es sich um eine streng begrenzte, griechisch-orthodoxe Tradition? Mit Kostas' Vorbehalten gegenüber »früheren Prak-tiken«, die nicht der heutigen Bewußtseinsebene entsprechen, im Hinterkopf, wollte ich für mich selbst das Ausmaß erkun-den, in dem einige der östlich-orthodoxen Praktiken für die Erewna-Arbeit selbst von Bedeutung sein mochten.

Wir besuchten während unseres Beisammenseins mit Stepha-nos und Erato gemeinsam eine Reihe von Klöstern und ein paar jener abgelegenen Kapellen, von denen es auf Zypern so viele gibt. Es war für mich und Emily eine Gelegenheit, ein Ge-fühl für die östlich-orthodoxe Spiritualität zu bekommen und sie auch intellektuell besser zu verstehen. Stephanos führte uns in einige Gebetsmeditationen ein, die zum mystischen Teil dieser Tradition gehören, und wir übten sie gemeinsam. Und er führte mit uns lange, theologische Diskussionen auf der Grundlage des Verständnisses der Schriften und Lehren eini-ger spiritueller Meister der Gegenwart wie des erwähnten rus-sisch-orthodoxen Paters Sophrony[1], der vorher auch ein Schüler der orientalischen Mystik gewesen war und einen so entscheidenden Einfluß auf Stephanos besaß. Außerdem brachte er uns mit einem älteren Mönch zusammen, den Ste-phanos als »selbstverwirklichten, heiligen Mann« betrachtete, der nicht nur von vollkommener Demut, sondern auch mit Hellsicht begabt war. Als ich ihm begegnete, kam es mir so vor, als hätte ich Pater Zossima in Dostojewskys *Brüdern Ka-*

ramasow vor mir. Derartige Begegnungen steigerten meinen Appetit, mehr über die östlich-orthodoxe Mystik, wie sie in Klosterorden gelehrt wird, zu erfahren.

»Ich möchte, daß du dies hier annimmst«, sagte Erato, als wir uns darauf vorbereiteten, Platres zu verlassen und in die Vereinigten Staaten zurückzukehren. »Es ist ein kleines Geschenk von mir und Stephanos.« Emily öffnete das flache, rechteckige Päckchen. »Die Ikone des heiligen Mamas!« rief sie aus und umarmte Erato.

Es handelte sich um eine von Emilys Lieblingsikonen, das seltene Bild eines jungen Heiligen, der auf einem Löwen reitet und in seinem linken Arm ein Lämmlein birgt. Die Ikone, die Erato uns gab, erinnerte an ein Wandgemälde in der Kapelle von Asinou, die wir am Tag zuvor besucht hatten. Es ist eine kleine, im 12. Jahrhundert von den Byzantinern inmitten eines Pinienwaldes an den nördlichen Ausläufern der Troodos-Berge erbaute Kirche. Wir hatten Asinou bereits mehrmals besucht, um die Schönheit der umliegenden Berge in uns aufzunehmen und die kostbaren religiösen Gemälde zu bewundern, von denen die gesamten Innenwände der kleinen Kirche bedeckt sind.

Emily hatte das Bildnis des heiligen Mamas auf dem Löwen stets bewundert. Er ist ein gefeierter Heiliger auf Zypern, wo man ihm unzählige Wunder zuschreibt. Mehr als 45 Kirchen wurden ihm zu Ehren erbaut, und ein Dorf ist nach ihm benannt. Aber er war kein Zypriote, sondern ein frühchristlicher Märtyrer von der nahe gelegenen kleinasiatischen Küste, den die Römer einem Rudel hungriger Löwen vorwarfen. Als die wilden Tiere sich wunderbarerweise weigerten, ihn zu fressen, mußten Soldaten ihn foltern und mit ihren Schwertern töten.

Viele Legenden ranken sich um den Heiligen und seine Beziehung zu wilden Tieren. Nach einer dieser Legenden molk er Löwen und machte aus der Milch Käse für die Armen. Nach einer anderen stellte er Löwen dazu an, seine Schafherde zu bewachen. Wieder eine andere Erzählung, die von Zyprioten in den Jahren der ottomanischen Herrschaft ersonnen wurde, machte aus ihm einen Rebellen gegen die fremde Besteuerung. Nach dieser Legende stieg der heilige Mamas, als er von der Absicht des türkischen Pascha in Nikosia hörte, Steuern von den Bauern zu erheben, auf einen Löwen und ritt in die Stadt. Als der Pascha den brüllenden Löwen hörte und den Heiligen auf ihm reiten sah, fürchtete er sich so, daß er die Abschaffung der neuen Steuern befahl, die den bereits überlasteten Bauern aufgehalst worden waren. Der heilige Mamas wurde ein Schutzpatron der Unterdrückten, ein Heiliger, mit dem die Zyprioten sich leicht identifizieren konnten.

Emily liebte die Ikone nicht nur als ungewöhnliches Kunstwerk, sondern auch und vor allem wegen ihrer vielfachen Bedeutungen. »Für mich«, sagte sie, »symbolisiert sie die Harmonie, die zwischen Menschen und der Natur herrschen kann. Vielleicht war der heilige Mamas ein Vorläufer einer radikalen Ökologie.« Wir schauten uns die Ikone eine Weile an und dachten über das nach, was Emily gesagt hatte.

»Ich könnte mir noch eine Reihe anderer Bedeutungen ausdenken«, sagte ich und nahm die Ikone in die Hand, um sie näher zu betrachten. »Jemand schlug vor, daß der Löwe Kraft und Wagemut symbolisiert, den Wagemut, den man aufbringen muß, wenn man sich bewußt auf den spirituellen Pfad einläßt. Aber ich sehe noch eine weitere Bedeutung. Der Heilige steht für die Seele, die auf dem Löwen reiten muß – das Ich –, um Erfahrungen in den unteren Welten zu sammeln. Es ist das Ich, der ›Löwe‹, das die Seele letzten Endes meistern und transzendieren muß.«

Erato sagte, wir beide hätten die wichtigste Bedeutung übersehen. »Ihr habt vergessen«, sagte sie lachend, »daß Emily unter dem Sternzeichen des Löwen geboren ist!«

10
Pilger des Heiligen Berges

Am späten Morgen des 24. März 1991 fuhr ich mit meinem Freund Demos von seinem Haus in Wayne, New Jersey, wo ich den Abend verbracht hatte, nach Astoria, New York. Wir wollten ein paar griechische Cafés, Restaurants und Lebensmittelläden besuchen und den Tag damit verbringen, über persönliche Dinge sowie über die griechische und die zypriotische Politik zu sprechen. Ich mußte am Tag darauf nach Athen fliegen. Astoria mit seinem großen Anteil griechischstämmiger Einwohner ist der richtige Ort, um die neuesten Nachrichten über Griechenland und Zypern zu erfahren.

Demos, ebenfalls ein griechischer Zypriot und ein Kollege in den Politwissenschaften, war ein mir ebenbürtiger Partner bei Gesprächen über politische und andere weltliche Dinge, die absolut keinen Bezug zu den spirituellen Fragen hatten, die mich seit etwa zehn Jahren beschäftigen. Er verhielt sich esoterischen Fragen gegenüber neutral, und wir sprachen kaum darüber. Was uns seit über 20 Jahren freundschaftlich verband, war, daß wir beide leidenschaftlich am Schicksal Zyperns interessiert waren, und unsere schicksalhafte Begegnung mit Amerika. Als die Türken im Juli 1974 in die Insel einfielen, waren Demos, seine Frau und viele andere in einen mehrtägigen Hungerstreik vor den Vereinten Nationen getreten und hatten auf dem Pflaster davor geschlafen. Emily und ich hatten sie bei unserer Ankunft aus Zypern – wo wir persönlich Zeugen dieser erschütternden Ereignisse geworden waren – in New York dort vorgefunden.

Meine Zuneigung zu Demos wurde durch seinen einzigartigen Humor verstärkt, der sich besonders dann zeigte, wenn wir in Gerüchten über griechische, zypriotische und amerikanische

Politiker schwelgten, wie zum Beispiel über die früheren Präsidenten. »Wer weiß, Demo«, sagte ich zu ihm, während ich noch über seinen herrlichen Ronald-Reagan-Witz lachte, »vielleicht waren wir in einem früheren Leben Cousins.« Er warf mir einen Seitenblick zu und erinnerte mich daran, daß bei allem Respekt für unsere Freundschaft solche Dinge nicht seine Sache seien und daß sie ihn recht »nevrös« machten, wie er es scherzhaft nannte.

Wir tranken unseren türkischen Mokka in einem griechischen *Cafeneion* aus, und nachdem ich mir mein Ticket der Olympic Airways gesichert und Demos zypriotisches Bier und ein paar griechische Lebensmittel eingekauft hatte, wie man sie nur in Astoria findet, gingen wir für eine Weile spazieren. Überall, wohin wir gingen, waren *Bouzouki*-Klänge zu hören. Viele Menschen, denen man den Status der Neueinwanderer ansah, waren in lebhafte Unterhaltungen auf Griechisch vertieft. Ich kam mir vor, als wäre ich bereits in Griechenland – hier mitten in New York City.

Während wir so müßig dahinschlenderten, fiel mir an einer Ecke ein kleiner Buchladen auf, der eine Vielfalt von griechisch-orthodoxem Zubehör verkaufte, von Kreuzen und Ikonen der Heiligen Jungfrau bis hin zu Büchern der Kirchenväter und zu Pamphleten von zeitgenössischen griechischen »Hölle-und-Verdammnis«-Theologen. Ich trat ein, um mich ein wenig umzuschauen. Demos folgte mir.

Ich hatte mir vorgenommen, die Orthodoxie zu erkunden, und das Ziel meiner Reise nach Griechenland war ein Besuch auf dem Berg Athos, dem »Heiligen Berg«, auf dem über 2000 Eremiten und Mönche leben. Ich vermutete, daß der Buchladen einige Literatur über diesen Gegenstand führte.

Der Geschäftsinhaber näherte sich uns mit breitem Lächeln und entblößte einen großen, goldenen Zahn unter seinem peinlich exakt geschnittenen, dünnen Schnauzbart. Er war ein untersetzter, kahlköpfiger Mann in den Fünfzigern mit schwarzer Krawatte und in einem Anzug aus englischer Kaschmirwolle. Er muß erst vor kurzem aus Griechenland gekommen sein, dachte ich bei mir, denn sein Benehmen, seine Kleidung sowie seine gesamte Erscheinung waren die eines Geschäftsinhabers in Athen.

»Sir«, sagte ich, »haben Sie zufällig ein paar Bücher über Agion Oros, den Heiligen Berg?«

»Ja, selbstverständlich«, erwiderte er, während ein bärtiger Mann, der in ein Buch vertieft gewesen war, sich uns zuwandte, als er ›Agion Oros‹ hörte, »aber darf ich fragen, weshalb Sie sich für den Heiligen Berg interessieren?«

Man muß sich das nur einmal vorstellen, dachte ich bei mir, du gehst in einen Buchladen an der 5th Avenue, und der Inhaber fragt dich, weshalb du Interesse an einem bestimmten Buch hast. Die Schönheit Amerikas liegt in seiner Vielfalt.

»Ich werde in ein paar Tagen dort sein, um Ostern zu feiern und ein paar Studien zu treiben«, sagte ich. »Man sagte mir, dort geschähen viele merkwürdige Dinge. Ich würde es gern selbst erleben.«

Das Gesicht des Mannes hellte sich auf, und er erzählte uns begeistert, er sei selbst mehrmals auf dem Agion Oros gewesen. »Ich wünschte, ich könnte Sie begleiten«, sagte er mit einem Seufzer. »Sie werden dieses Jahr *Kyrion Pascha* [Großes Ostern] feiern.«

»Das ist einer der Gründe, weshalb ich jetzt dorthin fahre«, erwiderte ich und hielt in den Regalen nach entsprechenden Büchern Ausschau.

Es war mein Freund Antonis gewesen, ein zypriotischer Geschäftsmann, der mich gedrängt hatte, ihn zu Ostern zum Berg Athos zu begleiten, weil in diesem Jahr – nach dem alten Kalender, den die Athos-Mönche verwenden – Ostern mit Mariä Verkündung am 7. April 1991 zusammenfiel. Dieses Ereignis war für die Mönche von großer Bedeutung. Ein solches Zusammenfallen ereignet sich nur einmal in einem Jahrhundert. Und für mich persönlich war das wichtigste, daß *Kyrion Pascha* mit dem Beginn meines diesjährigen Urlaubs von der Universität zusammenfiel. Von meinen üblichen akademischen Pflichten befreit, konnte ich auf Antonis hören, der sagte, bei meiner Erforschung esoterischer Fragen sei es unverzichtbar, daß ich mit dem »lebenden Herzen des Christentums« Bekanntschaft schlösse. Er selbst hatte den Berg Athos besucht und war vollständig verändert und begeistert zurückgekehrt.

Der griechische Ladeninhaber war mehr daran interessiert, über Agion Oros zu sprechen, als Bücher zu verkaufen, und es wurde deutlich, daß seine Arbeit hinter seinem religiösen Engagement zurücktrat. Auch der bärtige Mann, der dort saß, beteiligte sich an unserem Gespräch. Er bereitete sich auf die Priesterschaft vor.

»Man hat mir erzählt«, sagte ich zu ihm, »daß dort oben viele ungewöhnliche Dinge geschehen. Glauben Sie, daß das wahr ist?«

Der Mann gab mir durch eine Handbewegung zu verstehen, daß es beim Heiligen Berg in der Tat hauptsächlich um »Wunder« und außergewöhnliche Vorkommnisse gehe. »Sie müssen Pater Vasilios besuchen«, sagte er mit Nachdruck, beinahe in Form eines Befehls.

»Wer ist er?« fragte ich.

»Der Löwe des Berges Athos«, erwiderte der Mann, und seine Augen strahlten.

»Ich dachte, auf dem Berg Athos gäbe es nur Wölfe«, sagte ich scherzend. »Aber Löwen...?«

»Oh, mein Freund, er ist ein lebender Heiliger, eine Legende. Die Wunder, die er vollbringt, sind nicht von dieser Welt. Niemand weiß, wie alt er ist. Einige sagen, er sei 95, aber er sieht keinen Tag älter als 60 Jahre aus.«

Ich hatte zuerst vom Pastor der griechisch-orthodoxen Kirche in Bangor, Maine, von Pater Vasilios gehört. Er hatte mit ähnlicher Ehrfurcht über ihn gesprochen. Aber er hatte auch gesagt, es sei sehr schwierig, den Pater zu besuchen, weil er inmitten schroffer Berge lebe, drei Stunden zu Fuß vom nächsten Kloster entfernt.

»Pater Vasilios kann Sie anschauen und Ihnen alles über Sie sagen, alles, was in Ihrem Herzen vorgeht. Er kann buchstäblich in Ihre Seele schauen, als wäre sie ein offenes Buch. Und er lebt von ein wenig trockenem Brot und Wasser jeden Tag. Er ist der Meister der Meister dort«, sagte der Mann.

Der gesprächige Geschäftsinhaber sagte, es gäbe viele heilige Patres auf dem Berg Athos, die solche Fähigkeiten aufwiesen, aber sie würden nicht darüber sprechen.

»Wunder geschehen ständig dort oben«, sagte der Mann. Er machte eine kurze Pause und fuhr fort: »Ich selbst war Zeuge bei einem solchen außergewöhnlichen Vorkommnis. Vor mehreren Jahren verbrachte ich ein Osterfest in einem der Klöster. Bei der Liturgie am Ostersonntag verbrannte einer der heiligen Väter Weihrauch im Sanktum über den Schädeln von Mönchen, die als Heilige galten, und grüßte sie mit dem *Christos Anesti, Adelphoi* [Christus ist auferstanden, Brüder]. Und, glauben Sie es oder nicht, ich hörte die Schädel antworten mit dem *Alithos Anesti O Kyrios* [Der Herr ist wahrlich auferstanden].«

Der Ladeninhaber betonte, daß auch andere dies gehört hätten und daß es keine Halluzination und kein Trick der Mönche gewesen sei, um leichtgläubige Pilger zu behexen. Wie ich bemerkte, konnte Demos kaum ein skeptisch-ironisches Lächeln unterdrücken, als er diese Geschichte hörte. Aber er sagte nichts, und der Geschäftsinhaber war so begeistert von seiner Geschichte, daß er es kaum mitbekam.

»Aber weshalb ist es Frauen nicht erlaubt, den Berg Athos zu besuchen?« fragte Demos, der sich nicht länger beherrschen konnte, herausfordernd. »Wie ist ein solcher Anachronismus heute noch möglich?«

Seine Frage zwang die beiden frommen Männer in die Defensive, und beide setzten an, zu erklären, weshalb es seit dem Mittelalter keiner Frau erlaubt war, einen Fuß auf den Berg Athos zu setzen. Angeblich wurde diese Regel ursprünglich aufgestellt, damit die Mönche ihre spirituellen Übungen ausführen konnten ohne irdischen Versuchungen ausgesetzt zu sein. Nachdem diese Regel im 10. Jahrhundert aufgestellt worden war, wurde sie zu einer Tradition, auf deren Einhaltung streng geachtet wurde, und es war nicht mehr möglich, sie zu ändern. Religiöse Institutionen sind nicht gerade für ihre Flexibilität und Bereitschaft berühmt, sich an veränderte Situationen anzupassen.

»Frauen«, sagte der jüngere Mann mit dem Bart, der ihn noch nicht lange zieren konnte, »sind Männern von Natur aus unterlegen.«

Ich spürte, wie meine Augen sich weiteten und mein Mund sich halb öffnete, als ich diese Bemerkung vernahm. Für mich, der ich an das amerikanische Universitätsleben gewöhnt war, stellte eine solche Bemerkung nicht nur eine Peinlichkeit dar, sie traf mich auch tief. Sowohl Demos als auch ich wurden schmerzhaft an das kulturelle Milieu erinnert, deren Produkte wir waren.

»Und weshalb sollte es so sein?« fragte ich, während ich mich bemühte, mein Befremden zu verbergen.

»Weil, mein Freund, es eine Frau war«, erwiderte der ältere Mann, »die als erste sündigte, indem sie auf die Schlange hörte und ihren Gatten täuschte.«

Der jüngere Mann bedeutete uns, unser Gespräch zu unterbrechen, als eine Frau das Geschäft betrat. Nachdem sie ein wenig Weihrauch gekauft und den Laden wieder verlassen hatte, fuhr der ältere Mann fort: »Natürlich sind auf spirituellem Gebiet Männer und Frauen gleich. Sie haben die gleiche Chance, in den Himmel zu kommen. Gott liebt sie genauso, wie er die Männer liebt. Sie sind den Männern nur gesellschaftlich und intellektuell unterlegen.« Er fuhr fort, indem er mehrere Apostel und Heilige zitierte, um zu belegen, was er gerade gesagt hatte. Dieses Gespräch erinnerte mich an die mittelalterliche theologische Debatte über die Frage, ob Frauen eine Seele besäßen.

Weder Demos noch ich selbst waren in der Stimmung, Argumente vorzubringen, die ohnehin keine Wirkung gehabt hätten. Wir lauschten einfach nur den peinlichen Ansichten zweier Männer, die meiner Meinung nach weitgehend den Ansichten aller Männer in der zeitgenössischen griechischen Gesellschaft entsprechen.

Ich kaufte ein Buch über den Berg Athos, und der Inhaber des Buchladens, ein ansonsten sympathisch wirkender Mann, wahrscheinlich ein liebender Vater und ergebener Ehemann, wünschte mir eine »erfolgreiche Pilgerfahrt«.

»Bin ich froh, daß unsere Frauen nicht bei uns waren«, sagte Demos kopfschüttelnd und erleichtert, als wir das Geschäft verließen. »Ich kann nicht verstehen, wie nette Leute wie diese beiden solche Ansichten in ihren Köpfen herumtragen können.«

Ein paar Sekunden lang überkam mich ein trauriges Gefühl, als ich über den langen Weg nachdachte, den die griechische Gesellschaft noch zurücklegen mußte, bevor sie Teil der »modernen Zeit« wurde. Nicht, daß diese moderne Zeit ein Paradies darstellte, aber zumindest hatte sie auf dem Gebiet der Menschenrechte, der Gleichheit der Geschlechter, der Religionsfreiheit und der Toleranz gegenüber Andersdenkenden merkliche Fortschritte gemacht. Für Griechenland, dachte ich, war eine solche kulturelle Transformation überfällig und dringend erforderlich, wenn das Land einen weiteren kata-strophalen Krieg mit der Türkei vermeiden wollte.

»Ich hoffe, du hast deinen Entschluß nicht geändert, den Berg Athos zu besuchen«, sagte Demos provokativ, als wir auf dem Rückweg zu seinem Haus die George-Washington-Brücke überquerten. »Aber sag mir, weshalb willst du wirklich dort-hin gehen? Ich dachte, du stündest der Kirche kritisch ge-genüber.«

Ich lachte über seine Verwirrung. »Es gibt viele Gründe, wes-halb ich dorthin gehen will«, erwiderte ich und erklärte Demos kurz meine Verbindung zu Stephanos und wie sie in mir den Wunsch erzeugt hatte, mich ernsthaft mit der östlichen Or-thodoxie zu befassen. »Aber es war Antonis, ein weiterer Freund und früherer weltlicher Skeptiker wie du, der mein In-teresse erweckte, den Berg Athos aufzusuchen«, fuhr ich fort. »Ich weiß, daß du an so etwas nicht glaubst, aber er machte mir bewußt, daß die sogenannten paranormalen Phänomene, die wir mit Schamanen, Medien, Heilern und Hellsehern in Verbindung bringen, auf dem Berg dort zur Routine gehören und bekannte Geheimnisse darstellen.«

Demos warf mir einen Seitenblick mit gehobenen Augenbrau-en zu, aber ich blieb fest. »Antonis sagte mir, während der letz-ten heftigen politischen Krise, die Griechenland und die Tür-kei an den Rand des Krieges brachte, hätten einige der heili-gen Patres rund um die Uhr gearbeitet, um die Tragödie abzuwenden. Es wäre eine Katastrophe geworden, nicht nur für Griechenland und die Türkei, sondern auch für Zypern – die Türken hätten mit Sicherheit die ganze Insel eingenom-men. Wie du dich vielleicht erinnerst, ordnete die Papandreou-Regierung Griechenlands an, daß die griechische Flotte ein türkisches Schiff versenken sollte, das in provozierender Wei-se in umstrittenen griechischen Gewässern nach Öl suchte. Nach Antonis, der in enger Verbindung mit mehreren Mönchen auf dem Berg Athos stand, haben einige der spirituellen und ›fortgeschritteneren‹ Patres angeblich außerkörperliche Reisen unternommen mit dem Ziel, den Sinn der griechischen und türkischen Befehlshaber dahingehend zu ändern, daß ein Krieg vermieden wurde. Sie befanden sich angeblich in ihren psychonoetischen Körpern direkt an Bord der griechischen und türkischen Schiffe und bemühten sich, das Gemüt der Matrosen und Kapitäne zu besänftigen.«

»Der Krieg wurde im letzten Moment abgewendet«, gab Demos widerwillig zu, »weil der türkische Präsident Ozal, der sich – wie du dich erinnern wirst – gerade in London von einer Operation erholte, genügend Vernunft bewies, um seine Regierung anzurufen und anzuordnen, daß das türkische Schiff die griechischen Gewässer verließ, wie es auch Chruschtschow während der Kubakrise getan hatte. Weshalb sollten wir eine derart phantastische und exotische Erklärung heranziehen?«

»Aber, Demo, ich bestehe nicht unbedingt auf der realen Glaubwürdigkeit dieser Geschichten. Ich bin nur fasziniert davon, weil die offizielle Kirche traditionell Laien verdächtigt hat, solche spirituellen Künste zu praktizieren. Die Kirchenhierarchie hat derartige Praktiken meistens als Manifestationen luziferischer Kräfte denunziert.

Es sind zum Teil solche Geschichten, die in mir den Entschluß reifen ließen, Agion Oros zu besuchen und mehr darüber zu erfahren. Es wäre äußerst bedeutsam, denke ich, wenn sich herausstellen sollte, daß solche Ereignisse – ob wahr oder erfunden –, die wir mit tibetischen Klöstern und Hindu-Yogis in Verbindung zu bringen gewohnt sind, tatsächlich auch im Herzen der christlichen Tradition zu finden sind.«

»Weshalb interessiert dich das?« fragte Demos weiter.

»Das will ich dir sagen. In den letzten hundert Jahren haben sich unzählige westliche Intellektuelle, vom offiziellen Christentum enttäuscht, dem Osten zugewandt, dem Hinduismus und dem Buddhismus; sie sind auf der Suche nach dem, was ihrer Meinung nach im Christentum fehlt – das heißt nach einer Ekstasetechnik.«

»Eine Ekstasetechnik?« murmelte Demos.

»Ich meine damit eine Methode, sich aus der gewöhnlichen Realität herauszubegeben und Bereiche der Wirklichkeit zu erforschen, die dem rationalen Verstand nicht zugänglich sind.« Ich fuhr fort, indem ich Demos von einer Begebenheit berichtete, von der Jacob Needleman in der Vorrede seines bekannten Werkes *Lost Christianity*[1] erzählt. Er bezieht sich darin auf spirituellen Hunger, den er unter Menschen wahrnahm, die im Christentum bleiben wollten, aber von den kontemplativen Erfahrenstraditionen des Orients angezogen waren und in ihren eigenen Traditionen nichts finden konnten, was diesen Methoden vergleichbar gewesen wäre. Needleman erinnert sich an sein Treffen mit einem katholischen Bischof, der Meditationstechniken des Zen studiert hatte und eng mit bekannten humanistischen Psychologen zusammenarbeitete, um kontemplative Techniken in das religiöse Leben seiner Diözese einzuführen.

»Er suchte in meinem Gesicht«, schreibt Needleman, »ständig nach Anzeichen für eine Zustimmung, und am Ende fühlte ich mich deswegen so unbehaglich, daß ich halb im Scherz herausplatzte: ›Nun, ich habe immer gedacht, ihr Kirchenführer hättet irgendwo ein geheimes Kloster, in dem ihr unter weiser, spiritueller Anleitung euer Innenleben erfrischen könnt.‹ Seine Reaktion verblüffte mich sehr. Er beugte sich über seinen ausladenden Schreibtisch zu mir und fragte: ›Wo? Wo ist dieses Kloster?‹«

»Und du glaubst, du wirst solche kontemplativen Traditionen auf dem Berg Athos finden?« fragte Demos, der, wie die meisten säkularen Griechen, annahm, daß der Berg Athos vor allem aus kulturellen Gründen bedeutsam war, sozusagen ein byzantinisches Relikt.

»Nach all dem, was ich bisher gelesen und gehört habe«, sagte ich, »bin ich ziemlich sicher, daß sich dort oben etwas sehr Bedeutsames befindet, das für die zeitgenössische Christenheit und sogar für die ganze Welt von Wert sein könnte. Trotz der mittelalterlichen Atmosphäre, die in krassem Gegensatz zu unserer modernen Welt und zeitgenössischen Werten und Glaubensvorstellungen steht, möchte ich mit offenem Geist dorthin gehen, soweit dies möglich ist.«

»Demnach wirst du also«, stellte Demos fest, als er von der Route 80 auf die Straße nach Paterson abbog, »den Berg Athos nicht als Soziologe erforschen.«

»Nicht im üblichen Sinne. Zum Beispiel bin ich nicht sonderlich an den soziologischen Gründen dafür interessiert, weshalb Mönche auf den Berg Athos gehen, obwohl dieser Frage das Hauptinteresse der Religionssoziologie gelten muß. Ich will mich auch nicht mit der soziologischen Struktur des Klosterlebens befassen. Diese Untersuchungen wurden bereits mehrere Male ausgeführt. Ich glaube nicht, daß ich etwas Neues anzubieten hätte. Nein, meine Absicht ist es, zu erkunden, in welchem Ausmaß heute innerhalb des organisierten Christentums eine spirituelle Erfahrungtradition existiert und ob Personen, die sich auf ein solches spirituelles Abenteuer einlassen, Bewußtseinszustände erreichen, die man in der Sprache der transpersonalen Psychologie als Formen veränderter Bewußtseinszustände, als selbstverwirklichtes Bewußtsein oder als Gottesbewußtsein bezeichnet.«

Ich mußte Demos diese Begriffe kurz erklären, weil er nicht mit ihnen vertraut und auch nicht im mindesten daran interessiert war – trotz meiner ständig gültigen Einladung, an einem der Workshops teilzunehmen, die ich in der New Yorker Region abgehalten hatte.

»Ich habe Gerüchte gehört«, sagte Demos ein wenig zögernd, »nach denen auf dem Berg Asketen leben, die in Wirklichkeit nicht besonders asketisch leben. Vor ein paar Tagen war ein Artikel im *Ethnikos Kyrikas* [in New York herausgegebene griechische Zeitung], in dem stand, daß mehrere Fälle von Aids unter den Mönchen dort aufgetreten sind. Ich habe dir den Bericht verwahrt. Hast du auch schon solche Gerüchte gehört?«

»Mein lieber Demo«, sagte ich, »man findet immer das, wonach man sucht. Ich wäre nicht überrascht, wenn an Berichten wie diesem etwas Wahres wäre. Aber was bedeutet es? Nicht alle Geistlichen oder Mönche sind unbedingt Heilige, die über alle menschlichen Schwächen erhaben sind. Oft werden einzelne Fälle in den Massenmedien aufgebauscht, aus Gründen, die auf der Hand liegen. Weil wir mit unserem kulturellen Hintergrund zu dem Glauben erzogen wurden, jedermann, der auf den Heiligen Berg ginge, müsse auch ein Heiliger sein, sind wir schockiert, wenn wir von Fällen dieser Art erfahren. Dann folgen Desillusionierung und Zynismus. Das ist es, was Nikos Kazantzakis bei seinem kurzen Besuch auf dem Heiligen Berg widerfuhr, und danach schrieb er seinen enthüllenden Bericht in dem Buch *Report to Greco*.[2] Aber nach allem, was ich bisher gelesen habe, bin ich beinahe davon überzeugt, daß auf dem Berg Athos sehr bedeutsame Dinge vor sich gehen, die für die heutige Zivilisation von großem Wert sein können. Ich persönlich bin daran interessiert, Heilige oder selbstverwirklichte Menschen zu finden oder solche, die nach vielen Jahren und Jahrzehnten der spirituellen Übung Weisheit erlangt und eine Sprosse hoch oben auf der Leiter zur Theose erreicht haben. Wie schon gesagt, man findet das, wonach man sucht.«

Ich schwieg, als Demos in seine Einfahrt einbog, aber unser Gespräch wurde später am Abend fortgesetzt, während wir

Kräutertee tranken und zypriotische Plätzchen aßen, die Maria, Demos' Frau – eine Computerexpertin – am Nachmittag gebacken hatte. Nachdem Demos ihr mit allen peinlichen Einzelheiten von unserer Begegnung mit dem orthodoxen Buchhändler berichtet hatte, diskutierten wir noch einmal die Gründe für meine bevorstehende Reise zum Berg der Mönche und Eremiten.

»Es gibt noch einen weiteren, eher historischen und soziologischen Grund, der mich zum Berg Athos zieht«, sagte ich, nachdem Maria sich zu uns gesetzt hatte, um sich an unserer Unterhaltung zu beteiligen.

»Dieser Grund wird gewiß eher mein Interesse erregen«, warf Demos ein.

»Ich weiß nicht, ob du Ken Wilber kennst.«

»Nie von ihm gehört.«

»Er ist der führende transpersonale Psychologe. Er hat gesagt,[3] daß die östlichen Religionen nicht als brauchbare Modelle für die westliche Transformierung in Richtung höherer Bewußtseinszustände dienen können. Er behauptet, der Kontakt mit den östlichen Religionen, der so viele westliche Intellektuelle beeinflußt hat, habe nur eine katalytische, provokative Rolle gespielt – das heißt, er habe den Westen auf die Möglichkeit von Verständnisformen aufmerksam gemacht, daß es andere Formen der Erkenntnis als nur die rationalistisch-wissenschaftliche Weltsicht gibt, die in den letzten 300 Jahren im Westen vorherrschte. Die du, nebenbei gesagt, so entschieden unterstützt«, fügte ich mit einem Lachen hinzu.

Demos und Maria lachten ebenfalls. »Aber weshalb sprichst du nicht in einer Sprache, die ich verstehe?« fragte Demos.

»Ken Wilbers Argument lautet, daß der Westen, wenn er bei vielen Menschen ein höheres Bewußtsein anstrebt, dies mit seinem eigenen symbolischen Universum als Ausgangspunkt tun muß – das heißt von jenem Symbolismus aus, der von der jüdisch-hellenistischen Tradition und nicht von der tibetischen Tradition, vom Zen oder von den verschiedenen Yogas der Hindus herrührt.«

»Falls ich verstehe, worauf du hinauswillst«, sagte Maria, »vermutest du, daß du solche Praktiken und Wege auf dem Berg Athos finden könntest, einem Ort, an den keine Frau ihren Fuß setzen darf?«

»Ich verstehe, was du damit sagen willst. Aber ich nehme an, daß auf dem Heiligen Berg trotz seines mittelalterlichen Werte- und Normensystems eine spirituelle Erfahrungstradition für uns erhalten sein mag, die der Westen verloren hat. Wenn diese Tradition erst einmal von ihrem mittelalterlichen gesellschaftlichen und kulturellen Überbau befreit wurde, könnte sie in der Tat zu jener gewaltigen Transformierung beitragen, von der Wilber spricht.«

Ich war nicht sicher, ob meine Freunde mich verstanden. Also versuchte ich, das, was ich zu sagen hatte, in eine Sprache umzusetzen, die sich eher mit dem Vokabular der gängigen Sozialwissenschaften vereinbaren ließ. »Das Abendland«, sagte ich, »wurde – wie es der deutsche Soziologe Max Weber um die Jahrhundertwende formuliert hat – ›entzaubert‹, während der Osten, nämlich Asien, ein ›verzauberter Garten‹ blieb. [4] Die westliche Zivilisation wurde sehr früh in ihrer Entwicklung rationalisiert, und dies eröffnete den Weg zu technischen und industriellen Revolutionen. Ein zerebraler, logisch-experimenteller, wissenschaftlicher Ansatz gegenüber der Realität nahm die Bühnenmitte ein und entthronte alle übrigen Wege der Erkenntnis. Die westliche Kirche bemühte sich, dieser Entwicklung zu widerstehen. Aber ihre Methode war eine Opposition gegen Wissenschaft und Rationalität mit rationalen Mitteln – intellektuelle, scholastische Argumente zugunsten der kirchlichen Position. Die Position der Kirche war von Anfang an zum Scheitern verurteilt, weil sie sich dazu entschlossen hatte, ihre Schlachten auf dem Feld der Rationalität und Wissenschaft auszutragen.

Die protestantische Reformation, die eine radikale Rebellion innerhalb der Christenheit darstellte, untergrub die Position der Kirche noch mehr und beschleunigte so den Prozeß der ›Rationalisierung‹. In der Tat bereitete sie laut Weber den Weg zum Kapitalismus, da zwischen Kapitalismus und Protestantismus eine ›kulturelle Affinität‹ besteht.[5]

Der Protestantismus prangerte die ›jenseitige Askese‹ an, schloß die Klöster und nötigte seine Anhänger, ihre Aufmerksamkeit auf eine ›diesseitige Askese‹ zu richten und sie zu praktizieren. Das heißt, der Protestant sollte Gott in der Welt durch harte Arbeit und Verneinung der sinnlichen Lust glorifizieren. Die kontemplative Erfahrungstradition, die so sehr ein Teil der frühen Kirche gewesen war, wurde schließlich aus den protestantischen Ländern – die eine maßgebliche Rolle beim Aufbau des industriellen und intellektuellen kapitalistischen Wertsystems der modernen westlichen Zivilisation spielten – eliminiert.«

»Mir schwirrt allmählich der Kopf von all diesem Theoretisieren«, sagte Demos halb im Scherz. »Aber ich weiß immer noch nicht, worauf du hinauswillst.«

»Einen Augenblick, du wirst es gleich hören«, beruhigte ich ihn und fuhr fort. »Die westliche Kirche stand mitten in diesem gesellschaftlichen, politischen und intellektuellen Aufruhr und versuchte verzweifelt und erfolglos, bei der Säkularisierung der gesamten Kultur ihre zentrale Stellung beizubehalten. Schließlich wurde die Kirche an den Rand der Kultur und Gesellschaft gedrängt. Der weltliche Staat trat an ihre Stelle.

Aber das Ostchristentum blieb von diesem epochalen Aufruhr verschont. Deshalb behielt es seinen Charakter als ›verzauberter Garten‹ bei. Ein enzyklopädischer Gelehrter wie Max

280

Weber sah dies nicht. Für europäische Gelehrte wie Weber bedeutete die Geschichte der Christenheit die Geschichte der katholischen und der protestantischen Kirche. Und dies gilt im Prinzip noch in der Gegenwart. Die orthodoxe Ostkirche blieb außerhalb der Sicht der Gelehrten.«

»Das liegt am Untergang von Byzanz im Jahr 1453«, bemerkte Demos.

»Genau. Die griechische Welt wurde für die nächsten 400 Jahre vom ottomanischen Reich beherrscht und war deshalb völlig vom Westen abgeschnitten. Die Schlachten der Orthodoxie wurden nicht gegen Wissenschaft und Rationalität geschlagen, sondern gegen die ottomanische Türkei und den Islam. Die Hauptsorge galt der Bewahrung der christlichen Tradition, die unversehrt aus früheren Jahrhunderten überliefert worden war, inmitten einer verfremdenden, beherrschenden Kultur. Es sieht so aus, als habe der Berg Athos eine bedeutende Rolle bei der Erhaltung des empirischen, esoterischen Teils dieser Tradition gespielt.«

»Du sagst also«, warf Maria ein, »daß die Rückständigkeit Griechenlands infolge der ottomanischen Besetzung die Wirkung hatte, die frühe christliche Tradition zu bewahren, die dem Abendland verlorenging.«

»Genau. Die Ostkirche bewahrte die mystischere Seite des Christentums. Und es war nicht nur Griechenland, das diese Tradition bewahrte – wenn ich Griechenland sage, meine ich in diesem Fall den Berg Athos. Auch Länder wie Bulgarien, Rumänien, Serbien und besonders Rußland spielten dank ihrer eigenen gesellschaftlichen Rückständigkeit eine entscheidende Rolle. Diese orthodoxen Gesellschaften waren ebenfalls von den intellektuellen und politischen Strömungen und Konflikten abgeschnitten, die in den katholischen und protestantischen Ländern des Abendlandes wüteten.

Manchmal frage ich mich, was nun geschehen wird, nachdem

die Berliner Mauer gefallen ist und der Eiserne Vorhang gehoben wurde. Ich empfand Ehrfurcht, als ich im Fernsehen sah, wie Boris Jelzin einer Messe beiwohnte, und Alexei, der orthodoxe Patriarch Rußlands, ausgerechnet im Kreml eine Rede hielt. Er erklärte den Niedergang des Kommunismus als unvermeidliche Folge seiner antispirituellen, materialistischen Dogmen. Was wird jetzt geschehen, wenn über 200 Millionen Menschen, die üblicherweise als orthodox betrachtet werden, anfangen, diese Form des Christentums nach so vielen Jahrzehnten der kommunistischen Unterdrückung wieder zu praktizieren?« Ich hielt für einen Augenblick inne und fuhr dann mit einer gewissen Erregung fort.

»Wißt ihr, was man mir gesagt hat? Du wirst nicht viel damit anfangen können, Demo. Aber Edgar Cayce, ›der schlafende Prophet von Virginia Beach‹, wie er genannt wurde, hat in den 30er Jahren, während der stalinistischen Säuberungen und Terrorakte, vorhergesagt, das Christentum würde durch die Russen befreit. Das war eine widersinnige Prophezeiung, besonders zu einer Zeit, in der die Kirchen in Rußland zerstört und die Priester in Massen exekutiert wurden. Tatsächlich wurden während des Stalin-Regimes mehr Christen für ihren Glauben getötet als zur Zeit Neros. Ihr seht also, daß nicht sehr viele Leute Cayces Prophezeiung ernst nahmen, trotz seiner erwiesenen Gabe, im Trancezustand Krankheiten zu diagnostizieren und andere Ereignisse vorherzusehen, die eintrafen. Aber es ist eine interessante Hypothese, daß die mystische Erfahrungstradition, die für die Christenheit verloren war, vielleicht durch Rußland in den Westen zurückkehren wird.

Möglicherweise hat Malcolm Muggeridge, der verstorbene englische Satiriker – ein tiefreligiöser Mann –, etwas davon geahnt, als er sagte, eines der Wunder des 20. Jahrhunderts sei die Unfähigkeit des kommunistischen Systems in Rußland, die orthodoxe Kirche zu zerstören.«

»Bist du sicher«, sagte Demos, »daß du nicht dein eigenes Wunschdenken auf historische Ereignisse überträgst, die Teil eines geschichtlichen Wandels sind und darüber hinaus keine weitere Bedeutung haben?«

Wir lachten über Demos' ernüchternde Bemerkung. »Ich kann euch nicht garantieren«, sagte ich, »daß das, was ich sage, stimmt. Es handelt sich um Hypothesen, wenn ihr so wollt, zu denen ich in meiner Eigenschaft als Forscher auf dem Gebiet der historischen Soziologie und der transpersonalen Psychologie gelangt bin.«

»Hat Geschichte ein Ziel?« fragte Maria.

»Das ist die Frage, die alle Sozialphilosophen sich stellen. Die meisten säkularen Historiker und Soziologen bemühen sich, eine Bedeutung in den geschichtlichen Prozessen selbst zu finden, sei es der unvermeidliche ›Triumph‹ der Rationalität und des Säkularismus oder die Erlangung des ›totalen Kommunismus‹ à la Marx. Ich glaube, wenn Geschichte eine Bedeutung hat, muß diese Bedeutung außerhalb von ihr selbst liegen – mit anderen Worten, außerhalb von Zeit und Raum. Jede Bedeutung, die ausschließlich aus der Geschichte selbst erwächst, ist letztlich nur eine weitere gesellschaftlich konstruierte Illusion, die unvermeidlich zu Nihilismus und Verzweiflung führt. Ist es nicht dies, was Friedrich Nietzsche widerfuhr, der nach seinem Schluß, daß Gott tot ist, wahnsinnig wurde?«

Ich hielt einen Augenblick lang inne. Aber auch Maria zweifelte meine Einschätzung der Orthodoxie an.

»Ich begreife nicht, wie du sagen kannst, die östliche Orthodoxie könne eine Wirkung gleich welcher Art auf den Westen haben. Mir kommt es so vor, als sei die Ostkirche eine rückständige Institution, die sich übermäßig auf ein Ritual konzentriert, das niemand versteht und das von schreib- und leseunkundigen Priestern ausgeführt wird.«

»Falls du die ›exoterische‹ Kirche meinst, hast du vermutlich ganz recht. Aber ich interessiere mich für die ›esoterischen‹ Lehren der Kirche.«

»Esoterisch, exoterisch – was ist das?« fragte Demos mit verwundertem Lächeln.

»Der esoterische Teil der Kirche besteht aus ihren Lehren und Praktiken, die auf einen Konflikt mit dem Christus-Logos in uns und die Entdeckung innerer Welten abzielen. Es ist der Weg, auf dem wir unsere Einheit mit Gott, das ›Himmelreich Gottes in uns‹ erfahren.

Mir scheint, daß der offizielle, ›exoterische‹ Teil der östlichen Orthodoxie ebenfalls von diesem esoterischen Kern der Lehren abgeschnitten ist und daß er sich in dieser Hinsicht nicht von den westlichen Kirchen unterscheidet. Aber ich denke, es ist heute sehr wichtig, daß wir uns den esoterischen Kern des Christentums bewußtmachen. Das ist der Grund, weshalb der Heilige Berg so bedeutsam ist. Er hat die esoterischen Praktiken des Christentums bewahrt.«

»Ich wünsche dir eine erfolgreiche Pilgerfahrt«, sagte Demos mit einem Hauch freundlicher Ironie, indem er den orthodoxen Geschäftsinhaber zitierte. »Wer weiß, vielleicht komme ich beim nächsten Mal mit.« Es war schon spät, als wir ins Bett gingen. Vor mir lagen ein langer Tag und ein langer Flug nach Athen.

Vor dem Einschlafen las ich den Brief von Antonis, in dem er mir Anweisungen gab, was ich auf meiner Reise nach Agion Oros alles mitzunehmen hatte. »Achte darauf, daß du deinen Paß bei dir hast«, schrieb er. »Man wird dich ohne Paß nicht hereinlassen. Da du ein griechischer Orthodoxer bist, wirst du kein Visum brauchen. Aber du brauchst einen Paß. Bring außerdem einen Rucksack mit, Rasierzeug, ein Handtuch, einen Pyjama, einen Trainingsanzug, Wanderschuhe und Jeans. Das ist alles. Nur noch Seife, Unterwäsche, Socken, einen Plastikbecher, damit du nachts Wasser trinken kannst, und einen Pullover, denn es ist *kalt* hier. Oh, ich vergaß zu erwähnen, daß du auch noch ein paar Pakete Feuchttücher mitbringen solltest. Ruf mich an, sobald du in Athen bist. In Liebe, Antonis.«

Ich war bereit. Ich begriff, daß wir weite Fußmärsche zurückzulegen hatten, da es auf dem Berg Athos keine Transportmittel gab. Die Straßen waren eigentlich Fußpfade, die die Klöster untereinander verbanden. Jeans und Pullover waren die geeignete Ausrüstung für ein solches Abenteuer. Aber Feuchttücher? Ich konnte mir keinen Reim darauf machen. Aber ich vertraute auf seinen Rat und war ihm gefolgt.

Der erste Impuls, der einen überwältigt, wenn man in Athen ankommt, besteht nicht in einem Besuch des Parthenon und der herrlichen Museen und archäologischen Ausgrabungsstätten. Nein, der erste Impuls ist, so rasch wie möglich aus dieser Stadt herauszukommen. Genau dies fühlte ich, als ich den Verkehr in den verstopften Straßen sah, die Luft atmete, die verschmutzter als die Luft in jeder westeuropäischen Stadt ist, mir gewaltsam den Weg durch das Gedränge der nervösen Fußgänger bahnte und hörte, wie Taxi- und Autofahrer einander beim geringsten Anlaß ausgiebig beschimpften. Man kann anläßlich dieses Zustandes dieser Stadt, die einst »der Welt Licht spendete«, nur weinen. Athen ist heute eine hoffnungslos überfüllte Riesenstadt mit extremer Luft- und Umweltverschmutzung, in der fast die Hälfte der zehn Millionen Einwohner Griechenlands leben. Sie erstickt unter ihren häßlichen Betonbauten und unter dem allgegenwärtigen *Nefos*, dem dicken Smog, der ständig wie ein Damoklesschwert über den Athenern hängt. »Wo bist du, armer, alter Perikles, um dir dein Athen anzuschauen?« klagt ein bekannter *Bouzouki*-Sänger. Und doch verbrachte ich eine denkwürdige, angenehme Zeit in Athen. Während ich auf Antonis wartete, wohnte ich drei Tage lang bei meinem Cousin Loukis, der gemeinsam mit seiner Athener Frau dafür sorgte, daß nach dieser kurzen Zeit mein Urteil über seine erwählte Stadt beträchtlich milder ausfiel.

Ich huldigte ihren Monumenten aus dem Altertum, dem Parthenon, besuchte so gut wie alle größeren Museen, und die Tavernen unterhalb der Akropolis befriedigten, was noch in meinen Adern an dionysischem Durst kreisen mochte. Zugleich verfiel ich einer anderen alten Leidenschaft, die trotz meiner Jahre unter rationalen angelsächsischen Protestanten nur dicht unter die Oberfläche meines Bewußtseins verdrängt worden war: griechische Politik. Loukis spielte bei der kurzfristigen Wiederbelebung meiner griechischer Politikbesessenheit eine Schlüsselrolle. Er haderte mit dem Zustand seines Landes nach Jahrzehnten des politischen Aufruhrs und der groben Mißwirtschaft. Die neuesten Titelblattnachrichten verkündeten ein Ultimatum vom Europarat: Falls Griechenland keine entschiedenen Anpassungen und Veränderungen vornahm, indem es unter anderem seinen hoffnungslos aufgeblähten und parasitären Verwaltungsapparat beschnitt, würde das Land aus der Europäischen Wirtschaftsgemeinschaft ausgeschlossen. *Philotimo*, das griechische Ehrgefühl, war verletzt, und nicht zum ersten Mal.

»Wir stehen bei so vielen Dingen an erster Stelle«, sagte mein Cousin, während wir an einen Tisch vor einer Taverne in der Nähe des Platzes der Verfassung im Schatten der Akropolis ein Glas *Retsina* schlürften. »Die Griechen«, sagte er und zitierte aus veröffentlichten Statistiken, »haben den höchsten Zigarettenverbrauch pro Kopf in der Welt. Griechenland ist das ärmste Land in der Europäischen Gemeinschaft, ärmer als Portugal. Wir sind führend in der Inflationsrate, führend bei Autounfällen, führend in der Luftverschmutzung. Wir haben die chaotischste Regierung unter allen übrigen europäischen Ländern. Und wir sind die ersten beim Vergnügen und die letzten bei der Arbeit. Kurz gesagt, Cousin«, Loukis seufzte bitter, »dies ist ein hoffnungsloses Land.«

»Du übertreibst, Cousin«, erwiderte ich und versuchte, ihn aus seiner trüben Stimmung herauszureißen. »Denk doch nur einmal nach. Griechenland ist der einzige Balkanstaat, der keine Probleme mit seiner kulturellen Identität hat und keine ethnischen Konflikte. Es ist der einzige Balkanstaat, der Teil der Europäischen Wirtschaftsgemeinschaft ist. Es ist der einzige Balkanstaat, der zu der westlichen Allianz gehört. Seine Meeresstrände und Inseln sind von denen aller entwickelten Mittelmeerländer am wenigsten verunreinigt, besonders im Vergleich zu Spanien und Italien. Willst du, daß ich weiterspreche? Soll ich von der atemberaubenden Schönheit und dem epikureischen Lebensstil dieses Landes sprechen, vom *Retsina*-Trinken und Essen unter der Akropolis, wie wir es heute abend tun?«

Loukis mußte grinsen. »Ich vermute«, sagte er, »es ist die Frage, wie du dein Glas ansiehst. Ob du es als halb voll oder halb leer betrachtest.«

Am Mittwoch vor Ostern war ich bereit, nach Agion Oros aufzubrechen. Antonis war aus Zypern eingetroffen, und wir fuhren zusammen mit seinem bärtigen Freund Akis, einem Architekten, der in Athen lebte, nach Norden in Richtung Saloniki. Was für eine Erleichterung, aus Athen heraus zu sein, und was für ein Entzücken, die griechische Landschaft zu sehen. Die Griechen haben – möglicherweise, ohne es zu wissen – Athen geopfert, um, zumindest zur Zeit noch, das restliche Griechenland von »Fortschritt« und »Entwicklung« ausklammern zu können.

Es war das erste Mal, daß ich nach Norden reiste, und das Erlebnis, durch legendäre und historische Landschaften zu fahren, war sowohl faszinierend, als auch ernüchternd. »Das ist Theben?« sagte ich enttäuscht und deutete auf eine unscheinbare, kleine Stadt am Fuß eines Berges. In den Winkeln meines Unterbewußtseins bedeutete Theben »Oedipus tyrannos« auf der Suche nach demjenigen, der seinen Vater erschlagen hatte, ohne zu wissen, daß kein anderer als er selbst es gewesen war.

»Stellt euch nur einmal vor«, sagte ich zu meinen Mitreisenden, als wir an den Thermopylen vorbeikamen, »Xerxes hätte die Perserkriege gewonnen. Dann gäbe es wahrscheinlich keine westliche Zivilisation, zumindest nicht so, wie wir sie kennen. Es hätte kein Christentum, keine Aufklärung, keine industrielle Revolution gegeben.«

»Und kein Byzanz und keinen Berg Athos«, fügte Antonis hinzu.

Nach siebenstündiger Fahrt erreichten wir Saloniki im Norden Griechenlands und wandten uns in östliche Richtung, dem dritten, östlichsten Vorgebirge der Halbinsel Chalkidike zu. Dann schwenkten wir nach Süden nach, und um 18 Uhr, nach insgesamt neun Stunden im Auto, kamen wir in dem Ferienort Uranopolis (himmlische Stadt) an, dem letzten Aufenthalt, bevor uns eine Fähre auf die Athos-Halbinsel bringen würde. Der Heilige Berg mit seinen Klöstern ist nicht übers Land zu erreichen – nur per Schiff. In Uranopolis stiegen wir in einem bescheidenen Hotel mit Blick auf den Hafen ab und verbrachten den Abend mit Gesprächen über den Berg Athos, die griechisch-orthodoxe Kirche und die Umstände, die uns dorthin geführt hatten.

Ich bemerkte überrascht, wie fromm Antonis geworden war. Als ich ihn zum ersten Mal auf Zypern getroffen hatte, war er ein weltlich gesinnter Skeptiker gewesen. Religion und Spiritualität waren die letzten Themen gewesen, mit denen er seinen Kopf belastet hätte. Damals galt seine eigentliche Liebe der Philosophie, und für jemanden, der sein englisches Universitätsstudium den Ingenieurswissenschaften gewidmet hatte, war er erstaunlich beschlagen darin gewesen. Aber jetzt, so hatte er mir gesagt, während wir die Boote in dem kleinen Hafen betrachteten, war er der Philosophie und des »Intellektualismus« müde geworden. Für ihn stellte der Heilige Berg die Antwort auf seine Suche dar. Er sagte, halb im Ernst, wäre nicht die Liebe zu seiner Frau und den beiden Kindern im Teenageralter, würde er vielleicht in Erwägung ziehen, »sich von der Welt zurückzuziehen« und den Rest seines Lebens in der Kontemplation auf dem Berg Athos zu verbringen. »Die Geschäftswelt, in der ich selbst stecke, ist ein Dschungel«, sagte er. »Auf dem Heiligen Berg gibt es wirklichen Frieden und Gelassenheit. Und die Aura von einigen der Mönche, die ich getroffen habe, war einfach strahlend.«

Seit seinem Besuch des Heiligen Berges war Antonis jeden Sonntag in die Kirche gegangen, hatte Kerzen angezündet, Ikonen geküßt und gebetet, genau wie die demütigen Menschen der Dörfer auf Zypern und in Griechenland. »Ich habe mich niemals wohler gefühlt«, sagte Antonis. »Mein Leben hat sich radikal geändert, seit ich den Berg Athos besuchte. In die Welt zurückzukehren hat mich eine große Anpassung gekostet. Aber ich stehe in regelmäßigem Kontakt zu meinem Freund in Athos. Das hilft mir, die richtige Sicht beizubehalten.«

Um 9 Uhr 45 am folgenden Morgen stiegen wir an Bord des einzigen Bootes nach Daphni, dem Ankunftshafen für alle Besucher, die zu einem der mehr als 20 größeren Klöster auf der Athos-Halbinsel wollen. Es waren keine Frauen an Bord, nur männliche Pilger und ein paar bärtige Mönche in ihren schwarzen Soutanen. Nach einem im Jahr 1045 während der Regierung des byzantinischen Kaisers Konstantin IX. Monomachus erlassenen Gesetz war die Athos-Halbinsel, ein Gebiet von 389

Quadratkilometern mit einer Länge von 57 Kilometern und etwa 10 Kilometern Breite, als *avaton* erklärt; das bedeutete, daß
nur Männer in den Klöstern leben oder sie besuchen konnten.
Eines der wichtigsten Gelübde, die ein Mönch ablegen muß,
ist lebenslange Keuschheit; er verzichtet für immer auf das
Recht zu heiraten, selbst in dem Fall, daß er in die Gesellschaft
zurückkehrt. Außerdem verzichtet er auf die Freiheit, seine sexuellen Bedürfnisse zu befriedigen, in welcher Form auch immer. In Anerkennung der Schwierigkeit, ein solches Gelübde
einzuhalten, war die Klostergemeinschaft auf der Athos-Halbinsel ihren Mitgliedern zu Hilfe gekommen, indem sie ein absolutes Verbot aussprach, daß Frauen einen Fuß auf das Athos-
Vorgebirge setzten. Diese drakonische Maßnahme sollte verhindern, daß die Mönche auf ihrem religiösen Weg abgelenkt
wurden.
Selbst heute noch weigern sich die strikt der Tradition ver-
hafteten Mönche, das alte, morbide Verbot abzuschaffen. Vor
einigen Jahren hatte Melina Mercouri, die berühmte griechische Schauspielerin und damalige Kultusministerin, den Klöstern eine beträchtliche finanzielle Unterstützung angeboten,
falls man ihr erlauben würde, den Scheck persönlich zu über-
bringen. Die Mönche lehnten ab.
Während wir an der großartigen Küste der Halbinsel entlang-
fuhren und ein Kloster nach dem anderen passierten, dachte
ich an die byzantinische Epoche zurück. Konstantinopel, die
Hauptstadt des Reiches, fiel 1453 an die ottomanischen Türken, aber auf dem Berg Athos prangte von jedem Glockenturm
stolz die Flagge von Byzanz, ein schwarzer, doppelköpfiger Ad-
ler auf goldenem Grund.
Wir erreichten Daphni gegen Mittag. Nachdem man unsere
Pässe überprüft hatte, händigte man uns ein offizielles Schrift-
stück aus, ein *Diamoniterion*, mit dem Siegel des Gouverneurs
von Agion Oros, das uns erlaubte, für die Dauer von höchstens

sieben Nächten als Gäste in den Klöstern unserer Wahl zu bleiben. Die Gebühr betrug Drachmen im Werte von rund 15 Dollar.

Als der Abt des Klosters,[6] das unsere Bestimmung war, hörte, daß Antonis kam, schickte er das einzige Automobil des Klosters – einen Landrover, das Geschenk eines reichen Pilgers –, um uns abzuholen. Ich fühlte mich ein wenig verlegen, weil alle übrigen – etwa 100 Personen – einen Fußmarsch von im Schnitt drei Stunden absolvieren mußten, bevor sie das nächste Kloster erreichen würden. Nach dem Reiseführer muß man mit dieser Zeitspanne rechnen, um nicht nach Sonnenuntergang bei einem der Klöster anzukommen. Bei Sonnenuntergang werden die Tore geschlossen, und alle gehen zur Vesper oder zum Gebet in die Kirche. Wenn man zu spät kommt, so der Reiseführer, muß man draußen in Gesellschaft von Wölfen schlafen.

Wir setzten uns an einen Tisch des einzigen Straßencafés, um auf die Ankunft des Landrovers zu warten, unterhielten uns und schauten auf die Ägäis, die Pilger und Mönche und die wenigen Zollbeamten.

Ein merkwürdiger Zufall wollte es, daß ich in der Menge einen alten Bekannten entdeckte, einen Zyprioten namens Petros, Lehrer in griechischer Geschichte und Philologie. Er war überrascht, mich am Berg Athos zu finden, da er annahm, als amerikanischer Soziologe müsse ich automatisch auch ein Agnostiker sein oder – schlimmer noch – ein Atheist. Meine Wissenschaft besitzt den Ruf, einer durch und durch säkularen Deutung der Welt verpflichtet zu sein. Und in den Köpfen von Nichtsoziologen wird die Soziologie recht oft mit Sozialismus gleichgesetzt.

Petros, ein gutmütiger, sympathischer Mann, der mich an den Geschäftsinhaber in Astoria erinnerte, wußte, daß ich kein fanatischer griechischer Nationalist war, und das machte mich in seinen Augen verdächtig. Auf der anderen Seite war er mit Leib und Seele Grieche und Orthodoxer. Mit seiner Hornbrille und dem gestutzten, schwarzen, dichten Schnurrbart stach er aus der Menge hervor – er war der einzige, der einen Anzug mit Weste, einen schwarzen Binder und polierte Schuhe trug. In der Rechten trug er einen großen und offensichtlich schweren, altmodischen Koffer. Es war nicht zu übersehen, daß der Fußmarsch zum nächsten Kloster für den armen Petros ein rechter Gang nach Golgatha sein würde. Es war sein erster Besuch am Berg Athos, und er war mit dem Fehlen von Transportmöglichkeiten und der Notwendigkeit zweckmäßiger Kleidung und Schuhe sowie eines Rucksacks nicht vertraut.

In der Annahme, daß in dem Landrover noch ein Platz für Petros frei sein würde, luden wir ihn ein, sich zu uns zu gesellen. Er seufzte erleichtert. Petros, ein Verehrer der byzantinischen Kultur, war entzückt, als er erfuhr, daß ich mich über die Geschichte des Heiligen Berges[7] informiert hatte, und ich sah mich genötigt, meinen Begleitern einen improvisierten Vortrag über die Geschichte dieses Ortes zu halten – wie ein Fremdenführer.

»Das Geschick von Athos«, begann ich, »läßt sich bis in die Zeit vor der Ankunft des Christentums zurückverfolgen. Im Jahre 492 vor Christus wurde die Flotte Mardonius', des persischen Königs, der versuchte, in Griechenland einzufallen und es zu erobern, an den Ufern der Halbinsel Athos vernichtet, und seine Expedition schlug fehl. Zwölf Jahre später mied Xerxes, sein Nachfolger, der von dem Mißgeschick seines Vorgängers erfahren hatte, die stürmische Landspitze von Athos, indem er am Hals der Halbinsel einen Kanal für seine neue Flotte ausheben ließ. Phönizische Ingenieure und Tausende von Arbeitern aus dem umliegenden Gebiet benötigten drei Jahre, um diese Aufgabe auszuführen. Die Überreste des Kanals sind heute noch vorhanden.«

»Sie müssen sie auf dem Weg nach Uranopolis bemerkt haben«, sagte Petros.

»Leider nicht«, erwiderte ich. Tatsächlich hatte Antonis mich auf den Isthmus aufmerksam gemacht, als wir darüber fuhren, aber ich war so von der Schönheit der Ägäis und der Berge der Halbinsel in Beschlag genommen gewesen, daß wir die Stelle bereits hinter uns gelassen hatten, bevor ich ihre historische Bedeutung würdigen konnte. Akis, der Architekt, hatte am Steuer gesessen und hielt nicht viel von Geschwindigkeitsbegrenzungen.

»Nach den Geschichtsschreibern Strabo und Plutarch«, fuhr ich fort, »machte ein einfallsreicher griechischer Ingenieur Alexander einen schmeichelhaften Vorschlag. Der Gipfel des Berges Athos ragt am Rande des Vorgebirges rund 1800 Meter hoch empor; er ist sehr steil und besteht aus reinem, weißem Marmor.«

»Dort ist er«, sagte Antonis. In der Ferne sahen wir die weiße Bergspitze, die aussah, als sei sie mit Schnee bedeckt.

»Dieser Ingenieur«, fuhr ich fort, »schlug vor, aus dem Gipfel eine Kolossalstatue Alexanders als zeitloses Monument zur Ehre Mazedoniens herauszuhauen. Aber es heißt, Alexander habe den Vorschlag abgelehnt. Nach den beiden antiken Historikern sagte er: ›Laßt den Berg stehen, wie er ist. Es ist bereits genug, daß ein anderer König seine Arroganz verewigte, indem er einen Kanal durch die Halbinsel graben ließ.‹«

»Ich frage mich, ob es Städte auf Athos gab, bevor es eine Klosterstätte wurde«, sagte Antonis.

»Nach dem, was ich gelesen habe, gab es in der Vorzeit Siedlungen, aber seit dem 6. Jahrhundert nach Christus sind keine Städte verzeichnet.«

»Die Mönche sagen«, bemerkte Antonis, »Gott habe den Berg als *To Perivoli tes Panagias* [Garten der Heiligen Mutter Gottes] vorgesehen. So bezeichnen sie diese Gegend.«

»Wie kam das Mönchstum nach Athos?« fragte Akis.

»Um diese Frage zu beantworten«, erwiderte ich, »müssen wir in die ersten Jahrhunderte des Christentums zurückgehen. Seit dem 3. Jahrhundert gingen einige Christen, die sich von der Korruption der Gesellschaft, in der sie lebten, abgestoßen fühlten, in die Wüsten Ägyptens und ließen die Welt des geordneten gesellschaftlichen Lebens hinter sich. Sie waren wahrscheinlich von den Stoikern beeinflußt, die Geduld, die Annahme des Leidens, Mäßigkeit und so weiter lehrten. Außerdem müssen sie von den Neuplatonikern und den Kynikern beeinflußt gewesen sein, besonders von letzteren, die eine vollständige Ablehnung des materiellen Komforts predigten. Diese Einsiedler eröffneten eine neue Ära des Christentums. Sie wurden auch die *nyptischen Väter* genannt, das bedeutet ›gelassen und weise‹.«

»Was taten sie in der Wüste?« frage Akis, dem die ganze Idee des Klosterlebens mißfiel.

»Sie kultivierten *Apathia*, die Überwindung von Leidenschaften durch ständiges Gebet«, erwiderte ich. »Du siehst, die frühen christlichen Mystiker glaubten, die mit dem Körper verbundenen Leidenschaften würden den vollen Ausdruck des Pneuma in uns hemmen. Sie glaubten, sie könnten die Leidenschaften durch verschiedene Formen der *Askesis* oder ›Übung‹ zum Schweigen bringen, indem sie den Körper allen möglichen Arten von Mangel unterwarfen: Mangel an Nahrung, an Schlaf, an sexueller Betätigung und an anderen körperlichen Wohltaten. Sie glaubten, diese spirituellen Übungen – oder, wenn du so willst, Arten der Abtötung des Körpers – würden den Ausübenden in ein Gefäß der Kraft und der Gnade des Heiligen Geistes verwandeln. All dies wurde natürlich in Verbindung mit dem ausgeführt, was Paulus das unablässige Gebet nannte.«

»Und wohin haben diese Übungen tatsächlich geführt?« fragte Akis.

NEOPHYTEN=

»Bei einigen wenigen der Mönche führten sie zu einer mystischen Ekstase, einer unmittelbaren Erfahrung dessen, was sie das ›unerschaffene Licht‹ nannten, das für Christus selbst stand. Mir scheint, daß diese Praktiken der schamanischen Visionssuche bei verschiedenen Stammesvölkern entsprachen. Der Unterschied ist, daß diese Mönche ihre Visionssuche innerhalb des christlichen Glaubens ausführten.

Zufällig hinterließen die nyptischen Väter des frühen Christentums einen Bericht über ihre Erfahrungen, der die Grundlage nicht nur der orthodoxen Theologie der Ostkirche, sondern auch der christlichen Klostertradition darstellte. Sie betonten, daß bei dieser *Askesis* die Assistenz eines erfahrenen Lehrers nötig sei, der die Neophyten entsprechend anleitete. Und sie mahnten, man müsse die Quelle seiner Erfahrung erkunden, da sie glaubten, daß die Mächte der Finsternis das unerschaffene Licht täuschend nachahmen konnten.« Ich hielt inne und entschuldigte mich dafür, daß ich mich dazu hatte hinreißen lassen, zu dozieren, als stünde ich in einem Klassenzimmer.

»Nein, fahren Sie fort, fahren Sie fort«, sagte Petros, und die übrigen nickten. Petros' Begeisterung tat mir gut. Es mußte ihm gefallen haben, daß jemand, den er für einen Agnostiker und eine verlorene Seele gehalten hatte, so sehr in der orthodoxen religiösen Tradition beschlagen war.

»Es kam eine Zeit, in der nicht weniger als 5000 christliche Eremiten in den Wüsten Ägyptens lebten«, fuhr ich fort. »Der berühmteste von ihnen war der heilige Antonius, der von Mitte des 3. bis Mitte des 4. Jahrhunderts lebte und 105 Jahre alt wurde.«

»Das asketische Leben scheint ihm gutgetan zu haben«, bemerkte Akis scherzhaft.

»Der heilige Antonius war nicht nur als großer Lehrer berühmt«, sagte ich, »sondern auch als heiliger Mann mit spi-

295

rituellen Kräften, Gaben des Heiligen Geistes. Ich habe übrigens ein interessantes Zitat über den heiligen Antonius bei mir.«

Ich holte ein Buch aus der Tasche meines Rucksacks, das ich gerade las: *The Orthodox Way* von dem Cambridge-Professor Kallistos Ware, einem Anglikaner, der orthodoxer Bischof geworden war. Ich las ein Zitat vor, das einem gewissen Evagrius von Pontus zugeschrieben wird: »Ein weiser Mann jener Zeit kam zu St. Antonius in die Wüste und sagte: ›Pater, wie könnt Ihr das Leben hier aushalten, ohne den Trost der Bücher?‹ Antonius antwortete. ›Mein Buch, Philosoph, ist die Natur des Erschaffenen, und ich kann in den Werken Gottes lesen, wann immer ich will.‹[8]

Dies scheint mir der Hauptunterschied zwischen dem Ansatz der Ostkirche und dem der westlichen Kirche zu sein. Die westliche Kirche verfolgt in der Frage nach Gott einen eher scholastischen Ansatz, während die Ostkirche in ihre eher esoterischen Übungen den empirischen Ansatz von Wüstenvätern wie dem heiligen Antonius einbezog.«

Es war Mittag vorbei, und Antonis schlug vor, daß wir etwas aßen, weil wir nicht wußten, wann wir ankommen würden. Sobald wir dort waren, wären wir ernährungsmäßig vollkommen von dem Kloster und den Mönchen abhängig. Es war die Karwoche, und es galten strenge Fastenvorschriften. Außerdem, so warnte Antonis uns, war der Tagesplan der Mönche in bezug auf Essen und Ruhen sehr von dem der übrigen Welt verschieden. Keiner von uns hatte gefrühstückt, und wir alle fühlten stark die Bedürfnisse unserer asketisch ungeschulten Leiber. Wir bestellten eine Terrine einfache Bohnensuppe, das einzige, was man in dieser Stadt essen konnte.

»Wir bekommen bereits einen Vorgeschmack von Verzicht und Enthaltsamkeit«, bemerkte Akis, während er die letzten Bohnen von seinem Teller löffelte.

»Übrigens, wie kamen die Mönche auf den Berg Athos?« fragte er.

»Eremiten kamen schon vor dem 9. Jahrhundert auf den Berg«, erwiderte ich, denn ich hatte die historischen Daten noch frisch im Kopf, »sie fanden hier eine Zuflucht vor den Arabern, die ihre Stätten in der Wüste angriffen. Diese Mönche hausten in Höhlen und führten ein Leben, das dem ihrer Vorgänger in der ägyptischen Wüste ähnelte. Aus diesem Grund sagt man heute, daß Eremiten, die allein in der Wildnis von Athos leben, ›in der Wüste des Berges Athos‹ lebten. Im Jahr 875 gab Basil der Mazedonier, der damalige Kaiser von Konstantinopel, ein *Chrysobullon* [ein mit Gold versiegeltes Dekret] heraus, das die Athos-Halbinsel nach Einrichtung des ersten Klosters zum autonomen Gebiet erklärte. Kein Außenstehender durfte sich in die Angelegenheiten der Mönche einmischen oder ihr Land antasten. Spätere Kaiser gaben weitere Chrysobullen heraus, in denen die Unabhängigkeit der Halbinsel als Refugium der Eremiten und Mönche und gelegentlich für sie selbst bestätigt wurde. Wichtig ist noch, daß die verschiedenen byzantinischen Kaiser nur auf Einladung der Mönche eingriffen. Somit genossen die Athos-Mönche vom 9. Jahrhundert bis zum Fall von Konstantinopel im 15. Jahrhundert politische Unabhängigkeit.«

»Ich dachte, die Kreuzfahrer hätten die Klöster irgendwann im 13. Jahrhundert geplündert«, bemerkte Antonis.

»Richtig. Und zwar beim vierten Kreuzzug, der das Heilige Land befreien sollte, aber in Wirklichkeit Konstantinopel traf.«

»Das war nach dem Schisma zwischen der Ostkirche und der westlichen Kirche«, fügte Petros hinzu.

»Ja, das große Schisma fand im Jahr 1054 statt, als der Patriarch von Konstantinopel und der Papst einander exkommunizierten. Die Kreuzfahrer eroberten Konstantinopel und die umliegenden Gebiete im Jahre 1204. Es war eine Katastrophe für die Mönche des Berges Athos. Die Kreuzfahrer sahen in den Griechen Häretiker, sie plünderten die Klöster und verfolgten die Mönche. Der Papst bemühte sich vergeblich, diese Vorgänge zu stoppen. Die Verfolgungen und Plünderungen setzten sich bis 1261 fort, als die Kreuzfahrer das Land wieder verließen. Konstantinopel wurde befreit, und Byzanz erneuerte seine Oberhoheit in dem Gebiet. Natürlich kam es während der ganzen Geschichte des Heiligen Bergs immer wieder zu Plünderungen und Verfolgungen durch Piraten und marodierende Truppen. Deshalb wurden die Klöster wie Festungen gebaut, und daher stammt auch die bis auf den heutigen Tag beibehaltene Tradition, die Tore bei Sonnenuntergang zu schließen, damit sich in der Nacht keine Piraten einschleichen können.«

»Was geschah, nachdem Konstantinopel 1453 an die Türken fiel?« fragte Akis.

»Die Mönche bewiesen diplomatische Schläue. Als die Türken 1420 Saloniki einnahmen, wußten die Mönche, daß es nur eine Frage der Zeit sein würde, bis auch Konstantinopel fiel. Also beschlossen sie rasch, sich offiziell Murad II., dem türkischen Statthalter von Saloniki, zu unterwerfen. Dies bewahrte den Berg Athos vor Plünderung und Zerstörung. Während der viereinhalb Jahrhunderte ottomanischer Herrschaft blieb der Heilige Berg auf sich selbst gestellt. Der Sultan wollte sich nicht mit ihm abgeben.

Ich sollte noch erwähnen, daß es im 19. Jahrhundert zu einem Zustrom russischer Mönche auf den Berg kam. Als die griechische Flotte 1912 die Halbinsel einnahm, waren mehr russische als griechische Mönche dort.«

»Tatsächlich?« rief Akis aus. Ihm war offenbar nicht bewußt, daß es auf dem Berg Athos nicht nur griechische Klöster gab, sondern auch russische, bulgarische und serbische. Rumänische Mönche waren auf verschiedene Klöster und Eremitagen verteilt. »Wo sind die Russen jetzt?« fragte Akis.

»Nachdem 1917 die Bolschewiken die Macht in Rußland übernommen hatten, gingen die meisten russischen Mönche fort, weil sie nicht länger unterstützt wurden. Heute ist nur noch das Kloster des heiligen Panteleimon rein russisch. Die meisten der etwa 20 Klöster, die heute bestehen, sind griechisch. Das Kloster Chilandari ist serbisch, und das Zographou-Kloster ist rein bulgarisch. Aber wie ich bereits sagte, es leben hier auch Mönche vieler weiterer Nationalitäten und betreiben ihre *Askesis* in den übrigen Klöstern.«

»Wie ist der Status der Halbinsel Athos heute?« fragte Akis.

»Nach dem Vertrag von Lausanne, der 1923 nach dem griechisch-türkischen Krieg geschlossen wurde, fiel dem griechischen Staat die Hoheit über den Heiligen Berg zu. Der griechische Staat wiederum setzte in Zusammenarbeit mit Vertretern von Athos einen Vertrag auf, der dem Heiligen Berg völlige Autonomie gewährt. Und deshalb brauchen wir Pässe.«

»Da ist der Landrover«, rief Antonis und beendete das Stegreifseminar über die Geschichte des Berges Athos.

11
Beichte

Wir gingen hinter dem Café auf das offene Feld hinaus, wo der Fahrer, ein großer, schlanker Mönch, geparkt hatte. Petros folgte uns eilig und schleppte seinen übergroßen Koffer mit sich. Antonis umarmte den Asketen und stellte ihn uns als Pater Andreas vor, einen Diakon des Klosters.

Antonis erzählte uns später, Pater Andreas, ein Mann Anfang 30, sei ein graduierter Dentist von der Athener Universität. Er hatte »die Welt« aufgegeben und sich trotz der Bitten seiner untröstlichen Eltern der großen Anzahl von Universitätsabsolventen beigesellt, die es in jüngster Zeit zum Heiligen Berg gezogen hatte. Anders als in früheren Zeiten, in denen die meisten der Mönche auf dem Berg Athos kaum die Grundschule absolviert hatten, überschwemmte seit den letzten Jahren eine ungewöhnliche Welle von Mönchen mit akademischer Bildung die Zellen – nach einem zeitgenössischen griechischen Theologen eine »erschütternde« Entwicklung. Als ich von diesem erstaunlichen Trend hörte, daß Hunderte junger Absolventen von so weit entfernten Institutionen wie der London School of Economics, darunter auch promovierte Wissenschaftler, »die Kutte« anlegen, dachte ich an Sorokins soziologische Prophezeiung, daß die westliche Zivilisation die Talsohle der »sensuellen« Desintegration erreicht hatte und sich jetzt auf eine neue, spirituelle oder »ideationelle« Forminte-gration zubewegte.

Pater Andreas erwähnte, er habe noch etwas in Daphne zu erledigen und wir würden in etwa einer Stunde zum Kloster aufbrechen. Antonis sagte, in diesem Fall könnten wir ja unser Gepäck im Wagen lassen und zu Fuß nach Karyes gehen, dem Verwaltungscenter des Berges Athos, das auf dem Weg lag.

Die Aussicht aufs Meer war phantastisch, und die Vorstellung einer Wanderung über Bergpfade kam mir sehr reizvoll vor.

»Tut mir wirklich leid«, sagte Pater Andreas kopfschüttelnd, »aber ich wurde angewiesen, euch von Daphne zum Kloster zu fahren.« Sein Ton war sehr bestimmt und ließ keinen Raum für Kompromisse. So war es vom Abt festgelegt worden, seinem Vorgesetzten, der die Anweisung gegeben hatte, daß wir das außergewöhnliche Privileg genießen sollten, zum Kloster gefahren zu werden.

Ich begriff nicht, was dies zu bedeuten hatte, und wandte mich an Antonis in der Hoffnung, daß er mich aufklären würde. Ich gab ihm durch Zeichen zu verstehen, daß ich eine rationale Erklärung für das wünschte, was vor sich ging. Er hatte schon zuvor mit den Mönchen zu tun gehabt und schien mir mit ihren Gewohnheiten vertrauter zu sein.

»Sieh mal«, sagte Antonis, während wir auf einem Fels saßen, auf den Ozean schauten und darauf warteten, daß Pater Andreas seine Geschäfte erledigt hatte, »Gehorsam gehört zu den wichtigsten Pflichten eines Mönchs. Gehorsam demütigt das Ich, den schrecklichsten Feind des Mönchs. Es ist das Ich, das den Menschen daran hindert, Gott zu schauen und zu erfahren. Gehorsam ist eine Tugend, die man in den Klöstern als Form einer spirituellen Übung kultiviert. Je stärker das Ich, desto größer die Entfremdung von Gott. Die Mönche glauben, daß Stolz, der durch das Ich kultiviert wird, eine spirituelle Krankheit darstellt.

Pater Andreas hatte klare Anweisungen, uns von Daphne aus ins Kloster zu fahren, nicht von Karyes aus. Die Ausführung dieser Anweisung seines Vorgesetzten gehört zu seinen heutigen Exerzitien. Ich habe nicht mit ihm gestritten, weil wir Gäste hier sind und ich der Meinung bin, daß wir uns nach ihren Regeln richten müssen.«

»Richtig«, sagte ich und warf einen Kieselstein ins Meer. »Aber

Gehorsam hat natürlich noch eine weitere Funktion.« Ich sprach als Soziologe und im entsprechenden fachlichen Jargon. »Er gewährleistet das reibungslose Funktionieren einer eng verflochtenen, kommunalen Gemeinschaft. Offenbar besteht eine Übereinstimmung zwischen dem Wunsch des Mönchs, Gott zu finden, und dem Bedürfnis des Klosters, sich selbst als soziales System zu erhalten, das vom Rest der Welt abgeschnitten ist. Die Mönche kamen von der Welt außerhalb, einer Welt, in der die entgegengesetzten Tugenden hochgehalten werden: Wettbewerb, Ego-Projektion, Selbstbezogenheit, weltlicher Ehrgeiz, Individualität, Konsumverhalten und dergleichen. Solche Dinge lassen sich nicht leicht überwinden. Ich vermute, ohne die systematische Kultivierung des Gehorsams als Tugend wäre die Kooperation unter den strengen Maßregeln innerhalb der Klostermauern zumindest problematisch. Die Resozialisation der Mönche unter einem vollständig neuen Regelkatalog ist unumgänglich, wenn das Klosterwesen Bestand haben soll.«

»Aber«, ich schloß eine Frage an, »bist du nicht der Meinung, daß solche Umstände Raum für Mißbrauch schaffen – ich spreche von unbedingtem Gehorsam?«

»Unmöglich!« entgegnete Petros, der neben mir saß, scharf. Sein Nacken versteifte sich, seine Augen weiteten sich, und seine Augenbrauen wanderten nach oben. Er war ein religiöser und mitfühlender Altphilologe und hing einer milden, sehr toleranten Sicht der modernen griechischen Kultur und ihrer verschiedenen traditionellen Institutionen an.

»Ich habe von keinem Fall von Mißbrauch gehört«, sagte Antonis. »Zumindest nicht in dem Kloster, zu dem wir fahren. Aber du mußt wissen, daß die orthodoxe Klostertradition die Möglichkeit eines Mißbrauchs durch die Vorgesetzten sehr gering hält. Zum Beispiel wird der Abt, dem die Verwaltung des Klosters obliegt, von den übrigen Mönchen gewählt. Der neue Abt unseres Klosters wurde soeben von den rund 40 Mönchen gewählt, die dort leben. Er hat die Stellung einstimmig erhalten. Um als Abt gewählt zu werden, muß man ein *Hieromönch* sein, das heißt, man muß geweihter Priester sein, der Beichten abnehmen, die Kommunion erteilen und all die übrigen Sakramente der orthodoxen Kirche verabreichen kann. Und um als Hieromönch geweiht zu werden, muß man eine bestimmte Stufe der spirituellen Entwicklung erreicht haben, wie es durch andere Hieromönche und durch die *Gerontes* des Klosters und anderer Klöster festgestellt wird.«

»Was sind die *Gerontes*?« fragte Akis.

»Der *Geron* oder *Gerontas* [griechisch: der Greis]«, erwiderte ich, »ist der Meister des Klosters. Er ist der spirituelle Vater der Mönche, der sie auf ihrem Weg und bei ihren Erfahrungen leitet. Nachdem er selbst eine gewisse Meisterschaft im Spirituellen erlangt hat, die von den anderen erkannt wird, kann er wie ein Guru für die Mönche fungieren, aber ohne als eine Art Gott verehrt zu werden. In der orthodoxen Tradition werden nur Gott, Christus und der Heilige Geist verehrt.«

»Wie wird man ein Gerontas?« fragte Akis. »Ich meine, wird man als Gerontas geweiht, wie zum Beispiel ein Bischof geweiht wird?«

»Nein. Es ist kein offizieller Titel. Ein Gerontas muß als solcher von den übrigen Mönchen erkannt werden. Also ist ein Gerontas jemand, der *Charisma* hat«, sagte ich und erklärte, was ich mit diesem Wort meinte.

In spirituellen Texten wie zum Beispiel der Bibel ist eine charismatische Person jemand, von dem man glaubt, daß Gott ihm eine Gabe verliehen hat. Er ist jemand, der derart von allen Eigenschaften des Egoismus und des persönlichen Stolzes gereinigt wurde, daß er ein Gefäß der wunderbaren Kräfte des Heiligen Geistes geworden ist. Zum Verdruß der Theologen borgte sich der Soziologe Max Weber diesen Begriff aus und

303

verwandelte ihn in ein politisches Konzept – demnach ist ein charismatischer Führer jemand, dem seine Anhänger besondere Gaben zuschreiben. Sie glauben, er könne sie von ihren persönlichen und gesellschaftlichen Schwierigkeiten befreien. Nach der Definition von Max Weber trifft diese Definition ebenso auf Jesus wie auf Adolf Hitler zu und auch auf Gandhi und Fidel Castro, auf Martin Luther King und Gautama, den Buddha.

Nach dem, was ich gelesen habe, sind die Gerontes oder, auf russisch, die *Starzen* [Plural von *Starez*] jene Mönche, die nach vielen Jahren des persönlichen Bemühens, ihre egoistischen Leidenschaften zu überwinden, eine gewisse Stufe der psychonoetischen Reinheit – der Heiligmäßigkeit – erreicht haben, so daß der Heilige Geist Wunder durch sie wirken kann. Aber sie rechnen es sich niemals als Verdienst an und geben bestimmt nicht mit ihren Kräften an. Im Gegenteil, sie befleißigen sich einer besonders demütigen Haltung und schreiben alle Wunder, die sich in ihrer Gegenwart ereignen mögen, dem Heiligen Geist zu, nicht sich selbst. Die Gerontes auf dem Heiligen Berg sind die spirituellen Lehrer und Bewahrer der orthodoxen Religion.

Unter solchen Bedingungen, also in einer Gemeinschaft unter der Leitung durch spirituell fortgeschrittene Lehrer, ist die Möglichkeit eines Mißbrauchs gering. Es ist eine ganz andere Geschichte, wenn ein einzelner Guru, der sich keiner Gemeinschaft verpflichtet fühlt, von unkritischen Anhängern umgeben ist, die keine Möglichkeit haben, den Grad seiner Spiritualität zu erkennen. Dann ist ein Mißbrauch wahrscheinlicher. Ein Gerontas oder Starez hingegen, der seine Macht mißbraucht, wird viel leichter von anderen Gerontes identifiziert und bestraft oder aus der Klostergemeinschaft ausgestoßen.«

»Genau«, sagte Antonis. »Aus diesem Grund bin ich eher geneigt, Gerontes wie Pater Vasilios und anderen, die ich auf dem

Berg Athos kennengelernt habe, zu vertrauen. Ich spüre größere Sicherheit in der orthodoxen spirituellen Tradition. Ich fühle mich nicht wohl, wenn ich von einem einzelnen Meister abhängig bin, egal, wie weise er erscheinen mag – besonders, wenn er nicht zu einer alten Tradition oder einer Gemeinschaft Gleichgesinnter gehört.«

»Was weißt du über Pater Vasilios?« fragte ich überrascht. Antonis war die dritte Person in weniger als einem Monat, die diesen Pater als großen, heiligen Mann erwähnte.

»Ich habe ihn nie persönlich kennengelernt, aber ich habe alle möglichen Geschichten über ihn gehört«, erwiderte Antonis. Er ließ sich nicht lange bitten und erzählte uns einige dieser Geschichten.

»Vor einigen Jahren gab es in Saloniki einen merkwürdigen Unfall. Ein zwölfjähriger Junge wurde von einem Bus erfaßt, als er mit seinem Fahrrad eine Straße überqueren wollte. Die Fahrgäste und der Fahrer des Busses verließen aufgeregt den Bus und erwarteten, den Jungen zermalmt unter den Rädern des Busses vorzufinden. Wunderbarerweise war der Junge aber unverletzt und stand unter Schockeinwirkung auf der anderen Straßenseite, während sein Rad nur noch ein Haufen Schrott war. Es wäre ihm physisch unmöglich gewesen, auf die andere Straßenseite zu springen. Als er gefragt wurde, erwiderte er, in dem Augenblick, in dem der Bus im Begriff war, ihn zu überfahren, sei plötzlich ein Priester erschienen, habe ihn ergriffen und auf den Bürgersteig geworfen. Er konnte nicht sagen, wer der Priester gewesen war. Er war in dem Moment, als der Junge außer Gefahr war, wieder verschwunden. Der Vater des Jungen begann, mit seinem Sohn Kirchen und Klöster zu besuchen in der Hoffnung, der Junge könne den Priester ausfindig machen, der ihn auf so wunderbare Weise gerettet hatte. Nach vielen Monaten der Suche kamen die beiden zu Pater Vasilio. ›Das war er‹, sagte der Junge sofort.«

Antonis schwieg kurz und erzählte dann eine weitere Geschichte über Pater Vasilios:

»Eine Gruppe von Leuten, die nicht wußten, daß er zu Besuch im orthodoxen Kloster in Sinai in Ägypten weilte, besuchte ihn. Trotzdem fanden sie ihn in seiner Klause vor. Er belehrte und segnete sie. Die Mönche des Klosters waren sehr verblüfft.«

»Also soll er die Fähigkeit haben, über die angeblich sehr weit entwickelte Seelen verfügen, nämlich sich zur selben Zeit an mehr als einem Ort zu befinden?«

»Wer weiß?« erwiderte Antonis. »Aber Geschichten wie diese über außergewöhnliche Taten von Gerontes, die als vom Heiligen Geist gesegnet gelten, werdet ihr hier ständig hören. Hier ist noch eine«, fuhr Antonis fort. »Eine Gruppe Franzosen besuchten Pater Vasilios. Als sie in ihr Kloster zurückkamen, fragte ein Mönch sie, wo ihr Dolmetscher sei, da Pater Vasilios keine Fremdsprachen beherrschte. Die Franzosen wunderten sich, denn sie hatten keinen Dolmetscher dabei gehabt, und Pater Vasilios hatte fließend mit ihnen französisch gesprochen.

Es gibt noch viele andere Geschichten über Pater Vasilios, aber wir wollen aufhören. Ich sehe Pater Andreas kommen.«

Antonis setzte sich neben Pater Andreas. Petros, Akis und ich nahmen auf dem Rücksitz Platz. Wir fuhren sehr langsam, nicht mehr als 10 bis 15 Kilometer pro Stunde, weil die Straßen nicht für Autos, sondern für Mulis und Wanderer geschaffen waren. Die Fähigkeit Pater Andreas', den Landrover auf den schlechtesten Wegen zu lenken, die man sich nur vorstellen konnte, beeindruckte uns. Wir schwiegen während der Fahrt, nicht, weil die an steilen Abhängen und schroffen Klippen vorbeiführenden Straßen uns angst gemacht hätten, sondern aus tiefem Staunen vor der atemberaubenden Szenerie, die sich vor unseren Blicken entfaltete. Ich konnte sehen, weshalb die

Eremiten sich seit den ersten Jahrzehnten der christlichen Ära am Berg Athos zusammengefunden hatten, um Gott und Frieden zu finden. Ich begann sogar, die Gründe zu begreifen, weshalb so viele junge, vielversprechende Universitätsabsolventen die Städte verließen, um die Mönchskutte anzuziehen.

Wir erreichten unseren Bestimmungsort an der Ostseite des Vorgebirges um 15 Uhr. Das Kloster war ein wuchtiges byzantinisches Bauwerk, das früher einmal, wie man uns sagte, nicht weniger als 4000 Mönche beherbergt hatte. Aber das »goldene Zeitalter« war vergangen, bis vor ein paar Jahren hatten nur sieben ältere Mönche hier gelebt, und die Gebäude um sie herum begannen zu zerfallen. Aber dank des neuerlichen Zuflusses an frischem Blut erlebte das Kloster, ebenso wie alle übrigen Klöster auf Athos, eine Renaissance. 50 Mönche zogen hier ein, besserten einen großen Teil der zerfallenen Bauwerke aus, renovierten die großartige Kirche und strebten unter der Anleitung ihrer Gerontes nach der Einheit mit Gott.

Als wir aus dem Landrover kletterten, kam eine Gruppe von Mönchen herbei, um uns zu begrüßen. Ich hatte keine Ahnung, ob allen Besuchern ein so großartiger Empfang zuteil wurde, ich wußte aber, daß in allen Klöstern die traditionelle Gastfreundschaft gegenüber den Pilgern, die sich die Zeit nahmen und die Mühe machten, diese entlegene Region Griechenlands zu besuchen, gepflegt wurde. Andererseits war nicht zu übersehen, daß auch Antonis' Kontakte zum Abt und zu mehreren anderen Mönchen des Klosters maßgeblich für den herzlichen Empfang zu dieser Zeit verantwortlich war, in der nicht weniger als 250 Gäste über die Osterzeit hier weilten.

Wir wurden in den *Archondariki* (Empfangsraum) geleitet, wo man uns nach alter Tradition *Loukoumi* (türkischen Honig) und dazu ein Glas *Raki* reichte, einen hochprozentigen Anisbranntwein, den die Mönche selbst herstellten. Ich trank das

Glas in einem Zug aus, wie es Brauch war, und die Augen traten mir fast aus dem Kopf. Pater Maximos, ein Mitglied des Empfangskomitees und ein enger Freund von Antonis, schenkte mir ein mitfühlendes Lächeln.

Ich schloß Pater Maximos sofort in mein Herz, als Antonis mich ihm vorstellte. Er war, wie der Abt, ein Hieromönch, also ein geweihter Priester, der die Sakramente der Kirche verabreichen konnte, darunter die Absolution und die heilige Kommunion. Ich kann mich nicht erinnern, jemals zuvor einen griechisch-orthodoxen Priester getroffen zu haben, der eine so starke Spiritualität ausstrahlte wie Pater Maximos. Er war Mitte 30 und Absolvent der Theologischen Hochschule Athen. Statt nun eine Laufbahn als Theologe einzuschlagen, Religion in einem Gymnasium zu unterrichten und regelmäßig in verschiedenen Kirchen zu predigen, hatte er sich für ein asketisches Leben auf dem Berg Athos entschieden. Wir wurden sofort Freunde, und ich hatte das Vergnügen langer Unterhaltungen mit ihm über theologische Fragen und über das Leben auf dem Heiligen Berg.

»Wir Mönche glauben nicht an Philosophie«, sagte Pater Maximos zu mir bei einem Gespräch am Tag darauf vor dem Abendgottesdienst im Garten. »Uns geht es um Erfahrung, die direkte Erfahrung Gottes.« Er fügte hinzu, das Studium der philosophischen und theologischen Schriften der Kirchenväter sei wichtig, reiche aber für sich allein nicht zur unmittelbaren Erfahrung Gottes aus.

Seine Worte waren ein recht treffender Kommentar zu meiner Tendenz und Schwäche als Akademiker, bei der Suche nach der Wahrheit einem mehr verstandesmäßigen Ansatz zu folgen. »Parallel zur Lektüre der heiligen Texte«, sagte er, »müssen wir uns in spirituellen Praktiken üben.« Als ich ihn fragte, wie er dies anstelle, erwiderte er: »Unter anderem durch Fasten, unablässiges Gebet, Beichte, Kommunion sowie bewußte und systematische Teilnahme am liturgischen Gottesdienst und den Sakramenten der Kirche. Durch diese Praktiken versuchen wir, uns von egoistischen Leidenschaften zu befreien, damit die Gnade des Heiligen Geistes frei in uns fließen kann.« Man wies uns zwei Räume zu. Ein junger Mönch, der für die Versorgung der Gäste zuständig war, brachte uns saubere weiße Bettücher und Decken. Ich sollte im selben Raum wie Antonis und sein Freund, der Architekt, übernachten, der das am weltlichsten gesonnene Mitglied unserer kleinen Gesellschaft zu sein schien. Er hatte sich uns hauptsächlich deshalb angeschlossen, weil Antonis ihn dazu gedrängt und mit der Schönheit der Landschaft und der unvergleichlichen architektonischen Großartigkeit der Athos-Klöster gelockt hatte. Er war ein starker Raucher und mußte jedesmal, wenn er sein Verlangen nach Nikotin stillen wollte, das Kloster verlassen. In den Mauern des Klosters einschließlich des umschlossenen Gartens war Rauchen nicht erlaubt, und nach 18 Uhr wurden die Tore bis Sonnenaufgang geschlossen. Akis erlernte die Tugend der Mäßigkeit.

»Keine Duschen?« sagte ich überrascht, als Antonis mich über die Einrichtungen zum leiblichen Wohl informierte.

»Nein«, erwiderte Antonis. »Die Mönche duschen nicht. Sie waschen nur Teile ihres Körpers, wie Füße und Hände. Und kein heißes Wasser. Deshalb habe ich euch aufgefordert, Feuchttücher mitzubringen. Sie helfen einem, sauber zu bleiben.«

Als Akis den Kopf schüttelte, erklärte Antonis, daß die Mönche alles meiden, was sexuelle Gedanken oder Gefühle auslösen könnte. Dies würde eine Ablenkung von ihrer ausschließlichen Hinwendung zu Gott durch das Gebet bedeuten. Aus diesem Grund schwimmen sie auch während der heißesten Monate nicht im Meer ganz in der Nähe des Klosters. Trotzdem war das Kloster peinlich sauber, und die Mönche selbst wirkten gewaschen und gepflegt. Der einzige Geruch war der nach brennendem Weihrauch.

Alle, die sich innerhalb der Klostermauern aufhielten, aßen gemeinsam, 50 Mönche und 250 Besucher. Ich fühlte mich unwohl als Teil einer derart massiven Invasion in das Leben dieser Asketen. Es gehörte zu ihrer Tradition, einem Besucher niemals Unterkunft und Essen zu verweigern. Aber diese Tradition war im 10. Jahrhundert entstanden, als das erste Kloster (die »Große Laura«) auf der Athos-Halbinsel erbaut wurde. Das war viele Jahrhunderte vor dem Aufkommen von Autos und Flugzeugen, und nur wenige beherzte Seelen wagten es damals, von ihren Dörfern fortzureisen.

Pilger und Mönche nahmen schweigend das Mahl ein, während ein Novize aus Predigten vorlas, die verschiedene Gerontes und heilige Männer der Orthodoxie geschrieben hatten. Die Lesung dauerte an, bis alle gegessen hatten. Dann kam der Vortragende von seiner Kanzel und küßte dem Abt die Hand, der seinerseits den jungen Mönch segnete und ihm ein Stück Brot gab. Alle erhoben sich, und der Mönch schritt hinter dem Abt her, singend aus der *Trapeza* (Speisesaal). Ich fühlte mich unbehaglich. Als wir aus der Trapeza in den Garten kamen, standen die Mönche schon rechts und links in zwei Reihen und verbeugten sich tief, während der Abt, der aufrecht stehen blieb, die rechte Hand zum orthodoxen Segen erhob.

»Sei nicht verwirrt«, flüsterte Antonis, als wir hinausgingen. »Es gehört zu ihren Übungen in Demut.« Ich erwiderte, daß es mir nicht leichtfiele. Wir wurden wie Könige behandelt, obwohl wir in Wirklichkeit eher Eindringlinge in ihr Leben waren.

Vor der Freitagsvesper hatten wir Gelegenheit zu einem Rundgang durch das Kloster, und wir konnten mit ein paar Mönchen sprechen. Zu ihren liebsten Gesprächsthemen gehörte die wundersame Kraft einiger uralter Ikonen der Heiligen

Jungfrau. Eine der Ikonen soll das Kloster einst vor Piraten errettet haben. Ein Mönch hatte in der Kirche gebetet, als er hörte, wie die Heilige Jungfrau ihn mahnte, den übrigen Mönchen einzuschärfen, nicht die Tore zu öffnen, weil die Piraten die ganze Nacht über draußen warteten, um das Kloster zu plündern. Und so war es gewesen. Die Jungfrau rettete das Kloster, und seit jenem Tag wurde diese besondere Ikone mit Hymnen und Litaneien verehrt.

Ein weiteres Wunder, von dem die Mönche uns ehrfurchtsvoll berichteten, wurde einer kleinen Ikone der Jungfrau zugeschrieben, die sie in der Vorratskammer für die Olivenölfässer aufbewahrten. Sie brauchten das Olivenöl nicht nur zum Kochen, der wichtigere Verwendungszweck war, die Leuchter vor den Ikonen am Brennen zu halten. Zur Verzweiflung der Mönche war die Olivenernte in einem Jahr äußerst dürftig, und ihr Vorrat ging rasch zu Ende. Alle Fässer waren leer, und sie hatten kein Öl mehr, um die Leuchter am nächsten Tag weiterbrennen zu lassen. Das Öl, das sie von außerhalb bestellt hatten, war noch nicht eingetroffen. Aber am folgenden Morgen entdeckten sie, daß alle Fässer auf mysteriöse Weise bis an den Rand mit Öl gefüllt worden waren. Niemand fand sich, der sie gefüllt hätte. Die Ikone wurde als wundertätig gepriesen und zusammen mit anderen Ikonen mit Litaneien und besonderen Zeremonien am Ort des Wunders fromm verehrt.

Eine andere Ikone, so berichtete man uns, hatte sich in einem Kloster dematerialisiert und wurde in einem anderen wieder aufgefunden. Man brachte sie in das erste Kloster zurück, und sofort verschwand sie aufs neue und rematerialisierte sich in dem anderen Kloster. Nach mehreren Wiederholungen dieses Vorgangs kamen die beiden Klöster überein, daß die Ikone aus einem unbekannten Grund in jenem anderen Kloster zu sein wünschte.

Die Mönche und frommen Pilger sprechen häufig über solche

311

Phänomene wie spontane Dematerialisierungen und Remate-
rialisierungen von Ikonen. Die erste Geschichte dieser Art hatten wir von Pater Andreas gehört, der uns, als wir das Kloster
betraten, auf eine gemalte Ikone an der Wand über dem Eingang aufmerksam machte. Im Jahr 1822, ein Jahr nach dem
griechischen Unabhängigkeitskrieg gegen die ottomanische
Herrschaft, schoß ein türkischer Soldat mit seinem Gewehr
auf die Ikone und erzeugte ein großes Loch in dem Gemälde,
das bis heute deutlich sichtbar ist. Nach dieser Legende eilte
der Soldat, nachdem ihm klargeworden war, was er getan hatte, an den nächsten Baum und erhängte sich. Am Tag darauf
war der Baum vertrocknet und tot.

Pater Nectarios, ein junger Mönch, geleitete uns vor eine Ikone der Madonna, die üblicherweise im Sanktum aufbewahrt
wurde. Anläßlich der Karwoche hatten die Mönche sie im Zentrum der Kirche ausgestellt. Die Ikone war mit Gold überzo-
gen, und nur das Gesicht der Jungfrau, die das Jesuskind in
den Armen trug, war frei gelassen worden. Ihre Gesichtszüge
waren im Laufe der Zeit unkenntlich geworden. Man erzählte
uns die Geschichte der Ikone: Es hatte eine Zeit gegeben, als
das Kloster von Piraten ausgeraubt und die meisten Mönche
umgebracht wurden. Aber ein 15jähriger Mönch schaffte es,
zu entkommen. Bevor er fortlief, holte er die Ikone der Jungfrau aus der Kirche und versenkte sie in einem geheimen
Brunnen. Der junge Mönch gelangte schließlich nach Kreta
und lebte dort noch 70 Jahre lang. Bevor er im Alter von 85
Jahren starb, machte er sich in das Kloster auf und erzählte
den Mönchen, was 70 Jahre zuvor geschehen war. Dann zeigte er ihnen, wo er die Ikone versteckt hatte. Sie öffneten den
Brunnen und fanden die Ikone wunderbarerweise auf dem
Wasser schwimmend vor, und auf ihr stand eine brennende
Kerze.

Solche Geschichten über Wunder bestärkten die Mönche in

dem Glauben, daß ihre von »der Welt« abgeschnittene Lebensweise von tiefer Bedeutung und rational vertretbar ist. Sie stellen die Glaubwürdigkeit solcher Legenden niemals in Frage. Indem sie sich den Sinn für solche Wunder bewahren und auch in ihren eigenen Gebeten Erfahrungen dieser Art machen, bestärken sie in ihrem Bewußtsein die Gültigkeit ihres Glaubens an die höchsten spirituellen Wirklichkeiten, die in der orthodoxen Tradition angenommen werden.

Die erhabene Stellung der Heiligen Jungfrau auf dem Berg Athos gründet sich auf eine Legende, die die Mönche gern Besuchern erzählen. »Es begann alles im Jahre 49 nach Christus«, erzählte uns Pater Andreas, während er uns in die verschiedenen Sanktuarien des Klosters geleitete, in denen besondere wundertätige Ikonen der Jungfrau aufbewahrt wurden. »Die Mutter unseres Gottes segelte mit einem der Evangelisten von Jerusalem fort, um Lazarus zu besuchen, der damals Bischof von Zypern war. Es ist nicht überliefert, ob der Evangelist, der sie begleitete, Markus oder Lukas war. Während ihrer Reise schlug plötzlich das Wetter um. Ein Sturm kam auf, und dichter Nebel bedeckte das Meer. Der Steuermann konnte sich nicht länger orientieren, und statt auf Zypern landeten sie am Ostufer der Athos-Halbinsel. Als die Jungfrau an Land ging, gab es ein Erdbeben, und alle Heidenstatuen wurden zerstört. Die Heilige Mutter schaute sich die wunderschöne Landschaft an und rief aus: ›Dieser Berg ist heiliger Grund. Er soll mein Garten sein. Ich will hier bleiben.‹ Seit jener Zeit ist die *Theotokos* [die Gottesgebärerin] die Königin des Heiligen Berges.

Nun waren wir seit zwei Tagen im Kloster und kamen uns vor, als würden wir schon seit Wochen hier leben. Wir lebten wie die Mönche, standen um vier Uhr morgens auf, gingen in die Kirche, lauschten den byzantinischen Gesängen, nahmen an den Geheimnissen der orthodoxen Kirche teil und aßen zweimal am Tag in der *Trapeza*.

Die Melodien der Liturgien beim Gottesdienst in der Karwoche locken selbst Atheisten und Agnostiker an, die gewöhnlich kaum einen Fuß in eine Kirche setzen. Man erzählt sich, daß vor 1000 Jahren eine russische Delegation Konstantinopel besuchte und in die Hagia Sophia eingeladen wurde, die große Kirche von Byzanz. Die Liturgie und die Hymnen verzauberten sie derart, daß sie nach ihrer Rückkehr in Rußland den herrschenden Prinz Wladimir von Kiew davon überzeugten, das orthodoxe Christentum sei die Religion, die man in Rußland einführen müsse. In der Folge huldigten die Russen 1000 Jahre lang nach dem Beispiel ihres Prinzen der Orthodoxie.

Die ersten Kirchenväter wandelten ihre religiöse Lyrik und Gebete schon in Musik und Gesang um. Dadurch förderten sie nicht nur ihre religiöse Erfahrung, sondern bewahrten auch das Ostchristentum die 1000 Jahre des byzantinischen Reiches und die nachfolgenden mehr als 400 Jahre der ottomanischen Herrschaft hindurch. Es gehört zum Lehrstoff eines jeden Mönch- oder Priesteranwärters, die byzantinische Musik und die Fähigkeit zu erlernen, ohne Dissonanzen zu singen.

»Pater Andrea«, sagte ich, als wir aus dem Freitagmorgen-Gottesdienst kamen, »Ihr Gesang ist herrlich.« Pater Andreas besaß in der Tat eine außergewöhnliche Stimme. Hätte er sich entschieden, eine Karriere in der »Welt« zu machen, wäre er wahrscheinlich einer der besten griechischen Sänger geworden. »Oh«, rief er mit einem belustigten Lachen aus. »Wissen Sie denn nicht, daß man einen Mönch nicht loben darf, weil er sonst dem Teufel verfällt?«

»Ich verstehe«, erwiderte ich, und Antonis und ich lachten ebenfalls. Ich hätte es besser wissen müssen. Das Hauptziel eines wahren Mönches ist es, sein Ich zu zähmen oder, besser gesagt, es auszulöschen. Denn nach den Lehren des Klosterlebens erzeugt das Ich Schatten, die die unmittelbare Gottes-schau und Gotteserfahrung verdunkeln. Lob verstärkt die Macht des Ichs und vereitelt deshalb genau den Zweck, zu dem ein ernsthafter Gläubiger sich für ein Leben im Kloster entscheidet.

Ich fragte Pater Andreas, ob er eine Einladung annehmen und in seine Heimatstadt zurückkehren würde, um Archimandrit zu werden, ein Karriereschritt in der kirchlichen Hierarchie, der mit einem Bischofssitz enden konnte. Antonis hatte mir davon berichtet.

»Ich bin zur Zeit nicht dazu in der Lage«, erwiderte er und ließ seinen Blick über die Hügel schweifen.

»Weshalb nicht?« beharrte ich.

»Zuvor«, erwiderte er gedankenvoll, »muß ich mich von egoistischen Wünschen reinigen. Erst dann bin ich fähig, andere auf einen spirituellen Pfad zu geleiten.«

Nicht alle, die auf den Berg Athos kommen, folgen ihrer spirituellen Sehnsucht. Ein älterer Mönch erzählte mir zum Beispiel, er habe im Jahr 1922, als er 14 Jahre alt war, bei der Zerstörung der griechischen Gemeinschaft in Kleinasien als eine Folge des griechisch-türkischen Krieges seine beiden Eltern verloren. Als Waise fand er Unterschlupf auf dem Heiligen Berg und wurde ein Eremit. Heute, mit seinen 83 Jahren, hatte er niemals eine andere Welt erfahren als die des Berges Athos. Als ich ihn fragte, ob er es bedaure, sein Leben allein als Eremit verbracht zu haben, konnte er mir keine klare Antwort geben, weil er, wie er sagte, keine Vergleichsmöglichkeiten besaß. Aber ein anderer älterer Mönch versicherte mir, wie glücklich er hier sei, nicht nur, weil er bei seinem einsamen Leben Frieden gefunden habe, sondern auch, weil der Heilige Berg reich an Wild war. Er war ein leidenschaftlicher Jäger. Als er hörte, daß ich von Zypern kam, beteuerte er, während der türkischen Invasion von 1974 sei er versucht gewesen, sein Gewehr zu nehmen und auf die Insel zu gehen, um gegen die Türken zu kämpfen.

Ich hatte früher einmal gelesen, daß auch Gesetzesflüchtlinge auf dem Berg Athos endeten.[1] Die Mönche weigerten sich, sie der Polizei zu übergeben, weil sie nicht glaubten, daß diese Männer zufällig auf den Berg Athos kamen. Sie übernahmen selbst die Aufgabe, die Sünder zu erretten.

Eine Sache, die mir bald klar wurde, war dies: Ganz gleich, welche gesellschaftlichen oder persönlichen Umstände einen Mönch auf den Berg verschlagen haben mochten, sobald er erst einmal dort war, begann für ihn ein völlig neues Leben, das oft zu einer spirituellen und moralischen Transformierung führte, die seine Sicht der Wirklichkeit und sein Selbstbild radikal veränderte. Das Eintreten in mystische Bewußtseinszustände, Begegnungen mit verschiedenen heiligen Männern und die persönliche Zeugenschaft bei Wundern gehörten zu den transformierenden Erfahrungen, die im Leben der Asketen und Eremiten alltäglich waren. Ihre unablässigen spirituellen Übungen erhöhten unter anderem ihre Sensibilität für wundersame Phänomene, die ein Mensch mit normalem Bewußtseinszustand nicht bemerkt. Milliarden von Ereignissen und Vorkommnissen finden ständig um uns herum statt, aber die Konditionierung, der wir unser ganzes Leben lang unterzogen werden, verhindert, daß wir sie bemerken. Mir scheint, daß das Klosterleben mit all seinen Härten und Entbehrungen in der Absicht gestaltet wurde, die Konditionierungen des Selbst zu löschen und es mit einem völlig neuen Satz von Normen wieder in die Lage zu versetzen, die andersartigen oder, besser gesagt, spirituellen Wirklichkeiten wahrzunehmen, die dem »normalen« Bewußtsein unzugänglich sind.

Ich saß auf einer Bank mit Blick auf den Garten neben dem Vordereingang zur Kirche, als ich Pater Maximos mit dem üblichen Lächeln auf dem Gesicht auf mich zukommen sah. Pater Maximos war auf Zypern geboren und aufgewachsen, ein Umstand, der zu unserer Freundschaft beitrug. Er hatte mir erzählt, daß er sich schon sehr früh in seinem Leben von der Kirche angezogen gefühlt hatte und daß er in Athen Theologie studiert hatte. Aber bald entdeckte er, daß die Theologie allein ihn nicht befriedigte. Der Berg Athos war ein Ort, an dem man sich ununterbrochenen spirituellen Übungen hingeben konnte, wo er sich mit Hilfe der Gerontes selbst reinigen und für die Errettung anderer arbeiten konnte.

»Pater Maxime, kennen Sie einen Gerontas mit Namen Vasilios?« fragte ich, als er sich neben mich setzte.

Er lächelte und schwieg eine Weile. »Nun, kennen Sie ihn?« hakte ich nach.

»Pater Vasilios ist mein Gerontas. Ich arbeite mit ihm.«

Es war einer jener Zufälle, die einen fragen lassen, ob es tatsächlich Zufälle oder die Wirkungen einer höheren Ursache sind, die sich mit dem normalen Bewußtsein nicht erkennen läßt. Nach den esoterischen Lehren gibt es natürlich gar keine Zufälle. Wie Robin Amis, ein Schüler der östlich-orthodoxen Tradition, in einem Interview sagte: »Der Berg Athos ist ein byzantinisches Relikt, ein Teil einer früheren Zivilisation, in der man an Wunder glaubte. Dort ereignen sich tatsächlich verstohlene, kaum wahrnehmbare Wunder, Folgen von Zufällen, die kein Statistiker glauben würde. Manchmal folgen diese Zufallsketten einem Menschen in die Welt hinaus und verändern sein Leben.«[2]

Bis zu diesem Augenblick hatte ich geglaubt, daß es wegen seiner Unerreichbarkeit und Öffentlichkeitsscheu unmöglich sein würde, Pater Vasilios, den »Löwen des Heiligen Berges«, zu treffen, obwohl er in der gesamten griechisch-orthodoxen Welt eine Legende geworden war.

»Wäre es möglich, sich mit ihm zu treffen?« fragte ich spontan.

»Ja, weshalb nicht. Wir können ihn nach dem Ostersonntag treffen, wenn die meisten der Gäste fort sein werden. Aber es ist ein Fußmarsch von vier Stunden.«

»Das macht mir nichts aus.«

»Werden Sie morgen an der Kommunion teilnehmen?« fragte Pater Maximos ostentativ.

»Nun«, murmelte ich, »ich nehme an, alle nehmen an ihr teil. Auf den Berg Athos zu kommen, ohne an der Kommunion teilzunehmen, wäre eine unvollständige Pilgerfahrt, nicht wahr?« Ich gab zu, daß ich kaum jemals an der Kommunion teilnahm. Ich konnte mich kaum daran erinnern, wann ich es zum letzten Mal getan hatte – wahrscheinlich bei meiner Hochzeit vor 19 Jahren, als ich keine andere Wahl hatte.

»Gut«, sagte Pater Maximos. »Wann kommen Sie zur Beichte?«

»Beichte?« fragte ich erstaunt.

»Aber Sie können nicht an der Kommunion teilnehmen, ohne zuvor die Beichte abgelegt zu haben«, sagte Pater Maximos bestimmt.

»Pater«, sagte ich mit bittender Stimme, »ist das nötig? Ich habe das letzte Mal gebeichtet, als ich zwölf Jahre alt war.«

»So. Dann ist es wieder an der Zeit, meinen Sie nicht?«

»Oh, Pater«, murmelte ich und schüttelte den Kopf, ohne eine direkte Antwort zu geben. Die weltliche Skepsis regte sich in mir. Ich war ein moderner Soziologe, und in dieser Eigenschaft war es meine Überzeugung, daß Menschen, die »beichten« wollten, das gegen eine saftige Gebühr bei einem Psychiater oder einem klinischen Therapeuten tun sollten. Religiöse Beichten waren etwas für gewöhnliche »Kirchgänger«, nicht für akademische Professoren.

»Ich werde heute abend während des Gottesdienstes in einem kleinen Raum neben der Kirche die Beichte abnehmen. Wollen Sie nicht kommen?«

»Mal sehen«, sagte ich. Ich sagte, ich wüßte nicht, was ich beichten sollte.

»Da ist nichts, wovor Sie Angst haben müßten«, versicherte er mir.

Die Karfreitagsvespern mit den Klageliedern über das Begräbnis Jesu begannen um sieben Uhr. Sie sollten bis elf dauern. Ich war ebenso wie die Mönche und die Besucher von der Schönheit der Liturgie gefangen, vom Geruch des Weihrauchs, den bezaubernden Gesängen und dem Licht, das ausschließlich von den Kerzen aus reinem Bienenwachs ausging, die jeder von uns hielt.

Ich gab vor, die Unterhaltung mit Pater Maximos vergessen zu haben, als ich ein sanftes Zupfen an meinem Ellbogen spürte.

»Kommen Sie«, sagte Pater Maximos leise, »lassen Sie uns gehen. Sie sind an der Reihe.«

Ich sträubte mich nicht. Es ist in der Tat schwer, zu Jesus nein zu sagen, dachte ich halb im Ernst. Akademisch rechtfertigte ich mein Eingeständnis als »teilnehmende Beobachtung«. Immerhin, so dachte ich, führen Ethnologen bei ihrer Feldarbeit alle möglichen exotischen Dinge aus, von der Teilnahme an Sitzungen in den »Schwitzhütten« der amerikanischen Indianer bis zum Verzehr heiliger Pilze am Amazonas unter der Aufsicht von Schamanen. Das einzige, was mich am Beichten hinderte, war mein persönlicher Stolz, der in der Sicht der orthodoxen Spiritualität die größte aller Sünden darstellte.

Wir bahnten uns einen Weg durch die Menge, während die Sänger eine bekannte Hymne sangen, die gewöhnlich zu Karfreitag gesungen wird.

»Als Du, das unsterbliche Leben, zu Tode kamst, überwandest Du den Hades durch die gewaltige Helligkeit Deiner Göttlichkeit; und als Du die Toten aus dem Abgrund auferwecktest, schrien alle Mächte des Himmels laut; Christus, unser Gott, Spender des Lebens, Ehre sei Dir.«

»Wie fangen wir an?« fragte ich Pater Maximos, der in dem trüb erleuchteten Raum unter dem Schatten einiger Ikonen vor mir saß. Sein mitfühlendes Lächeln beruhigte mich.

»Sagen Sie, was immer Sie über sich sagen möchten.«

Ich schaute ihn an und wußte nicht, wie ich beginnen sollte. Wie beichtet man? Ich dachte ein paar Augenblicke lang nach, dann fing ich an. Nach einem längeren Monolog, in dessen Verlauf ich Einzelheiten über mein Leben enthüllte, die bis dahin in den Verstecken meines Denkens geschlummert hatten, unterbrach ich mich und erwartete den Urteilsspruch von Pater Maximos. Er sprach kaum, wie ein guter Therapeut. Ich hatte unter anderem Aspekte und Ereignisse in meinem Leben geschildert, die mir Scham einflößten, und andere, über die ich Stolz empfand – beides »Sünden«. Aber entgegen meiner Erwartung, daß der gute Pater mich als untauglich zur Kommunion erklären würde, sprach er kein Urteil über mich. Statt dessen verwickelte er mich in eine philosophische Diskussion über die Beschaffenheit des »unerschaffenen Lichtes«, das man mittels geeigneter spiritueller Übungen erfahren kann. Dann enthüllte er, der Beichtvater anderer Mönche, mir, wie er von den vielfältigen spirituellen Erfahrungen gehört hatte, die sie während ihrer Gebete und spirituellen Übungen machten. Darüber hinaus schilderte er mir, wie er selbst während einer die ganze Nacht über dauernden Vigilie mit Pater Vasilios das unerschaffene Licht erfahren hatte, das jeder Beschreibung spottet.

»Ich war in Ekstase«, sagte er, »alles war strahlend weiß, und ich spürte die Gegenwart Christi.« Er fügte hinzu, in diesen Augenblicken habe er alles um sich herum mit unendlich viel größerer Klarheit sehen können, obwohl er die Augen geschlossen hatte. »Das sind Erfahrungen, die man nicht beschreiben kann«, sagte er. »Aber wenn man erst einmal die Realität Christi in sich erfahren hat, dann verblaßt alles übrige im Vergleich dazu.« Pater Maximos fügte hinzu, nach einem derartigen Erlebnis würde einem die äußerste Erbärmlichkeit der gegenwärtigen Existenz voll bewußt. Dies ist der Grund dafür, sagte er, daß viele Mönche bei ihren Vigilien und Gebeten bittere Tränen vergießen. Sie werden sich der ungeheuren Räume bewußt, die sie von Gott trennen. Gewöhnliche Menschen vergießen keine Tränen, weil sie sich ihres elenden Daseins und des Getrenntseins von ihrem göttlichen Ursprung nicht bewußt sind.

Später verstand ich, daß sich der Begriff »Sünde« in der mystischen, orthodoxen Tradition stark von der pietistischen Bedeutung einer Verletzung eines bestimmten Tabus oder einer gesellschaftlichen Norm unterscheidet.[3] Ich erfuhr, daß *Amartia* (griechisch: die Sünde) in Wirklichkeit bedeutet, daß man »aus der Bahn« ist. Das heißt, daß man sich nicht auf seinem eigentlichen Weg zur Wiedervereinigung mit Gott befindet. Wenn der Mönch unablässig das Jesusgebet spricht: »Jesus Christus, unser Erretter, hab Mitleid mit mir armem Sünder«, bedeutet dies eigentlich: »Hab Mitleid mit mir, der ich von Dir, meinem wahren Wesen, abgeschnitten und entfremdet bin.« Man glaubt deshalb, daß der Mensch durch Reue, durch die Praxis der Beichte, Schritt für Schritt dasjenige überwindet, was ihn im Zustand der Unwissenheit – das heißt »sündig« gegenüber der göttlichen Quelle – hält. Bischof Kallistos Ware drückt es wie folgt aus:

Wenn wir Gottes Angesicht in uns reflektiert sehen wollen, muß der Spiegel gereinigt werden. Ohne Reue kann es keine Selbsterkenntnis und keine Entdeckung des Himmelreichs im Inneren geben. Wenn man mir sagt: »Kehre in dich selbst zurück, erkenne dich selbst«, muß ich mich fragen, welches »Selbst« soll ich entdecken? Welches ist mein wahres Selbst? Die Psychoanalyse offenbart uns eine Art des »Selbst«, allzuoft geleitete sie uns nicht zu der »Leiter, die ins Himmelreich führt«, sondern zu einer Treppe, die in einen feuchtkalten, schlangenverseuchten Keller führt. »Erkenne dich selbst«, bedeutet: »Erkenne dich selbst als derjenige, der in Gott seinen Ursprung hat; erkenne dich selbst in Gott. Die orthodoxe, spirituelle Tradition betont, daß wir dieses unser wahres Selbst »nach dem Bilde Gottes« nur durch den Tod unseres falschen und gefallenen Selbst entdecken werden. »Wer aber sein Leben verliert um meinetwillen, der wird es finden« (Matth. 16,25). Nur wer sein falsches Selbst als das erkennt, was es ist, und es zurückweist, ist fähig, sein wahres Selbst zu entdecken, das Selbst, das Gott schaut. Indem er diese Unterscheidung zwischen dem falschen und dem wahren Selbst unterstreicht, befiehlt St. Varsanuphius: »Vergiß dich und erkenne dich selbst.« [4]

»Kommen Sie«, sagte Pater Maximos. »Bücken Sie sich ein paar Augenblicke lang.« Er legte seine Stola über meinen Kopf und las aus einem Gebetbuch. Dann machte er das Kreuzzeichen über mir und erbat die Vergebung meiner Sünden für mich.

»Kommen Sie morgen zur Kommunion«, sagte er, als ich den Beichtraum verließ.

Ich muß fast eine Stunde lang mit Pater Maximos gesprochen haben. Als ich die Kirche wieder betrat, sangen die Mönche die Klagelieder über das Begräbnis Jesu, jene Gesänge, die jahrhundertelang die spirituellen Gemüter der östlichen Orthodoxen gestärkt haben, der Gläubigen wie auch der Ungläubigen.

»Der Geist der Schöpfung und die himmlischen Heerscharen sind unfähig, das Mysterium Deines unbeschreiblichen und unerklärlichen Begräbnisses zu verstehen, o Christus.«

»O unbegreiflichstes aller Wunder! O endgültigstes aller Ge-
schehnisse! Er, der mir den Atem gab, wird des Atems beraubt
fortgetragen und von Josephs Händen begraben.«[5]

Der Gottesdienst endete gegen Mitternacht. Wir gingen in unser Zimmer, um zu schlafen. Die morgige Liturgie, so sagte
man uns, würde viel länger sein. Ich hätte mir niemals träumen lassen, was das bedeutete. Wenn der Ostergottesdienst
um acht Uhr abends begann, so überlegte ich mir, würden die
Auferstehungszeremonien um Mitternacht vorüber sein. Pater
Andreas grinste und sagte, der Gottesdienst würde viel länger
dauern. Es war tatsächlich eine Vigilie, die bis sieben Uhr
morgens dauerte. Elf volle Stunden. Aus unerklärlichen Gründen verspürte ich keine Müdigkeit, und vor allem keine Lan-
geweile. »Stell dir nur einmal vor«, sagte ich zu Antonis, »wir
müßten uns eine elfstündige Vorlesung anhören.«

Ich begriff, daß spirituelle Gesänge etwas im Körper verändern. Als ich dies später Kostas gegenüber erwähnte, sagte er,
daß ein längeres Singen den psychonoetischen Körper vom
grobstofflichen, materiellen Körper dissoziieren, die heiligen
Zentren öffnen und dazu führen könne, daß man in einem mes-
merisierten Zustand in die psychonoetischen Dimensionen
eintrete. Deshalb, so sagte er, ist ein solcher Ansatz nicht weise, weil der Mensch keine Kontrolle über derartige Zustände
hat. Aber die spirituellen Übungen der Mönche zielen genau
in diese Richtung, wenn sie auch ein anderes Vokabular benutzen. Für sie ist es die all-liebende Kraft des Heiligen Geistes, die Besitz von ihnen ergreift. Deshalb sind sie weit davon
entfernt, sich einer Gefahr auszusetzen, und sie verspüren die
gewaltige Macht und den Schutz des Heiligen Geistes als eine
Gnade.

Die Erfahrungen spiritueller Visionen, in denen Heilige die
Mönche besuchen, um sie zu ermutigen und zu beraten, sind
bei ernsthaften Praktikern wie Pater Maximos häufig. »Vergiß

LITURGISCH =

nicht«, hatte Antonis zu mir gesagt, »daß die liturgischen Gottesdienste ständig gute, engelhafte Energien erschaffen, die auf die Teilnehmer einwirken. Spürst du nicht die unglaublichen Schwingungen in der Kirche?«

Kostas hatte mir einmal eine Fotografie gezeigt, die einer seiner Studenten von einer Kirche auf Zypern gemacht hatte. In dieser Kirche befand sich eine Ikone der Jungfrau, die in dem Ruf stand, wunderbare Heilkräfte zu besitzen, ähnlich wie die Ikonen auf dem Berg Athos. Der Fotograf benutzte vermutlich einen besonders empfindlichen Film. Auf dem Foto sah man ein deutlich erkennbares, geisterhaftes Bild der Heiligen Jungfrau über der Kirche schweben. Kostas erklärte, dieses Bild würde von den Gläubigen selbst erzeugt. »Es handelt sich«, sagte er, »um ein von Menschen erschaffenes Bild, das aber mit der universalen Mutter verbunden ist. Deshalb bewirkt es all die Wunder, die dieser Ikone zugeschrieben werden.«

»Falls die Theorie der Elementale tatsächlich Gültigkeit hat«, sagte ich zu Antonis, »dann kann ich mir die Kraft der engelhaften Elementale vorstellen, die ständig von den Gebeten all dieser Mönche, Gerontes und anderen Patres erzeugt werden.«

Es wurde behauptet, es seien tatsächlich die Gebete von Menschen wie den Athos-Patres, die die Welt zusammenhalten. Wenn sie aufhörten zu beten, müsse die Welt zu einem Ende kommen.

324

12
Athleten der Seele

Die Osterfeierlichkeiten endeten mit Litaneien und Festmählern. Während des Ostermahles, das unmittelbar im Anschluß an den Elf-Stunden-Gottesdienst stattfand, gab es großzügig bemessene Portionen Fisch, Ostereier und einen am Ort hergestellten, wohlschmeckenden, halbsüßen Rotwein. Es war ein merklicher Kontrast zu der typischen Kost während der Fastenzeit: Tee, Nüsse, Bohnen, Brot und Marmelade. Im Gegensatz zu anderen orthodoxen Gläubigen und Geistlichen sind die Mönche auf dem Berg Athos – oder zumindest die Mönche in diesem Kloster – grundsätzlich Vegetarier, die nur bei bestimmten Gelegenheiten Fisch essen. Sie sagen, Fleisch rege die Leidenschaften an und untergrabe ein vollkommenes spirituelles Leben. Deshalb würden die ernsthaftesten und hingebungsvollsten Mönche und Eremiten es meiden.

Am Dienstag waren die meisten Pilger wieder abgereist, und die schwere Bürde der Mönche, so viele Gäste zu versorgen und zugleich die langdauernden Gottesdienste abzuhalten, wurde wieder erleichtert. Jene von uns, die ein paar Tage länger blieben, genossen die Ruhe des Ortes, unternahmen lange Spaziergänge und besuchten benachbarte Klöster.

Unser Kloster lag am Fuß eines Berges direkt am Meer. Es verfügte über einen eigenen natürlichen Hafen, der ideal für Boote und Segelboote war. Ich ging oft ans Meer, um nachzudenken und meine Notizen zu machen. Ich saß gerade am Dienstagmorgen nach der Liturgie am Hafen, als ich Pater Maximos auf mich zukommen sah. Er war in Begleitung von Antonis und einem Bischof aus dem Kloster Große Laura, der zu Besuch war. Dieses Kloster steht auf dem Gipfel eines Vorberges; es war das erste und größte Kloster auf Athos, erbaut vom heiligen Athanasios im 10. Jahrhundert.

»Wollen Sie nicht mit uns kommen, Kyriaco?« fragte Pater Maximos mich. »Wir begleiten den Pater per Motorboot zu seinem Kloster zurück.«

Der Bischof, ein älterer Pater, war als Ehrengast in unser Kloster gekommen, um den Zeremonien vorzustehen. Zu Fuß hätte er sieben Stunden gebraucht, aber mit dem Boot würde es nicht länger als eine Stunde dauern. Die griechische Küstenwache, die in der Nähe des Klosters eine Station betrieb, hatte sich bereit erklärt, dem alten Pater die Strapaze zu ersparen, von Pater Andreas zum Kloster Große Laura gefahren zu werden. Ein Schlauchboot, das sechs Passagiere befördern konnte, lag bereit.

»Ich würde gern mitkommen«, erwiderte ich. »Aber wann werden wir Pater Vasilios besuchen?«

»Das tun wir ja. Das Boot wird uns am Kloster Iveron absetzen, von dort aus gehen wir zu Fuß weiter. Auf diese Weise ersparen wir uns mehr als eine Stunde Fußmarsch.«

Als Pater Andreas hörte, daß wir mit dem Boot fahren wollten, schüttelte er mißbilligend den Kopf und warnte uns, daß es eine Strapaze werden würde. Wenn man den Hafen verlassen hat, sagte er, ist die See sehr rauh und das Boot zu klein. Als Antonis hörte, was Pater Andreas zu sagen hatte, wurde er nachdenklich. »Wenn das Boot zu stark schlingert, wird mein Magen revoltieren«, sagte er, bereit, das Abenteuer abzusagen.

»Oh, machen Sie sich keine Sorgen«, sagte Pater Maximos. »Es wird alles gutgehen.«

Es gab nur zwei Sitze. Wir ließen den Bischof auf dem vorderen Sitz und hinter ihm Pater Maximos Platz nehmen. Antonis und ich saßen einander gegenüber an den Seiten des Schlauchbootes. Der griechische Steuermann stand hinten im Boot und steuerte es. Als das Boot außerhalb des Hafens allmählich Geschwindigkeit aufnahm, wünschten Antonis und ich, wir hätten auf Pater Andreas gehört. Die Wellen waren zu hoch für ein kleines Schlauchboot. Es gab keine Schwimmwesten, und als das Boot von Welle zu Welle hüpfte, hatte ich das Gefühl, auf einem Rodeo einen Stier zu reiten. Ich dachte, sowohl Antonis als auch ich würden im nächsten Augenblick wenigstens 20 Meter weit in das eiskalte Wasser hinausgeschleudert. Ich bangte um mein nacktes Leben, als Pater Maximos, der unsere Nöte mitbekommen haben mußte, uns aufforderte, auf Gott zu vertrauen, daß uns nichts geschehen würde. Sowohl er als auch der Bischof schienen die wilde Fahrt zu genießen, und ihre Soutanen flatterten hinter ihnen im Wind. Antonis war ganz blaß geworden, aber er sagte nichts.

Nach 45 Minuten der härtesten Bootsfahrt, die ich jemals erlebt und während derer ich kaum Muße gehabt hatte, die Schönheiten der Athos-Küste zu würdigen, erreichten wir sicher und gesund das Kloster Iveron. Wir alle drei – Pater Maximos, Antonis und ich – betraten den Innenhof des Klosters und setzten uns auf eine Bank, um Luft zu schöpfen, während das Boot mit dem Bischof an Bord seine Fahrt zum Kloster Große Laura fortsetzte.

»Das war gar nicht so schlimm«, sagte Pater Maximos, während ich vor Erleichterung seufzte und Antonis tief atmete und allmählich wieder Farbe bekam. Nach einer Weile kam ein völlig durchnäßter Mann in den Hof. Er war ein Pilger aus Athen. Wasser troff von seiner Jacke, dem Pullover, den er darunter trug, von seiner Hose, seinen Schuhen, seinem Hut. Wir nahmen an, daß er irgendwie in das Hafenbecken gefallen sein mußte. Der strahlende Himmel war vollständig wolkenlos. »Nein«, sagte er erbittert. »Ich war auf dem Weg zum Kloster, und plötzlich tauchte eine Wolke über meinem Kopf auf und goß ihr ganzes Wasser über mich aus.«

Wir konnten uns nur mühsam das Lachen verbeißen. »Solche Dinge geschehen auf dem Berg Athos«, sagte der Mann ergeben. Seine Schuhe quatschten immer noch bei jedem seiner Schritte, als er die Treppe hinaufging, um den Abt um ein Zimmer zu bitten, in dem er seine Kleider wechseln und trocknen konnte.

»Es ist Zeit, zu gehen«, sagte Pater Maximos, nachdem ein Novize – ein 30jähriger Mann, der, wie wir erfuhren, seinen Abschluß an der London School of Economics gemacht hatte – uns die üblichen Erfrischungen gebracht hatte. Der Novize war für die Klosterbibliothek verantwortlich und bemühte sich, Ordnung in die Manuskripte zu bringen, die Mönche und andere in der langen Geschichte der Klöster auf dem Berg Athos zusammengetragen hatten.

Im Gegensatz zu der Bootsfahrt genossen wir den langen Fußmarsch zu Pater Vasilios' Klause. Unterwegs hatten wir Gelegenheit, Pater Maximos in ein Gespräch über die Besonderheiten des Klosterwesens, die orthodoxe Theologie und dergleichen zu verwickeln.

»Was mich verwundert, Pater Maxime«, sagte ich, »ist die erstaunliche Zusammenarbeit und die Liebe, die ihr einander im Kloster erweist. Zumindest ist dies der Eindruck, den ich in diesen paar Tagen hier bei euch gewonnen habe.«

Pater Maximos lächelte, während er mit seinem Hirtenstab in der Hand forsch drauflos marschierte. Antonis ging rechts von ihm, ich war an seiner linken Seite. »Das liegt daran«, sagte er, »daß wir im Kloster realen Kommunismus praktizieren. Wir besitzen persönlich nichts. Wir haben hier nichts, wegen dessen wir in Wettbewerb treten und in Feindschaft geraten könnten. Also fehlen bei uns die Versuchungen, denen gewöhnliche Menschen ausgesetzt sind. Seht ihr«, er hielt kurz inne, klemmte sich seinen Wanderstab unter den Arm und zeigte seine Handflächen. »Ich besitze keine einzige Drachme.« Als wir unseren Weg wieder aufnahmen, fuhr er fort: »Die Kommunisten in Rußland haben jämmerlich versagt, weil sie versuchten, den Kommunismus mit Gewalt zu erzwingen. Das ist nicht möglich. Nur durch Liebe und wirkliches Erbarmen kann Kommunismus funktionieren und gedeihen.«

»Die Marxisten-Leninisten«, fügte ich hinzu, »glaubten, wenn sie nur die wirtschaftlichen Verhältnisse änderten, würden die Menschen anfangen, sich wie Engel aufzuführen. Weder in den Schriften von Marx noch bei Lenin findet sich ein Hinweis darauf, wie man Menschen mit mehr Liebe und Mitgefühl erfüllen kann. Ihre Kosmologie und ihre Theorie, nach der die Psyche des Menschen einzig ein Produkt der gesellschaftlich-wirtschaftlichen Verhältnisse ist, ließ keine andere Sehweise zu. Deshalb konnte ein Genie wie Marx zu der absurden Schlußfolgerung gelangen, wenn erst die Proletarier an die Macht kämen, würden sie diese Macht allmählich ›dahinschwinden‹ lassen, und dann könne der reine Kommunismus sich entfalten, in dem die Menschen vollkommen frei wären, ihre kreativen Anlagen auszuschöpfen.«

»Nur ein Kommunismus, bei dem Gott im Mittelpunkt steht, kann funktionieren«, sagte Pater Maximos mit Bestimmtheit und schritt so rasch aus, daß wir ihm kaum folgen konnten.

»Übrigens«, fuhr er fort, »macht bitte keine Aufnahmen von Pater Vasilios. Er mag das nicht.«

»Weshalb nicht?« fragte Antonis.

»Er lehnt jede Art von Publizität für sich ab. Und bitte fragt ihn nicht nach den Geschichten, die ihr über ihn gehört habt. Ihr würdet mich in eine schwierige Situation bringen.« Pater Maximos erklärte, daß Publizität, Fotos und Tonbandaufnahmen dem Leben des Eremiten entgegenlaufen. Es geht dabei nur um die Überwindung des Ichs. Fotografien und öffentliche Aufmerksamkeit sind laut den Eremiten die Mittel, mit denen der Teufel versucht, sie von ihrer Konzentration auf Gott abzulenken.

»Aber was er auch tun mag, um Publizität zu vermeiden«, sagte ich, »Pater Vasilios' Ruf reicht bereits bis über den Atlantik.« Pater Maximos schüttelte den Kopf, während ich fortfuhr, indem ich eine weitere Geschichte erzählte, die ich am Montag nach Ostern gehört hatte. Der Abt des Klosters hatte sie mir erzählt, und er hatte sie direkt von Pater Vasilios vernommen. Es war Abend, und der gute Pater betete in seiner Klause. Die Tür und das Fenster waren geschlossen. Plötzlich hörte er Klopfen an der Tür. Er schaute aus seinem Fenster und erblickte eine weibliche Gestalt. Er nahm an, daß es sich um den Teufel handelte, weil es auf dem Berg Athos keine Frauen gab. Deshalb weigerte er sich, die Tür zu öffnen. Die Frau rief, sie sei nicht der Teufel, sondern die heilige Euphemia, eine Märtyrerin aus den frühen Jahren des Christentums. Aber Pater Vasilios glaubte ihr nicht, bis sie das *»Axion Estin Os Alethos Megalinin se ten Theodokon...«* zu singen begann. Es handelte sich um einen Gesang zu Ehren der Heiligen Jungfrau, der Schutzherrin des Heiligen Berges. Da war Pater Vasilios davon überzeugt, daß es nicht der Teufel war, und er öffnete die Tür. Die heilige Euphemia blieb eine Weile bei ihm, erteilte ihm Unterricht in Theologie und beantwortete seine Fragen. Dann verschwand sie plötzlich wieder.

»Ist an dieser Geschichte etwas Wahres?« fragte ich. »Ich meine, hat Pater Vasilios ein solches Erlebnis gehabt?«

Pater Maximos lächelte, verlangsamte aber nicht seinen Schritt. »Ja, es ist wahr. Aber bitte stellen Sie ihm keine solchen Fragen, wenn Sie ihn treffen.«

Wir schwiegen für eine Weile, während wir unseren Marsch über einen höchst eindrucksvollen Weg fortsetzten. Zu unserer Linken war das nördliche Ägäische Meer. Rechts ragten die mit dichter, dunkelgrüner Vegetation bedeckten Berge von Athos empor. Die Natur war äußerst verschwenderisch mit Farben. Ich sann über die vielen unglaublichen Geschichten

SÄKULAR =

nach, die ich gehört hatte, über Ereignisse und Vorfälle, die auf dem Berg Athos wahrscheinlich an der Tagesordnung waren und den Glauben und die Hingabe der Mönche stärkten. Ein dogmatischer Skeptiker würde solche Geschichten von vornherein als Produkte mönchischer Einbildungskraft abtun. Im modernen, säkularen Denken ist kein Raum für Wunder. Es wäre leicht, zu schließen, daß der alte Pater – durch unablässiges Beten, fortgesetztes Fasten, Vitaminmangel und Schlafentzug geschwächt – zu halluzinieren begann. Ein Freund, der Psychologe war, ermahnte mich einmal, falls ich mit sogenannten übernatürlichen oder metaphysischen Phänomenen konfrontiert würde, sollte ich alles tun, um sie auf physikalische Weise zu erklären. So weit, so gut. Aber er selbst lehnte natürlich alles »Metaphysische« mit solcher Vehemenz ab, daß ich hinter seiner Entschiedenheit unterbewußte Motive vermutete. Er war früher ein gläubiger Kirchgänger gewesen. Später war er – zum Teil auf Grund seiner akademischen Bildung – dem Positivismus verfallen. »Spirituelle Phänomene werden durch materielle Dinge verursacht«, sagte er einmal zu mir in einem Ton, als offenbare er ein großes Geheimnis. »Deshalb sind es die materiellen Dinge, die zu verstehen wir uns bemühen müssen.« Indirekt sagte er mir damit, daß ich alles mißverstanden hätte.

Auf Grund der Lektüre meiner Bücher kamen Menschen mit ungewöhnlichen Berichten zu mir, um sich von der Last aller möglichen Erfahrungen zu befreien, die sie einer Person wie meinem lieben Psychologenfreund, der solche Geschichten von vornherein als »reinen Unsinn« erklärte, niemals mitgeteilt hätten. Moderne, säkulare Intellektuelle sind wegen ihrer Grundüberzeugungen von einem Universum menschlicher Erfahrungen abgeschnitten, das ich entdeckte, nachdem ich die Grenzen der orthodoxen, positivistischen Wissenschaft überschritten hatte. Zum Beispiel nahm vor kurzem ein französischer Universitätsprofessor, den ich Raymond nennen will, Kontakt mit mir auf, nachdem er meine Bücher gelesen hatte. Er war Sprachwissenschaftler und erklärte mir in aller Ernsthaftigkeit, daß er bei einem Aufenthalt in Indien Zeuge eines paranormalen Vorfalls gewesen war. »Es hat mich einfach sprachlos gemacht«, sagte er. Raymond ging mit einem Yogi einen Berg hinauf. Sie kamen an eine Schlucht. Der Yogi breitete einfach die Arme aus, die Handflächen nach oben, und tauchte auf der anderen Seite der Schlucht wieder auf. Der Franzose, maßlos verblüfft von dem, was sich soeben vor seinen Augen abgespielt hatte, mußte eine Stunde lang klettern, um dort anzukommen, wohin der Yogi teleportiert worden war.

Diese Gedanken und Erinnerungen beschäftigten mich, während wir schweigend weitergingen. Bald würden wir einen Menschen treffen, der den Ruf hatte, über solche wunderbaren Fähigkeiten zu verfügen. Welchen Wahrheitsgehalt haben solche Legenden? fragte ich mich. Angesehene Gelehrte haben ihren Ruf aufs Spiel gesetzt, um Sehweisen der Wirklichkeit zu entwickeln, in denen solche verblüffenden Ereignisse ihren Platz haben. Ich dachte an Huston Smith, einen Wissenschaftsphilosophen und vergleichenden Religionshistoriker am Massachusetts Institute of Technology. Er hatte das Argument vorgebracht, daß wir als Menschen nur naturwissenschaftlich untersuchen können, was bewußtseinsmäßig unter uns steht, und niemals etwas, das uns möglicherweise überlegen ist. Um Wissenschaft auszuüben, müssen wir eine Kontrolle über den Untersuchungsgegenstand haben. Wir können Gestein, Mäuse, Pflanzen und dergleichen kontrollieren und nach geeigneten wissenschaftlichen Verfahren empirisch begründete Wahrheiten über sie aufstellen. Aber die Wissenschaft kann keine Engel oder Erzengel untersuchen – einfach deshalb nicht, weil das Niedrigere nicht das Höhere kontrollieren kann, ebenso, wie ein Hund keinen Menschen kontrol-

EMPIRISCH=

lieren und manipulieren könnte, um ihn zu studieren. Huston Smith äußerte sich in einem veröffentlichten Interview auf provokative Weise zugunsten der Annahme, daß es höhere Wesen als uns selbst gibt, die über für uns unvorstellbare Fähigkeiten und Kräfte verfügten.

»Ich glaube«, sagte er, »daß Wesen existieren, die größer als wir selbst sind. Und ich glaube außerdem, daß einige dieser Wesen mit uns auf eine Weise in Verbindung stehen, die uns normalerweise nicht bewußt ist. Entsprechend dem, was sie uns mitteilen, unterscheide ich das, was heute Channeling genannt wird, von Offenbarung. Eine Offenbarung kommt direkt von Gott, wie zum Beispiel zu Moses auf dem Berg Sinai... Beim Channeling, wie ich dieses Wort gebrauche, ist die Quelle nicht Gott, sondern ein niedrigerer Geist – ein Halbgott, ein Engel, die Seele eines Verstorbenen usw.«[1]

Wenn wir ernst nehmen, was diese zeitgenössischen Denker und Forscher sagen, dachte ich, während wir unseren Weg fortsetzten, müssen wir für die Möglichkeit offen sein, daß Menschen wie die indischen Yogis, die tibetischen Lamas und einige Mönche auf dem Berg Athos Verbindungen zu Wirklichkeiten haben, die für gewöhnliche Menschen, die sich auf die Gegebenheiten des Alltagslebens in der grobstofflichen, materiellen Welt konzentrieren und von ihnen besessen sind, unzugänglich sind. Wenn es sich so verhält, ist es nicht klug, die Geschichten, die die Mönche auf dem Berg Athos uns über wundersame Ereignisse erzählen, von vornherein als Wahnvorstellungen oder Halluzinationen abzutun. Wir sollten vielmehr einfach nur zuhören.

»Pater Maxime«, fragte Antonis, als wir uns unter einer Pinie niederließen, um uns ein wenig auszuruhen, »auf Grund dessen, was wir über Pater Vasilios hörten, habe ich den Eindruck, daß er eines Tages als einer der Heiligen der orthodoxen Kirche betrachtet werden wird.«

»Darin besteht kein Zweifel. Ich würde sogar sagen, daß er ein lebender Heiliger ist.«

»Welche Voraussetzungen müssen erfüllt werden, damit jemand zum Heiligen erklärt wird?« fragte ich.

»Vor allem«, erwiderte Pater Maximos, »muß er von den Menschen als heilig erkannt werden. Das bedeutet, er muß für ein beispielhaftes Leben nicht nur in moralischer Hinsicht und in seiner Lebensführung, sondern auch in bezug auf die Wunder betrachtet werden, die sich in Verbindung mit ihm zu seinen Lebzeiten auf der Erde und danach ereigneten. Zudem haben wir uns mit eigenen Augen davon überzeugen können, daß die sterblichen Überreste von Heiligen sich von denen gewöhnlicher Menschen oder Mönche unterscheiden. Zum Beispiel ist die Farbe der Knochen nicht weißlich, sondern dunkelbraun, und oft strömen sie einen besonderen Wohlgeruch aus. Wenn all diese Zeichen vorhanden sind – der Ruf unter den Menschen, Wunder während und nach dem irdischen Leben und die Farbe und der Geruch der sterblichen Reste –, erkennt auch die Kirche den Betreffenden offiziell als Heiligen an. Sie sehen, daß nicht irgendein Bischofskomitee entscheidet, jemanden zum Heiligen zu machen, und die Gläubigen ihn auf Grund dieser Entscheidung des Komitees als Heiligen akzeptieren. Es verhält sich andersherum; es geschieht von unten nach oben und nicht von oben nach unten.«

»Also ist«, fügte Antonis hinzu, »in der orthodoxen Kirche die Heiligsprechung mehr oder weniger das Ergebnis eines demokratischen Prozesses.«

Ich wies darauf hin, und Pater Maximos bestätigte es, daß jemand »heilig« sein mochte, das heißt, daß er alle Charakteristiken eines Heiligen aufwies, aber dennoch von den Zeitgenossen nicht erkannt wurde. Ich hätte sogar den Verdacht, sagte ich, daß die meisten Heiligen niemals bekannt würden.

Unter den Schätzen und Reliquien der Athosklöster wird den Schädeln und Knochen verehrter Heiliger eine große Bedeutung zugesprochen. Gewöhnlich werden die Schädel großer Heiliger in silberne Schatullen eingeschlossen und im Sanktum aufbewahrt. Bei besonderen Anlässen werden die Reliquien solcher Heiliger in die Hauptkirche gebracht, so daß die Gläubigen ihnen ihre Verehrung bezeugen können. In unserem Kloster wurde der Schädel des heiligen Johannes Chrysostomos aufbewahrt, eines Heiligen, dem in der Orthodoxie höchste Verehrung zuteil wird. Man zeigte uns, daß eines der Ohren des Heiligen unversehrt geblieben war. Der Grund dafür war, wie man uns mitteilte, daß Johannes Chrysostomos, der die Hauptliturgie der orthodoxen Kirche geschrieben hatte, einfach nur schrieb, was der heilige Paulus ihm in dieses Ohr diktierte. Für mich hörte sich das, was diese Patres uns sagten, so an, als habe Johannes Chrysostomos den heiligen Paulus »gechannelt«. Das Phänomen des Channeling, das häufig als Marotte des sogenannten New Age betrachtet wird, gehört tatsächlich zu den innersten Traditionen des Christentums, wie sie zumindest auf dem Berg Athos noch erhalten geblieben sind, ganz zu schweigen von Phänomenen wie Materialisierung und Dematerialisierung, Teleportation und Hellsehen, die eng mit der Athos-Kultur verbunden sind.

Als wir unseren Weg fortsetzten, brachte Antonis einen anderen Gegenstand zur Sprache, nämlich die Bedeutung der Ikonen in der orthodoxen Liturgie. In der orthodoxen Kirche ist ein Gottesdienst ohne die Gegenwart von Ikonen undenkbar. Es gibt kaum ein Kloster auf dem Berg Athos, das nicht eine oder mehrere wunderkräftige Ikonen der Heiligen Jungfrau besäße. Bei allen Litaneien tragen Mönche oder Laien Ikonen. Tatsächlich erwartete man von uns als Pilgern, daß wir an verschiedenen Prozessionen teilnahmen, und wir wurden eingeladen, abwechselnd die Ikonen zu tragen, als Form einer Segnung und Weihung. Indem wir die Ikonen hielten, nahmen wir an ihrer Heiligkeit teil.

Beim Weitergehen erwähnte ich ein Erlebnis, das ich im Stavrovouni-Kloster (Heilig-Kreuz-Kloster) auf Zypern hatte, als ich mit meinem Freund Michael Lewis – einem Kunstprofessor an der Universität von Maine – einmal dort zu Besuch war. An dem Tag, als wir Stavrovouni besuchten, waren gerade Mönche dabei, religiöse Bilder an die Kuppel der Kirche zu malen. Als sie erfuhren, daß Michael ein Künstler war, luden sie ihn ein, auf das Gerüst zu klettern und ihnen bei der Arbeit zuzuschauen. Michael hatte von unten bemerkt, daß die Mönche bei ihrer Malerei uralte Techniken befolgten. Das faszinierte ihn. Er sagte mir später, er habe sich vorgestellt, Michelangelo beim Bemalen der Sixtinischen Kapelle im Vatikan zuzuschauen. Aber als er hinaufgeklettert war, bemerkte er zu seinem Entsetzen, daß der führende Künstler einfach Abbildungen aus einem zeitgenössischen Buch kopierte. Später, in der Kellerwerkstatt für Ikonenmalerei des Klosters, bemerkte er die gleiche Tendenz der Mönche, alte Ikonen mit sehr geringen Abweichungen zu kopieren. Für ihn fehlte es an »originaler Kraft«, wie er es ausdrückte.

Pater Maximos lächelte. »Aber die Ikonenmalerei stellt keine Herausforderung der Kreativität und Vorstellungskraft des individuellen Künstlers dar«, sagte er. »Sie werden zum Beispiel niemals die Signatur des Malers auf einer Ikone entdecken. Die meisten dieser Maler blieben anonym.« Eine Ikone, so gab er uns zu verstehen, muß als Repräsentation eines religiösen Archetyps begriffen werden, der nicht durch die Kreativität und Phantasie des Malers verändert werden kann. Die Ikonen sind Mittler zwischen dieser Welt und der Welt des reinen Geistes. Deshalb stellt die Ikonenmalerei kein Betätigungsfeld für den Ausdruck von Individualität dar, denn dies würde die Ichbezogenheit und die Beschäftigung mit der Wichtigkeit der

Person fördern. Außerdem würde der individuelle Ausdruck den Archetyp verfälschen, der durch Offenbarung auf die Erde gebracht wurde. Und das Hauptziel des klösterlichen Lebens besteht im genauen Gegenteil davon – es soll die Ichbezogenheit und die Besessenheit von der eigenen Persönlichkeit zum Schweigen bringen, damit das unerschaffene Licht zu einer inneren Erfahrung des Asketen werden kann. Ebenso wie man bei der Liturgie nur in geringem Umfang improvisieren kann, ist es auch bei den Ikonen nur in geringem Maße möglich, zu improvisieren.

Der deutsche Forscher Ernst Benz ermahnt abendländische Beobachter, ihre vorgefaßten Ansichten über Kunst beiseite zu lassen und zu versuchen, das Wesen der Ikonen im Kontext mit der östlichen, orthodoxen Kultur zu verstehen. Dies bedeutet unter anderem, daß man aufhören muß, Ikonen mit westlichen Kunstformen zu vergleichen, und versuchen sollte, das »besondere Wesen der östlichen Ikonenmalerei in Verbindung mit ihrem theologischen Urgrund« zu sehen. Als die mystische Offenbarung der Bilder, die den Ikonen zugrunde liegen, den ersten Malern eingegeben worden war, wurde eine Tradition etabliert, die den spirituellen Zielen der Kirche diente.

Nach Benz läßt sich die Kunst der Ikonenmalerei nicht von den geistlichen und gottesdienstlichen Funktionen der Ikonen trennen, denn die Ikone ist ein heiliges Bild, ein geweihter Gegenstand. Diese Tatsache besteht von Anfang an, schon während die Ikone gemalt wird. Der Vorgang des Malens, sagt Benz, ist schon in sich selbst ein liturgischer Akt, der vom Maler einen hohen Grad an religiöser Hingabe und Weihe verlangt und auf den die Malermönche sich durch Fasten und Bußetun vorbereiten. Selbst Pinsel, Hölzer, Farben und alle übrigen erforderlichen Materialien werden vor der Benutzung geweiht. Dies alles bestätigt die Theorie, so folgert Benz, daß das heilige Bildnis in der orthodoxen Ostkirche eine besondere Funktion hat und daß seine traditionsgebundene Form nicht auf einen Mangel an künstlerischer Begabung, sondern auf spezifische, theologische und religiöse Konzepte zurückzuführen ist, die jede Abänderung des Bildes verbieten. [2]

Der katholische Priester J. M. Nouwen schrieb, nachdem er »entdeckt« hatte, daß gewisse russische Ikonen ihm einen Bereich der spirituellen Erfahrung eröffneten: »Ikonen sind zu dem einzigen Zweck geschaffen, [dem Betrachter] durch das Tor des Sichtbaren einen Zugang zum Mysterium des Unsichtbaren zu verschaffen. Ikonen werden gemalt, um uns in den inneren Raum des Gebets zu geleiten und uns dem göttlichen Zentrum näherzubringen... Ikonen sind nicht leicht ›zu sehen‹. Sie sprechen nicht unmittelbar zu unseren Sinnen. Sie erregen und fesseln nicht unsere Gefühle, und sie sprechen nicht unsere Phantasie an. Anfangs wirken sie sogar ein wenig steif, leblos, schematisch und einfältig. Sie enthüllen sich uns nicht auf den ersten Blick. Erst nach einer geduldigen, andächtigen Anwesenheit beginnen sie nach und nach, uns anzusprechen. Und wenn sie sprechen, wenden sie sich mehr an unsere inneren als an unsere äußeren Sinne. Sie sprechen zum Herzen, das nach Gott sucht.« [3]

Erst nach meinem Gespräch mit Pater Maximos und nachdem ich etwas über die Eigenart der Ikonen gelesen hatte, glaubte ich, ihr Wesen zu verstehen. Meine soziologische Schulung hatte mich dazu verführt, Ikonen mit ausschließlich säkularen Augen zu betrachten, besonders durch die Brille des höchst einflußreichen französischen Soziologen Emile Durkheim, der die Grundregeln für das soziologische Studium der Religion aufgestellt hat. [4] Die anregende Unterhaltung mit Pater Maximos rief mir Durkheims Anmerkungen zum Wesen der Religion in Erinnerung, und während wir schweigend unseren Weg fortsetzten, dachte ich an die soziologische Sicht der Religion, wie Durkheim sie entworfen hatte und die das Denken der Soziologen über das Wesen der Religion generationenlang geprägt hat. Diese Denkweise, so brillant sie auch sein mag, hat uns möglicherweise von einem tieferen Verständnis für das Wesen der Religion abgehalten.

Der Kern der Religion, so lehrt Durkheim, ist die in jeder Gesellschaft vorzufindende dichotome Unterscheidung zwischen dem »Heiligen« und dem »Profanen«. Es gibt stets bestimmte Dinge, die vom Gewöhnlichen, Profanen getrennt werden und denen sich die Gläubigen mit besonderer Ehrfurcht nähern. Die Artefakte der Verehrung durch Christen, wie zum Beispiel Ikonen, Kruzifixe, die Evangelien und die Schädel verehrter Heiliger, gehören in den heiligen Bereich. Aber Durkheim, als Produkt des »sensuellen Zeitalters«, säkularisierte das Heilige, indem er die Theorie aufstellte, es könne alles mögliche sein, das die Gesellschaft vom Profanen zu trennen beschließt und ihre Mitglieder zu verehren veranlaßt. Es könne eine Ikone sein oder ein Stein, ein Bildnis von Stalin oder eine Ikone Maos, die amerikanische Flagge oder eine beliebige politische oder religiöse Ideologie, die eine »soziale Solidarität« bewirken kann. Die Gesellschaft, so sagt Durkheim, braucht die Religion zu ihrem Bestehen. Deshalb kann Religion nicht sterben, denn die Gesellschaft wird immer die Religion erschaffen, die sie braucht. In der Tat, so sagt er, ist Religion Gesellschaft in Verkleidung.

Wenn Menschen ihre Götter verehren, sagt Durkheim, ist ihnen nicht bewußt, daß sie in Wahrheit ihre Gesellschaft verehren. Zum Beispiel stellt die biblische Geschichte von Abraham, der Gott seinen einzigen Sohn als Opfer anbot, nichts weiter als einen Mythos dar, den eine hierarchische, patriarchalische Gesellschaft sich zurechtgelegt hatte, die von ihren Mitgliedern erwartete, daß sie den ihnen auferlegten Gesetzen gehorchten, ohne sie in Frage zu stellen. Durkheim war davon überzeugt, daß die »traditionelle« Religion, das heißt der Glaube an »Animismus« oder »Supernaturalismus«, im Verschwinden begriffen ist, daß die Religion an sich aber in Form säkularer Religionen weiterleben kann. Die meisten soziologischen Wissenschaftler können die Behauptung, Ikonen seien Mittler für eine Eröffnung eines anderen Bereichs, des Reichs der spirituellen Erfahrung, nicht ernst nehmen. Solche Ansichten stellen ihrer Ansicht nach einen nützlichen Aberglauben dar, der für die Erhaltung der Gesellschaft unverzichtbar ist.

Ich habe mich bei dieser Definition der Religion niemals wohl gefühlt, obwohl ich sie – wie die meisten Soziologen – als Tatsache akzeptierte. Aber Raymond Aron, ein anderer führender, zeitgenössischer französischer Soziologe, widersprach dieser Reduktion des Kerns der Religion auf Formen der gesellschaftlichen Organisation heftig.

Aron schrieb: »Durkheim ist der Meinung, daß die Religionswissenschaft die Unwirklichkeit des Transzendenten als Prinzip voraussetzt. Das Transzendente ist, da es übernatürlich ist, automatisch von der wissenschaftlichen Methode ausgeschlossen. Somit besteht das Problem darin, die Wirklichkeit einer Religion wiederzuentdecken, nachdem man das Übernatürliche aus ihr entfernt hat.«[5]

Später stellt Aron fest: »Mir ist es völlig unbegreiflich, wie jemand das innere Wesen der Religion als eine Verehrung definieren kann, die das Individuum der Gruppe zollt, denn in meinen Augen ist gerade die Anbetung der Gesellschaftsordnung die Essenz der Gottlosigkeit. Die Idee, der Gegenstand religiöser Gefühle sei die Gesellschaft in verklärter Form, rettet nicht jene menschliche Realität, die der Soziologe zu verstehen sucht, sondern setzt sie herab.«[6] Aber Aron macht nicht den Schritt, uns zu sagen, wie wir uns dem Gegenstand der Religion zu nähern haben.

340

Die soziologische Vorstellung, das Wesen der Religion sei die Unterscheidung zwischen einem gesellschaftlich definierten, »heiligen« Zentrum und allem übrigen, das als profan betrachtet wird, ist nur die halbe Wahrheit. Sie trifft nur auf die exoterische Manifestierung einer Religion zu, auf die Art und Weise, wie sie gesellschaftlich artikuliert und in einer bestimmten Zeit und Kultur ausgedrückt wird. Durkheim untersuchte die Religion nur in ihren exoterischen Formen. Wie den meisten säkularen Denkern blieb auch ihm die Realität eines »esoterischen« Kerns der Religion, der sich auf die unmittelbare Erfahrung des göttlichen Wesens gründet, vollständig verborgen.

Es war Rudolf Otto in seinem wenige Jahre nach Durkheim geschriebenen klassischen Werk *Das Heilige*[7], der darauf hinwies, daß das wahre Wesen der Religion die unmittelbare Erfahrung des Heiligen ist, dessen, was er das *Mysterium tremendum et fascinosum* nannte. Das Heilige oder »Numinose« existiert jenseits der rationalen und sittlichen Begriffe. Otto wies darauf hin, daß der Rationalismus das religiöse Denken des Westens beeinflußt hatte, indem er das Göttliche auf jene Attribute Gottes beschränkte und reduzierte, die sich begrifflich erfassen und intellektuell artikulieren ließen.[8] Das Wesen der Religion ist nicht, wie Durkheim behauptet hatte, die Unterscheidung zwischen dem Heiligen und dem Profanen, obwohl dies auf die exoterischen Manifestationen der Religion – die gesellschaftlich konstruierte Religion – zutrifft. Das Wesen der Religion ist in Wahrheit die unmittelbare Erfahrung des »Heiligen«, des *Mysterium tremendum*. Und die Erfahrung des Heiligen erzeugt beim Gläubigen ein Gefühl der Unwürdigkeit. Es ist diese Erfahrung, die die Mönche auf dem Berg Athos bittere Tränen vergießen läßt, sobald sie erst einmal vom Numinosen gekostet haben. Im Vergleich dazu erscheint ihnen der gewöhnliche Bewußtseinszustand wie eine Verdammnis oder, im besten Fall, ein Purgatorium.

Offenbar war dies der Grund für die Feststellung gewesen, mit der Pater Maximos mich gleich zu Beginn provoziert hatte: »Wir Mönche glauben nicht an Philosophie. Uns geht es um Erfahrung.«

Pater Maximos war ein gebildeter Mann, und während wir weitergingen und von den Schönheiten gefesselt waren, die uns umgaben, erwähnte ich, daß ich über die scheinbaren Widersprüche nachdachte, die ich zwischen der soziologischen Auffassung der Religion und derjenigen von Rudolf Otto sah. Pater Maximos lachte auf seine typische gutmütige Art. »Die Philosophen erklären Dinge und arbeiten Weltbilder aus, ohne zu erfahren«, sagte er. »Die heiligen Väter erfahren, und dann beschreiben sie ihre Erfahrungen, so gut sie können. Denn wahres Wissen ist erfahrenes Wissen. Die Philosophen haben das Ziel verfehlt, da sie keine Erfahrungen haben. Und ich spreche sogar von großen Philosophen wie Sokrates und Plato.« Ein paar Schritte weiter fuhr er fort: »Das Problem mit dem Katholizismus ist, daß sich seine Theologie zu sehr auf die Schriften von Aristoteles stützt, der glaubte, man könne Gott mit Hilfe der Logik erfahren. Damit hat er die Büchse der Pandora geöffnet. Man kann Gott nur durch unmittelbaren Kontakt mit Gott erfahren. Das ist die Größe der Orthodoxie.«

»Und aller mystischen Traditionen«, ergänzte ich vorsichtig. Ich hatte nicht die Absicht, mich auf eine Debatte über die Vorzüge der Orthodoxie und anderer spiritueller Traditionen oder der Philosophie von Gott im Gegensatz zur unmittelbaren Erfahrung Gottes einzulassen. Ich empfand tiefste Achtung sowohl vor den Zielen der Philosophie als auch für das, was Pater Maximos uns über die Erfahrung mitzuteilen versuchte. Ich wies nur darauf hin, daß Worte uns nicht von Angesicht zu Angesicht Gott gegenüber bringen würden, aber daß sie uns den Weg weisen können. Immerhin hatten die griechischen Kirchenväter selbst sich mit Plato befaßt. Sie benutzten die philosophischen Einsichten Platos, die mit ihren eigenen Erfahrungen übereinstimmten, um ihre Theologie zu vermitteln und zu artikulieren.

Aber ich konnte mich nicht ganz zurückhalten. »Meinen Sie nicht, Pater Maxime, daß es ein tragischer Augenblick war, als der Kaiser Justinian die Philosophieschulen Athens schloß, weil ihm Jesus Christus die Wahrheit offenbart hatte und er deshalb keine Philosophie mehr brauchte?«

»Ich bin nicht gegen die Philosophie«, erklärte Pater Maximos. »Ich sage nur, daß sie kein geeignetes Mittel zur Gotteserkenntnis darstellt. Dafür brauchen wir andere Methoden.« Dann erwähnte er die Arbeit eines russischen Starez mit Namen Silouan der Athonit, der bereits zu Lebzeiten Heiligkeit erlangt zu haben schien. Er war 1938 im russischen Kloster des Heiligen Panteleimon auf Athos gestorben und hatte, wie ich später entdeckte, eine Lehre hinterlassen, die zu den profundesten Systemen der christlichen Mystik des 20. Jahrhunderts zählte. Als ich später das Buch eines seiner Schüler las, des russischen Archimandriten Sophrony, den Stephanos in England traf, wurde ich an das Gespräch mit Pater Maximos erinnert. Besonders faszinierte mich ein Abschnitt über die Ungeeignetheit selbst der tiefschürfendsten und erhellendsten philosophischen Betrachtung als Weg zur Gotteserkenntnis.

Der Theologe, der ein Intellektualist ist, konstruiert sein System auf dieselbe Weise, wie ein Architekt einen Palast erbaut. Empirische und metaphysische Konzepte sind die Baumaterialien, die er verwendet, und er verschwendet mehr Gedanken an die Großartigkeit und logische Symmetrie seines idealen Gebäudes als auf die Frage, ob es mit der tatsächlichen Ordnung der Dinge übereinstimmt ... Viele Theologen der philosophischen Art schwingen sich, während sie im Grunde Rationalisten bleiben, zu Gedankensphären über aller Vernunft empor, aber diese Sphären sind nicht die göttliche Welt... Solche Menschen... gelangen zu der Erkenntnis, daß die Gesetze des menschlichen Denkens von begrenztem Wert sind und daß es unmöglich ist, das ganze Universum mit den eisernen Reifen des logischen Syllogismus zu erfassen. Diese Erkenntnis befähigt sie, zu einer übermentalen Betrachtung zu gelangen, aber was sie dann betrachten, ist immer noch nichts weiter als Schönheit, geschaffen nach dem Ebenbild Gottes. Da jene, die zum ersten Mal in diese Sphäre des »Schweigens der Vernunft« eintreten, ein gewisses mystisches Staunen erfahren, verwechseln sie ihre Betrachtung mit der mystischen Einheit mit dem Göttlichen.[9]

Wir waren länger als zwei Stunden gewandert, als wir an mehreren *Sketes* (von den Klöstern unabhängige Eremitagen kleiner Gruppen von Mönchen, die von einem Gerontas geleitet werden) und ein paar Eremiten vorbeikamen, die allein in der Ruhe der Athos-Wildnis lebten.

»*Christos Anesti*, Pater Savvas« (»Christus ist erstanden, Pater Savvas«), sagte Pater Maximos zu einem alten Mönch, der in einer zerschlissenen schwarzen Soutane in seinem kleinen Garten arbeitete. Er antwortete mit dem traditionellen »*Alethos Anesti ho Kyrios*« (»Der Herr ist wahrlich erstanden«).

Es fiel Antonis und mir schwer, uns vorzustellen, wie alte Männer wie Pater Savvas auf sich allein gestellt und ohne jede Annehmlichkeit in kleinen Hütten lebten, die sie selbst inmitten der Einöde erbaut hatten. Die Mönche in Klöstern, wie Pater Maximos, lebten wenigstens in Gemeinschaften und konnten ihre grundlegenden Lebensbedürfnisse befriedigen. Aber Eremiten wie Pater Savvas lebten nach den strengen Traditionen, die Kirchenväter der Frühzeit wie Antonius der Große vor fast 2000 Jahren in den Wüsten Ägyptens eingeführt hatten.

»Vor mehreren Wintern«, sagte Pater Maximos, als wir unseren Weg fortsetzten, »verirrte sich Pater Savvas eines Abends. Er war auf seinem Weg in seine Einsiedelei aufgehalten worden, weil ein paar Pilger ihn angehalten und ihm alle möglichen Fragen gestellt hatten. Bei Anbruch der Nacht war er immer noch weit von seiner Klause entfernt. Heftiger Schneefall setzte ein, und es war sehr kalt. Er verirrte sich in der Dunkelheit im Dickicht und wußte nicht, welche Richtung er einschlagen sollte. Erschöpft setzte er sich auf den Boden und betete, denn er fühlte, daß sein Ende nahe war. Er betete zu der Heiligen Jungfrau. »Mutter Gottes«, sagte er, »all diese Jahre war ich in deinem Garten und habe gebetet und gefastet. Wenn ich sterben soll, so laß es bitte rasch geschehen. Wenn ich aber leben soll, zeige mir bitte den Weg zu meiner Klause.« In diesem Augenblick ging von seinem Herzen ein Licht aus, das seinen Weg beleuchtete. Mit Hilfe dieses Lichts fand er zu seiner Einsiedelei zurück. Als er die Tür seiner Hütte öffnete, verschwand das Licht.«

»Es scheint«, bemerkte Antonis, »daß die Natur die Heiligen liebt.«

»Ja. Die Natur gehorcht in der Tat dem Willen der Heiligen.«

»Ich habe alle möglichen Legenden über die Gerontes auf dem Berg Athos gehört«, sagte ich. »Ich habe gehört, daß einige von ihnen sogar wilde Tiere wie Wölfe, Wildschweine und giftige Schlangen zähmen. Sie können diese Tiere friedlich machen und sich mit ihnen anfreunden. Ein Pilger berichtete mir, daß er Zeuge eines merkwürdigen Phänomens geworden sei. Ein Gerontas ging, als er sah, daß eine Giftschlange eine Gruppe anderer Pilger auf dem Weg einschüchterte, zu dem Tier, tätschelte ihm den Kopf und sagte: ›Geh jetzt, meine Liebe, denn du erschreckst die Herzen dieser netten jungen Männer.‹ Und die Schlange glitt ins Gebüsch.«

»Sie sehen, was geschieht«, sagte Pater Maximos. »Wenn ein Mensch eine bestimmte Stufe erreicht, wenn er keine persönlichen Wünsche mehr hat, wenn er rein wird, frei von jedem egoistischen Verlangen, dann wird ihm gegeben, wonach er verlangt, weil sein Willen eins mit dem Willen Gottes wird. Was der Heilige verlangt, ist das, was Gott verlangt, deshalb wird es gegeben. Das ist der Sinn der Askese.« Pater Maximos fuhr fort, indem er uns erklärte, daß die wahre Bedeutung der Askese die Übung der Seele ist. Es ist die Methode des Mönchs, seine Leidenschaften zu überwinden, so daß er von allen Spuren der Ichsucht befreit ist und der Heilige Geist ihn durchströmen kann. Ich begriff, daß das Wort »Askese« in der modernen westlichen Welt eine negative Bedeutung erlangt hat, weil es mit Masochismus und Abtötung des Körpers gleichgesetzt wird. Pater Maximos sagte, der echte Asket sei nicht masochistischer als ein Marathonläufer auf der Olympiade, der sich einem äußerst harten Training unterzieht, weil er ein bestimmtes Ziel erreichen will.

»Demnach«, sagte ich, »sind die Asketen in Wirklichkeit eine Art Sportler oder Athleten.«

»Genau«, erwiderte Pater Maximos. »Sie sind Athleten der Seele.«

Monate später schickte Antonis mir im Gedenken an unser Gespräch mit Pater Maximos ein Buch über Askese von dem orthodoxen Finnen Tito Collianter.[10] »Lies dieses unglaubliche Buch«, schrieb er in seinem beiliegenden Brief. »Dieser Autor faßt auf meisterhafte Weise die Methode der Asketen für Laien wie uns zusammen, die jene Einsichten in die Wirklichkeit und das Dasein in ihr eigenes Leben einbauen möchten, die wir der im spirituellen Sinne heroischen Arbeit der Asketen verdanken. Schau dir besonders die Seite 60 an.«

Ich schlug die angegebene Seite auf und las: »Lerne durch beständige Askese, keine ›individuellen Wünsche‹ zu haben. Für den, der keine individuellen, leidenschaftlichen Wünsche hat, folgen alle Dinge der Richtung, von der er wünscht, daß sie sie nehmen. Das ist es, was Abba Theodorus sagt. Sein Wille stimmt mit dem Willen Gottes überein, und alles, was er im Gebet erbittet, wird ihm gegeben.« Diese Worte führten dazu, daß ich die außerordentliche Bedeutung der Gebete von Gerontes oder Starzen wie Pater Vasilios für das Wohlergehen der Welt verstand. Und dies ist auch der Grund, aus dem sie unablässig beten. [11]

Pater Maximos sagte, wir sollten Mut fassen, denn unser langer Weg sei bald zu Ende. Er sagte, wir hätten noch etwa eine halbe Stunde zu gehen. »Pater Vasilios' Klause liegt in diesem Tal«, sagte er und deutete voraus, als wir unseren Abstieg in das Tal begannen, durch das ein schmaler, von dichter Vegetation überwucherter Bach rann.

»Letztes Jahr«, sagte Pater Maximos, »kam ein junger Bursche aus Volos [einer Stadt nördlich von Athen], der Pater Vasilios aufsuchte und ihn beschwor, seinem Vater zu helfen, der dabei war, an Krebs zu sterben. Pater Vasilios sagte, er würde tun, was er könne. Er versprach sogar, den Vater des jungen Mannes zu besuchen. Der Bursche sagte: ›Nun, lassen Sie mich Ihnen seine Adresse aufschreiben.‹ ›Machen Sie sich nicht die Mühe‹, erwiderte Pater Vasilios, ›ich brauche sie nicht. Ich werde ihn finden.‹ ›Aber wie wollen Sie ihn denn finden ohne Anschrift? Volos ist eine große Stadt.‹ ›Keine Sorge, mein Sohn, ich werde den Weg finden. Hier, nehmen Sie diese kleine Ikone der Jungfrau mit, und legen Sie sie Ihrem Vater unters Kissen.‹ Und Pater Vasilios gab ihm einen Druck von einer kleinen Ikone, den er in seiner Tasche bei sich trug. Der junge Mann ging nach Volos zurück und tat, was Pater Vasilios ihm gesagt hatte. Er legte die Ikone unter das Kopfkissen seines Vaters. Am Tag darauf fragte der sterbende Mann ihn: ›Sohn, wer war der gute Priester, der letzte Nacht so freundlich zu mir gesprochen und mir soviel Mut gegeben hat?‹ Der Bursche war sprachlos. Als sein Vater gestorben war, schrieb der junge Mann einen Brief an seine Mutter, in dem er ihr seinen Entschluß mitteilte, Pater Vasilios' Vorbild zu folgen und Mönch auf dem Berg Athos zu werden. Er verschloß den Brief und ließ ihn auf dem Tisch in der Küche seiner Mutter liegen, ohne ihr ein weiteres Wort zu sagen. Er reiste heimlich ab. Als Pater Vasilios ihn erblickte, schrie er ihn an: ›Oh, du törichter Bursche! Geh zurück zu deiner Mutter. Geh zurück. Du bist nicht dazu bestimmt, ein Eremit zu werden, mein Sohn. Geh zurück zu deiner Mutter. Sie ist verzweifelt und plant, Selbstmord zu begehen. Eile zu ihr.‹«

»Als ich selbst den Burschen erblickte«, sagte Pater Maximos, »war er in großer Eile. Ich fragte ihn, was los sei. Er sagte, er habe keine Zeit, es mir zu erklären, weil er eilen müsse, um das Boot zu bekommen und zu seiner Mutter zu kommen. Er sagte: ›Ich werde es Ihnen am Telefon erzählen.‹ Er ging zu seiner Mutter zurück und kam Gott sei Dank noch rechtzeitig an.«

»Findet Pater Vasilios denn Frieden«, fragte Antonis, »wo all diese Geschichten kursieren? Kommen die Leute nicht mit allen möglichen Problemen zu ihm?«

»Doch, das tun sie. Deshalb scheut er die Öffentlichkeit so sehr. Und er schätzt es nicht, wenn naive Menschen ihn bitten, Wunder für sie zu vollbringen, als wäre es eine Art Bühnenshow«, erwiderte Pater Maximos mit einem Lächeln. Dann fuhr er fort, indem er uns erzählte, wie eine Gruppe von Collegestudenten Pater Vasilios aufgesucht und ihn gebeten hatten, Wunder zu vollbringen. »Er sagte zu ihnen: ›Wie wäre es, wenn ich euch die Köpfe abschneiden und wieder aufsetzen würde?‹ Danach hörten sie auf, ihn um Wunder zu bitten. Und deshalb sprechen auch Sie bitte nicht davon, wenn Sie ihn treffen.«

13
Regenbögen und Blitze

Pater Maximos' Ermahnungen in bezug auf unser Verhalten bei seinem Gerontas steigerte meine Erwartung noch. Nun war es soweit, bald würde ich tatsächlich Pater Vasilios gegenüberstehen. Ich hatte keine dringlichen, persönlichen Probleme mit ihm zu besprechen, und da meine Zeit mit ihm so kurz bemessen war, wollte ich ihm im Gespräch unter vier Augen ein paar theologische Fragen stellen. Ich dachte, da er in dem Ruf stand, ein göttliches Charisma zu besitzen, und wegen der ungewöhnlichen Geschichten, die über seine spirituellen Leistungen und seine übernatürlichen Erfahrungen im Umlauf waren, besitze er vielleicht Einsichten in Fragen, auf die offizielle Kirchendogmen keine Antwort geben können. Ich hoffte, daß ich Gelegenheit zu einem privaten Gespräch mit ihm haben würde, bei dem er mir Dinge sagen könnte, über die er in der Öffentlichkeit oder anderen gegenüber nicht sprach.

Ich war besonders daran interessiert, ein paar direkte oder indirekte Antworten auf die Frage der Reinkarnation zu erhalten. Meine Erfahrungen mit Medien und Geistheilern hatten mich zu dem Schluß gebracht, daß die Reinkarnation eher eine Tatsache des Lebens als ein theologisches Dogma sein könne. Zum Beispiel hatte ein episkopalischer Priester mir über diesen Gegenstand geschrieben und behauptet, sich tatsächlich an frühere Leben zu erinnern. Er fand keinen Widerspruch zwischen diesem Glauben und den grundlegenden Lehren des Christentums. Trotzdem behielt er seine Erfahrung aus offensichtlichen Gründen für sich. Ein anglikanischer Geistlicher hatte mir ein paar Wochen zuvor etwas Ähnliches geschrieben und seiner Enttäuschung Ausdruck verliehen, daß er nicht öffentlich darüber sprechen konnte, weil sonst ein Konflikt mit der offiziellen Lehre seiner Kirche entstanden wäre.

Ich ging davon aus, daß Pater Vasilios ein paar bedeutsame Aussagen zu dieser Frage zu machen hatte; entweder würde er die Idee der Reinkarnation rundweg und kategorisch ablehnen, oder er würde mir indirekt die Deutung offenlassen, daß er sie bestätigte. Ich wußte natürlich, daß er mir meine Frage nicht mit einem klaren »Ja« beantworten konnte, da dies eindeutig den Lehren der Kirche widersprochen und ihn in die Rolle eines Häretikers gedrängt hätte. Die Erewna, die sich ebenfalls innerhalb des christlichen Rahmens befindet, setzt die Reinkarnation als gegeben voraus. Kostas sagte, sobald ein Mensch eine gewisse Stufe der spirituellen Entwicklung erreicht habe, würde sich das Wissen um frühere Leben von selbst einstellen. Falls dies richtig war, müßte ich annehmen, daß Pater Vasilios entweder selbst Erfahrungen dieser Art gemacht hatte, sie aber geheimhielt, um unnötige Kontroversen mit der Kirche zu vermeiden, oder daß er solche Erfahrungen einfach nicht gemacht hatte.

Die vorherrschende Lehre des Christentums in bezug auf die Nichtexistenz vergangener und zukünftiger Leben auf der Erde könnte ein so machtvolles »Elemental« sein, daß es sogar Heilige daran hindert, solche Erfahrungen zu machen. Andererseits ist es natürlich auch möglich, daß es so etwas wie Reinkarnation gar nicht gibt und daß die ganze Idee ein geschicktes Ablenkungsmanöver ist, das der Teufel ersonnen hat, der ein vitales Interesse daran haben muß, die Menschen von der Notwendigkeit abzulenken, Gott zu entdecken und sich im Hier und im Jetzt mit ihm zu vereinigen. Die Aussicht auf künftige Leben könnte jemanden zu spiritueller Faulheit und einer Überbewertung diesseitiger Dinge verführen. Die katholische Kirche mußte auf Grund des offensichtlichen Widerspruchs zwischen der unendlichen Liebe Gottes und dem Dogma der ewigen Verdammnis die Idee eines Purgatoriums (Fegefeuers) einführen. Angeblich können Seelen während dieses vorübergehenden Aufenthalts zwischen dem irdischen Leben und dem Himmel reifen und ihre Erlösung finden.

Der Philosoph und Theologe Geddes MacGregor behauptet, von allen Ideen in der Religionsgeschichte sei keine Vorstellung universaler und ansprechender als die Reinkarnationslehre, und sie sei mit dem Wesen des Christentums durchaus vereinbar. Die absolute Liebe und Gerechtigkeit Gottes setzt so etwas wie die Lehre von Karma und Reinkarnation logischerweise voraus, und zwar im Gegensatz zur offiziellen und grausamen Lehre von ewiger Hölle und Verdammnis. MacGregor sagt: »Die Offenheit der christlichen Lehre gegenüber der Reinkarnation könnte sich als größer erweisen, als wir für möglich gehalten haben.«[1]

MacGregor bezieht sich auf den anerkannten und originalen russisch-orthodoxen Denker Nikolai Berdjajew, nach dem der endgültige Sieg nicht über den Tod, sondern über die Hölle errungen werden muß. Berdjajew spielte damit auf die Ungerechtigkeit der traditionellen Darstellung der Hölle an, wo Menschen in Ewigkeit für Verbrechen gepeinigt werden, die sie während eines Lebens begangen haben, und er gestand ein, daß die Lehre von Karma und Wiedergeburt gerechter und auch logischer ist. Aber da er nicht mit alten Denkgewohnheiten brechen konnte, behauptete er, das christliche Denken könne die Reinkarnation nicht akzeptieren. Bezeichnenderweise fuhr Berdjajew gleich nach dieser Behauptung fort: »Aber es ist von größter Wichtigkeit, zu erkennen, daß das endgültige Schicksal des Menschen sich nur nach einer unendlich viel größeren Erfahrung in spirituellen Welten erfüllen kann, als sie in unserem kurzen Erdenleben möglich sind.«[2] MacGregor sagt im Anschluß daran: »Falls dies stimmt, was mir für Christen eine unausweichliche Folgerung zu sein scheint, die von der langen und alten Tradition eines ›Zwischenzustandes‹ gestützt wird, weshalb dann die unüberlegte Zurückweisung der Reinkarnationslehre als für das ›christliche Denken‹ nicht akzeptabel?«

»Schaut nur«, rief Antonis überrascht, »schaut euch diese Schilder an!« Er wies auf ein paar hölzerne Wegweiser »Zu Pater Vasilios«.
»Wer hat sie aufgestellt?« fragte ich.
»Gewiß nicht er selbst«, erwiderte Pater Maximos lachend. »Es waren die anderen Eremiten in der Nähe, die ständig von Pilgern belästigt wurden, die an ihre Tür klopften und nach der Klause von Pater Vasilios fragten.«
Als wir den dicht überwucherten Waldpfad verließen, erblickten wir vor uns ein winziges Haus mit einem ziegelgedeckten Dach. »Da sind wir«, verkündete Pater Maximos. »Ich hoffe, er ist zu Hause.« Wir betraten den Hof, und hinter dem Haus war Pater Vasilios. Er saß auf einem von zwei Steinen unterstützten Holzklotz, umstanden von einer Gruppe Universitätsstudenten, die Ostern im nahegelegenen Kloster Simonos Petras verbracht hatten.
Pater Vasilios stand auf, als er uns erblickte. Er sah aus, wie von El Greco gemalt: ein schlanker Priester mit weißmeliertem Bart, der mich an die Ikonen erinnerte, die die orthodoxen Kirchen schmücken. Es war, als wäre er soeben aus einer Ikone herausgetreten, um uns zu begrüßen. Und doch sah er zugleich ungewöhnlich aus. Wenn man neben ihm stand, fühlte man die Gegenwart eines ungewöhnlichen Menschen. Ich bin nicht sehr gut darin, Auren zu »lesen«, aber bei Pater Vasilios war das Gefühl von Wärme, das er ausstrahlte, nicht zu übersehen. Vielleicht, so sagte ich mir, hatte ich selbst dieses Gefühl erwartet. Aber meine innere Stimme sagte mir, daß es nicht so war.

Pater Vasilios war ein lächelnder Gerontas und kaum einer jener streng aussehenden Patriarchen, die man gelegentlich mit der klerikalen Rolle assoziiert. Er hieß uns mit dem »*Christos Anesti*« willkommen, umarmte Pater Maximos und küßte ihm in einer Demutsgeste die Hand, woraufhin dieser bei seinem Gerontas und Meister dasselbe tat. Antonis folgte dem Brauch, er beugte sich vor und küßte dem älteren Mann die Hand. Ich tat es ebenfalls. So war es Sitte.

Pater Vasilios lud uns ein, es uns gemütlich zu machen. Es gab ein paar große Felsbrocken, auf denen man sitzen konnte, und eine Reihe alter Bauplanken, die an beiden Enden auf Steinen ruhten. Pater Maximos setzte sich auf einen Stein, ich setzte mich neben Antonis auf eines der Bretter. Pater Vasilios verfügte über keinerlei Komfort. Man hatte uns bereits früher gesagt, daß sein Bett ein auf Steinen ruhendes Brett war, und an Küchengerät besaß er nur eine Blechdose, in der er Teewasser kochte. Gewöhnlich tunkte er *Paximadi* (ein stark geröstetes, trockenes Brot) in seinen Tee. Alles, was er sonst noch aß, erhielt er von Klöstern in der Nachbarschaft und von seinen Schülern.

Die Lebensweise von Pater Vasilios erinnerte mich an die des alten Kynikers Diogenes, der in einer Tonne lebte und nichts weiter als eine Schale besaß. Aber als er eines Tages einen Jungen aus der hohlen Hand trinken sah, warf er seine Schale fort. Die Eremiten in den Wüsten Ägyptens, die diese Tradition in der Christenheit begründet hatten, waren in der Tat von den Kynikern und Stoikern beeinflußt und nicht von den Epikureern.

Pater Maximos hatte uns gesagt, daß Pater Vasilios kaum aß und schlief, da er den größten Teil seiner Zeit in Gebet und Kontemplation zubrachte. Trotzdem kam er uns mit seinem durchdringenden Blick aus strahlenden Augen wie ein sehr vitaler Großvater vor. Sein Alter ließ sich nur schwer bestimmen. Die Spekulationen reichten von 60 bis nahe an 100 Jahre. Mir persönlich kam er nicht älter als 65 Jahre vor, und seine Bewegungen waren die eines gesunden Mannes, der an Bergwanderungen gewöhnt ist.

»Hier, nehmt euch davon«, sagte Pater Vasilios und ließ eine Dose mit Süßigkeiten aus türkischem Honig herumgehen, die ihm seine Osterbesucher mitgebracht haben mußten. »Nimm ein Stück«, flüsterte Antonis mir ins Ohr. »Sie sind gesegnet.« Pater Vasilios ging zu der Gruppe Collegestudenten zurück, um das Gespräch zu beenden, das wir unterbrochen hatten. Wir ließen die Dose noch einmal herumgehen und hörten den Pater einen der Studenten beschwören, er solle seine Collegebildung abschließen und seine Idee, ein Mönch zu werden, vergessen. Offenbar hatte der junge Bursche sich in den Kopf gesetzt, sich Pater Vasilios auf dem Berg Athos zuzugesellen, und ihn um seinen Rat gebeten. »Mein Sohn«, sagte er mit humorvoller Stimme. »Bringen Sie Ihre Ausbildung zum Abschluß. Ich wünschte, ich hätte auf meine Mutter gehört, als sie mich drängte, nach der Grundschulerziehung weiterhin die Schule zu besuchen. Ich wünschte, ich hätte auf sie gehört. Wenigstens hätte ich dann gelernt, richtig zu schreiben. Also macht eure Abschlüsse, ihr Burschen, und schickt mir einen davon. Ich könnte ihn gut gebrauchen.«

»Das Klosterleben ist nichts für jedermann«, sagte Pater Maximos zu uns. »Es ist ein karges Dasein, und wenn man nicht dafür geschaffen ist, kann man buchstäblich daran zerbrechen.«

Aus diesem Grund versuchen weder die Mönche auf Athos noch die Kirche, Rekruten für das Klosterleben zu werben. Im Gegenteil, man verlangt von potentiellen Mönchen, daß sie eine Probezeit von wenigstens zwei Jahren auf dem Heiligen Berg verbringen, bevor sie offiziell in den Orden aufgenommen werden.

Es wurde viel gelacht, als Pater Vasilios ein paar lustige Bemerkungen machte, nachdem die Studentengruppe fortgegangen war. Es war eine angenehme Überraschung für mich, einen hochangesehenen Heiligen zu treffen, der weder die steife Ernsthaftigkeit aufwies, die ich mit dem traditionellen Priesteramt verband, noch die Strenge der Wüstenväter, wie sie auf den Ikonen dargestellt werden. Ich spürte, daß sein Humor der Ausdruck eines sehr großmütigen und liebenden Herzens war. Er gehörte zu den Menschen, die man sofort lieben muß, wenn man ihnen begegnet. Dies war nicht unbedingt bei allen Gerontes der Fall, die man auf Athos antraf. Ich hörte von anderen, die eher dem strengen Typ entsprachen.

»Wenn das Meer ruhig ist, geht es hier hoch her«, sagte Pater Vasilios. »Wenn die See aufgewühlt ist, habe ich Frieden und Ruhe hier.« Da man nur mit dem Boot zum Berg Athos gelangen kann, bestimmte der Zustand des Meeres die Stärke des Ansturmes der Pilger und der Besucher, zu denen auch wir gehörten.

Pater Vasilios eröffnete das Gespräch, indem er sich über die Situation des modernen Menschen ausließ. Er sprach eine Zeitlang über die Narrheit des Konsumdenkens, das er persönlich ganz und gar unvernünftig und unverständlich fand. »Die Menschen«, sagte er, »bringen sich um, indem sie arbeiten, um Dinge kaufen zu können, die sie nicht wirklich brauchen. Und nachdem sie gekauft haben, was sie ihrer Meinung nach brauchten, arbeiten sie nur noch mehr, weil es jetzt noch mehr Dinge gibt, die sie ihrer Meinung nach brauchen. Und so geht es immer weiter. Am Ende haben sie nicht einmal mehr Zeit, um zu beten.«

»Mit all dem meint er mich«, flüsterte Antonis mir ins Ohr.

»Nein«, erwiderte ich ebenso leise, »er meint mich.«

Pater Vasilios fuhr mit einem Hinweis auf die Pflicht gebildeter Menschen fort, ihrem Land zu dienen. Bildung ist eine Gabe Gottes, sagte er, die man im guten Sinne nutzen muß, um die Gebote Christi zu erfüllen und seinen Nächsten zu lieben. Während ich den Worten der Weisheit lauschte, die Pater Vasilios uns bot, erkannte ich allmählich, daß das Wichtigste bei einem Treffen mit ihm nicht so sehr im Anhören seiner Lehren in christlicher Weisheit bestand, sondern darin, einfach in seiner Gegenwart zu sein. Ich übertreibe nicht, wenn ich sage, daß selbst dann, wenn nur ein Bruchteil von dem, was die Leute über ihn sagten, wahr ist, er sich im Besitz eines geheimen Wissens befand, das man unmöglich allein durch mündliche Mitteilung weiterreichen konnte.

Kurz vor unserer Ankunft hatte Pater Maximos uns von einer der ekstatischen Erfahrungen Vasilios' erzählt, in der ihm die gesamte Schöpfung – die Milchstraße, das Sonnensystem, die Erde, die Ozeane –, einfach alles, »gezeigt« worden war. Er war auf dem Wege der Erfahrung dahin geführt worden, zu begreifen, daß Gott jenseits von aller Schöpfung ist. Es ist ein Axiom, daß ein solches Erfahrungswissen an jene, die keine solche Erfahrung gemacht haben, nur in Metaphern übermittelt werden kann.

»Pater Vasilie«, sagte Antonis, »könnte ich Sie kurz privat sprechen?« Es war üblich, daß Pilger eine private Audienz bei dem Gerontas bekamen, bei der sie ihn in einer Reihe persönlicher Fragen um Rat bitten konnten. Ich hatte von vielen Pilgern nach einem solchen Gespräch mit einem Gerontas sagen gehört, daß sie ihm nicht viel hatten sagen müssen, da er einfach alles wußte, was in ihren Herzen und in ihrem Denken vor sich ging. Der Abt des Klosters hatte mir, nachdem er erfahren hatte, daß ich Soziologe war, sogar gesagt, die höchste Soziologie bestehe darin, daß man durch spirituelle Übungen einen Zustand erreichte, in dem man einen Menschen nur anschauen müsse, um zu wissen, wie es in seinem Herzen aussah. Ich stritt nicht mit ihm darüber und äußerte mich auch nicht zu der möglichen Vermischung von Soziologie und Psychologie.

»Du kannst der nächste sein«, sagte Antonis, bevor er mit Pater Vasilios etwa 30 Meter weit fortging und sich zu ihm auf ein Steinmäuerchen unter einen Kirschbaum setzte.

»Pater Maxime«, sagte ich, »schauen Sie sich Pater Vasilios' Profil an. Ist es nicht eindrucksvoll? Darf ich ein Bild machen?«

»Nein, bitte nicht«, rief Pater Maximos und griff entsetzt nach meinen Händen, als ich so tat, als wollte ich meinen Beutel öffnen. Als er erkannte, daß ich nur Spaß machte, entspannte er sich und grinste.

Ich plauderte etwa 15 Minuten lang mit Pater Maximos, während Antonis mit Pater Vasilios sprach. Inzwischen war eine Gruppe von sieben Pilgern angekommen, die auf eine Audienz warteten.

Als ich Pater Vasilios endlich von Angesicht zu Angesicht gegenübersaß, gingen mir Fragen über die Reinkarnation, über Karma und die Vorstellung einer ewigen Hölle und Verdammnis durch den Kopf. Ich blieb ein paar Augenblicke lang stumm und wußte nicht, wo ich anfangen sollte, während der gute Pater mich anschaute und verständnisvoll abwartete. Ich fing an, indem ich sagte, ich hätte keine ernsthaften privaten Probleme, über die ich unbedingt reden müsse, und daß ich in den wenigen Minuten, die mir mit ihm blieben, gern ein paar spirituelle Fragen stellen würde, die mir sehr wichtig erschienen. Ich wollte mit einem eher harmlosen Punkt beginnen.

»Pater Vasilie«, hörte ich mich sagen, »wie stehen Sie zu dem Problem des Heilens? Ich hörte, daß Sie sich mit solchen Dingen befassen.« Ich begriff nicht, wie mir diese Frage in den Sinn kam, da ich vorgehabt hatte, mit ihm über die Reinkarnation zu sprechen. Ich erkannte sofort, daß ich, der erfahrene Fragesteller, eine Dummheit gemacht hatte. Mir wurde bewußt, daß ich die falsche Frage gestellt hatte, als ich sah, daß sich der Gesichtsausdruck von Pater Vasilios veränderte und ein gewisses Unbehagen erkennen ließ. Ich biß mir auf die Lippen, da Pater Maximos mich davor gewarnt hatte, mit dem Gerontas über seine Arbeit zu sprechen.

»Schauen Sie, mein Sohn«, sagte er ernst, »alles, was ich tue, ist beten. Was auch immer mit den Menschen geschieht, für die ich bete, ist das Werk des Heiligen Geistes und nicht das meine.«

Pater Maximos hatte mir bereits gesagt, daß Pater Vasilios unablässig für andere betete. Er sagte, der Pater verbringe Stunden, in denen er jeweils für eine bestimmte Kategorie von Menschen bete. Zum Beispiel betete er eine Stunde lang für die Waisen, eine Stunde lang für die Witwen, eine Stunde lang für die Unfallopfer, eine Stunde lang für die Behinderten, eine Stunde lang für die Kranken, eine Stunde lang für die Toten und Verwundeten der Kriege und so weiter.

Pater Vasilios sagte, seine *Diakonia* sei es hauptsächlich, für andere zu beten. Man hatte mir schon früher gesagt, das Wort *Diakonia* bedeute, auf die Art zu leben, wie Gott es einem bestimmt hat, nämlich auf eine bestimmte Weise zu dienen. Für andere könne *Diakonia* bedeuten, daß sie in der Welt arbeiten oder als Abt in einem Kloster tätig sind oder die Küche übernehmen. Ich verstand, daß mit diesem Begriff die von Gott zugewiesenen Rollen gemeint sind, die man im Leben spielen soll. Die *Diakonia* eines Eremiten wie Pater Vasilios war, unablässig für andere zu beten und auf vielerlei Arten zu dienen, zum Beispiel als Beichtvater für Pilger, als ihr Ratgeber, als Gerontas für andere Mönche wie Pater Maximos und sogar als Gerontas eines am Rande der Halbinsel Athos gelegenen Frauenklosters. Ich hatte erfahren, daß Pater Vasilios regelmäßig zu diesem und zu anderen Klöstern reiste und die Rolle eines Gerontas für Nonnen und Mönche auch außerhalb des Berges Athos spielte.

Ich raffte meinen Mut zusammen und bereitete mich darauf vor, Pater Vasilios die Frage zu stellen, auf die ich mich vorbereitet hatte. »Pater«, sagte ich, »werden alle Menschen schließlich Erlösung erlangen?«

Er wirkte ein paar Augenblicke lang nachdenklich, dann sagte er ohne Zögern: »Alle Menschen erhalten die Chance, erlöst zu werden.«

Ich sann über diese Antwort nach, aber aus irgendeinem geheimnisvollen Grund stellte ich keine weiteren Fragen über diesen Gegenstand, obwohl ich dies beabsichtigt hatte. Ich bemühte mich später, meine Motive dafür zu erkunden und zu verstehen, konnte aber keine befriedigende Erklärung finden. War es, weil ich Pater Vasilios mit meinen ketzerischen Fragen nicht in Verlegenheit bringen wollte? War es, weil ich nicht riskieren wollte, eine Antwort zu erhalten, die ich unbefriedigend fand und die das Bild untergraben würde, das ich mir im Kopf von Pater Vasilios zurechtgemacht hatte? Oder war es, weil irgendeine Kraft – möglicherweise Pater Vasilios' Energie – mich daran hinderte, diese Frage zu stellen?

Ich dachte später, die nächstliegende und berechtigtste Frage, die ich hätte stellen können, wäre die folgende gewesen: Da Erlösung nach der offiziellen Lehre der Kirche nur durch Jesus Christus stattfinden kann, auf welche Weise hat in diesem Fall jeder Mensch Gelegenheit, Erlösung zu erlangen? Die meisten Menschen werden weder als Christen getauft, noch werden sie jemals in der christlichen Lehre unterwiesen. Tatsächlich haben einige Angehörige isolierter Eingeborenengesellschaften vielleicht niemals auch nur den Namen Jesus Christus gehört. Ich begriff, daß die Kirche keine klare Antwort auf diese Frage gibt und ihr meistens ausweicht. Als ich diese Frage einmal einem studierten Theologen und Mönch gestellt hatte, lautete seine Antwort sinngemäß, es sei für sterbliche Menschen anmaßend, wissen zu wollen, wie das unermeßliche, unendliche Erbarmen Gottes wirkte. Deshalb, so sagte er, müßten wir an die Gerechtigkeit und Gnade des Allmächtigen glauben und nicht Anstoß an den Problemen nehmen, die unserem intellektuellen Verständnis trotzen.

Statt diese und ähnliche Fragen zu stellen, drehte sich mein Gespräch mit Pater Vasilios um mein eigenes Leben und die damit verbundenen Probleme, also genau das, von dem ich geglaubt hatte, ich würde nicht meine Zeit mit Gesprächen darüber verschwenden. Ich hatte wichtige theologische Fragen, auf die ich mir eine Antwort von ihm wünschte, und meine Zeit war begrenzt, da noch andere auf eine Audienz bei dem Gerontas warteten. Ich hatte den Eindruck, in gewisser Hinsicht eine Chance vertan zu haben.

Trotzdem hatte seine Antwort mich nicht enttäuscht. Zu sagen, daß alle Menschen Gelegenheit zur Erlösung haben, läßt die Möglichkeit des Wirkens dessen offen, was Matthew Fox den »kosmischen Christus« nennt. Dieser angesehene, aber auch umstrittene katholische Priester und Theologe behauptet, in den frühen Schriften der griechischen Kirchenväter sei die Vorstellung von einem kosmischen Christus, der das gesamte Universum durchdringt, fest verankert.[3]

Pater Vasilios kam aus einer Tradition, die sich radikal von der kalvinistischen Lehre eines zornigen Gottes unterscheidet, der den größten Teil der Menschheit zu ewiger Hölle und Verdammnis verurteilt hat, ein Motiv, das in den Vereinigten Staaten fanatische fundamentalistische Prediger über die elektronischen Medien vermarkten.

Aber das Karma wirkt auf geheimnisvolle Weise. Die Antwort, die ich nicht direkt von Pater Vasilios bekommen konnte, erhielt ich indirekt per »Zufall«, als mir der Text zu einer Vorlesung in die Hände fiel, die ein griechischer Theologe am 12. Dezember 1992 an der Orthodoxen Kathedrale der Heiligen Jungfrau in New York City hielt. Dr. Constantine Cavarnos behauptete, im Gegensatz zu den Hölle-und-Verdammnis-Predigern hätten die großen Väter der orthodoxen Kirche, wie Gregor von Nyssa, Johannes Climacos, Symeon der Neue Theologe, Gregor von Sinai und Nicholas Cavasilas, gelehrt, daß die spirituelle Entwicklung, die das Individuum hier auf der Erde erlangt hat, mit dem Tod nicht aufhört. Laut Dr. Cavarnos haben sie gelehrt, daß im Leben danach ein fortwährender Fortschritt stattfindet, ein niemals endendes Wachstum zur Vollkommenheit, Erkenntnis und Liebe. Für mich war es ein erleichtertes Aufatmen, als ich die Aussagen von Dr. Cavarnos in den Schriften der Heiligen, die er zitiert hatte, bestätigt fand.[4]

Ich sah darin einen Ansatzpunkt zu einem möglichen Dialog zwischen den mystischen Philosophien der orientalischen und der westlichen Religionen. Denn wenn die Seele sich nach dem Tod weiterentwickelt, dann ist die Idee einer ewigen Verdammnis in Wirklichkeit eine morbide und destruktive christliche Häresie, die fundamentalistische christliche Gruppen als Orthodoxie deklarieren. Sie gehörte weder zu den Lehren Christi noch zu jenen der führenden Heiligen in der Kirche der Frühzeit. Und falls die Vorstellung von der Weiterentwicklung eine Tatsache ist, die sich in den transpersonalen Ekstasen der führenden Heiligen offenbart, dann bedeutet dies auch, daß die Seele nach dem Tod Gelegenheit zu Erfahrungen haben muß, um sich weiterentwickeln zu können – zum Beispiel die Freiheit, sich zwischen Gut und Böse zu entscheiden und niedere Leidenschaften zu transformieren. Wenn solche Gelegenheiten nicht geboten würden, würde dies bedeuten, daß die Seele nach dem Tod eine Art geistloser Automat wird, der sich mechanisch zum Licht entwickelt, ohne jeden Einsatz des Willens und unabhängig von der persönlichen Geschichte dieser Seele. Sünder und Heilige würden sich gleichermaßen automatisch in Richtung Theosis entwickeln – eine absurde Vorstellung.

Je mehr ich mich mit den Schriften dieser theologischen Heiligen vertraut machte, desto mehr schien es mir, als hätten sie dies nicht im Sinn gehabt, als sie lehrten, daß es im Leben nach dem Tode einen ständigen Fortschritt in Vollkommenheit, Erkenntnis und Liebe gäbe. Aber dann fragt sich, weshalb es für das christliche Denken so schockierend sein soll, die Möglichkeit in Betracht zu ziehen, daß diese Entwicklung durch Erfahrungen geschehen kann, denen sich die Seele nicht nur nach dem Tod unterzieht, sondern indem sie immer wieder und wieder in den grobstofflichen, materiellen Welten wiedergeboren wird? Ich hätte diese Fragen Pater Vasilios stellen können, aber ich habe die Chance verpaßt. Vielleicht, so dachte ich später, hatte es so sein müssen.

Es war vier Uhr nachmittags, als wir uns von Pater Vasilios verabschiedeten. Es warteten immer noch sechs Personen darauf, mit ihm sprechen zu können. Pater Maximos sagte uns, daß es gewöhnlich nicht so leicht sei, Pater Vasilios zu sprechen. Aber es war der Tag nach Ostern, dem größten religiösen Feiertag in der griechisch-orthodoxen Tradition, deshalb machte er eine Ausnahme. Gewöhnlich, so erfuhren wir, sorgte er dafür, daß er nicht erreichbar war, so daß er sich ausschließlich auf sein unablässiges Gebet konzentrieren konnte, eine Beschäftigung, die für jene, die mit dem Eremitenleben nicht vertraut sind, schwer verständlich ist. Der Schüler eines Gerontas-Eremiten erklärte einem pilgernden Priester ausführlich, weshalb man bei einem Besuch eines Eremiten außerordentlich zurückhaltend sein mußte:

»Es ist möglich, daß Sie sein Gebet unterbrechen. Es ist möglich, daß er in diesem Augenblick in einem Zustand der Ekstase ist, daß er in Glückseligkeit auf dem Berg Tabor weilt und Sie ihn auf die lärmende Erde zurückbringen. Sie könnten einem Eremiten nichts Schlimmeres antun. Die Flüche eines Menschen stören ihn nicht, nur Ihre Aufforderung, von dem

Berg herunterzukommen. Aber zugleich ist es das Beste, was Sie sich selbst antun können, denn in einem solchen Augenblick wird er Sie mit göttlichem Wohlgeruch erfüllen! Der Glanz, den er um sich angesammelt hat, wird Sie blenden... ebenso, wie Moses Glanz ausstrahlte, als er vom Berg Sinai herabstieg und die Israeliten ihn nicht anschauen konnten...«[5] Der Rückweg war lang, und wir hätten mehr als vier Stunden dafür gebraucht. Wir beschlossen, die Nacht in dem nur eine Stunde entfernten, nächstgelegenen Kloster zu verbringen und den Fußmarsch am folgenden Morgen fortzusetzen. Pilger genossen selbstverständlich stets Gastfreundschaft, aber daß Pater Maximos in unserer Begleitung war, stellte einen zusätzlichen Vorteil dar, denn die Mönche kannten ihn, und er war ein Freund des Abtes. Dank seiner Gegenwart zeigte man uns die kostbaren Reliquien des Klosters, von den Kronen byzantinischer Kaiser und den Knochen berühmter Heiliger bis zum Gürtel der Heiligen Jungfrau, der – in einer silberne Schatulle eingeschlossen – sicher im Sanktum aufbewahrt und nur bei besonderen Gelegenheiten in den Hauptteil der Kirche gebracht wurde. Der Mönch, der uns den heiligen Gürtel zeigte, erklärte uns, wie er in das Kloster gelangt war. Das langwierige Abenteuer, das sich über Jahrhunderte erstreckte, war ein Epos der Art wie Steven Spielbergs Film *Jäger des verlorenen Schatzes*. Wir erfuhren, daß der Gürtel wunderbare Kräfte besaß und regelmäßig unter dem Geleit von Mönchen und dem Schutz der griechischen Marine zu verschiedenen Gemeinden in der Welt gebracht wurde. Erst vor einem Jahr war der heilige Gürtel – von Äbten, Gerontes und Bischöfen eskortiert – auf einem griechischen Kriegsschiff nach Zypern gebracht worden. Im Hafen war eine Liturgie zelebriert worden, und Tausende von Menschen, darunter der Präsident der Republik mit seiner Familie, waren daran vorbeidefiliert, hatten sich bekreuzigt und die Reliquie geküßt.

Man sagte uns, daß Frauen, die nicht empfangen könnten, gebären würden, nachdem sie den heiligen Gürtel berührt hätten. Ich fragte, ob es historische Belege dafür gebe, daß der Gürtel tatsächlich von der Heiligen Jungfrau stammte. Der Mönch, der uns die Reliquien zeigte, lächelte, schaute zur Decke empor und breitete die Arme mit nach oben gedrehten Handflächen aus.

»Du solltest hier nicht solche Fragen stellen«, flüsterte Antonis mir zu. »Sie glauben, daß es der Gürtel ist, und dieser Glaube wird seit zwei Jahrtausenden durch Gebete von Mönchen und Gläubigen gestärkt. Wunder geschehen dank diesem Gürtel. Und deshalb ist es der heilige Gürtel.«

»Ich verstehe«, erwiderte ich rasch, und ich erkannte, wie töricht meine Frage gewesen war.

Wir kehrten zu unserem Kloster zurück und blieben noch zwei Tage dort, nahmen an Gottesdiensten teil, sprachen mit den Mönchen und lasen in unseren Zimmern. Antonis las ein Buch, das ihm der Abt des Klosters gegeben hatte, von dessen Besuch wir gerade zurückgekehrt waren, und von der ersten Seite an hatte er keine Gelegenheit ausgelassen, seiner Begeisterung Ausdruck zu verleihen und meine eigene Lektüre zu unterbrechen.

»Das ist ein unglaubliches Dokument«, sagte er, während er lesend auf seinem Bett lag. »Es ist die Biographie eines Eremiten, geschrieben von einem seiner Schüler.« Er reichte mir fasziniert das Buch. Ich schaute es mir oberflächlich an, ohne besondere Lust zu zeigen, es zu lesen, da ich mit meinem eigenen Buch befaßt war, und reichte es Antonis zurück. Ich hatte bemerkt, daß es von einem Mönch namens Joseph geschrieben war.[6] Sein Gerontas hieß ebenfalls Joseph. Antonis sagte mir, daß er jetzt selbst Gerontas in einem der Klöster sei.

»Hör dir das an«, sagte Antonis und blätterte in dem Buch, um mir einen Abschnitt vorzulesen. »Hier vertraut der Eremit seinem Schüler ein Erlebnis an, das er in seiner Jugend hatte. Es war zu einer Zeit, als er sich von einem anderen Mönch schlecht behandelt und unterdrückt fühlte, was ihm große Trauer und Enttäuschung verursachte. Nach einem Vorfall dieser Art zog er sich in eine Ecke zurück und begann, mit Tränen in den Augen zu Gott zu beten. Und so beschreibt er es: ›Ich weinte an diesem Tag soviel, wie nie zuvor‹«, las Antonis, und ich war gezwungen, mein Buch fortzulegen und zuzuhören. »›Ich beklagte mich sozusagen bei Gott, daß er mir nicht half. Ich betete und sagte, daß ich mich nicht eher rühren würde, als bis Gott mir sein Erbarmen zeigte und mich ermutigte. Zugleich beschwor ich die Heilige Jungfrau. Und als ich an jenem klaren Tag dort saß und auf den Gipfel des Berges Athos schaute – ich konnte sogar die kleine Kirche der Jungfrau darauf sehen –, verspürte ich Freude, und gleich darauf sah ich ein Leuchten von der kleinen Kirche herkommen und wie einen Regenbogen sich mir nähern und auf meinem Kopf herniedergehen. Ich war sofort völlig verwandelt und vergaß mich selbst. Ich war in meinem Herzen und außerhalb und überall von Licht erfüllt. Ich fühlte mich, als besäße ich keinen Körper. Und dann begann das Gebet in mir von selbst, so rhythmisch und wunderschön (Herr Jesus Christus, Gottes Sohn, hab Erbarmen mit mir Sünder). Ich trug nichts dazu bei. Ich schaute nur, lauschte und staunte.

Mir schien, als hätte ich zwei Selbste. Einerseits sah ich mein Inneres mit Licht und spirituellem Wohlgeruch und Freude erfüllt, während das Gebet in mir ununterbrochen fortdauerte. Zugleich war mein Leib von Kopf bis Fuß in Licht eingehüllt, und ich wunderte mich über die Größe des göttlichen Erbarmens. Ich erkannte, daß es Gnade war, die den Schmerz derjenigen heilt, die sie ersehen, gemäß der patristischen Tradition.

Ich weiß nicht, wie lange dieser Zustand dauerte. Dann zog sich das Licht dorthin zurück, woher es gekommen war. Ich kehrte zu meinem früheren Zustand zurück und sah, daß alles unverändert war. Aber es mußte viel Zeit vergangen sein, denn die Sonne schickte sich an unterzugehen. Dann hörte ich, wie der alte Mann [der Mönch, der Ursache des Kummers gewesen war] mich rief. Er sagte mir, wie sehr er sein Verhalten bedauere, und wir gingen gemeinsam zu unserer Hütte. Seitdem ist der Zustand des Gebets in mir stets gegenwärtig. Das Gebet blieb ohne mein Dazutun in mir, aber ohne die außergewöhnliche Energie, die es hatte, als es zum ersten Mal zu mir kam.‹«

Antonis verstummte und wartete auf meine Reaktion. Ich sagte, die Erfahrung des Gerontas Joseph sei typisch für das, was andere Heilige über ihre Ekstasen geschrieben hätten. »Ekstase« bedeutet wörtlich ein »Außersichsein«, also einen Zustand, in dem man sich außerhalb seiner selbst befindet.

»Das wird dich interessieren«, sagte Antonis und blätterte zu einer Stelle zurück, die er sich bereits markiert hatte. »In diesem Abschnitt«, sagte er, »spricht Pater Joseph [der Autor] darüber, wie die Gnade Gottes für gewöhnliche Leute und für jene Menschen aktiviert wird, die ihr Leben der Erlangung wahrer Frömmigkeit gewidmet haben. Für gewöhnliche Menschen ist Gott stets da, um ihnen Trost zu bieten. Aber zu den »Athleten der Seele« – zu denjenigen, die alles für die Liebe Gottes aufgegeben haben –, so sagt er hier, kommt die göttliche Vorsehung nicht regelmäßig und unbewußt, um sie zu trösten oder zu heilen. Nach diesen Menschen schaut die göttliche Vorsehung in der Art mütterlicher Fürsorge und wirkt auf vielerlei Arten. Gerontas Joseph drückt es wie folgt aus:

›Sie enthüllt ihnen unbekannte und geheime Mysterien durch übernatürliches Eingreifen. Sie erklärt ihnen die Polarität und das Wesen der Dämonen. Sie heilt sie von Krankheiten und bringt sie augenblicklich zu fernen Orten und zeigt ihnen verschiedene Ereignisse der Vergangenheit und der Zukunft. Und vor allem verhilft sie ihnen zur spirituellen Entwicklung und zu einem Leben entsprechend ihrem wahren Wesen.‹«

Antonis verstummte erneut und wartete auf meinen Kommentar. »Es ist erstaunlich«, sagte ich, »diese Dinge genau im Zentrum des Christentums vorzufinden. Ich meine die Akzeptanz von Phänomenen, die im parapsychologischen Idiom als Teleportation, Präkognition und so weiter bezeichnet werden.«

»Und außerkörperliche Erfahrung und Hellsehen«, ergänzte Antonis. »Hör dir das an«, er schlug das Buch an einer anderen Stelle auf und las, »›ich weiß nicht, wie lange ich versuchte, mit großer Demut die göttliche Gnade anzurufen. Plötzlich fühlte ich in mir Trost, und ich war von Licht erfüllt, wie es in solchen Zuständen stets ist. Mein Herz war bis an den Rand von der Liebe Gottes erfüllt, und ich verließ mein Selbst. Ich war in ein überfließendes Licht gebadet, und vor mir erstreckte sich ein endloses Tal wie ein See, über dem kein Horizont in Sicht ist. Mir schien, als bewege ich mich in östliche Richtung, aber ich ging nicht über den Boden und spürte weder Gewicht noch Begrenzungen. Ich war, wie ich bemerkte, nur in mein ärmliches Gewand gehüllt.‹« Dann las Antonis weiter über die außerkörperliche Erfahrung des Mönchs, der schließlich in einen Tempel eintrat, in dem ihn die Heilige Jungfrau willkommen hieß, was wieder eine ekstatische und freudige Erfahrung für ihn war.

»›Unser Gerontas‹«, las Antonis weiter, »›besaß Tiefe … Er mußte nicht fragen, um herauszufinden, welche Probleme wir hatten. Und ich wunderte mich immer, wie er so genau wissen konnte, was in mir vorging und was zu beschreiben sogar mir selbst Schwierigkeiten bereitet hätte … Er sagte uns stets, unser Hauptaugenmerk sollte die göttliche Gnade sein, und ohne sie könne ein Mensch gar nichts erreichen ... Eines Abends, als ich mich nach dem Essen darauf vorbereitete, in meine Zelle zu gehen, warf ich mich vor ihm auf den Boden. Er drückte meine Hand und sagte lächelnd zu mir: ,Heute nacht werde ich Ihnen ein kleines Päckchen schicken; achten Sie darauf, es nicht zu verlieren.' Ich verstand nicht, was er meinte, fragte aber nicht danach. Nachdem ich mich ausgeruht hatte, begann ich mit den übrigen die allnächtliche Vigilie und hatte das Päckchen ganz vergessen. Ich weiß nicht mehr, wie es anfing, aber ich erinnere mich noch deutlich, daß mein Herz sich mit Liebe füllte, sobald ich in meinem Gebet mehrmals den Namen Christi gesprochen hatte. Plötzlich wurde diese Liebe so stark, daß ich nicht länger betete, sondern über diese überfließende Liebe staunte. Ich wollte alle Menschen und die gesamte Schöpfung umarmen und küssen, und zugleich fühlte ich mich so demütig ... Ich fühlte die Gegenwart Christi, aber ich konnte ihn nicht sehen. Ich wollte vor seinen unbefleckten Füßen niederfallen und ihn fragen, wie er es anstellt, Feuer in den Herzen der Menschen zu entzünden und doch vor ihnen verborgen zu bleiben. Dann wurde mir zu verstehen gegeben, daß Christus in jedem Menschen ist. Ich sagte, Herr, laß mich für immer in diesem Zustand bleiben, dann brauche ich nichts weiter. Dieser Zustand hielt eine Zeitlang an, und als ich zu meinem normalen Befinden zurückkehrte, konnte ich es kaum erwarten, zu meinem Gerontas zu gehen und ihm alles zu erzählen ... In dem Augenblick, als er mich erblickte, während er vor seiner Zelle hin und her ging, begann er zu lächeln und sagte, bevor ich mich vor ihm niederwarf: ,Haben Sie gesehen, wie süß Christus ist? Haben Sie verstanden, wonach Sie so beharrlich gefragt haben? Jetzt beeilen Sie sich, diese Gnade zu Ihrem Besitz zu machen, damit sie Ihnen nicht durch Nachlässigkeit gestohlen wird.' ... Als ich ihm genau berichtete, was geschehen war, und ihn bat, mir zu erklären, wie es geschah, weigerte er sich aus Demut heraus, zu antworten. Gott, so sagte er mir, hat sich Ihrer erbarmt und Ihnen seine Gnade gezeigt, damit Sie keine Zweifel haben.‹ Dieses Buch ist voller wundersamer Geschichten dieser Art«, sagte Antonis und ging zu einem anderen Abschnitt über, in dem Gerontas Joseph seinen Schülern und dem Autor erklärt, wie es möglich ist, Dinge zu erfahren, die dem gewöhnlichen Bewußtsein verborgen sind.

»›Wenn der Geist eines Menschen‹«, las Antonis, »»gereinigt und erleuchtet wurde ... wird ihm zusätzlich zu seinem eigenen Licht das Licht der Gnade Gottes verliehen, das ständig bei ihm bleibt. Dann ergreift ihn diese Gnade und verhilft ihm zu Visionen und Wahrnehmungen, die der göttlichen Natur entsprechen. Und ein solcher Mensch besitzt die Fähigkeit, falls er es wünscht, im Gebet zu bitten. Dann wird die Gnade aktiviert, und es wird diesem Menschen gegeben, um was er bittet, allein deshalb, weil er bittet. Aber ich glaube, die wahrhaft Demütigen vermeiden solche Bitten, außer unter ungewöhnlichen Umständen.‹«

»Hier steht noch etwas, was dich interessieren wird«, sagte Antonis und blätterte zurück. »Es geht um die paranormalen Fähigkeiten, die nicht Zeichen für die Gnade Gottes sind, sondern für satanische Zustände. Er sagt hier, es sei nicht schwierig, sie zu erkennen, besonders bei Menschen, die sich durch Stolz und Leichtsinn auszeichnen. ›Leider‹, so schreibt er, ›haben wir hier auf dem Berg Athos besonders häufig in den letzten Jahren solche desorientierten Brüder erlebt, bei denen sich sogar in ihrer äußeren Erscheinung die Störung ihrer psychonoetischen Verfassung deutlich zeigt. Dies sind genau die Symptome diabolischer Energien. Auf der entgegengesetzten Seite finden wir diejenigen, die wahrhaft mit der Gnade Gottes begabt sind und deren spirituelle Sicht von Ruhe, Frieden und uneingeschränkter Liebe zeugt. Diejenigen, die zur Liebe ihrer Nächsten neigen, erhalten göttliche Gnade.‹«

»Aus den Schriften der orthodoxen Väter geht sehr klar hervor, daß paranormale Gaben in der Tat auch Geschenke des Teufels und nicht der göttlichen Gnade sein können«, fügte ich hinzu. »Dies ist es, was vielen Teilnehmern der sogenannten New-Age-Bewegung nicht bewußt zu sein scheint. Es herrscht wenig Kritik an solchen Dingen. Du wirst zum Beispiel in einem spirituellen Buchladen in New York City neben einem Regal mit Büchern über östliche Religionen und westliche Mystik auch Werke von Aleister Crowley und Handbücher über die Ausführung schwarzer Messen und dergleichen finden. Und das alles unter dem Banner des New Age. Kein Wunder, daß Geistliche und Wissenschaftler gleichermaßen verunsichert sind.«

»Noch ein Zitat aus diesem unglaublichen Buch, dann werde ich dich schlafen lassen«, sagte Antonis, als er bemerkte, daß ich trotz meines Gähnens willig war, denn was er mir vorlas, faszinierte mich. »Hier spricht er über das Gebet: ›Unser Gerontas pflegte uns zu sagen, denjenigen, die wahrhaft beten, würde das Gefühl der Nächstenliebe offenbart. Wenn die Gnade im Herzen des Betenden aktiviert wird, fließt die Liebe Gottes so stark in sein ganzes Wesen ein, daß er mehr nicht ertragen könnte. Dann wird diese Liebe in Liebe zur Welt und zum Mitmenschen umgewandelt. Seine Liebe wird so stark, daß er darum bittet, alle Leiden und alles Unglück der anderen auf sich nehmen zu dürfen, damit sie es leichter haben. Er leidet so sehr mit jenen, die leiden – sogar dann, wenn es sich um Tiere handelt –, daß er bittere Tränen vergießt, wenn er ihrer Schmerzen bewußt wird. Dies sind die Eigenschaften der Liebe. Aber man muß bedenken, daß es das Gebet ist, das sie aktiviert. Deshalb hören jene, die im Gebet Fortschritte gemacht haben, niemals auf, für die Welt zu beten. Es verlängert sogar ihr Leben, so paradox und unlogisch sich dies auch anhören mag. Und man muß wissen, daß die Welt enden würde, wenn diejenigen, die beten, verschwänden.‹«

Sobald Antonis seinen letzten Satz beendet hatte, gingen die Lichter aus. Es war 23 Uhr, die Zeit, da der Generator des Klosters abgeschaltet wurde. Wir unterhielten uns noch ein paar Minuten lang über unsere Erlebnisse auf dem Berg Athos, dann versuchten wir zu schlafen.

Am folgenden Tag fand ich in dem kleinen Buchladen des Klosters zum Glück noch ein Exemplar des Werkes von Pater Joseph. Nach dem, was Antonis mir gestern abend vorgelesen hatte, hielt ich dieses Buch für ein einzigartiges Dokument über das Wesen der subjektiven Erfahrungen von Gerontes auf Athos, Erfahrungen, die als unmittelbare Wahrnehmungen von Wirklichkeiten jenseits der fünf Sinne gedeutet werden. Ein solcher Ausblick, so dachte ich, ist der engen Sehweise des etablierten, »exoterischen« Christentums völlig fremd, da es seine mystischen Ursprünge bei seiner Konfrontation mit dem Rationalismus und der wissenschaftlichen Revolution unterdrückt hat. Eine solche Erfahrung ist im Westen in philosophischer, wissenschaftlicher und religiöser Hinsicht rundum suspekt geworden.

Am nächsten Morgen begannen Antonis und ich unsere Fahrt zurück »in die Welt«. Pater Andreas bestand darauf, uns im Landrover des Klosters nach Daphne zu bringen und uns Stunden des Marschierens mit unseren Rucksäcken auf dem Rücken zu ersparen. Das Wetter sah unheilvoll aus, dichte, dunkle Wolken bedeckten den ganzen Himmel. Pater Maximos begleitete uns bis Daphne, wo wir das Boot zurück nach Uranopolis nehmen wollten. Unterwegs kamen wir durch einen Teil der Halbinsel, der im letzten Jahr gebrannt hatte. Ein schreckliches Feuer, das mehrere Tage lang anhielt, hatte Tausende Morgen Waldland vernichtet und mehrere Klöster bedroht. Man sagte uns, daß einige Gerontes das Feuer vorausgeahnt und davor gewarnt hätten.

»Wir wären alle verbrannt, wären nicht die Freiwilligen aus

ganz Europa gekommen, vor allem die Deutschen«, sagte Pater Maximos. Als ich mich nach den Maßnahmen der griechischen Behörden erkundigte, ließ Pater Maximos keine allzu große Begeisterung erkennen. »Die griechischen Arbeiter«, sagte er bitter, »waren mehr an ihrer Kaffeepause interessiert. Der Berg brannte, und sie bestanden auf ihrer Kaffeepause, während die Deutschen rund um die Uhr arbeiteten.«

Kaum hatten wir Daphne erreicht, als plötzlich heftiger Regen einsetzte, verbunden mit Hagel, Blitzen und Donner. Merkwürdigerweise blieb das Meer verhältnismäßig still. Antonis sorgte sich trotzdem, daß wir nicht abreisen könnten, weil das Boot noch nicht angekommen war. Er hatte dringende geschäftliche Verpflichtungen auf Zypern und mußte, anders als ich, einen strengen Zeitplan einhalten. Die Patres Maximos und Andreas gaben sich Mühe, uns zu beruhigen. Sie sagten, die See sei trotz der schweren Regenfälle nicht so rauh, daß sie das Boot daran hindern könne, den Hafen zu erreichen.

In Daphne suchten wir uns einen Unterstand und warteten besorgt auf das Eintreffen des Bootes. Pater Maximos nahm mich beiseite unter den Balkon des Zollbüros, um mit mir noch einmal unter vier Augen zu sprechen. Er reichte mir ein *Komboschini* – ein Sortiment Gebetsknoten, von ihm selbst gemacht – als Abschiedsgeschenk.

»Ich werde für Sie beten, Kyriaco«, sagte er, »daß Gott eines Tages Ihren Geist erleuchtet. Ich danke Gott, daß er zu Ihrer Seele gesprochen hat und daß Sie angefangen haben, die Süße der Gegenwart Christi in sich zu schmecken. Das Studium der Werke der Väter und ihre praktische Anwendung, soweit dies möglich ist, wird solche Mysterien in Ihrem Herzen entschleiern, daß Sie sich ständig in einem Zustand des Verwunderns über die Werke Gottes befinden werden. Wenn Sie diese Erfahrungen dann mit allen übrigen Kenntnissen und Theorien vergleichen, werden Sie zu Ihren eigenen Schlußfolgerungen gelangen.

Erlauben Sie mir, im Rahmen meiner eigenen Begrenzungen und Schwächen hinzuzufügen, daß das, was die heiligen Väter geschrieben haben, im Vergleich zu der Tiefe und Ausdehnung der Wirklichkeit unendlich gering ist. Und dies ist es, was die Väter der Orthodoxie auch selbst sagen – daß letztlich alles, einschließlich der Kommunion Gottes mit den Menschen, durch Schweigen getan und ausgedrückt wird. Selbst wenn wir die Wirklichkeit beschreiben, bleibt sie jenseits jeder Beschreibung, ein unauslotbares und unbeschreibliches Mysterium.«

Ich nickte zustimmend, während mir der bekannte taoistische Spruch in den Sinn kam: »Der Name, der genannt werden kann, ist nicht der ewige Name.« Ich habe denselben Aphorismus, den Pater Maximos formulierte, in den orthodoxen mystischen Lehren gelesen: »Gott«, sagte Evagrius von Pontus, »läßt sich nicht mit dem Verstand erfassen. Könnte man ihn begreifen, wäre er nicht Gott.«[7]

Das Unwetter ging ebenso rasch vorbei, wie es gekommen war. Die dunklen Wolken begannen, in östlicher Richtung zur anderen Seite der Halbinsel abzuziehen, und die Sonne beschien bereits wieder Teile des Berges. In diesem Augenblick erschien ein phantastischer Regenbogen, der die ganze Halbinsel überspannte, und unter ihm erblickten wir in der Ferne zu Antonis' großer Erleichterung das sich nähernde Boot.

»Noch eins, mein lieber Kyriaco«, sagte Pater Maximos, als wir uns zur Abreise anschickten. »Ich möchte etwas betonen, was Ihnen selbst bereits bewußt geworden ist. Die praktische Anwendung der Lehren Christi und die Teilnahme an den Sakramenten und den Mysterien der Kirche ist eine Voraussetzung für die spirituelle Entwicklung. Deshalb müssen Sie neben dem Studium der patristischen Lehren der orthodoxen Spiritualität – das natürlich unerläßlich ist – sich auch mit der Praxis befassen. Sie sollten von Anfang an die Grundlagen für bedeutende Fortschritte und eine wahre Erlangung der göttlichen Gnade Christi schaffen. Ich wünsche von ganzem Herzen die Erfahrung Ihres Herzens, daß die Frucht wahrer Spiritualität der Christus selbst in einer persönlichen Kommunikation mit jedem einzelnen von uns ist.«

Ich war sprachlos und tief bewegt von Pater Maximos' Beredsamkeit und wegen seiner Sorge um meine Erleuchtung und Errettung. Ich umarmte ihn stumm und sagte ihm Lebewohl. Ich war sicher, daß ich ihn wiedersehen würde. »Ihr Besuch auf dem Heiligen Berg, Kyriaco, wird Ihr Leben für immer prägen.« Dies waren seine letzten Worte. Dann nahm ich meinen Rucksack auf und ging mit den übrigen zur Zollstelle.

14
Jenseits der Schatten

Die Zollbeamten überprüften den Inhalt unserer Rucksäcke mit ungewöhnlichem Eifer, bevor sie uns erlaubten, die Fähre zurück nach Uranopolis zu besteigen. Zu viele Diebstähle kostbarer Reliquien hatten die griechische Regierung dazu veranlaßt, strenge Kontrollen durchzuführen. Die einzigen Gegenstände, die wir mitnehmen durften, waren von den Mönchen handgefertigte Andenken, wie geschnitzte Holzkreuze, *Komboschinia* für das Gebet, Weihrauch und gemalte Ikonen ohne historischen Wert.

Wir waren zwei Wochen lang auf dem Agion Oros geblieben, eine Woche länger, als man uns offiziell erlaubt hatte. Akis, der Architekt, war nur vier Tage lang geblieben, da er Arbeit in Athen zu erledigen hatte. Außerdem, so sagte er, war er nicht für das Leben in einem Kloster geschaffen. Und doch hatte auch ihn dieses Erlebnis tief beeindruckt, und er hatte dem Abt versprochen, bei seinem nächsten Besuch auf dem Berg Athos einige seiner Handwerker mitzubringen, damit sie den Aufsatz eines der Schreine des Klosters reparierten.

Auch ich selbst erkannte, daß ich nicht für das Klosterleben geschaffen war, als ich zum ersten Mal wieder Frauen erblickte, die in Uranopolis zu uns in den Bus stiegen, mit dem wir nach Saloniki fahren wollten. Es war ein erfrischender und beruhigender Anblick. Das Leben schien in Gegenwart der anderen Hälfte des Menschengeschlechts ausgewogener zu sein.

Antonis flog von Saloniki aus in Gesellschaft von Petros, dem Philologen, direkt nach Zypern. Petros strahlte und trug dank seinem Abenteuer auf Athos einen glückseligen Ausdruck auf dem Gesicht, obwohl er die falschen Schuhe, die falsche Kleidung und das falsche Gepäck getragen hatte.

Ich beschloß, noch ein paar Tage auf einer ägäischen Insel zu verbringen, bevor ich Griechenland verließ, und Ordnung in meine Gedanken und Gefühle im Hinblick auf meine bemerkenswerte Begegnung mit dem Heiligen Berg zu bringen. Ich trug eine schwere Last an Büchern mit mir, die ich in den Buchläden in den Klöstern und in Saloniki gekauft hatte, sowie umfangreiches Textmaterial, das mir Pater Maximos gegeben hatte. Ich wollte tiefer in die mystische Tradition der östlichen Orthodoxie eintauchen, während ich die berühmten Schönheiten des ägäischen Archipels in mich aufnahm.

Von Saloniki aus nahm ich einen anderen Bus, der mich nach Volos im Süden brachte, und von dieser Küstenstadt aus stieg ich auf eine Fähre zur nahen Insel Skiathos, ein Name, der etwa bedeutet »Im Schatten von Athos«. Es war Ende April, und die Touristensaison hatte noch nicht begonnen. Ich fand ein sauberes, billiges Zimmer in der Nähe des Hafens und des Stadtzentrums, einen Platz, wo ich arbeiten konnte und von wo aus ich zu häufigen Kaffeepausen in den Cafés und Hafentavernen aufbrach. Nicht weit von meinem Zimmer befand sich das Haus – jetzt ein Museum – des berühmten griechischen Autors Alexandros Papadiamantis aus dem Anfang des 20. Jahrhunderts. Er gehörte in meinen High-school-Jahren zu meinen Lieblingsautoren und war tief von den mystischen Traditionen des Berges Athos und der östlichen Orthodoxie beeinflußt.

Ich saß auf dem Balkon und sichtete meine Lektüre. Ich konnte durch die Öffnung am Ende einen Teil des Hafens überblicken. Fischer arbeiteten an ihren kleinen, mit Netzen beladenen Booten, andere Inselbewohner, die ihr Tagewerk vollbracht hatten, sammelten sich in den Cafés. Viele Menschen gingen die Promenade hinauf und hinab. Es war eine Szene, wie ich sie unzählige Male nicht nur auf den ägäischen Inseln, sondern auch in den Küstenorten Zyperns gesehen hatte. Ich fühlte mich zu Hause.

Mein Geist weilte auf Athos und bei dem, was ich über den Berg Athos und die östliche Orthodoxie erfahren und gelernt hatte. Was ist die Bedeutung des Berges Athos? Was macht ihn zu mehr als nur einem mittelalterlichen kulturellen Reservat? Gibt es etwas an dem Leben und den Übungen der Mönche auf Athos, das für die moderne Lebensweise und Zivilisation von Bedeutung wäre? Dies waren die Fragen, die mir durch den Kopf gingen, während ich mich auf Skiathos einrichtete und anfing, meine Notizen und die mitgebrachten, veröffentlichten und unveröffentlichten Bücher und Texte durchzugehen. Ich spürte kalten Schweiß auf der Stirn, als ich mich an das erinnerte, was ein griechischer Parlamentarier Anfang der 60er Jahre vorgeschlagen hatte: Er wollte Athos und seine Klöster an Geschäftsleute übergeben, die sie in profitable Kasinos verwandeln sollten.

Offensichtlich, dachte ich, ist der Pfad des Mönchs, wie Kostas sagen würde, kein Pfad für gewöhnliche Menschen wie mich. Es konnte nicht mein Weg zur Erlangung höherer Zustände des spirituellen Bewußtseins sein. Nur wenige Menschen ertrugen die Härten und die strenge Zucht des Klosterlebens. Die Väter des Agion Oros wissen dies und raten jedem davon ab, ihrem Weg zu folgen, der nicht für diese Lebensweise geeignet ist. Es hat viele Mönche gegeben, die wahnsinnig wurden, wie Pater Joseph in seinem Buch schreibt. Und doch fühlte ich mich tief in der Schuld jener wenigen Asketen und Athleten der Seele wie die Patres Maximos und Vasilios, die – wie Prometheus oder »Heroen in tausend Gestalten« – auf die Vergnügungen und Annehmlichkeiten der Welt verzichteten, um Gott näherzukommen und uns Kenntnis von unbeschreiblichen spirituellen Welten zu geben, die für uns übrige, die wir in den Gewohnheiten und Ablenkungen des Alltagslebens gefangen sind, unzugänglich sind. Der Mönch, sagt Christos Yiannaras, ein moderner griechischer Theologe, ist ein tragischer Heros, wie in der antiken Tragödie. Er tritt vom gewöhnlichen Leben zurück, um die Dinge klarer zu sehen.

Ein Mensch der heutigen Zeit könnte die ganze Klostertradition als anachronistisch abtun, als mittelalterliches Relikt, und jene bedauern, die ihr Leben in der Einöde »vergeuden«. Doch zugleich ehren und preisen wir Forscher als Wohltäter der Menschheit, die ihr Leben mit gleichem Eifer dem Dienst an der Wissenschaft widmen, indem sie sich für Jahre in sterilen Labors, in gefährlichen Weltgegenden, in der Antarktis, in den Regenwäldern Afrikas und Lateinamerikas und letzten Endes sogar im Weltraum isolieren. Es ist offensichtlich, daß nicht jeder Mensch ein solcher selbstloser Forscher werden kann oder soll. Aber die wenigen, die es tun, spielen die Rolle von Pionieren in unserer Zivilisation.

Diejenigen, die ihr Leben dem Streben nach Gotteserkenntnis widmen, so dachte ich, verdienen ähnliche Ehren, obwohl sie selbst niemals danach streben oder Wert darauf legen. Außerdem hatten die Mönche von Athos eine lebendige Tradition mystischer Praktiken bewahrt, die ansonsten für uns, die wir inmitten der modernen, urbanen, säkularen Zivilisation leben, verloren wäre. Viele von ihnen beten nicht nur unablässig für das Gute in der Welt, sondern sie haben auch ihre spirituellen Erfahrungen und Entdeckungen niedergeschrieben. Ihre Schriften helfen denjenigen unter uns, die nicht das Leben eines Mönchs führen können, zumindest indirekt davon zu profitieren, indem sie die heiligen Texte und Zeugnisse studieren, die diese Mönche hinterlassen haben.

Ohne die Aufzeichnungen ihrer Erfahrungen hätten wir keinerlei Wissen über das mystische Christentum, wie es in den patristischen Schriften dargelegt ist. Es war mein Freund Stephanos, der mich in die schriftliche Tradition einführte, von der ich keine Ahnung gehabt hatte. Namen wie Maximos der Bekenner, Symeon der Neue Theologe, der heilige Gregor Palamas waren mir neu gewesen. Ich hatte nicht gewußt, daß es spirituelle Schätze wie die *Philokalia*[1] gab, eine vielbändige Sammlung der Schriften und Aphorismen zur spirituellen Praxis jener mystischen Zeugen und Väter der Ostkirche. Ich hatte nicht gewußt, daß die *Philokalia* einen unvergleichlichen spirituellen Führer für Menschen darstellt, die ernsthaft auf der Suche nach einer christlichen mystischen Erfahrung sind. Es war Stephanos gewesen, der mir dies alles gezeigt hatte. Christos Yiannaras beklagt sich in einem autobiographischen Werk[2] bitterlich darüber, daß in seinen Jahren als Theologiestudent in Athen die lebendigen mystischen Traditionen überhaupt nicht gelehrt worden waren. Die Theologie, die man ihn gelehrt hatte, war aus dem rationalistischen, scholastischen und protestantischen Westen importiert worden. Er kritisiert das offizielle Establishment der Theologen scharf, weil sie die mystische Tradition der östlichen Orthodoxie – eine Tradition, die auf dem Berg Athos bis zum heutigen Tag lebendige Realität ist – übergehen und sogar unterdrücken. Er nahm gemeinsam mit einer Gruppe anderer Theologen einen Kampf auf, um das Versäumnis wiedergutzumachen und diese esoterische und auf Erfahrungen gegründete Form des mystischen Christentums wieder in den Vordergrund der Ostkirche zu rücken.[3]

Ich verließ mein Zimmer und wanderte zum Hafen hinab. Ich ging mehrmals die Promenade auf und ab, dachte ständig an den Berg Athos und sann darüber nach, was von dieser Erfahrung für die moderne Welt und das moderne Christentum von Bedeutung sein konnte. Das gesellschaftliche Umfeld des mittelalterlichen Klosterlebens konnte offensichtlich nicht die Grundlage einer Wiederverzauberung des modernen Denkens sein. Und doch mag es sein, daß genau in dieser Atmosphäre des unablässigen Gebets paranormale Phänomene wie außerkörperliche Reisen, Hellsehen, Wunderheilungen, Psychoki-

PARAPSYCHISCHE =

nese und sogar Levitation und Teleportation tatsächlich stattfinden. Es handelt sich hierbei um parapsychische Erscheinungen oder Wunder, die das New Age ausschließlich mit orientalischen Religionen, mit dem Schamanismus der Ureinwohner Amerikas und der frühen, »primitiven« Christenheit
identifiziert. Die Geschichten über solche Vorkommnisse auf
dem Berg Athos unterscheiden sich nicht von ähnlichen Geschichten in der Yogi-Tradition Indiens, im tibetischen Buddhismus oder in der spirituellen Welt der amerikanischen Indianer. Natürlich kann man solche Geschichten pauschal als
Folklore abtun. Dies war der Ansatz der führenden Sozialwissenschaftler, ein reduktionistischer, rationalistischer An-
PRINCIPIO satz, der das Wunderbare zum reinen Aberglauben erklärt.
Und doch würde kein geistig offener Forscher, der sich mit
solchen Phänomenen befaßt, sie angesichts der Vielzahl der
Belege, die in den letzten hundert Jahren von ernsthaften Forschern beigebracht wurden, von vornherein als Aberglauben
abtun.

Was die Praktiken der Mönche auf dem Berg Athos von anderen metaphysischen Systemen unterscheidet, ist die zentrale Stellung und die Kraft des Gebets als Mittel zur Erfahrung
spiritueller Realitäten und zur letztlichen Erlangung der Gnade Gottes und der Vereinigung mit Gott in der Theosis. Mir
schien, daß die Menschen in den Augen der Väter auf dem Heiligen Berg allein dazu erschaffen worden waren, um zu beten
und nichts weiter zu tun, als zu beten. Und dieses Gebet muß
unaufhörlich und ununterbrochen sein. Wie Pater Maximos
sagte: »Wir müssen des heiligen Paulus Ermahnung, unablässig zu beten, buchstäblich nehmen.«

Ich erfuhr zum ersten Mal vom Jesus-Gebet und dem Begriff
des unablässigen Gebets, als ein Freund mir den *Weg eines Pilgers*[4] gab, den anonymen Klassiker der östlichen Orthodoxie
aus dem 19. Jahrhundert, geschrieben von einem russischen

Pilger, der sich bemüht hatte, die Bedeutung der Paulus-Worte herauszufinden. Angeleitet von Lehrern der orthodoxen Spiritualität und dank der Entdeckung der *Philokalia* erlernte dieser russische Pilger die Technik, wie man ständig wiederholt: »Herr Jesus Christus, erbarme dich meiner.« Er berichtet in seinem autobiographischen Werk, daß dieses Gebet sein Leben radikal veränderte.

Ich bekam allmählich Interesse daran, mehr über dieses mystische christliche Gebet zu erfahren, als ich mehrere Menschen traf, die mir gestanden, daß es auch ihr Leben radikal zum Besseren gewendet hatte, wie es bei dem russischen Pilger der Fall gewesen war. Ich erfuhr, daß nicht nur Mönche dieses Gebet sprechen, sondern auch Menschen, die an einem so kosmopolitischen Ort wie Manhattan leben, und daß dieses Gebet eine ungewöhnliche Wirkung auf ihr Leben hat. Eine Frau in New York City berichtete mir zum Beispiel, daß sie zu einer Zeit ihres Lebens den tiefsten Punkt einer Depression erreicht hatte und daß sie, hätte sie nicht das Jesus-Gebet gesprochen, Selbstmord begangen hätte. Das Gebet rettete ihre geistige Gesundheit und ihr Leben. Andererseits hatte ich auch Geschichten von Menschen gehört, die durch übermäßige Hingabe an dieses Gebet in Verbindung mit einem Mangel an Erfahrung und ohne einen spirituellen Lehrer, der sie durch das Gebet geleitete, verrückt geworden waren. Als ich Pater Maximos gegenüber solche möglichen Komplikationen erwähnte, antwortete er: »Man gibt einem Baby keine Dose mit Bohnen. Babys brauchen Milch. Erst wenn das Kind älter wird, kann man anfangen, es mit nahrhaften Bohnen zu füttern.« Ähnlich darf man auch das »Herzensgebet«, wie es häufig genannt wird, erst an einem bestimmten Punkt seiner spirituellen Reife und nur unter Anleitung einer älteren Person oder eines Gerontas sprechen.

»Pater Maxime«, hatte ich ihn eines Mittags gefragt, als wir einen Spaziergang außerhalb des Klosters machten, »erzählen Sie mir vom Jesus-Gebet und wie man es ausführt.« Bevor wir das Gelände des Klosters verließen, hatte Pater Maximos sich ein Buch vom Buchladen des Klosters ausgeliehen, der sich neben dem Tor befand. »Dieses Buch«, sagte er, während wir auf einen nahegelegenen Hügel zuschritten, »wird Ihnen viel über die Technik und den Sinn des Betens verraten.«

Das Buch enthielt ein Gespräch zwischen einem pilgernden Priester und einem Eremiten, einem Gerontas, genau über dieses Thema, nach dem ich Pater Maximos gefragt hatte.[5] Ich sagte ihm, daß das Jesus-Gebet mich an die Praktiken der orientalischen Religionen erinnere, besonders an das Mantra-Yoga, da die Technik nur darin besteht, immer wieder den Namen Jesu zu wiederholen und alle anderen Gedanken fortzuscheuchen. »So ist es nicht«, erwiderte Pater Maximos und öffnete das Buch, um die Antworten auf diese Frage nachzulesen, die ein älterer Gerontas gegeben hatte. Es waren die Standardantworten auf eine Frage, die offenbar viele Menschen stellten.

»Vor allem«, sagte Pater Maximos und wies mich auf mehrere Stellen des Buches hin, »drücken wir durch das Gebet unseren starken Glauben an Gott aus, der alles geschaffen hat und für seine Schöpfung sorgt und sie liebt. Wir bitten ihn: ›Erbarme dich meiner.‹ Wir können nicht aus eigener Kraft Erlösung erlangen, wie einige Lehren es behaupten. Wir können nur durch die Gnade Gottes erlöst werden und natürlich nach langem, inneren Ringen unsererseits. Aber allein aus eigener Kraft vermögen wir nichts.

Zweitens ringen wir nicht darum, mit einem unpersönlichen Gott vereinigt zu werden. Unser Gebet richtet sich an die persönliche Form Gottes, den Gottmenschen Jesus, und deshalb sagen wir: ›Herr Jesus Christus, Sohn Gottes‹. Und wir bemühen uns, seine Gebote zu befolgen.«

Zu den vielen symbolischen Bedeutungen der Dreieinigkeit, so gab er mir zu verstehen, gehört die Vorstellung, daß Gott weder ein absolutes, unpersönliches Prinzip ist noch ein einsamer Gott. In der orthodoxen Spiritualität ist Gott Drei-in-Einem, durch das Band einer totalen und unendlichen persönlichen Liebe verbunden. Dies bedeutet, daß im Zentrum des Universums eine persönliche Wirklichkeit regiert, eine persönliche Liebe. Ist dies vielleicht der Grund dafür, überlegte ich, daß Menschen, die in mystischen Erlebnissen und Nahtod-Erfahrungen göttlichen Wesenheiten begegnen, diese stets als persönlich und liebevoll schildern?

Die Kirchenväter der Frühzeit, die sämtlich in der platonischen Philosophie geschult waren, brachten einen großen Teil dieser Philosophie in die christliche Lehre ein. Aber sie trennten ihre Theologie in einer wichtigen Hinsicht von Platos Lehren. Plato glaubte, die letzte Wirklichkeit sei die Welt der vollkommenen, idealen Formen, der Archetypen, die jenseits der Schatten der grobstofflichen Wirklichkeit liegen. Die Kirchenväter hingegen, die von ihrem eigenen Verständnis und ihren Erfahrungen ausgingen, betonten, diese Archetypen würden durch eine noch höhere Wirklichkeit verursacht – durch die Wirklichkeit eines persönlichen Gottes. Deshalb besteht die Bestimmung eines Menschen nicht darin, daß er sich an diesen spirituellen, archetypischen Formen orientiert, sondern an der höheren Wirklichkeit – an dem Gott, der ihn geschaffen hat.

»Drittens«, fuhr Pater Maximos fort und zitierte weiter aus dem Buch, »können wir durch das Gebet Demut erlangen und Stolz vermeiden. Wir betrachten uns als den niedrigsten aller Menschen und bitten Gott, Erbarmen mit uns zu haben. Ohne Demut können wir nichts erlangen. Stolz ist der größte Feind des spirituellen Lebens.

Viertens bedeutet Erlösung für uns nicht die Auslöschung un-

serer Individualität. Wir streben danach, uns mit dem drei-
einigen Gott zu vereinigen, aber wir behalten unsere Einzigartigkeit und unsere Persönlichkeit.

Fünftens hilft das Gebet uns, daß wir die Machenschaften und
Schachzüge der Dämonen von den Energien Christi unterscheiden können. Denn oft präsentieren die Dämonen sich als
Lichtengel. Einige Menschen, denen es an Erfahrung mangelt,
glauben, von Engeln umgeben zu sein und sich mit ihnen zu
unterhalten, während sie sich in Wirklichkeit mit Dämonen abgeben. Das Gebet hilft uns, beides auseinanderzuhalten.

Sechstens gibt es für uns so etwas wie Gleichgültigkeit nicht.
Wir beten unablässig für die Welt. Wir versuchen nicht, nur
uns selbst zu retten. Freude, die nur uns selbst betrifft, ist keine wirkliche Freude.« An dieser Stelle verstummte Pater Maximos und gab mir das Buch für den Fall, daß ich mich weiterhin mit diesem Thema beschäftigen wollte. Seiner Meinung
nach hatte der anonyme Eremit in seinem Text klar die Unterschiede zwischen den orthodoxen Praktiken und denen der
orientalischen Yogis herausgearbeitet. Da es mein Ziel war, die
Methoden der orthodoxen Spiritualität zu verstehen, wollte ich
mich nicht auf eine akademische Diskussion mit Pater Maximos über die Ähnlichkeiten und die Unterschiede zwischen
den Praktiken der Mönche auf Athos und den Yoga-Medita-
tionen mit ihrer großen Unterschiedlichkeit und Vielfalt einlassen. Worin bestehen zum Beispiel die Ähnlichkeiten und
die Unterschiede zwischen der östlichen, orthodoxen Mystik
und dem Mahayana-Buddhismus, wie der Dalai Lama und die
Tibeter ihn ausüben? Tatsächlich hatte eine Gruppe tibeti-
scher Mönche den Berg Athos einmal besucht, sagte mir Pater Maximos, und als die Tibeter den Mönchen auf dem Berg
Athos mitteilten, sie übten im Prinzip auf dieselbe Weise wie
sie, widersprachen ihnen die orthodoxen Väter heftig.

Nach meinem Spaziergang mit Pater Maximos war ich an jenem Tag für ein paar Stunden auf mein Zimmer gegangen, um den Text des anonymen Mönchs zu studieren, einen Text, der detailliert festhielt, wie man systematisch das auf dem Berg Athos praktizierte »Herzensgebet« spricht. Das Herz ist nach den patristischen Lehren der östlichen, orthodoxen Spiritualität das Zentrum des spirituellen Lebens, und das Ziel des Gebets besteht darin, »Geist und Herz miteinander zu verbinden«, so daß das Individuum letztlich mit dem Heiligen Geist begnadet wird und eine »Christwerdung« erlangt, die nach einigen Interpreten dieser Lehre das Geburtsrecht eines jeden Menschen ist.[6]

In diesem Text finden sich Anweisungen, wie man sich auf das Herz konzentriert, während man immer wieder das Jesus-Gebet spricht, und sogar, wie man atmet, wie man bei den ersten Worten einatmet und am Gebetsende ausatmet und dann das Ganze über einen längeren Zeitraum hinweg ständig wiederholt. Man kann das Gebet sogar abkürzen und einfach nur »Jesus, Jesus, Jesus« sagen, um zu verhindern, daß einem andere Gedanken in den Sinn kommen.

Man verwendet jedesmal ein wenig mehr Zeit auf das Gebet und spricht es immer nur unter der sorgfältigen Anleitung eines erfahrenen Gerontas. Ich wurde oft gewarnt, daß auf denjenigen, der sich dieser spirituellen Praxis im Übermaß hingibt, ernsthafte Gefahren lauern. Nach Aussage der Mönche werden die Dämonen alles tun, was sie nur können, und sich eine Vielfalt von Störungen einfallen lassen, um einen Menschen daran zu hindern, daß er sich Gott nähert. Deshalb muß jemand, der mit einer solchen Praxis anfängt, angeleitet werden, wie er die Macht jener Dämonen zunichte macht, die jedesmal eingreifen, wenn ein Mensch sich auf den Weg zu Gott macht. Es gibt Anweisungen, wie man sich auf das Gebet konzentriert und wie man verhindert, daß man während des Gebets durch andere Gedanken abgelenkt wird, und es gibt Anweisungen, wie man vor Beginn des Jesus-Gebets gewisse Übungen ausführt, um »das Herz aufzuwärmen«, zum Beispiel, indem man liturgische Gebete spricht oder ein paar Seiten aus einem frommen Text liest. Mit fortgeschrittener Praxis wird das Gebet allmählich selbsttätig und bleibt sogar, während man schläft, im Unterbewußtsein aktiv. Als der pilgernde Priester fragte: »Wie ist es möglich, daß ein Mensch schlafen kann und sein Herz doch fortfährt, zu beten?«, gab ihm der Gerontas folgende Antwort:

Alle Ereignisse, alle Eindrücke aus dem täglichen Leben und alles, was den Geist beschäftigt, sinkt in die Tiefen des Herzens oder, wie wir heute sagen, ins Unbewußte hinab. Gewöhnlich ist das Herz bei Nacht, wenn der Geist schweigt und die Kräfte des Menschen schlummern, mit den Dingen befaßt, die den Menschen im Laufe des Tages beschäftigt haben. Der Kirchenvater Basilius der Große sagte, die phantastischen Bilder des Traumes seien Echos der Erfahrungen, die wir tagsüber gemacht haben. Die abwegigen Gedanken und die abwegigen Beschäftigungen des Gehirns schaffen abwegige Träume. Entsprechend verhält es sich bei guten Beschäftigungen und guten Gedanken. Der Asket und der Laienschüler behalten unablässig das Gedenken an Gott im Sinn, während sie das Gebet wiederholen. Sie wiederholen es bei jeder Tätigkeit, sei es beim Essen, beim Trinken oder Arbeiten. Deshalb ist es nur natürlich, daß das Herz während der wenigen Stunden der Nachtruhe fortfährt, an Gott zu denken und zu ihm zu beten. Es bleibt wach.

Fortschritte in den Methoden des Gebets und der beständigen Läuterung des Herzens führen den betreffenden Menschen zur »Christwerdung« und begnaden ihn mit Gaben des Heiligen Geistes. Dazu gehören Hellsichtigkeit und viele andere

paranormale Kräfte, zum Beispiel die Fähigkeit, Dämonen aus-
zutreiben. Ich war fasziniert, neben Pater Josephs Beschreibung weitere Textdokumente über außergewöhnliche Taten
zu entdecken, die angeblich von anderen Gerontes vollbracht
worden waren. Zum Beispiel schrieb ein moderner Gerontas
namens Pater Paisios über seinen Gerontas namens Pater Arsenios (einen von der Kirche kanonisierten Heiligen). Er beschrieb in aller Ausführlichkeit die ungewöhnlichen Heilkräfte, die Hellsichtigkeit und weitere paranormale Fähigkeiten
seines Meisters. Sein Ruf breitete sich, wie es schien, nicht nur
unter den Griechen, sondern auch unter den Türken aus, die
ihn aufsuchten und an einem Ort ohne Ärzte von seinen Heilungen profitierten. Augenzeugen waren laut Berichten erschrocken, als sie den Gerontas Arsenios während einer Liturgie in dem kleinasiatischen Dorf Farasa (einem griechischen Dorf mitten in der Türkei vor der Vertreibung der
Griechen nach dem griechisch-türkischen Krieg von 1922), wo
er als Dorfgeistlicher fungierte, im Sanktum levitieren sahen.
Man bescheinigte ihm auch die Fähigkeit, bei einer Dürrepe-
riode durch einfaches Beten Regen herbeizuführen und andere paranormale Phänomene zu erzeugen, die Ähnlichkeiten
mit dem haben, was man von einigen indianischen Schamanen
berichtet.[7]
Fast hätte ich vergessen, daß ich mich auf der Promenade von
Skiathos befand. Mein Denken war immer noch intensiv mit
dem Berg Athos befaßt. Als ich in einer Ecke des Hafens saß
und den Fischern bei der Ausfahrt zuschaute, fragte ich mich,
wie der amerikanische Bischof in Needlemans Buch *Lost Christianity* reagiert haben würde, wenn er von den spirituellen
Praktiken und Erfahrungen gehört hätte, denen ich während
meines Aufenthalts auf dem Berg Athos begegnet war, und auf
die bezeugten psychospirituellen Ergebnisse dieser Praktiken.
Hätte er immer noch beim Zen Zuflucht gesucht?

Nach einem halbstündigen Spaziergang auf der Promenade setzte ich mich in ein Café, um mich auszuruhen und ein wenig zu lesen. Ich trug ein 30 Seiten langes Manuskript bei mir, das mir mein Freund Demetrios, der Akupunkteur aus New Bedford, vor meiner Abreise aus Maine mit dem Vermerk zugesandt hatte: »Du mußt dies lesen. Es geht um Charalambis.« Demetrios hatte mir schon seit Jahren von Charalambis erzählt. »Kein Guru oder Geistheiler könnte mich noch beeindrucken«, pflegte er zu sagen, »nachdem ich Charalambis kennengelernt habe.« Einmal hatte er im Scherz gesagt: »Ich habe keine Angst vor dem Tod. Ich weiß, wenn ich sterbe, wird Charalambis dort sein und mich begrüßen und herumführen.« Durch Demetrios hatte ich zum ersten Mal erfahren, daß es in der griechisch-orthodoxen Mystik noch eine weitere Kategorie von Eremiten gibt, die selteneren *Saloi* (*Salos* im Singular), deren Bezeichnung wörtlich übersetzt »Narren in Christo« lautet. Keiner der Patres und Eremiten, die ich auf dem Berg Athos traf, war ein Salos. Charalambis war unter den Menschen von Kalamata und in der Umgebung auf dem Peloponnes als Salos bekannt. Demetrios war in dieser Gegend aufgewachsen und hatte Charalambis häufig getroffen. Die Geschichten, die er mir über Charalambis erzählte, hatten mich dazu veranlaßt, die Bibliothek aufzusuchen, um mehr über diese seltsamen Menschen herauszufinden. Kallistos Ware, ein Professor für Religion an der Universität von Cambridge, geweihter orthodoxer Bischof und ehemaliger Anglikaner, schrieb über den Salos:

»Er ist ein lebender Zeuge für die Wahrheit, daß das Reich Christi nicht von dieser Welt ist... Er praktiziert eine absolute, willentliche Armut und identifiziert sich mit dem gedemütigten Christus. Wie Iulia de Beausobre es ausdrückt: ›Er ist niemandes Bruder, niemandes Vater und besitzt kein Heim.‹ Er verzichtet auf ein Familienleben und ist ein Wanderer oder Pilger, der sich überall zu Hause fühlt, aber sich nirgendwo niederläßt. Sogar in der Winterkälte in Lumpen gekleidet, nächtigt er in einem Schuppen oder in einem Kirchenportal und verzichtet nicht nur auf materiellen Besitz, sondern auch auf das, was andere als geistige Gesundheit und Ausgeglichenheit bezeichnen. Aber auf diese Weise wird er zu einem Gefäß für die höhere Weisheit des göttlichen Geistes.«

Professor Ware betont, daß nur sehr wenige zum Salos berufen sind und daß es nicht leicht ist, den echten vom falschen Salos zu unterscheiden, den »Verzückten« vom »Verrückten«. Aber, so fährt er fort, es gibt eine Möglichkeit, die beiden voneinander zu unterscheiden. »Der falsche Narr ist für sich selbst und für andere nutzlos und destruktiv. Der echte Narr in Christo, der die Reinheit des Herzens besitzt, hat auf alle, die um ihn sind, eine lebensfördernde Wirkung. Vom praktischen Standpunkt aus betrachtet, besitzt nichts von dem, was der Narr tut, einen Nutzen. Und doch vermag er durch eine überraschende Tat oder ein Rätselwort, das oft provokativ und schockierend ist, Menschen aus der Selbstzufriedenheit und dem Pharisäertum aufzurütteln. Er bleibt selbst unberührt, ruft aber bei anderen Reaktionen hervor. Er läßt das Unbewußte an die Oberfläche kommen und sorgt dafür, daß es gereinigt und geheiligt wird. Er verbindet Kühnheit mit Demut. Da er auf alles verzichtet hat, ist er wahrhaft frei.«[8]

Ware nennt als Beispiel den russischen Salos (oder russisch *Jurodivyi*) Nikolas von Pskov, der dem Zaren Ivan dem Schrecklichen ein Stück bluttriefendes Fleisch in die Hände legte. Der Salos, so sagt Ware, kann die Mächtigen der Erde mit einer Kühnheit tadeln, zu der kein anderer fähig ist. Er ist das lebendige Gewissen der Gesellschaft und provoziert und schockiert die konventionell Frommen.

Klitos Ioannides, ein zypriotischer Forscher auf dem Gebiet der byzantinischen und östlichen Orthodoxie, beschrieb in einer griechischen Zeitschrift das Phänomen des Salos wie folgt: »Die Saloi in Christo sind mit Hellsicht begabt und vollbringen Wunder. Oft karikieren sie die Schwächen und Sünden ihrer Mitmenschen auf so subtile Art, daß nur die Betroffenen selbst die darin enthaltene Kritik bemerken. Und doch wirkt der Salos sündiger als die Person, die er rügt. Obwohl er zum Beispiel in Fastenzeiten auf provokative Art und vor aller Augen dem Fleischgenuß frönt, fastet er in Wirklichkeit ständig. Er geht offen in Prostituiertenhäuser, aber er geht nur deshalb hinein, um den Prostituierten Trost und Rat anzubieten und zu versuchen, sie aus ihrer mißlichen Lage zu befreien... Das Leben eines Salos in Christo ist ein echter Spott auf diese Welt, die extremste Form der Askese. Es ist die äußerste Ablehnung des Selbst, die vollständige Überwindung des Ichs.«[9]

Der Autor fährt fort, indem er den heiligen Symeon Emeses beschreibt, einen mittelalterlichen Salos, der eines Tages »vom Himmel« dazu berufen wurde, ein Salos zu werden. Er sagte zu seinen Miteremiten und -mönchen: »In Namen und Vollmacht Christi gehe ich hinaus, die Welt zu verspotten.« Und er ging in die Städte, vollbrachte Wunderheilungen und führte zur selben Zeit ungewöhnliche Handlungen aus, um die Öffentlichkeit zu provozieren und mit allen Mitteln zu verhindern, daß die Gesellschaft ihn mit Ehren überhäufte. Er warf zum Beispiel Steine auf die Kirchgänger oder betrat unerhörterweise ein öffentliches Frauenbad und ließ sich von den empörten Betreibern des Bades schlagen und hinauswerfen. Ioannides schreibt: »Diese Form von Skandalen, die Fromme hervorrufen, erinnert an Jesu provokative Entweihung des Sabbat, als er den Lahmen heilte... Aber Christus schafft nicht das Gesetz ab. Er enthüllt vielmehr die Überlegenheit des himmlischen Gesetzes. Auch der heilige Symeon ist ein Bürger des himmlischen Reichs, und er zeigt in seiner Person die Überlegenheit des Gesetzes, das nur für jene von uns einen

Skandal darstellt, die noch unter dem Zwang leben, sich in ihrem Tun und Lassen nach dem irdischen Gesetz zu richten, da wir noch nicht das ›Ziel‹ des Gesetzes erreicht haben oder dessen nicht bewußt sind, wo man der Freiheit der Heiligen begegnet.«

Genauso hatte Demetrios mir seinen Landsmann, den modernen Salos Charalambis aus Kalamata, beschrieben. Alle Autoren, die sich mit diesem Phänomen befaßt haben, führen Namen und Beispiele aus früheren Jahrhunderten auf. Charalambis war der einzige Fall eines Salos, von dem ich gehört hatte, der in der Gegenwart lebte und gestorben war. Getreu seiner Berufung als Salos wurde er außerhalb von Kalamata und der näheren Umgebung kaum bekannt. Das Manuskript, das Demetrios mir überreicht hatte, hatte ein Bekannter von ihm verfaßt, der Charalambis persönlich gekannt und den Drang verspürt hatte, sein Andenken in einer handgetippten und privat verteilten kurzen Biographie zu bewahren.[10] Demetrios hatte mit dem verstorbenen Autor über den Fall des christlichen Salos gesprochen. Er hatte mir Bilder von dem bärtigen Charalambis gezeigt, der lange und verfilzte Haare trug und in Lumpen gehüllt war, in einer Hand ein Holzkreuz hielt und mit der anderen symbolisch den traditionellen orthodoxen Segen entbot. Er erinnerte mich an die Propheten des Alten Testaments, die von den Bergen herab in die Städte der Hebräer kamen, über den einen und einzigen Gott predigten und gegen die Ungerechtigkeit wetterten. Es war schwer zu glauben, daß ein Mann sich in einer modernen Gesellschaft auf ähnliche Weise verhalten konnte, ohne in eine Heilanstalt gesteckt zu werden. Vielleicht, so dachte ich, war es der »Unterentwickeltheit« der griechischen Gesellschaft zu verdanken, der mächtigen Präsenz des orthodoxen Christentums und der Tradition des Berges Athos, daß Menschen wie Charalambis immer noch durch die Straßen und Berge streifen konnten, ohne festgenommen oder von wohlmeinenden Sozialarbeitern auf andere Art mißverstanden zu werden.

Eines Sonntagmorgens, so hatte Demetrios mir erzählt, war Charalambis während des Gottesdienstes und in Gegenwart eines Gastbischofs in die Kirche gestürmt gekommen, hatte auf provokative Art zu tanzen angefangen und die Frommen und die verschiedenen Würdenträger schockiert. Als der Bischof ihn privat fragte, was er treibe, flüsterte Charalambis ihm ins Ohr: »Mein lieber Bischof, die Leute sollen ruhig denken, daß ich verrückt bin. Ich bewahre meine geistige Gesundheit nur für Gott.«

Die meisten Menschen bemitleideten Charalambis und hielten ihn für einen harmlosen Narren, der den Verstand verloren hatte und wie ein wildes Tier lebte. Er hatte keine Bleibe und keinen Besitz als die Lumpen, in die er gekleidet war. Aber andere, besonders Frauen, kannten ihn als Wundermann und betrachteten es als Segen, wenn er durch die Stadt ging. Charalambis bat niemals um Essen, aber er bekam immer etwas, wenn er an Häusern vorbeikam, deren Bewohner in ihm einen Propheten, einen Heiler und Zeugen des Heiligen Geistes sahen. Geschichten wie die folgende bestätigten für einige Menschen, daß Charalambis ein von Gott begnadeter Heiliger war und kein Verrückter, als den man ihn ansonsten wegen seines ungewöhnlichen Äußeren betrachtete.

Drei Frauen, die Demetrios selbst kannte, waren im Begriff, eine Kapelle auf dem Gipfel eines Berges aufzusuchen. Als sie in der Abenddämmerung ankamen, hörten sie einen wundervollen Gesang aus der kleinen Kapelle dringen, die hell erleuchtet zu sein schien, obwohl es dort keine Elektrizität gab. Überrascht spähten sie durch die halboffene Tür und sahen einen Anblick, der sie schwach in den Beinen werden ließ. Charalambis kniete vor dem Altar, Gesicht und Hände in einem Zustand der Verzückung aufwärts gewandt. Er strahlte das Licht aus, das die ganze Kapelle erleuchtete. Die Frauen ahnten, daß der Gesang von einer Heerschar Engel herrührte, die Charalambis umgab. Sie eilten, ohne ihn zu stören, in die Stadt zurück und berichteten jedermann, was sie gesehen hatten.

Dieser griechische Biograph berichtete von einer ganzen Reihe paranormaler Ereignisse um Charalambis, bei denen der Autor selbst als Zeuge zugegen war. Sie entsprechen den Legenden, die sich um die Yogis und Rishis Indiens und Tibets ranken, die ich gelesen hatte, wie zum Beispiel über Nityananda, [11] und an das, was Yogananda in seiner Autobiographie über seine Lehrer und Gurus geschrieben hatte. [12] Charalambis wurde zum Beispiel nach seinem Biographen von vielen Augenzeugen beim Levitieren und beim Gehen über dem Boden gesehen. Angeblich können nur indische Yogis solche paranormalen Leistungen vollbringen. Und doch gibt es Berichte, daß die Klosterbrüder des heiligen Ignatius von Loyola, die sich vor dem offiziellen, kirchlichen Establishment und der Inquisition sorgten, die größten Schwierigkeiten hatten, ihn am Boden zu halten, indem sie ihn während seiner Ekstasen an der Kutte herabzogen. Wir vergessen auch allzuleicht, daß Jesus selbst nach dem Zeugnis der Evangelien dabei gesehen wurde, wie er übers Wasser wandelte und versuchte, seine widerstrebenden und ängstlichen Apostel zu überreden, es ihm gleichzutun. Er sagte ihnen, was er tun könne, könnten auch sie, und sogar noch mehr.

In dieser unbeachteten und unbekannten Biographie, die ich in Händen hielt, folgte Geschichte auf Geschichte über die paranormalen Fähigkeiten von Charalambis. Es gab Berichte über Prophetie, Hellsehen und sogar Teleportation. Eine Frau zum Beispiel war von einem Vorfall schockiert, der sich ereignete, als Charalambis für eine Nacht in ihrem Keller schlief. Es gab keine Fenster. Charalambis forderte die Frau aus irgendeinem unersichtlichen Grund auf, den Keller von außen verschlossen zu halten, während er die Nacht dort verbrachte. Als sie die Tür am nächsten Morgen aufschloß, stellte sie entsetzt fest, daß Charalambis nirgendwo zu sehen war.

In dem Manuskript finden sich auch Berichte über Kranke, die Charalambis einfach dadurch heilte, daß er für sie betete, und ein Ereignis während der italienischen Besatzung Griechenlands zu Beginn des zweiten Weltkriegs, der eine Gruppe italienischer Soldaten verblüffte. Sie forderten Charalambis auf stehenzubleiben, und als er nicht gehorchte, eröffneten sie aus kurzem Abstand das Feuer auf ihn. Aber keine Kugel traf ihn. Sie belästigten Charalambis nie wieder. Er war der einzige Grieche in der Gegend, der in den Sperrstunden die Straßen benutzen durfte.

Charalambis bettelte niemals. Das einzige, um was er bat, war, daß man seine Flasche mit Olivenöl füllte. Anscheinend bestand seine Aufgabe auf Erden darin, zu Fuß von einer abgelegenen Kapelle zur nächsten zu gehen (Griechenland ist voller abgelegener Kapellen) und die Leuchter vor den Ikonen mit Öl zu füllen, so daß die Flammen nicht erloschen. Aber, wie sein Biograph betonte, niemand wußte, worin Charalambis' wahre Mission auf Erden bestand.

Charalambis Papayianne aus Kalamata, Griechenland, starb 1974 im Alter von 90 Jahren, nachdem er mehr als 60 Jahre als Salos gelebt hatte. Als junger Mann hatte Charalambis sich auf den Arztberuf vorbereitet und sein Studium in Frankreich abgeschlossen. Er galt als lebhafter und liebenswerter Bursche voller Energie und Lebenslust. Wie es damals der Brauch wollte, war eine Hochzeit für ihn arrangiert worden, und die Verlobungsfeier wurde schon vorbereitet. Aber es kam ganz anders.

Nach seinem Biographen, dem er seine Geschichte anvertraute, hörte Charalambis zu Hause kurz vor den Feierlichkeiten eine Stimme in sich, die sagte: »Mein Sohn, geh nicht in die Kirche. Du sollst nicht verheiratet werden. Dein Leben wird sich gewaltig ändern, wenn du beschließt, uns zu folgen.« Charalambis war verwirrt. Er trat auf den Balkon hinaus, um frische Luft zu schöpfen. Die Stimme folgte ihm. »Siehst du direkt vor dir jenen hohen Berg?« Als Charalambis hinschaute, fand er sich innerhalb eines Sekundenbruchteils auf dem Gipfel des Berges wieder. Bevor er sich von dem Schrecken erholen konnte, stand er wieder auf dem Balkon. Er wurde blaß. »Dieses Ereignis führte zu einer gewaltigen Erschütterung in ihm, die alle seine weltlichen Pläne zunichte machte«, schreibt der Autor. Dann sprach die Stimme wieder zu Charalambis. »Du siehst, der Wille und die Kraft der Menschen sind, verglichen mit meinem Willen und meiner Kraft, unbedeutend. Was immer ich will, geschieht. Alles ist möglich. Deshalb habe ich dich in Sekundenschnelle auf den Berg und wieder zurück getragen. Ich habe es getan, damit du meine Worte ernster nimmst und dich für deine neue Aufgabe entscheidest. Der Weg, den ich für dich vorgesehen habe, ist sehr schwierig, ja sogar gefährlich. Aber ich werde immer bei dir sein und dir helfen und dir Kraft geben. Am Ende deiner Heimsuchungen wird mein Vater im Himmel dir ein neues Heim bereiten. Bete zu mir und zu meiner Mutter und zu dem heiligen Charalambos, dessen Namen du trägst. Fürchte nichts, denn wir werden dich immer beschützen.«

Nach diesem erschütternden Erlebnis kniete Charalambis nieder und wurde von einem Weinkrampf überfallen. »Durch seine tränenverschleierten Augen«, so schreibt der Autor, »sah Charalambis ein strahlendes Licht, und darin erblickte er deutlich die Gestalt Christi, die ihn segnete, und der heilige Charalambos stand daneben. In einem Zustand äußerster Verzückung hielt Charalambis den Atem an, und seine Seele erhob sich in dem großen Licht der Helligkeit, und die Luft war erfüllt von einem unbeschreiblichen Wohlgeruch. Er raffte seinen Mut zusammen, schlug das Zeichen des Kreuzes und murmelte: ›Dein Wille geschehe.‹«

Charalambis fühlte sich frisch gestärkt. Er ging in sein Zimmer, legte die ältesten Kleider an, die er hatte, und teilte seinen fassungslosen Eltern mit, daß es weder eine Verlobung noch eine Feier, noch eine Hochzeit geben würde. Ohne ihnen zu erklären, was geschehen war, verschwand er in die Berge und verbrachte die erste Nacht in einer Kapelle, um über alles nachzudenken. Und so endete dieser wohlerzogene, hoffnungsvolle junge Mann, der sich auf eine Karriere als Arzt vorbereitete, als Eremit und Salos. Nach meinem Freund Demetrios versuchten einige Geistliche und Laien, die Charalambis entweder persönlich kannten oder von ihm gehört hatten, immer wieder, die Kirchenbehörden dazu zu veranlassen, ihn offiziell als Heiligen der orthodoxen Kirche anzuerkennen.

Ich legte das Manuskript in meine Tasche zurück und ließ meinen Blick über die Menschen auf der Promenade schweifen. Ich fragte mich, was ich von der ganzen Sache halten sollte. Mein soziologischer Impuls drängte mich, diese Geschichten als reine Folklore, als kollektive Phantasien oder einfach als »gesellschaftliche Konstruktionen der Realität« abzutun. Aber dies fiel mir inzwischen nicht mehr so leicht. Ich hatte inzwischen erfahren, daß das Wunderbare sich jeden Tag ereignet. Meine Begegnungen mit Heilern und Medien und meine Lektüre über parapsychische und Geist-Körper-Forschung, die Anerkennung der Realität von Phänomenen außersinnlicher Wahrnehmung, die atemberaubenden Implikationen der Forschung an den Grenzen der Wissenschaft oder der »Paraphysik«[13] und die metaphysischen Folgerungen aus dem kürzlichen empirischen Beweis für die »Urknall«-(»Big-Bang«-) Theorie der Schöpfung des Universums. All das kratzte an der rationalistischen, sensuellen Sicht der Wirklichkeit, die mir in meiner Schulung als moderner Soziologe und Akademiker anerzogen worden war.

Bei der Urknalltheorie dachte ich daran, daß das größte Wunder von allen das Geheimnis der Urexplosion war, aus der das Universum hervorging. Wenn das Universum seine Existenz einem derart spektakulären Wunder verdankte, dann mußte das Wunderbare von Anfang an eine integrale und inhärente Eigenschaft des erschaffenen Kosmos sein – entgegen unserer gewöhnlichen Wissenschaft und unseren materialistischen Überzeugungen. Es ist das Aufkommen dieser merkwürdigen agnostischen und atheistischen Betrachtungsweise der Wirklichkeit, die immer noch unser kulturelles Leben beherrscht, es ist diese geschichtliche und gesellschaftliche Konstruktion, die nach einer soziologischen Erklärung verlangt, und nicht das ständig gegenwärtige Wunderbare in der Welt und in unserem Alltagsleben.

Nachdem ich einmal meinen grundsätzlichen akademischen Unglauben in bezug auf wunderbare Phänomene abgelegt und eine offenere Einstellung angenommen hatte, die nicht-urteilend, nicht-reduktionistisch war, und bei der Untersuchung dieser Phänomene phänomenologisch vorging, hatten die Dinge angefangen, sich mir zu offenbaren. Es war, als wolle das Universum mich auf irgendeine Weise dafür belohnen, daß ich nichts weiter tat, als bereit zu sein, zuzuhören, ohne die übliche, auf Entlarvung bedachte, alles auf materialistische Erklärungen reduzierende Vorgehensweise, die für den modernen und postmodernen Intellektualismus charakteristisch ist. Vorher würde Demetrios mir nicht von Charalambis erzählt haben, und er würde mir nicht dieses unbekannte, kleine Manuskript anvertraut haben, das unter Freunden die Runde machte.

Auch Antonis hätte mich nicht gedrängt, ihn auf den Berg Athos zu begleiten, wo ich die Gerontes und spirituellen Mei-

ster der orthodoxen Religion traf, und er hätte – wäre ich ein
hartgesottener Skeptiker geblieben – meine Aufmerksamkeit
nicht auf die außergewöhnlichen Ereignisse gelenkt, die sich
auf den Inseln Lesbos und Zypern angebahnt hatten.

»Wenn du dieses Buch gelesen hast«, hatte Antonis im letzten
Jahr zu mir gesagt, »wirst du keine Spur eines Zweifels mehr
an der objektiven Wahrheit spiritueller Realitäten haben.« Das
Buch, das er mir gab, war von einem bekannten Autor und
Künstler der Insel Lesbos geschrieben,[14] der mit größter Sorg-
falt und mit überzeugenden Einzelheiten über die ungewöhnlichen Ereignisse berichtet hatte, die Ende der 50er Jahre auf
dieser Insel begannen. Diese paranormalen Phänomene und
Heilwunder wurden drei Heiligen zugeschrieben, die bis Anfang der 60er Jahre vollkommen unbekannt waren. Aber heute, Anfang der 90er, haben die Wunder, die den neu entdeckten Heiligen Raphael, Nikolaus und Irene zugeschrieben werden, die Phantasie von Tausenden von Griechen erregt,
ebenso wie die Wunder von Lourdes die religiöse Phantasie
Tausender Franzosen und anderer Europäer erregten. Und
doch ist die spektakuläre Geschichte der Heiligen Raphael, Nikolaus und Irene außerhalb der griechischen Welt noch immer unbekannt.

»Heute, im Jahr 1962«, schrieb der Autor Kontoglou im Vor-
wort seines sorgfältig dokumentierten, ungewöhnlichen Werkes, »beginne ich mit der Niederschrift einer wahren Geschichte, die nicht nur für Ungläubige unbegreiflich, sondern
auch für die Frömmsten unter uns nur schwer zu glauben ist.«
Ende der 50er Jahre widerfuhren einer Reihe von Menschen
in der Stadt Thermi auf Lesbos, einer griechischen Insel gegenüber der türkischen Küste, sehr ungewöhnliche und dra-
matische Dinge. Diese Menschen, deren Namen und Fotos
Kontoglou beifügte, hatten viele Tage und Wochen lang Träume von einem Mönch, der sich als Raphael vorstellte, ein un-

gewöhnlicher Name für einen griechischen Mönch. Er stellte auch seine Begleiter vor, einen weiteren Mönch mit Namen Nikolaus und ein junges Mädchen namens Irene. Als die Leute anfingen, einander von ihren Träumen zu erzählen, stellten sie fest, daß sie identische nächtliche Erlebnisse hatten. Sie ergänzten ihre Traumbruchstücke und schrieben auf, was die Mönche ihnen sagten. Raphael diktierte ihnen seine Biographie – einen höchst detaillierten und überzeugenden Lebenslauf –, wo er geboren war, wie er nach Lesbos gekommen war und so weiter. Besonders interessant war, daß er behauptete, er und sein Begleiter Nikolaus seien Mönche in einem Kloster am Ort gewesen, als die Türken 1453 Konstantinopel eroberten. Als die Insel in jenem Jahr an die Türken fiel, wurden sie gemeinsam mit der jungen Irene gefoltert und getötet. Raphael berichtete, daß die Soldaten ihm die Wangenknochen absägten, als sie ihn töteten. Und er teilte seinen »Träumern« mit, wo sie graben konnten, um ihre sterblichen Überreste zu finden.

Die Menschen suchten das geistliche Oberhaupt am Ort auf, den Metropoliten, und beschworen ihn, ihnen zu helfen, daß sie die Erlaubnis erhielten, mit Ausgrabungen zu beginnen, um die sterblichen Überreste dieser Märtyrer zu finden, wie es ihnen in ihren Träumen befohlen worden war. Nach gewaltigen und oft frustrierenden Anstrengungen, die skeptischen Regierungsbeamten zu überzeugen, wurde die Erlaubnis endlich erteilt. Nach monatelangen Ausgrabungen wurden die sterblichen Überreste der drei Personen gefunden – wie sie es den Ortsansässigen in ihren kollektiven Traumvisionen geschildert hatten. Sogar die abgesägten Wangenknochen des heiligen Raphael und das Skelett des jungen, gefolterten Mädchens wurden gefunden.

Aber damit ist die Geschichte noch nicht zu Ende. Der heilige Raphael und seine Begleiter erschienen nicht nur weiterhin in den Träumen der Menschen, sondern auch in materialisierter Form, direkt vor gewöhnlichen Menschen in ihrem gewöhnlichen Bewußtseinszustand. Den Besuchern des Schreins, der den neu entdeckten Heiligen zu Ehren errichtet worden war, widerfuhren Heilphänomene. Menschen mit unheilbaren Krebserkrankungen und anderen chronischen Leiden wurden gesund, nachdem der heilige Raphael ihnen im Traum erschienen war. Die Kirche – überzeugt von der Heiligkeit der drei und allein auf Grund der Traumberichte und der fortgesetzten Heilwunder – erklärte alle drei zu den jüngsten Heiligen der griechisch-orthodoxen Kirche. Fotios Kontoglou, der Künstler, der als erster über dieses ungewöhnliche paranormale Phänomen geschrieben hatte, malte auf der Grundlage von Beschreibungen durch Menschen, die die Vision dieser Heiligen gehabt hatten, eine Ikone der drei, die häufig kopiert wurde und Kirchen in ganz Griechenland und auf Zypern schmückt.

Der heilige Raphael bat in weiteren Träumen und Erscheinungen darum, daß das Kloster, das ihnen zu Ehren errichtet werden sollte, ein Frauenkloster würde. Und so geschah es – eine interessante Entwicklung, dachte ich, wenn man bedenkt, daß Lesbos der Geburtsort der Sappho war, einer gefeierten Lyrikerin des klassischen Altertums und einer Leitfigur der Frauenbewegung.

Berichte über Wunder und Materialisierungen der Heiligen breiteten sich über ganz Griechenland aus. Sie rüttelten den Glauben der Frommen auf und schockierten die Skeptiker und Säkularisten. Aber vielleicht nirgendwo sonst, außer auf Lesbos, war der Eindruck, den die Heiligen hinterließen, so groß wie auf Zypern. Auf Grund von Träumen und Erscheinungen wurden zwei neue Kirchen zu Ehren der Heiligen erbaut, eine an der Ostküste und die andere an der Westküste. Hunderte von Zyprioten behaupteten, der heilige Raphael habe sie auf wunderbare Weise geheilt. Ein auf der Insel ansässiger Forscher sammelte diese Berichte, veröffentlichte sie in Buchform[15] und bestärkte eine wachsende Anzahl von Menschen in der Überzeugung, daß die Geschichte vom heiligen Raphael authentisch ist und nicht erfunden oder der kollektiven Phantasie entsprungen. Natürlich fand sich auch ein zypriotischer Psychologe, der das Phänomen zu erklären versuchte und es ablehnte, an Heiligenerscheinungen zu glauben. »Es handelt sich in jedem Fall um ein Phänomen der Autosuggestion«, verkündete er autoritativ in den lokalen Medien und bot die übliche Erklärung an. Er ging über die Einwände von Menschen hinweg, die den Heiligen an ihrem Bett hatten stehen sehen und denen er versprochen hatte, sie zu heilen. Und sie wurden geheilt.

Raphael war auf Zypern ein so populärer Heiliger geworden, daß die dortige Fluggesellschaft für die vielen Pilger, die das Kloster auf der Insel besuchen wollten, wöchentliche Flüge nach Lesbos veranstaltete. In der Zwischenzeit führte die Mutter Oberin, die Äbtissin des Klosters, sorgfältig Buch über die Hunderte von Wunderheilungen, die dem heiligen Raphael und seinen Begleitern zugeschrieben wurden.

Als ich nach meinem zehntägigen Aufenthalt auf Skiathos Zypern besuchte, gehörten die Heilphänomene, deren Anzahl ständig wuchs und die dem heiligen Raphael zugeschrieben wurden, zu den Hauptgesprächsthemen unter Leuten, die sich für metaphysische Themen interessierten. Mein Freund Jannis überreichte mir ein Tonband mit einem Gespräch über den aufregendsten Kontakt mit dem heiligen Raphael, das im Radio übertragen worden war. Ein Taxifahrer war spät abends von Larnaca, einer Stadt im Südwesten, nach Limassol gefahren, wo er wohnte. Wie er dem Interviewer sagte, erreichte er einen Punkt, an dem er nach links abbiegen mußte, um auf die Hauptstraße wischen Larnaca und Limassol zu gelangen. Aber das Steuerrad ließ sich nicht nach links drehen. Er dachte, es sei etwas mit der Steuerung nicht in Ordnung. Er fuhr ein Stück weiter und bog dann nach rechts ab. Das Steuerrad ließ sich mühelos nach rechts drehen. An der Ecke sah er zwei Mönche und ein junges Mädchen an der Straße stehen. Er gab an, es sei nicht seine Gewohnheit, Freifahrten zu gewähren oder Anhalter mitzunehmen. Aber in diesem Fall hielt er an und fragte die Mönche, ob sie so spät noch irgendwohin müßten. Der Taxifahrer berichtete mit zitternder Stimme, was geschehen war, nachdem die drei eingestiegen waren. Das Mädchen setzte sich vorn hin, und die beiden Mönche nahmen auf dem Rücksitz Platz. In dem Augenblick, als die drei einstiegen, so sagte der Mann, erfüllte den Wagen ein seltsames, strahlendes Licht, obwohl die Innenbeleuchtung nicht eingeschaltet war – und sie wäre auch bei weitem nicht so hell gewesen. Das junge Mädchen und einer der beiden Mönche schwiegen. Der andere Mönch bat ihn, er möge seiner (des Taxifahrers) Cousine, die im Krankenhaus lag (er erwähnte den Namen der Frau) sagen, sie solle sich keine Sorgen machen, denn sie würde wieder ganz gesund werden. Der heilige Raphael würde sie heilen.

Der Taxifahrer war in einem Schockzustand. Dieser Mönch, so sagte er, konnte weder etwas von seiner Cousine im Krankenhaus gewußt haben noch von ihrem verzweifelten und unheilbaren Zustand. Als er sich von seiner Verwunderung erholte, verschwanden seine Fahrgäste zugleich mit dem Licht. Und dann stellte er fest, daß sich das Steuerrad wieder nach links drehen ließ. Der Mann brach während des Interviews in Tränen aus und berichtete, was später geschehen war. Sein Taxi strömte noch mehrere Tage nach der Begegnung einen ganz besonderen Wohlgeruch aus. Seine Cousine wurde wunderbarerweise gesund, wie man es ihm gesagt hatte. Und er selbst war nie wieder derselbe. Er sagte zu Klitos Ioannides, seinem Gesprächspartner, daß er von diesem Tag an tief religiös und demütiger und liebevoller seiner Frau und seiner Familie gegenüber wurde, als er es zuvor war.

Die Veränderung dieses Taxifahrers erinnerte mich daran, was gewöhnlich mit Menschen geschieht, die einmal am Rande des Todes gestanden haben: eine radikale Transformierung des Ichs in Richtung größerer Spiritualität und eines stärkeren Ausdrucks der Liebe und Zuneigung zu den Menschen in ihrer Nähe, besonders gegenüber Familienmitgliedern.[16]

»Ich weiß von keinem einzigen Engländer, der jemals den heiligen Raphael, den heiligen Nikolaus oder einen der übrigen Heiligen gesehen hätte, die den Griechen ständig über den Weg laufen«, rief Akis, mein Schwager, der den größten Teil seines Lebens in London verbracht hatte, mit dem typischen Humor und der nüchternen Respektlosigkeit aus, mit denen er stets auf solche Geschichten reagierte, und fuhr mit einem halb ironischen Lächeln fort: »Haben die Griechen vielleicht ein Monopol auf die Heiligen?«

Seine Reaktion traf genau ins Schwarze. Welche Antwort auf eine solche rhetorische Frage käme einem modernen Menschen sofort und mühelos in den Sinn? Mir fielen eine ganze Reihe ähnlicher Fragen ein, die ich selbst hatte. Eine davon, die ich mir im Flugzeug auf dem Rückflug nach Maine am Ende des Sommers 1991 notiert habe, lautet wie folgt: Weshalb gibt es all diese Erscheinungen und Wunderheilungen, die in den letzten 20 Jahren epidemische Ausmaße angenommen haben? Weshalb haben der heilige Raphael, der heilige Nikolaus und die heilige Irene nach ihrem Martyrium fünf Jahrhunderte gewartet, um zu erscheinen, zuerst in den Träumen der Menschen von Thermi und dann all den vielen Gläubigen und Ungläubigen im griechisch-orthodoxen Kulturkreis? Dies waren die Fragen, die ich mit mir trug, als ich nach Maine zurückkehrte.

15
Der Schleier wird gelüftet

In den Universitätsferien während der Sommermonate des Jahres 1993 beschloß ich, kein weiteres Material für mein Buch mehr zu suchen. Statt dessen blieb ich in Maine, arbeitete an den Unterlagen und Notizen, die ich in den letzten Jahren gesammelt hatte, und versuchte, Antworten auf die Fragen über die Realität paranormaler Phänomene zu finden, die ich mir nach meinem Besuch auf dem Berg Athos gestellt hatte.

Die meisten Sozialwissenschaftler würden natürlich annehmen, daß die Phänomene, die ich beschrieben habe, keinen metaphysischen Hintergrund besaßen und sich durch natürliche Ursachen erklären ließen. Zum Beispiel hätte ein Mainstream-Soziologe kritisch die gesellschaftlichen Bedingungen untersucht, unter denen solche Erfahrungen gemacht wurden, und den Berichten darüber *a priori* jede objektive Wirklichkeit abgesprochen. In der Soziologie dürfen solche Berichte nicht anhand dessen erklärt werden, was die Betroffenen selbst über ihre Erfahrungen aussagen, sondern einzig und allein anhand der Ereignisse selbst und auf Grund von Faktoren, die jenseits des Bewußtseins der betroffenen Gruppen oder Einzelpersonen liegen. Zum Beispiel könnte ein Soziologe die Hypothese aufstellen, daß solche Berichte Ausdruck einer kollektiven Flucht vor den Zwängen der Modernisierung darstellen, vor dem Niedergang der traditionellen Institutionen oder als Ausdruck der Verwirrung und Entfremdung der betroffenen Menschen, die das Gefühl haben, der Sicherheit ihrer traditionellen Werte und Überzeugungen beraubt zu werden. Im Fall Zyperns kommt zu den obenerwähnten Faktoren noch hinzu – wie ein Soziologe überzeugend darlegen könnte –, daß die Menschen auf Grund der beklemmenden Gegenwart und des

404

bedrohlichen Druckes der türkischen Armee, die den nördlichen Teil Zyperns besetzt hält, zu diesen kollektiven Glaubensvorstellungen Zuflucht nehmen. Es wäre vergleichbar mit einem Verdurstenden, der inmitten der Wüste eine Oase halluziniert, oder mit einem verirrten Seemann, der am Horizont ein nicht existierendes Gestade erblickt.

Aus einer solchen Sicht lassen sich Heiligenerscheinungen und verwandte Phänomene als Projektionen einer kollektiven Sehnsucht nach einem göttlichen Eingreifen in einer Zeit der Hoffnungslosigkeit und des Ohnmachtsgefühls erklären, in der praktikable oder im Rahmen der Vernunft vertretbare Möglichkeiten einer Auseinandersetzung mit der empfundenen Gefahr schmerzlich vermißt werden. Mit gutem Recht kann der Soziologe auf umfangreiches Material aus ethnologischen Untersuchungen hinweisen, das einen solchen Ansatz immer wieder bestätigen würde. Zum Beispiel könnte der Soziologe interessante Vergleiche zwischen den Heiligenerscheinungen auf Zypern und dem Auftreten der Wiederkunftsbewegungen mit der Bezeichnung »Geistertanz« unter den Prärieindianern anstellen. Dieses Phänomen ereignete sich Ende des 19. Jahrhunderts bei verzweifelten amerikanischen Ureinwohnern, die ihr Land nicht gegen die eindringenden Siedler verteidigen konnten. Sie glaubten, die Geister ihrer Vorfahren würden ihnen zu Hilfe kommen.

Solche Erklärungen mögen eine begrenzte Einsicht in die Gründe gewähren, weshalb Phänomene dieser Art sich in bestimmten geschichtlichen Perioden häufen. Aber es wäre im besten Fall eine begrenzte Einsicht. Tatsächlich könnte sie sich als grob irreführende Einsicht erweisen, die nur die halbe Wahrheit darstellt.

Ich persönlich habe gelernt, den Behauptungen von Menschen, daß wundersame Ereignisse stattfänden, zu glauben, weil ich in meiner Eigenschaft als Sozialwissenschaftler schon

IRRIG =
PARADIGMEN =

vor langer Zeit die eingefleischten und oft irrigen Paradigmen erkannt habe, auf Grund derer in der Mainstream-Wissenschaft solche Phänomene wegerklärt werden. Ich habe gelernt, in meinem Denken Raum für die Möglichkeit zu lassen, daß solche Wunder echt und objektiv real sind und zu allen Zeiten und an allen Orten stattfinden, Wunder, die unserem herkömmlichen Weltverständnis widersprechen. Sie stellen vielleicht nur für das Bewußtsein von Menschen reale Ereignisse dar, die »Augen haben, um zu sehen, und Ohren, um zu hören«.

Als mein Freund Demos und seine Frau Maria uns in Maine besuchten, während ich an diesem Buch arbeitete, wurden die kritischen und berechtigten Fragen, die mein Schwager über die Wunder gestellt hatte, die vom heiligen Raphael und den beiden Märtyrern in seiner Begleitung berichtet wurden, erneut gestellt. Die beiden kamen aus New Jersey, um ein paar Tage mit uns zu verbringen und der unerträglichen Hitzewelle zu entfliehen, die New York und seine Umgebung heimsuchte. Das erste, was Demos mit seinem charakteristischen Humor, der immer wieder für brüllendes Gelächter sorgte, zur Sprache brachte, waren unsere Erlebnisse in Astoria vor meinem Flug nach Griechenland im Frühjahr 1991. Aber anders als in früheren Jahren zeigte er jetzt ein lebendiges Interesse an dem, was ich tat und was ich zu sagen hatte – auch wenn er, wie er uns versicherte, ein Skeptiker geblieben war.

Die Gegenwart von Demos lenkte mich ganz und gar nicht von meiner Arbeit ab; sie bot mir vielmehr Gelegenheit, ein paar provisorische und möglicherweise gewagte Schlüsse aus meiner Forschertätigkeit zu formulieren. Sie bot mir die Chance, vorläufige Antworten auf die Fragen vorzulegen, die mich so brennend interessierten.

Gespräche mit Demos waren niemals anstrengend, weil er keinerlei Furcht davor hatte, daß meine Phantastereien »die

Grundlagen der rationalen, westlichen Zivilisationen untermi-nierten«, wie es ein hartgesottener Wissenschaftler und Kol-lege von mir einmal geäußert hatte. Ich konnte ihm gegen-über Themen zur Sprache bringen, vor denen die meisten Aka-demiker zurückscheuen würden, zum Beispiel die Wunder des heiligen Raphael, die philippinischen Geistheiler und die so-genannten UFO-Entführungen, die in letzter Zeit in Amerika epidemische Ausmaße erreichten. Dies waren die Themen, über die wir sprachen, als wir an jenem heißen Samstagnach-mittag auf unserem Balkon saßen und auf den Stillwater River schauten. Die Schatten, die uns die üppige Vegetation großzü-gig spendete, und der freie Ausblick auf den Fluß trugen dazu bei, daß die Hitze erträglich blieb. Demos, Maria, Emily und ich hatten Gesellschaft von einer Kollegin einer anderen Uni-versität, einer Psychologin, die zufällig an jenem Tag in Maine war und die anfing, den Themen gegenüber, die mich seit einiger Zeit beschäftigten, aufgeschlossener zu werden. Ihr Mann war ebenfalls bei uns. Er war ein Ingenieur, der die neuartige Idee hatte, daß sich spirituelle Prinzipien auf die Me-chanik anwenden ließen.

Ich sagte zu Demos, wie dankbar ich ihm sei, daß er mich mit seinen pointierten Fragen dazu veranlaßte, meine Ideen schär-fer zu formulieren. Auf diese Weise half er mir dabei, meine gegenwärtige Arbeit zum Abschluß zu bringen. Ich holte einen Stapel Bücher, Notizen, Zeitungsausschnitte und fotokopierte Artikel aus meinem Arbeitszimmer, um bei unserem Gespräch gegebenenfalls auf sie zurückgreifen zu können.

»Um deine Frage nach den sogenannten Wundern zu beant-worten«, sagte ich zu Demos, während wir uns an den zahl-reichen Leckerbissen gütlich taten, die Emily und ich vorbe-reitet hatten, »schlage ich vor, daß du all die Grundannahmen, auf die die moderne Wissenschaft gegründet ist, einmal um-kehrst.«

»Keine geringe Zumutung«, erwiderte Demos.

»Ich weiß. Und außerdem riskant, wie ich hinzufügen möchte. Aber du mußt bedenken, daß die moderne Wissenschaft auf eine unüberprüfte mechanistische Metaphysik gegründet ist, die der Forscher bei seiner Arbeit als gegeben annimmt.«

»Eine nicht überprüfte Metaphysik ist eine schlechte Metaphysik«, warf Roger, der Ingenieur, ein.

»Gewiß. Also laßt mich eine Reihe von Thesen über die Wirklichkeit aufstellen, die dem modernen wissenschaftlichen Weltbild diametral entgegengesetzt sind – eine Reihe von Annahmen, die der Mainstream-Wissenschaftler nur schwerlich schlucken wird«, sagte ich lachend. »These Nummer eins ist die folgende«, fuhr ich fort: »Die Welt der fünf Sinne ist nicht die einzige Welt, die es gibt.«

»In Ordnung«, sagte Demos, »aber auf welcher Grundlage stellst du diese Behauptung auf?«

»Das möchte ich später genauer erklären, ich werde also darauf zurückkommen. Aber um deine Frage schon jetzt kurz zu beantworten – natürlich auf der Grundlage meiner eigenen Erfahrung. Meine Behauptung gründet sich auf meine Beschäftigung mit der Erewna, auf meinen Kontakt mit dem Berg Athos, auf die Philosophie Platos, auf die theoretischen Arbeiten von Physikern wie David Bohm (mit seiner Theorie einer ›impliziten Ordnung‹), auf Biologen wie Rupert Sheldrake (und seine Theorie der ›morphogenetischen Felder‹) und natürlich auf die Phänomene, die wir selbst heute erforschen und die sich anhand der vorherrschenden Annahmen in der Wissenschaft nicht erklären lassen.

These Nummer zwei: Es existieren andere Welten, die die unsrige durchdringen. Diese Welten sind in Schichten angelegt, das heißt, daß sie hierarchisch angeordnet sind. Die Welt der fünf Sinne befindet sich am Boden dieses spirituellen Totempfahls. Diese Schichten sind nicht nur in der Natur, also ob-

KONSTRUKTE =

jektiv vorhanden, sondern sie gehören auch zum Aufbaumuster des menschlichen Bewußtseins.

Drittens, die verschiedenen Welten stehen in ständiger Kommunikation untereinander, wobei die Kommunikation meistens auf bewußte Weise von der Spitze abwärts verläuft und nur selten umgekehrt. Die höheren Sphären beeinflussen die niederen ständig auf eine Weise, die den niederen nicht bewußt wird. Auf sämtlichen Ebenen dieser Hierarchie gibt es bewußte Lebewesen. Die Wesen über uns befinden sich hinsichtlich des Bewußtseins und des Wissens auf einem höheren, weiterentwickelten Stand als wir. Einige Bewohner unserer eigenen Wirklichkeit stellen Kontakt zu den Bewohnern höherer Sphären her: Wir nennen sie Schamanen, Medien, Propheten, Heilige und so weiter. Ihre Berichte über ihre Kontakte sind stets in der Sprache der jeweiligen Kultur gehalten, in der diese besonders begabten Menschen leben. Deshalb ist das Wissen über diese höheren Welten immer durch die kulturellen Konstrukte der Zeit und des Ortes gefärbt, gefiltert und in unterschiedlichen Graden verzerrt. Auch heute lebende Heilige sind diesem Gesetz unterworfen.

Viertens, wenn die bisherigen Thesen richtig sind – und ich glaube, daß sie es sind –, dann folgt daraus logisch, daß wir als Spezies und als Einzelpersonen niemals allein sind. Das Universum, oder besser, die Universen sind von höheren Intelligenzen bevölkert, als wir selbst es sind, und vielleicht auch von niedrigeren.

Fünftens ist die Welt – entgegen dem, was Sartre, Camus und Beckett gesagt haben – äußerst sinnvoll. Ihr Sinn ergibt sich aus der Tatsache, daß die Schöpfung kein Zufall, sondern das Ergebnis eines göttlichen Plans ist. Das Projekt der Schöpfung und die Existenz der ganzen Hierarchie dienen der Entfaltung und Entwicklung des Bewußtseins. Es ist die Bestimmung dieses Bewußtseins, die Hierarchie selbst zu transzendieren und sich bewußt mit dem absoluten Geist oder dem persönlichen Gott, aus dem wir kommen und in dem wir wie Fische in einem Ozean ständig sind, wiederzuvereinigen. Dies bedeutet, daß die Geschichte nicht ziellos dahintreibt, sondern ihrem inneren Wesen nach absichtsvoll ist – wie die individuellen Leben, aus denen sie zusammengesetzt ist. Sie ist, wie Hegel sagen würde, die Autobiographie Gottes. Aus diesem Grund haben die Mystiker die scheinbar absurde Behauptung aufgestellt, daß ein einziger Gedanke das gesamte Universum beeinflußt.

Ich könnte immer in diesem Stil weitermachen«, sagte ich, »und die Einzelheiten dieses ›holographischen Paradigmas‹ darlegen, das den führenden wissenschaftlichen Paradigmen widerspricht, aber ich will hier aufhören. Es wird für die Zwecke unseres heutigen Gesprächs ausreichen. Aber ich möchte noch hinzufügen, daß stets Personen unter uns sind, die nicht nur die Spitze dieser Bewußtseinshierarchie schon erreicht haben, wenn man tatsächlich von einer Spitze sprechen kann, sondern geradewegs darüber hinaus direkt in das strahlende Licht des Christus-Logos oder des absoluten Geistes gelangt sind. Sie sind die wahren Heiligen, die wir übrigen, wie ich zu behaupten wage, kaum kennen.« Ich wartete auf eine Reaktion, aber bevor jemand etwas anderes äußern konnte, ging ich zu einem weiteren Punkt über.

»In diesen kritischen Zeiten, in denen wir leben, führt dieser absichtsvolle geschichtliche Prozeß die Menschheit an einen Punkt, wo der Schleier, der diese Welt der fünf Sinne von den höheren, numinoseren Welten getrennt hat, allmählich gelüftet wird. Das Lüften dieses Schleiers scheint die Ursache für die wie Pilze aus dem Boden schießenden Manifestationen paranormaler Realitäten zu sein, die uns aufs äußerste bestürzen und uns dazu zwingen, unsere hochgeschätzten, aber fehlerhaften materialistischen Annahmen über das Wesen der Welt

NUMINOSER =

zu überdenken. Außerdem möchte ich hinzufügen, daß das Lüften dieses Schleiers absolut entscheidend für uns ist, wenn wir als Spezies überleben wollen.

Die Thesen, die ich hier aufstelle, stammen nicht von mir. Es handelt sich um die Schlußfolgerungen, zu denen viele Wissenschaftler, Philosophen, Ökologen, religiöse Menschen und Lyriker gelangt sind und über die sie nun schon seit vielen Jahren berichten.«

»Ich glaube, ich brauche ein Aspirin«, platzte Demos heraus. »Du hast mein Denken mit deinen Thesen verdreht. Ich brauche Zeit, um sie zu verdauen. Und ich würde gern wissen, wie du zu deinen Folgerungen gelangt bist. Welche Beweise kannst du vorlegen, die einen Skeptiker wie mich vom wahren Wert dieser Thesen überzeugen könnten?«

»Ich glaube nicht wirklich, daß man irgend jemanden mit Argumenten und sogenannten Beweisen überzeugen kann. Du mußt diese ganze Sache als eine gestalthafte Metapher betrachten. Ich bin nach langer Zeit und nach vielem Nachdenken zu diesen Folgerungen gelangt. Und wenn jemand sagt: ›Beweise es mir‹, bin ich sehr frustriert. Man kann es nicht mit herkömmlichen Mitteln beweisen.

Aber bei jemandem, der ernsthaft nach Antworten sucht und offen für andere Möglichkeiten ist, fange ich gewöhnlich an, indem ich ihm die Lektüre gewisser Bücher empfehle, eine Art ›Bibliotherapie‹, wenn du so willst. Leuten mit wissenschaftlichen Neigungen schlage ich gewöhnlich streng wissenschaftliche Werke und Autoren vor, die in den Augen solcher Leser Glaubwürdigkeit besitzen. Will man jemandem die Augen für andere Möglichkeiten öffnen, besteht die erste Aufgabe darin, ihn von seinem Glauben an die absolute Richtigkeit des gegenwärtigen Weltbildes abzubringen. Dekonstruktionisten und postmoderne Denker in den Sozialwissenschaften, in der Philosophie und in der Kunst haben hervorragende Arbeit ge-

DEKONSTRUKTIONISTEN =

leistet, um die sicheren Fundamente der positivistischen Wissenschaft umzustoßen. Zu Beginn erzeugt ihre Arbeit allerdings nur Chaos, Verwirrung und Ungewißheit.«

»Und du nimmst an, daß aus dieser Verwirrung ein neues Weltbild hervorgeht?«

»Ja. Die Verwirrung ist nötig. Die ›dunkle Nacht des abendländischen Geistes‹ ist eine Vorbedingung für die Offenheit gegenüber neuen Möglichkeiten. Wir sind zur Zeit Zeugen der Desintegration dessen, was Sorokin die ›sensuelle Phase‹ der westlichen Zivilisation und das Hervorkommen einer Welt nannte, die spirituelle Realitäten freudig willkommen heißt. Wir erleben möglicherweise endlich das Ende des Krieges zwischen Wissenschaft und Religion, der vor rund 300 Jahren begann. Die Mauer zwischen diesen beiden feindlichen Lagern wird – wie ich glaube – endlich dank der ›Friedensarbeit‹ niedergerissen, die in beiden Lagern von aufgeklärten Wissenschaftlern und Mitgliedern der religiösen Gemeinde getan wird. Der Löwe und das Lamm werden endlich friedlich nebeneinanderliegen.«

»Das sind große Worte«, sagte Demos. »Aber könntest du ein wenig spezifischer werden? Womit könnte ich – jemand, der die Dinge, über die du gesprochen und geschrieben hast, nicht selbst erfahren hat – anfangen? Welchen Beweis für das Vorhandensein von Welten jenseits des materiellen Universums, das wir mit unseren fünf Sinnen erfahren, hätte ich zur Verfügung?«

Ich erwiderte: »Du könntest anfangen, indem du dich mit der umfangreichen Literatur über parapsychische Forschungen vertraut machst, die sich in den letzten hundert Jahren angesammelt hat. Wissenschaftler neigen dazu, diese Werke zu ignorieren, weil sie nicht in ihr vorgefaßtes Weltbild passen. Aber sie können sie nicht für alle Zeiten ignorieren. Sie fangen schon an, Risse in den etablierten Dogmen zu erzeugen.«

»Aber könntest du konkreter werden? Hundert Jahre sind ein zu großer Zeitraum, um ihn zu erforschen. Womit kann man anfangen, wenn man keine Jahre in den Bibliotheken verbringen will?«

Ich überlegte kurz, dann schlug ich Demos vor, damit anzufangen, daß er sich die Bücher über Nahtod-Erfahrungen anschaute. »Lies zum Beispiel das Werk von Dr. Raymond Moody«, sagte ich und fuhr fort, indem ich erklärte, weshalb Forschungen auf diesem Gebiet die Existenz anderer Wirklichkeiten jenseits der materiellen Welt nahelegten.

»Menschen haben die ganze Geschichte hindurch Nahtod-Erfahrungen gemacht und ihren Freunden und Verwandten von dem berichtet, was sie während ihres ›Todes‹ erlebten. Aber erst seit kurzem ist es möglich, wissenschaftlich zu belegen, daß es so etwas wie eine Nahtod-Erfahrung gibt.«

»Würdest du uns bitte kurz erklären, was du unter Nahtod-Erfahrungen verstehst«, bat Demos, »damit alle wissen, worüber wir sprechen?«

»Es geht dabei um Menschen, die von Ärzten, die modernste, medizinische Instrumente benutzen, klinisch für tot erklärt wurden. Dann kehrten sie wunderbarerweise ins Leben zurück und beschrieben sehr detailliert ihre Erfahrungen. Die moderne medizinische Technik ermöglicht es uns, die Realität solcher Erfahrungen zu überprüfen. Und wir können heute nicht nur eine Nahtod-Erfahrung überprüfen, sondern es ist auch technisch möglich, eine zunehmend große Anzahl von Menschen sozusagen aus dem Tod ›zurückzuholen‹, die in früheren Zeiten einfach unwiderruflich tot gewesen wären. Somit haben wir hier einen Fall, in dem die Technik im Dienste der spirituellen Erweckung steht. Vielleicht ist es gerade die Technik, die lange Zeit als Feind der Religion betrachtet wurde, die in den kommenden Jahrhunderten die Aussagen der Religion bestätigt.«

»Aber in welcher Weise beweist eine Nahtod-Erfahrung die Realität anderer Welten?« fragte Demos, nachdem er über meine Worte nachgedacht hatte.

»Sie kann es, streng wissenschaftlich betrachtet, natürlich nicht. Es ist nur so, daß man auf der Grundlage dessen, was die Menschen nach ihrer Rückkehr von einer solchen Reise berichten, die Realität anderer Welten vermuten kann. Wenn jemand klinisch tot ist, befindet er sich in einem Zustand, in dem er angeblich nichts fühlt und von nichts weiß. Der Körper liegt im Koma. Und doch gibt es erstaunliche Berichte von Patienten, die hinterher nicht nur sehr detailliert über ihre Erlebnisse während der Dauer ihres komatösen Zustandes sprachen, sondern auch wußten, was in anderen Teilen des Krankenhauses (oder sogar in anderen Teilen der Stadt) vor sich ging und was die Ärzte beim Ausfüllen des Totenscheines gesagt hatten. Diese verblüffenden, gut dokumentierten Berichte legen den Verdacht nahe, daß das Bewußtsein den Körper der Betreffenden verlassen hatte und daß sie in dem, was die Erewna den psychonoetischen Körper nennen würde, voll bewußt in einer anderen Dimension waren. Moody berichtet zum Beispiel über eine Frau, die nach ihrer Wiederbelebung nicht nur wiederholte, was die Ärzte gesagt hatten, während sie sich darum bemühten, sie ins Leben zurückzurufen, sondern den Ärzten auch mitteilte, daß sich draußen auf dem Dach über dem Balkon des Operationsraumes ein Schuh befände. Die Ärzte waren sehr überrascht, als sie entdeckten, daß es genauso war, wie sie es beschrieben hatte. Dies ist nur einer von vielen ähnlichen Fällen. Aber das Wichtigste in solchen Fällen ist dasjenige, was diese Menschen während ihrer Nahtod-Erfahrung erleben und wie es ihr späteres Leben verändert. Charakteristischerweise berichten diese Patienten, daß sie während ihrer Nahtod-Erfahrung durch einen Tunnel sausten und in einer anderen Welt ankamen.«

Ich holte eines von Moodys letzten Werken aus dem Stapel von Büchern und Notizen hervor und las: »›Diese Welt ist von verstorbenen Verwandten bevölkert, die in strahlendes Licht gebadet sind, und wird von einem höchsten Wesen beherrscht, das den Neuankömmling durch eine Rückschau seines Lebens geleitet, bevor es ihn wieder zurückschickt, damit er noch weiter auf der Erde lebt.‹[1] All diese Patienten berichten übereinstimmend, daß sie – wenn sie sich erst einmal in der Gegenwart dieser christusartigen Gestalt befinden – dort bleiben möchten, als wären sie zu einem liebenden Elternteil zurückgekehrt, den sie seit langem vermißten. Dies ist genau die Art, wie einige Gerontes sprechen, wenn sie ihren mystischen Kontakt mit dem Christus-Logos beschreiben.«

Ich fuhr fort, indem ich berichtete, daß ich einmal auf einer nationalen Gesundheitskonferenz einen Arzt traf, der selbst eine Nahtod-Erfahrung gehabt hatte und sie auf die gleiche Weise beschrieb, wie die Patienten in Moodys Untersuchungen. Er sagte mir, nach dieser Erfahrung sei seine Furcht vor dem Tod vollständig vergangen und er könne es in der Tat kaum abwarten, mit dem christusartigen Wesen, dem er begegnet war, wiedervereinigt zu werden.

»Aber um zu wiederholen, was ich soeben sagte, das Erstaunlichste an den Nahtod-Erfahrungen ist dasjenige, was hinterher mit den Menschen geschieht, die sie gemacht haben. Das war es, was Moody faszinierte. ›Nach ihrer Rückkehr‹, schreibt er, ›sind die Personen [die eine Nahtod-Erfahrung gemacht haben] nie wieder dieselben. Sie heißen das Leben rückhaltlos willkommen und bringen den Glauben zum Ausdruck, daß Liebe und Erkenntnis das wichtigste von allem sind, weil sie das einzige sind, was man mitnehmen kann.‹«[2]

»Es ist sehr tröstlich, zu wissen, daß Liebe und Erkenntnis die wichtigsten Dinge im Leben sind«, bemerkte Lydia, die Chemikerin.

»Natürlich. Es ist der Grund dafür, daß – nach Moody und anderen Forschern, die sich mit diesem Gegenstand befaßt haben – Menschen, die von dieser Reise zurückkehren, liebevoller werden und selbst dann zu studieren und zu lesen beginnen, wenn sie es nie zuvor getan haben. Wir als menschliche Wesen sind wirklich für die Liebe und die Erkenntnis geschaffen. Das ist der Grund dafür, daß wir ständig danach streben.«

Ich nahm ein schmales Bändchen von meinem Stapel und reichte es Demos mit den Worten: »Hier ist ein Buch, das zugleich unterhaltsam und aufschlußreich ist. Wenn du erst angefangen hast, es zu lesen, wirst du es nicht mehr aus der Hand legen können. Es ist die persönliche Geschichte von Dr. George Ritchie, einem praktizierenden Psychiater aus Virginia, der seine aufsehenerregende Nahtod-Erfahrung beschreibt.«[3] Demos blätterte das Buch durch und versprach, es sich später am Abend anzuschauen.

»Übrigens«, sagte ich, »die Vermutung, daß wir vielleicht das Lüften des Schleiers miterleben, der eine andere Welt vor unserer Welt verbirgt, stammt nicht von mir. Er stammt von ernstzunehmenden Philosophen, Wissenschaftlern und Forschern aller Art, die mit der Untersuchung von Phänomenen befaßt sind, die sich innerhalb der Wirklichkeitskonzepte in den heute vorherrschenden wissenschaftlichen Disziplinen und philosophischen Systemen nicht erklären lassen. Nimm zum Beispiel das UFO-Phänomen...« Ich hielt inne, als ich sah, daß Demos eine übertriebene Grimasse der Ablehnung machte. Ich lachte.

»Demo«, sagte ich, »ich selbst hätte noch vor wenigen Jahren genauso auf Geschichten über UFOs reagiert. Ich betrachtete sie als reinen Unsinn und dachte damals, daß sich nur Leute dafür interessierten, die jene Art von Zeitschriften lesen, wie sie an den Supermarktkassen liegen. Vor kurzem erkannte ich, daß ich einfach Vorurteile gehabt hatte. Ich entdeckte, daß sehr viele Menschen in den USA und anderswo behaupteten, entweder im Schlaf oder im Wachzustand von UFOs entführt und von Außerirdischen verschiedenen Tests unterzogen worden zu sein. Das Erstaunliche an diesem Phänomen sind die Übereinstimmungen in den Berichten der Leute und die Anzahl der Menschen, die behaupten, entführt worden zu sein. Nach einer kürzlichen Umfrage, die zwischen Juli und September 1991 über ungewöhnliche Vorkommnisse dieser Art durchgeführt wurde, muß man vermuten, daß Hunderttausende, wenn nicht sogar Millionen Menschen in den Vereinigten Staaten Opfer einer Entführung oder einer entführungsähnlichen Erfahrung wurden.[4]

Ich weiß, daß es absurd klingt, aber laß mich dir ein paar Abschnitte aus dem Artikel eines vormals skeptischen Harvard-Forschers auf diesem Gebiet vorlesen.« Ich zog aus meinem Materialstapel einen Aufsatz von dem Harvard-Psychiater und Pulitzer-Preisträger Dr. John E. Mack, Direktor des Zentrums für Psychologie und sozialen Wandel, der Forschungen und Therapien mit Entführten durchgeführt hat.

»Was Professor Mack am meisten beeindruckte«, sagte ich, »war nicht nur die Tatsache, daß es sich bei diesen Menschen um ganz gewöhnliche, normale Personen handelte, die nicht unter irgendwelchen Symptomen mentaler Pathologie litten, sondern auch, daß es innere Übereinstimmungen in ihren Berichten gab, obwohl sie keine Möglichkeit hatten, sich untereinander zu verständigen. Er behauptete, es wäre ihnen nicht leichtgefallen, ihre Berichte abzugeben, und sie hätten danach peinigende Gefühle durchgemacht.«

»Und wie lauten seine Schlußfolgerungen?« fragte Lydia eifrig.

»Einige von ihnen stehen hier«, erwiderte ich und begann vorzulesen.

»Das Entführungsphänomen konfrontiert uns mit einem echten und beunruhigenden Geheimnis... Denn ich glaube, daß wir im Rahmen unserer heutigen Vorstellungen davon, was real oder möglich ist, keinen Sinn in diesen Vorkommnissen erkennen, geschweige denn eine überzeugende Erklärung dafür finden können. Unsere psychologischen Theorien bieten keinerlei Ansatzpunkt zur Erklärung dieser simultanen Vorkommnisse, von denen Tausende von Menschen betroffen sind, darunter kleine Kinder, komplexe, vielfältige und manchmal überwältigende Erfahrungen, die einander bis in die kleinsten Einzelheiten entsprechen und von einer Vielzahl ebenso einzigartiger, körperlicher Phänomene begleitet sind. Dazu kommt, daß wir uns mit unserem derzeitigen Verständnis der physikalischen Wirklichkeit nicht die Technologie erklären können, mit deren Hilfe eine Gattung von Lebewesen aus einem anderen Raum-Zeit-Bereich in unsere Welt eindringen kann, ohne in den meisten Fällen auch nur entdeckt zu werden, und sich so vieler Menschen bemächtigen kann.«[5]

Ich warf Demos einen Blick zu, um zu sehen, wie er reagierte, und fuhr fort: »Weitere Forschungen auf diesem Gebiet könnten uns zu großen Erkenntnissen über das Wesen der menschlichen Psyche verhelfen und unser Verständnis der psychischen und der physikalischen Wirklichkeit erweitern. Diese Phänomene könnten uns einen vierten Schlag versetzen nach denjenigen, die Kopernikus, Darwin und Freud uns beigebracht haben. Denn wir könnten zu der Erkenntnis gelangen, daß wir – abgesehen davon, daß wir nicht in physikalischer Hinsicht den Mittelpunkt des Universums einnehmen, nicht allen übrigen Lebensformen überlegen und nicht die Herren der eigenen Psyche sind – außerdem auch nicht einmal die wichtigste oder dominierende Intelligenz im Kosmos sind, die Gewalt über ihre psychologische und physische Existenz hat. Es sieht so aus, als wären wir leichte Beute für Invasoren oder Eroberer, wenn nicht buchstäblich für andere Lebewesen, so doch für andere Seins- oder Bewußtseinsformen, die fähig sind, mit uns anzustellen, was auch immer sie wollen, zu Zwecken, die wir nicht einmal erahnen können.«[6]

Ich reichte Demos den Artikel, der kopfschüttelnd nachzuprüfen schien, daß ich auch tatsächlich vorgelesen hatte, was der geschätzte Harvard-Gelehrte zu sagen hatte.

»Es gibt noch andere, Demo«, sagte ich, »die dieses Phänomen untersucht haben und zu ähnlichen Schlüssen gelangt sind.« Ich zog ein weiteres Buch aus dem Stapel hervor. Es handelte sich um Dr. Kenneth Rings[7] neuestes Werk, in dem er eine Sammlung von Berichten von Menschen, die eine Nahtod-Erfahrung hinter sich hatten, mit Berichten von Personen verglich, die von UFOs entführt wurden.

»Kenneth Ring ist Psychologieprofessor an der Universität von Connecticut, und wie John Mack hat er es gewagt, diesen tabuisierten Gegenstand zu untersuchen. Seine Folgerungen sind außerordentlich interessant und weisen Ähnlichkeiten mit denjenigen Macks auf. Er entdeckte, daß beide Gruppen aus gewöhnlichen Menschen ohne mentale Auffälligkeiten bestehen. Sie zeichnen sich jedoch durch eine überdurchschnittliche Sensibilität aus. Die meisten Personen beider Gruppen wurden nach ihren jeweiligen Erlebnissen radikal verändert. Sie wurden zum Beispiel spiritueller und mehr an ihrem Schicksal auf der Erde interessiert. Kenneth Ring stellt die faszinierende Hypothese auf, daß sowohl das UFO-Phänomen als auch die Nahtod-Erfahrungen einem grundlegenden, evolutionären Zweck dienen, indem sie die Menschen für andere Realitäten jenseits der grob materialistischen, mechanistischen Weltsicht sensibilisieren, die unseren Planeten an den Rand der Vernichtung geführt hat. Er behauptet sogar, daß wir am Wendepunkt einer gewaltigen und radikalen Transformierung des menschlichen Bewußtseins stehen – dessen, was er

›die Schamanisierung der Menschheit‹ nennt. Folgendes sagt er über dieses Lüften des Schleiers, von dem ich sprach: ›In der Tat werden wir letztlich nicht länger scharf zwischen der Welt der Toten und der Welt der Lebenden unterscheiden können. Es werden Schleier vom Antlitz des Nichtphysischen genommen werden, und wir selbst werden durchscheinende Wesen werden mit Körpern aus Licht.‹[8]

Kenneth Ring ist, wie viele andere Forscher, zu dem Schluß gelangt, daß Phänomene wie die UFOs durch eine oder mehrere intelligente Realitäten gelenkt werden, die außerhalb des physikalischen Universums liegen. Diese Begegnungen ereignen sich heute, weil allgemein erkannt wird, daß unser Planet in Gefahr ist und daß eine dringliche Notwendigkeit für eine drastische und radikale Transformierung des menschlichen Bewußtseins besteht. Diese Transformierung kann erst dann stattfinden, wenn wir unseren materialistischen Aberglauben transzendieren. Ring zitiert Carl Raschke, einen weiteren Forscher auf dem Gebiet der UFO-Phänomene, der behauptet, daß die UFO-Erfahrungen den Menschen aufgedrängt werden, um sie ›von den Fesseln ihrer eingefleischten Gewohnheiten im Denken und Handeln zu befreien‹. Raschke hält das UFO-Phänomen für einen Plan zur ›kulturellen Dekonstruktion‹. Er schreibt: ›Das UFO ist eine Idee, deren Ziel darin besteht, die Wissenschaft ratlos zu machen, weil die Wissenschaft angefangen hat, die Existenz der menschlichen Rasse und das gesamte Ökosystem des Planeten zu bedrohen. Und an diesem Punkt ist ein Kulturschock nötig – ein Schock, der sich mit dem Schock der Auferstehung Christi auf den römischen Imperialismus vergleichen läßt.‹[9] Und nun folgt die laut Ring wichtigste Lektion aus den UFO-Erfahrungen: ›*Wir sollen verblüfft werden!* Nur wenn wir uns dem Unerklärlichen stellen und ihm nachgeben, wenn wir konsequent der Versuchung widerstehen, diese Phänomene zu leugnen oder fortzurationalisieren, indem wir uns bemühen, eine herkömmliche Erklärung für sie zu finden, nur dann können wir als Spezies unser Bewußtsein bis zu einem Punkt entwickeln, an dem es uns möglich ist, die Schritte zu unternehmen, die nötig sind, um das bittere Ende des Planeten [vor dem wir gewarnt wurden] abzuwenden.‹« [10] Ich schloß das Buch.

»Mich verwundert dies alles ebenso wie dich, Demo«, sagte ich nach einer Pause. »Es gibt so viele weitere, wahrhaft ungewöhnliche Phänomene, wie die Geistheilungen auf den Philippinen [11] und in Brasilien, von denen wir dank moderner Techniken erfahren. Diese Phänomene werden jetzt von erfahrenen Wissenschaftlern auf Video aufgenommen, die von dem, was sie sehen, ebenso verblüfft sind wie du und ich. Viele Forscher sind verwundert, wenn ihnen klar wird, daß diese Phänomene Realität sind. Einige von ihnen stürzen sich in das Studium dieser Realitäten und werden zu Motoren der Veränderung innerhalb ihrer Studienfächer. Andere, die Angst um ihren Ruf haben, gehen jeder weiteren Erfahrung dieser Art aus dem Weg, oder sie werden – wie religiöse Fundamentalisten – zu Kreuzzüglern gegen alles, was ihre materialistische Weltanschauung gefährdet. Zum Beispiel teilte mir Henry Belk, der schon seit langem paranormale Phänomene untersucht, mit, daß er bei mehreren Besuchen auf den Philippinen, wo er Videoaufnahmen von über 40 Stunden Gesamtdauer von der Arbeit medialer Chirurgen machte, amerikanische Ärzte antraf, die miterlebten, was vor sich ging. Und doch hüteten sie sich nach ihrer Rückkehr in die USA, darüber zu sprechen, weil sie sich davor fürchteten, daß die amerikanische Ärztekammer ihnen die Lizenz entziehen würde. Und ihre Angst ist berechtigt. Ich erfuhr von einem Arzt, der seine Lizenz verlor, weil er Interesse an nicht-medizinischen Heilmethoden zeigte. Ein Pilot einer größeren Fluggesellschaft erzählte mir, daß er beinahe seine Arbeit verloren hätte, weil er sich für UFOs interessierte. Eine Flugbegleiterin mit einem Magister in Psychologie hatte ihren Vorgesetzten gegenüber geäußert, das Interesse dieses Piloten zeige, daß er mental unstabil und deshalb untauglich sei, ein Flugzeug zu fliegen.

Aber die Dinge ändern sich. Sogar die amerikanische Ärztekammer wird allmählich offener für neue Ideen, weil in der Medizin selbst eine Revolution stattfindet, eingeleitet durch die bahnbrechenden Arbeiten von Ärzten, die die materialistischen Schranken überwunden haben. Wer hätte noch vor wenigen Jahren geglaubt, daß die nationalen Gesundheitsinstitute ein Studienfach für ›unkonventionelle medizinische Praktiken‹ einrichten würden? Und doch ist es geschehen.«

Ich hielt inne, um auf Reaktionen von Demos und den anderen zu warten.

»Und wie paßt dies alles zu den Wundern des heiligen Raphael, von denen zu erzählt hast, zum Berg Athos und der Erewna?« fragte Demos, nachdem wir eine kurze Pause gemacht hatten.

»Ich glaube, daß das Erscheinen von Heiligen bei so vielen Griechen in einem gewissen Zusammenhang mit dem steht, was mit Amerikanern geschieht, mit den UFO-Entführungen, den Nahtod-Erfahrungen und mit dem, was zur Zeit überall geschieht, da aus aller Welt Berichte über ähnliche ungewöhnliche Vorkommnisse eingehen. Diese Erlebnisse könnten insgesamt eine radikale Transformierung in Richtung auf ein spirituelles, religiöses Bild der Kosmos zur Folge haben. Vielleicht ist dies der eigentliche Punkt, der all diese scheinbar zusammenhanglosen Phänomene untereinander verbindet. Wenn wir akzeptieren, daß es eine spirituelle Wirklichkeit jenseits des materiellen Universums gibt – also die Thesen, die ich zu Beginn unseres Gesprächs genannt habe –, dann ist es nur logisch, anzunehmen, daß eine Verbindung zwischen dem besteht, was in all den verschiedenen Gesellschaften und Kulturen der Welt geschieht. Spirituelle Realtitäten manifestieren sich in den unterschiedlichen Kulturen entsprechend der Art und Weise, wie die Menschen in diesen Kulturen sie verstehen und auf sie reagieren. Das ist der Grund dafür, daß die Engländer nicht den heiligen Raphael sehen. Ähnlich absurd wäre es, wenn ein Hindu oder ein chinesischer Bauer Visionen von griechischen Heiligen oder von christlichen Madonnen hätte. Kenneth Ring stellte die Hypothese auf, daß das Entführungsphänomen auf Grund seiner materialistischen und technischen Konzentration auf Raumfahrt und dergleichen einen Bezug zu unserer modernen Kultur hat. Es fällt Amerikanern leicht, einen Zusammenhang zwischen UFOs und Außerirdischen herzustellen – ebensoleicht, wie es Griechen fällt, sich zu orthodoxen Heiligen zu bekennen.

Was ich sagen will, ist dies: Die spirituellen Realitäten werden sich stets innerhalb des Bedeutungskontextes der jeweiligen Kultur präsentieren. Oder, um es in der Sprache der Kirche auszudrücken, es ist, als schicke Gott in seiner unendlichen Liebe und seinem Mitleid seine Heiligen, Botschafter oder den Heiligen Geist, um uns auf die Realität seiner Existenz als Vorbedingung für die Errettung der Schöpfung vor dem selbstmörderischen Kurs aufmerksam zu machen, auf dem wir uns heute befinden. Zu den Griechen sendet Gott Heilige wie Raphael, Nikolaus und Irene, und zu den industrialisierten und säkularisierten Amerikanern sendet Gott UFOs und Außerirdische. Die Wirkung auf das menschliche Bewußtsein ist ähnlich: eine Offenheit gegenüber spirituellen Realitäten.

Und nun zu der Frage, wie es weitergeht. Was ist der Grund dafür, daß in den letzten zwanzig bis dreißig Jahren so etwas wie eine weltweite Epidemie ausgebrochen ist, eine Epidemie, die soviel Feindseligkeit, Verwirrung und verärgerte Reaktionen bei den wissenschaftlichen Fundamentalisten hervorgebracht hat, weil sie irrtümlich schlossen, daß das, was geschieht, ein globaler Rückschritt in einen vorrationalen Aber-

glauben darstellt? Einige meiner Einschätzung nach vorur-
teilsfreie Denker, Wissenschaftler und Philosophen haben eine mögliche Antwort vorgeschlagen.«

Ich fuhr fort, indem ich über die ungewöhnlichen Arbeiten einiger zeitgenössischer, transpersonaler Theoretiker und Neo-
hegelianer wie Ken Wilber[12] und Richard Tarnas[13] sprach, die
überzeugend dargelegt haben, daß die Entwicklung der wissenschaftlichen Vernunft und Rationalität tatsächlich nicht eine falsche Abzweigung in der Evolution des menschlichen Bewußtseins war, wie einige Forscher es genannt haben, sondern
vielmehr einen wichtigen Schritt in der Entfaltung dieses Bewußtseins zu einem transrationalen und translogischen Bewußtseinszustand darstellt. Und weiter, daß die Entfremdung,
der Säkularismus und die scheinbar antispirituelle Haltung des
westlichen Denkens in den letzten 300 Jahren eine notwendige Stufe war, durch die der Mensch hindurchgehen mußte,
um seine rationalen und kritischen Fähigkeiten zu entwickeln.
Und schließlich, daß die Säkularisierung selbst in Wirklichkeit
ein verborgener Prozeß der spirituellen Entfaltung war.

»Also sagen diese Leute«, bemerkte Demos, »daß wir unsere
Götter und Dämonen vergessen mußten, um unsere rationalen Fähigkeiten zu entwickeln?«

»Genau.«

»Das habe ich doch immer gesagt«, scherzte er.

»Ja, aber diese Denker sagen, daß jetzt, da wir als Spezies unsere rationalen Fähigkeiten entwickelt haben, die Zeit gekommen ist, da wir unser spirituelles Verständnis wiederbeleben
müssen. Laß es mich noch anders ausdrücken. Vor dem Aufkommen des rationalen Denkens handelte die Menschheit
nahezu ausschließlich mit Hilfe der rechten Hirnhälfte, unserer
intuitiven Seite. Die rationale, linke Hirnhälfte blieb kümmer-
lich und unentwickelt. Tarnas, Wilber und andere sagen, daß
die Menschheit, um die linke Seite des Gehirns zu entwickeln,

die Dominanz der Intuition und der rechtshemisphärischen Hirnaktivität unterdrücken mußte. Tarnas ging so weit, zu behaupten, das Auftreten der patriarchalischen Kultur mit all ihren negativen Folgen, die Feministinnen uns vor Augen führen, stelle eine Entwicklung dar, die aus spiritueller Sicht unvermeidlich und notwendig war. Das Patriarchat schuf die Bedingungen, unter denen das menschliche Bewußtsein aus seinem ursprünglichen, undifferenzierten Verhältnis zur Natur heraustreten und seine Autonomie und Individualität entwickeln konnte. Aber mit diesem Prozeß waren all die schmerzlichen Begleiterscheinungen der Entfremdung des menschlichen Bewußtseins von seinem Daseinsgrund, vom Spirituellen, verbunden. Und nun, sagt Tarnas, sind die Bedingungen erfüllt und verlangen nach einer Wiedererweckung unserer intuitiven Fähigkeiten auf einer höheren Stufe der Synthese, auf der die rechte und die linke Gehirnhälfte wiedervereinigt und im Gleichgewicht sind – wie das chinesische Yin und Yang. Dies würde ›die Umarmung des Weiblichen‹ und den Ausgleich des männlichen und des weiblichen Prinzips sowohl in jedem einzelnen von uns als auch in der Zivilisation als ganzer voraussetzen. Und dies wird auch geschehen, denn, wie Tarnas sagt: ›Die tiefste Sehnsucht des westlichen Geistes war die Wiedervereinigung mit seinem Daseinsgrund.‹ Es ist das Verlangen des verlorenen Sohnes, der sich danach sehnt, in seines Vaters Palast zurückzukehren.«

Ich fuhr fort, indem ich die Hypothese aufstellte, daß diese Metapher nicht nur auf jede menschliche Seele zutrifft, sondern auch auf den gesamten Zivilisationsprozeß, auf den Makrokosmos. Wenn der Sinn des Abstiegs in die Welten der Schöpfung, wie es die Erewna sagt, darin besteht, daß wir Erfahrungen sammeln, um unsere individuelle Autonomie innerhalb der Alleinigkeit Gottes zu stärken, dann ist die westliche Zivilisation die soziokulturelle Matrix, in der sich dieser Prozeß entfaltet.

Ich hielt inne und fragte meine Freunde, ob ich sie mit all diesem Theoretisieren ermüdete. Da ich keine Klagen hörte, fuhr ich fort.

»Es gibt jedoch keine Garantie dafür, daß unsere Spezies und das gesamte Leben auf der Erde überleben. Wir leben in einer extrem gefährlichen Zeit. Das männliche Prinzip, das in der analytischen linken Hirnhälfte verkörpert ist, läuft in gewisser Hinsicht Amok und bedroht die Existenz des Planeten selbst. Daher die Alarmsignale, die wir aus den spirituellen Welten empfangen. Die Menschheit steht seit dem zweiten Weltkrieg und Hiroshima an einem kritischen Punkt und lebt auf geborgte Zeit, wie Arthur Koestler uns vor seinem Tod warnte.[14] Falls nicht ein rascher und radikaler Wechsel im menschlichen Bewußtsein stattfindet, der eine ›Wiederverzauberung der Welt‹ und die Wiedereinsetzung des Spirituellen in den Mittelpunkt unseres persönlichen und kollektiven Lebens mit sich bringt, wird das menschliche Unternehmen auf dem Planeten Erde höchstwahrscheinlich zu einem katastrophalen Ende gelangen. Die paranormalen Ereignisse, über die wir gesprochen haben, könnten die Weckrufe aus den Regionen des Heiligen Geistes oder dessen sein, was Kenneth Ring den ›Geist an sich‹ nennt, unsere morbide Faszination durch den Materialismus in all seinen Formen und Manifestationen zu überwinden. Ein Weckruf, der uns helfen soll, daß wir uns unseres göttlichen Ursprungs und unserer Bestimmung als Geschöpfe im Prozeß der Gottwerdung bewußt werden. Sobald dieses Verständnis – das zur Zeit noch in den Schlupfwinkeln unseres individuellen und kollektiven Unterbewußtseins verborgen liegt – an die Oberfläche kommt, werden wir auf eine Weise fühlen, denken und handeln, die uns zu Bewahrern der Schöpfung macht statt zu ihren vernunftlosen Zerstörern.«

Demos schwieg nach meinem langen Monolog. Ich war nicht sicher, ob er ihm einleuchtete, aber er war meinen Worten aufmerksam gefolgt. »Traditionelle Wissenschaftler«, fuhr ich fort, »werden früher oder später erkennen müssen, daß dasjenige, was heute geschieht, kein Rückschritt in eine vorrationale, abergläubische Haltung ist, sondern die Vorbereitung eines Quantensprungs in überrationale Zustände des Bewußtseins. Es ist keine Umkehrung der Aufklärung, wie sie befürchtet haben, sondern deren Vervollständigung durch das Entstehen einer neuen Wissenschaft, die das Spirituelle in den Mittelpunkt ihres Interesses stellen wird.«

»Angenommen, was Sie gerade gesagt haben, stimmt«, sagte Lydia nach einer Weile, »wo würden Sie den Berg Athos und die Arbeit der Erewna ansiedeln?«

»Genau dasselbe wollte ich fragen«, sagte Demos.

»Laßt uns kurz über das heutige Christentum sprechen, dann werde ich eure Frage beantworten«, sagte ich. »Eines der Probleme mit dem Christentum, wie es sich in Form der organisierten Kirchen und der verschiedenen Bekenntnisse darstellt, ist seine Säkularisierung. Die Kirche hat genau dasjenige mit einem Bann belegt, was den Kern der Religion ausmacht – die Realität der Wunder, der Mysterien und des Glaubens an die Fähigkeit eines jeden Menschen, durch systematische Methoden der spirituellen Praxis eine Einheit mit dem Göttlichen zu erlangen. Die meisten westlichen Theologen nutzten ausschließlich ihre linke Gehirnhälfte und brachten eine völlig mechanistische Weltsicht in die Religion ein. Sie haben aus dem Christentum nichts weiter als ein System von moralischen Regeln für das gesellschaftliche und politische Handeln gemacht. Jesus von Nazareth ist nicht länger die historische Verkörperung des panuniversalen Logos[15], der Wunderwirker, der die Menschen auf ihre göttliche Herkunft und Bestimmung aufmerksam machen wollte, sondern einfach nur ein großer Lehrer der Moralphilosophie.«

»Sie verhalten sich so, um sich nicht vor den profanen Wissenschaftlern zu blamieren«, sagte Lydia. »Sie haben Angst davor, als rückständig und abergläubisch angesehen zu werden.«

»Genau«, erwiderte ich. »Aber aus diesem Grund gibt es bei so vielen Menschen, insbesondere bei den gebildeten und den jungen, ein so großes Interesse an neuen Religionen, die eine persönliche Erfahrung der spirituellen Realitäten betonen. Ebenso wie die herkömmliche Wissenschaft auf drastische Veränderungen in ihrer Wahrnehmung der Wirklichkeit angewiesen ist, brauchen die organisierten, etablierten Religionen entsprechende Veränderungen, um in den bevorstehenden Jahrzehnten noch eine Rolle spielen zu können.«

»An welche Veränderungen denkst du?« fragte Demos.

»An die Reintegration des Wunderbaren, des Mysteriösen und der Erfahrung als Hauptanliegen der Religionen. Aus diesem Grund glaube ich übrigens, daß der Berg Athos für das heutige Christentum Bedeutung haben könnte. Denn dort ist die empirische Tradition, die für die frühe Christenheit typisch war, erhalten geblieben.«

Demos reagierte, als könne er das, was ich sagte, nicht verstehen, da der Berg Athos einen mittelalterlichen Orden repräsentierte, der ganz und gar nicht in die moderne Zeit paßte. Ich stimmte ihm zu, daß eine tausend Jahre alte Kluft den gesellschaftlichen Kontext des Heiligen Berges von dem modernen Amerika und Europa trennte. Ich stimmte ihm auch darin zu, daß die Lebens- und Denkart der Mönche auf dem Berg Athos nicht auf Menschen und Kulturen außerhalb der griechisch-orthodoxen Welt übertragbar war.

»Und doch glaube ich«, sagte ich, »daß die östlich-orthodoxe, mystische Theologie und Praxis, die auf dem Berg Athos bewahrt blieben, eine wichtige Rolle in der Erneuerung des Christentums spielen können, sobald diese Theologie aus ihrem mittelalterlichen Zusammenhang gelöst und an die Bedürfnisse und die Denkart des modernen christlichen Westens angepaßt wird. Ich sehe bereits ein zunehmendes Interesse unter einigen protestantischen und katholischen Theologen und Geistlichen, die – wie ich selbst – den Reichtum der mystischen Praxis entdecken, den man in der *Philokalia* und anderen Werken östlicher, orthodoxer Mystiker findet.«

Ich fuhr fort, indem ich einen Abschnitt aus dem Buch von Dr. John Rossner vorlas.[16] Pater Rossner entdeckte als episkopalischer Priester und Professor für vergleichende Religionswissenschaft den spirituellen Reichtum der östlich-orthodoxen Mystik als Fundgrube der Urtradition, die sich in sämtlichen esoterischen Praktiken der großen Religionen zeigt. Rossner schrieb über den orthodoxen Heiligen Gregor Palamas:

»Der große, mittelalterliche ... Heilige Gregor Palamas entwickelte eine christliche Theologie der menschlichen Heiligung und Transformation, die vollkommen mit den Yoga-Traditionen des Ostens und mit der Urtradition übereinstimmt... Palamas' Theologie besagt, daß das Wissen des Menschen von Gott nicht rein intellektuell sein kann, sondern unmittelbar, intuitiv und empirisch sein muß. Eine solche direkte Erfahrung Gottes ist möglich, weil der Mensch kein autonomes Wesen aus eigenem Vermögen darstellt, sondern ein ›Ebenbild Gottes‹, das ›nach oben hin offen‹ ist. Aber kein Mensch kann dieses Geburtsrecht in der Praxis erfahren, solange er nicht in seinen ›natürlichen Zustand‹ zurückversetzt wurde. Eine solche Wiedereinsetzung in den natürlichen Zustand der ›Ganzheit des Seins‹, den der Mensch durch seine Konformität zur bestehenden gesellschaftlichen und kulturellen Welt verloren hat, kann nur durch asketische Loslösung, Selbstdisziplin und einen moralischen Prozeß der Befreiung vom Ich oder der Selbsttranszendenz erlangt werden...

Hier finden wir also«, schreibt Rossner, »innerhalb der klassischen, östlich-orthodoxen, christlichen Theologie ein Wissen um den legitimen Stellenwert und die unverzichtbare Notwen-

digkeit verschiedener Techniken des Geistes und der Seele...
Diese Techniken muß man finden und anwenden, um die Seele
›nach oben hin‹ für den Heiligen Geist zu öffnen, bevor man in
seinen wahrhaft natürlichen, menschlichen Zustand zurückversetzt werden kann. Nur in einem solchen höheren Zustand
kann der Mensch von Gott erreicht werden. Nur in einem solchen höheren Funktionsmodus seines Bewußtseins – einem
spirituell besser eingestimmten Modus – kann der Mensch
die... Stimme Gottes vernehmen, die in ihm spricht.«[17]

»Ihr seht«, sagte ich, nachdem ich Rossners Buch wieder auf
den Tisch gelegt hatte, »wir sind heute Zeugen einer revolu-
tionären Bewegung in Richtung einer spirituellen Deutung der
Wirklichkeit, wie der Soziologe Pitirim Sorokin sie vor Jahrzehnten vorhergesagt hat. In der Wissenschaft vollzieht sie
sich dank des Angriffs der rebellischen Wissenschaftler auf
das positivistische, mechanistische Weltbild, das in der Wissenschaft seit drei Jahrhunderten tonangebend ist. In der Religion vollzieht sie sich durch einen ähnlichen Prozeß, durch
Arbeiten von religiösen Würdenträgern und Denkern wie den
Patres John Rossner und Matthew Fox und durch den Druck
seitens einer ständig wachsenden Zahl von Menschen, die von
parapsychischen und mystischen Erfahrungen berichten. Diese Entwicklungen sind im Begriff, unsere Welt radikal zu verändern. Und diese Veränderungen sind notwendig, wenn die
Menschheit überleben will. Wir bewegen uns möglicherweise
auf einen Punkt zu, an dem der traditionelle Konflikt zwischen
Religion und Wissenschaft zu einem Ende kommt. Dies wird
durch ein tieferes Verständnis der Natur und der Wirklichkeit
geschehen, das nach dem Lüften des Schleiers möglich ist, der
das gewöhnliche, dreidimensionale Bewußtsein von den Realitäten trennt, die nur durch ein Überbewußtsein erkennbar
sind.«

»Und Sie glauben, die mystische Theologie und die Ostkirche

können beim Lüften dieses Schleiers eine Rolle spielen?« fragte Lydia.

»Ja. Angenommen, die Ostkirche würde – wie ich sagte – von ihrer mittelalterlichen gesellschaftlichen Patina befreit. Oder, und dies erscheint mir plausibler, die Einsichten und Methoden der spirituellen Reinigung und Praxis entsprechend der Athos-Tradition – wie sie zum Beispiel in der *Philokalia* ausgedrückt wird – werden auf kreative Weise für den Gebrauch in unserer modernen, industriellen und postindustriellen Zivilisation angepaßt.«

»Wie paßt Ihre Beschäftigung mit der Erewna hierher?« fragte Roger.

»Nun, Roger«, erwiderte ich, »die philosophischen Einsichten und die rationale Klarheit der Erewna-Arbeit, mit der ich mich so viele Jahre lang befaßt habe, hat mir auf entscheidende Weise geholfen, verschiedene mystische Traditionen wie diejenige der östlichen Orthodoxie zu begreifen und zu würdigen. Tatsächlich war sie es, die mir Geist und Herz für die letztere öffnete. Somit ergänzen diese beiden Dinge einander in meinem persönlichen Wirklichkeitsverständnis.«

Dann sprach ich darüber, wie oft ich mich gefragt hatte, ob der mystische Teil des östlich-orthodoxen Christentums für mich das angemessene ästhetische und kulturelle Medium war, in dem ich zum Beispiel eine tatsächliche Erfahrung der höheren, spirituellen Wahrheiten und Wirklichkeiten haben konnte, von denen die Erewna spricht. Immerhin war ich in dieser Tradition geboren und aufgewachsen. Es wäre für mich ebenso natürlich, dem Pfad der östlichen Orthodoxie zu folgen, wie es für einen Tibeter natürlich wäre, dem Pfad des tibetischen Buddhismus zu folgen, oder für einen Hindu, dem Pfad der Veden und Upanischaden zu folgen.

»Und haben Sie Ihre eigene Frage beantwortet?« erkundigte Roger sich neckend.

»Noch nicht, noch nicht«, erwiderte ich lachend. »Ich brauche vielleicht mehr Zeit. Mein rationales, akademisches Ich war fleißig mit dem Bau von Befestigungen beschäftigt. Ich zögere, alles aufzugeben und mich ausschließlich einer systematischen Suche zu widmen. Bis jetzt habe ich mich darauf beschränkt, immer wieder um den Berg zu wandern, nachzudenken, zu forschen und die unterschiedlichen Spuren zu untersuchen, die auf den Gipfel führen.«

»Aber was hält Sie wirklich am Fuß des Berges fest?« fragte Lydia hartnäckig.

»Wie ich bereits sagte: höchst wahrscheinlich mein fest etabliertes akademisches Ego, das eine Weile braucht, bevor es sich auflöst.

Aber vielleicht gibt es noch einen weiteren Grund. Wie ich festgestellt habe, nehmen recht viele von denjenigen, die einen der vielen Pfade betreten, an, daß der Weg, den sie gewählt haben, der einzig richtige ist. Und in ihren Köpfen entsteht ein gewisser Zweifel an der Gültigkeit der übrigen Pfade. Sie machen auf ihrem Pfad transpersonale Erfahrungen und atmen die frische Luft, während sie höher und höher steigen. Der Pfad, auf dem sie gehen, ist für sie begehbar und wird sie auf den Gipfel führen. Aber zu beiden Seiten aller Pfade stehen hohe Bäume, die den Wanderer daran hindern, zu sehen, daß andere Menschen auf anderen Wegen ebenfalls zum Gipfel unterwegs sind.«

»Vielleicht ist dies nötig, damit die Wanderer nicht abgelenkt werden und sich auf ihren erwählten Pfad konzentrieren können«, gab Lydia zu bedenken.

»Das ist möglich«, gab ich zu. »Nur diejenigen, die die Baumgrenze überschritten und den Gipfel des Berges erreicht haben, können erkennen, daß es noch weitere Pfade gibt. Und diese Menschen, die Gott erkannt haben, sind die einzigen, die auch abschätzen könnten, welcher Pfad tatsächlich der beste ist und am schnellsten auf den Gipfel führt. Niemand sonst.«

»Deshalb kann jemand, der am Fuß des Berges umherstreift, eigentlich nur behaupten, daß es verschiedene Pfade gibt. Das ist es, was Sie gelernt haben, indem Sie immer um den Berg herumgegangen sind«, sagte Lydia.

»Genau. Es ist der Beitrag der säkularen Bildung und Kultur zum spirituellen Fortschritt der Menschheit.«

»Das begreife ich nicht«, sagte Demos.

»Wenn wir schließlich einen Pfad wählen, Demo«, sagte ich, »werden wir es in voller Erkenntnis und Anerkennung der Realität anderer Pfade hinter den Bäumen tun. Wir werden bereitwilliger erkennen, daß die unendliche Liebe und das unendliche Erbarmen des allmächtigen, allwissenden und allgegenwärtigen persönlichen Gottes uns, um unserer großen Verschiedenheit Rechnung zu tragen, viele Pfade zum Gipfel des Berges offengelassen hat. Unsere moderne, säkulare Erziehung hat uns für diese Unterschiede der *Conditio humana* und für die Relativität aller gesellschaftlichen und kulturell konstruierten Weltanschauungen sensibler gemacht. Deshalb kann ein denkender Mensch angesichts dieser Verschiedenheiten nicht umhin, verständnisvoller und toleranter gegenüber jenen zu werden, die Gott auf eine andere und in unseren Augen seltsame Weise verehren.«

Es wurde dunkel. Wir merkten erst, wie die Zeit dahingeflogen war, als wir den Mond über den Bäumen am gegenüberliegenden Ufer des Stillwater River aufgehen sahen. Emily zündete zwei Kerzen an, um die Moskitos fernzuhalten, und wir trugen das Essen auf den Balkon. Und als wir bei Wein und Bier angelangt waren, die Demos aus New York mitgebracht hatte, setzten wir unser spirituelles Symposium bis spät in die Nacht hinein fort.

SÄKULAR=

433

Anmerkungen

Vorbemerkung des Übersetzers: Bei allen deutschen Bibelzitaten wurde *Die Bibel ... mit den Erläuterungen der Jerusalemer Bibel*, Freiburg/Basel/Wien: Herder, 15/1979 zugrunde gelegt.

1. Geheimes Wissen

1 Siehe die 13bändige Ausgabe der Werke von Yogi Ramacharaka, herausgegeben von der Yogi Publication Society, Chicago, Ill.

2 Alan Watts, *Psychotherapy East and West*, New York: Vintage Books, 1975.

3 Huston Smith, *Forgotten Truth: The Primordial Tradition*, New York: Harper & Row, 1976.

4 P. D. Ouspensky, *A New Model of the Universe*, New York: Alfred A. Knopf, 1931, S. 11–14; dt., *Ein neues Modell des Universums*, Weilheim/Obb., 1970: O. W. Barth, S. 14–19.

5 Fritjof Capra, *The Tao of Physics*, Boston: Shambala, 1991; dt., *Das Tao der Physik*, München: Scherz, 1984.

6 Eine faszinierende Abhandlung über dieses Thema finden Sie in David R. Griffin und Huston Smith, *Primordial Truth & Postmodern Theology*, Albany: State University of New York Press, 1989.

2. Ewige Fragen

1 Ken Wilber, *Eye to Eye: The Quest for the New Paradigm*, New York: Doubleday/Anchor Press, 1983.

2 Jim Hunter, »The Guru Visits Peoria«, in Barbara Blazej, *Noetic News*, Orono, Me., 1990.

3 Yogi Ramacharaka, *Fourteen Lessons in Yogi Philosophy*, Chicago: Yogi Publication Society, 1903, S. 78; siehe besonders das Kapitel »Thought Dynamics«.

4 Ibid., S. 84f.

5 Matthew Fox, *The Coming of the Cosmic Christ*, San Francisco: Harper & Row, 1988; dt., *Vision vom kosmischen Christus*, Stuttgart: Kreuz, 1991.

6 Ramacharaka, *Fourteen Lessons*, a. a. O., S. 89f.

3. Mysteriöse Begebenheiten

1 Carl Jung, *Memories, Dreams, Reflections*, New York: Vintage Books, 1989; dt., *Erinnerungen, Träume, Gedanken von C. G. Jung*, Zürich/Stuttgart: Rascher, 1963, S. 159f.

2 Sowohl die katholische als auch die östlich-orthodoxe Kirche haben rituelle Prozeduren zur Dämonenaustreibung. Diese Praktiken haben sich offenbar in Klöstern erhalten. Man sagt, der Papst selbst könne Exorzismen ausüben. Dan Rather von der amerikanischen Fernsehgesellschaft CBS berichtete im August 1993, der Papst habe im Vatikan selbst einen Exorzismus bei einer Frau durchgeführt, die von Dämonen besessen war. Als der Pontifex die entsprechenden Gebete sprach, so wurde berichtet, verließen die »Dämonen« die Frau sofort.

4. Guru und Schüler

1 Jung, *Memories, Dreams, Reflections*, a. a. O., S. 155f.; dt., S. 159f.

2 Griffin/Smith, *Primordial Truth & Postmodern Theology*, a. a. O.

3 Colin Wilson, *Beyond the Occult*, New York: Carroll & Graf, 1988.

4 Paramahansa Yogananda, *Autobiography of a Yogi*, Los Angeles: Self-Realization Fellowship, 1987; dt., *Autobiographie eines Yogi*, München: O. W. Barth. 14. Aufl., 1985.

5 Howard Murphet, *Sai Baba Avatar: A new journey onto power and glory*, San Diego, Calif.: Birth Day Publishing Co., 1977.

5. Das Komitee der Skeptiker

1 *Not Necessarily the New Age: Critical Essays*, Robert Basil (Hrsg.), Buffalo, N. Y.: Prometheus Books, 1988.

2 Pitirim A. Sorokin, *Social and Cultural Dynamics*, 4 Bde., New York: American Book Co., 1937–1941.

3 Oswald Spengler, *Der Untergang des Abendlandes*, versch. Ausg. seit 1918.

4 Julian Jaynes, *The Origin of Consciousness in the Breakdown of the Bicameral Mind*, Boston: Houghton Mifflin, 1976; dt., *Der Ursprung des Bewußtseins durch den Zusammenbruch der bikameralen Psyche*, Reinbek bei Hamburg: Rowohlt, 1988.

5 Pitirim A. Sorokin, *Fads and Foibles in Modern Sociology and Related Sciences*, Chicago: Regnery, 1956.

6 Pitirim A. Sorokin, *Society, Culture and Personality*, New York: Harper, 1947.

7 *Not Necessarily the New Age,* a. a. O., S. 18.

8 *A Course in Miracles*, New York: Foundation for Inner Peace, 1977; dt., *Ein Kurs in Wundern*, Gutach i. Br.: Greuthof, 1994.

6. Pioniere

1 Paul Edwards, »The Case Against Karma and Reincarnation«, in *Not Necessarily the New Age*, a. a. O., S. 87–129.

2 Wilder Penfield, *The Mystery of the Mind*, Princeton, N. J.: Princeton University Press, 1975.

3 *The New York Times Book Review*, 18. Januar 1976.

4 Larry Dossey, *Recovering the Soul: A Scientific and Spiritual Search*, New York: Bantam Books, 1989.

5 Die methodologischen Details ihrer Untersuchung können Sie im *Journal of Scientific Exploration*, 3:43–63, nachlesen.

6 Dossey, *Recovering the Soul,* a. a. O., S. 47.

7 John G. Fuller, *Arigo: Surgeon of the Rusty Knife*, New York: Thomas Y. Crowell Company, 1974.

8 Ibid., S. 18f.

9 Zitiert in Fuller, *Arigo,* a. a. O. S. 185f.

10 Wilson, *Beyond the Occult,* a. a. O. Eine neuere, verständliche Übersicht der wissenschaftlichen Literatur über paranormale Phänomene finden Sie in Richard S. Broughton, *Parapsychology: The Controversial Science,* New York: Ballantine Books, 1991.

11 Ted Schultz, »A Personal Odyssey Through the New Age«, in *Not Necessarily the New Age,* a. a. O., S. 337–360.

12 Alan M. MacRobert, »New Age Hokum«, in *Not Necessarily the New Age,* a. a. O., S. 373–385.

13 Barbara Ann Brennan, *Hands of Light: A Guide to Healing Through the Human Energy Field,* New York, Bantam Books, 1988; dt., *Licht-Arbeit,* München: W. Goldmann, 1989. – Dies., *Light Emerging: The Journey of Personal Healing,* New York, Bantam Books, 1993.

14 Thomas Kuhn, *The Structure of Scientific Revolutions,* Chicago: University of Chicago Press, 1970; dt., *Die Struktur wissenschaftlicher Revolutionen,* Frankfurt a. M.: Suhrkamp, 1973.

15 Ken Wilber: *Eye to Eye,* a. a. O.

16 Ken Wilber, *A Sociable God: Toward a New Understanding of Religion,* Boulder: New Science Library, 1984.

17 Frits Staal, *Exploring Mysticism,* New York: Penguin, 1980.

7. *Filter des Bewußtseins*

1 Deepak Chopra, *Quantum Healing: Exploring the Frontiers of Mind/Body Medicine,* New York, Bantam Books, 1990; dt., *Die heilende Kraft,* Bergisch Gladbach: Lübbe, 1990, S. 179f.

2 Peter Berger, *The Sacred Canopy: Elements of a Sociological Theory of Religion,* New York: Doubleday/Anchor Press, 1969.

3 Huston Smith, *The Religions of Man,* New York: Harper & Row, 1986. Durchgesehene Neuauflage unter dem Titel *The World's Religions,* San Francisco: Harper, 1991.

4 William Rodarmor, »The Secret Life of Swami Muktananda«, *Co-Evolution* 40, Winter 1983, S. 104–111.

5 Rick Fields, »Perils of the Path«, *Co-Evolution* 40, Winter 1983.

8. Falsche Propheten

1 Rodarmor, a. a. O., S. 104–111.
2 Baba Muktananda, »The Dharma of Ashram Life«, *In the Company of Saints*, South Fallsburg, N. Y.: Darshan, Juli 1988.
3 Colin Wilson: *The Occult*, New York: Vintage Books, 1973; dt.,*Das Okkulte*, Herbstein: März und Deelen, 1982.
4 Rodarmor, a. a. O., S. 111.
5 *A Course in Miracles*, a. a. O.
6 Jane Roberts, *The Coming of Seth*, New York: Pocket Books, 1976. Diesem Buch folgte eine Reihe »gechannelter« Monographien.
7 Jon Klimo, *Channeling: Investigations on Receiving Information from Paranormal Sources*, Los Angeles: Jeremy P. Tarcher, 1987. Ein neueres, faszinierendes Werk über diesen Gegenstand ist Arthur Hastings, *With the Tongues of Men and Angels: A Study of Channeling*, Chicago, Holt, Rinehart und Winston, 1991.
8 Stanislav Grof und Christina Grof (Hrsg.), *Spiritual Emergency: When Personal Transformation Becomes an Crisis*, Los Angeles: Jeremy P. Tarcher, 1989, S. 121–134.
9 Herbert Benson, *The Relaxation Response*, New York: William Morrow, 1975; ders., *Your Maximum Mind*, New York: Avon Books, 1987.
10 Dean Ornish, *Reversing Heart Disease*, New York: Random House, 1990; dt., *Revolution in der Herztherapie*, Stuttgart: Kreuz, 1992.
11 Siehe das neuere Werk von Brian Weiss, *Through Time Into Healing: Discovering the power of regression therapy to erase trauma and transform mind, body and relationships*, New York: Simon & Schuster, 1992.
12 Rober J. Woolger, *Other Lives, Other Selves: A Jungian Psychotherapist Discovers Past Lives*, New York, Bantam Books, 1988.

9. Übergänge

1 Archimandrit Sophrony (Sakharov), *We Shall See Him As He Is*, Essex, England: Stavropegic Monastry of St. John the Baptist, 1988.

10. Pilger des Heiligen Berges

1 Jacob Needleman, *Lost Christianity*, New York, Bantam Books, 1980, S. 1 f.
2 Nikos Kazantzakis, *Report to Greco*, New York, Bantam Books, 1966.
3 Ken Wilber, *A Sociable God*, a. a. O.
4 Max Weber, *The Sociology of Religion*, Boston: Beacon Press, 1963; dt., *Gesammelte Aufsätze zur Religionssoziologie*, 3 Bde., zuerst erschienen 1920/21.
5 Max Weber, *The Protestant Ethic and the Spirit of Capitalism*, New York: Scribner's, 1958; dt., *Die protestantische Ethik und der »Geist« des Kapitalismus,* 2 Bde., zuerst erschienen 1905.
6 Den Namen des Klosters, in dem ich mich aufhielt, darf ich nicht nennen. Deshalb werde ich es von nun an einfach »das Kloster« nennen.
7 Phillip Sherrard, *Athos: The Mountain of Silence*, London: Oxford University Press, 1960; Michael Choukas, *Black Angels of Athos*, Brattleboro, Vt.: Stephen Daye Press, 1934.
8 Kallistos Ware, *The Orthodox Way*, London und Oxford: Mowbray, 1979.

11. Beichte

1 Choukas, *Black Angels of Athos*, a. a. O.
2 Merril Badger et al., Interview mit Robin Amis in *Earth Star*, Dezember/Januar 1992.
3 Christos Yiannaris, *Alfavitari tes Pistis [Das ABC des Glaubens]*, Athen: Domos Publications, 1988.
4 Ware, *The Orthodox Way,* a. a. O.
5 *Greek Orthodox Holy Week & Easter Services*, Daytona Beach: Patmos Press, 1990.

12. Athleten der Seele

1 Jon Klimo, *Channeling*, a. a. O., S. 172.

2 Ernst Benz, *The Eastern Orthodox Church: Its Thought and Life*, Chicago: Aldine Publishing, 1963, S. 5, dt., *Geist und Leben der Ostkirche*, München: W. Fink, 3. Aufl. 1988.

3 Henri J. M. Nouwen, *Behold the Beauty of the Lord: Praying with Icons*, Notre Dame, Ind.: Ave Maria Press, 1987, S. 14.

4 Emile Durkheim, *Die elementaren Formen des religiösen Lebens*, Frankfurt a. M.: Suhrkamp, 1980.

5 Raymond Aron, *Main Currents in Sociological Thought*, New York: Doubleday, 1970, Bd. 2, S. 51.

6 Ibid., S. 66.

7 Rudolf Otto, *Das Heilige*, München: Beck, 1979 (zuerst erschienen 1917).

8 Thomas O'Dea und Janet O'Dea Aviad, *The Sociology of Religion*, Englewood Cliffs N. J.: Prentice Hall, 1983. S. 23.

9 Archimandrit Sophrony, *The Monk of Mount Athos: Staretz Silouan, 1866–1938*, New York: St. Vladimir's Press, 1975, S. 100 f.; dt., *Starez Siluan, Mönch vom Berg Athos*, Düsseldorf: Patmos, 1980.

10 Tito Collianter, *Askernatas Vag* [finn.], unter dem Titel *Oh Dromos ton Asketon [Der Weg der Asketen]* ins Griechische übersetzt, Athen: Akritas, 1990.

11 Ich war fasziniert, als ich später eine fast identische Passage über den Buddhismus las. Nach dem Mahayana-Buddhismus hat der Buddha oder eine Person, die Buddhaschaft erlangt, auch Macht über die Natur. »Da er eine höhere, wunderbare Macht besitzt, die allen Heiligen zu eigen ist, kann der Buddha äußere Objekte erschaffen, verändern und erhalten, seine Lebensspanne verkürzen oder verlängern, rasch große Entfernungen durch die Luft zurücklegen, materielle Gegenstände verkleinern...« Siehe Edward Conze, *Buddhist Thought in India*, Ann Arbour: University of Michigan Press, 1967.

13. Regenbögen und Blitze

1 Geddes MacGregor, *Reincarnation in Christianity*, Wheaton, Ill.: Theosophical Publishing House, 1989, S. 23.

2 Nikolai Berdjajew, *The Destiny of Man*, London: Geoffrey Bles, 1937, S. 337. Zitiert in MacGregor, *Reincarnation in Christianity*, S. 16.

3 Fox, *The Coming of the Cosmic Christ*, a. a. O., S. 107 ff.

4 Berichtet in der griechisch-amerikanischen Zeitschrift *The Hellenic Chronicle*, 12. August 1993. Siehe Nicholas Cavasilas, *The Life in Christ*, Crestwood, N. Y.:St. Vladimir's Press, 1974; Panayiotis Nellas, *Deification in Christ: The Nature of the Human Person*, Crestwood, N. Y.: St. Vladimir's Press, 1987.

5 [Anonym], *Mia Vradia Sten Erimo tou Agiou Orous*, Livadia, Griechenland: Hl. Kloster der Geburt des Theodokos, 1990, S. 35 f.. Ins Englische übersetzt unter dem Titel *A Night in the Desert of the Holy Mountain*, Crestwood, N. Y.: St. Vladimir's Press, 1991.

6 Mönch Joseph, *Geron Joseph Oh Hesychastes*, Daphne: Agion Oros, 1984.

7 Ware, *The Orthodox Way,* a. a. O., S. 12.

14. Jenseits der Schatten

1 Deutsche Auswahlübersetzung: *Kleine Philokalie*, Einsiedeln: Benziger 1976, (eine vollständige englische Ausgabe der *Philokalia* erscheint derzeit in Boston bei Faber and Faber).

2 Christos Yiannaras, *Katafygio Ideon* [»Eine Ideenhütte«], Athen: Domos Publishers, 1987.

3 Siehe zum Beispiel Nellas, *Deification in Christ*, a. a. O.

3 *Der Weg eines Pilgers*, München: Knaur Taschenbuch 1994 (gekürzt); vollständige Ausgabe: *Aufrichtige Erzählungen eines russischen Pilgers*, Freiburg: Herder 1974.

5 Vgl. Kap. 13, Anm. 5.

6 Nellas, *Deification in Christ*, a. a. O.

7 Mönch Paisios vom Heiligen Berg, *Oh Agios Arsenios Oh Kappadokis* (»Der heilige Arsenios, der Kappadozier«), Saloniki, Grie-

chenland: Hl. Kloster Monazouson, 1991. Ein neuerer Fall eines Gerontas, der außergewöhnliche Fähigkeiten haben soll, ist der von Pater Porfyrios, der in einer Kirche im Zentrum von Athen, am Platz der Verfassung, lebte und wirkte. Er starb 1991.

8 Ware, *The Orthodox Way*, a. a. O.

9 Siehe Klitos Ioannides, *Oh Geron Porfyrios*, Nicosia: Kloster der hl. Marina, 1992.

10 Menelaos Leventis, *Oh Eremites Charalambis: Mia megale Physiognomia tou Christianikou pneumatos* [»Der Eremit Charalambis: Ein großes Antlitz im christlichen Geist«], Athen: unveröffentlichtes Manuskript, 1982.

11 M. U. Hatengdi, *Nityananda: The Divine Presence*, Cambridge, Mass.: Rudra Press, 1984.

12 Yogananda, *Autobiography of a Yogi*, a. a. O.

13 Das Werk des Physikers Paul Davies ist in dieser Hinsicht höchst bedeutsam. Siehe sein letztes Buch *The Mind of God: The Scientific Basis for a Rational World*, New York: Simon & Schuster, 1992.

14 Fotios N. Kontoglou, *Semeion Mega: Ta Thaumata tes Thermes* [»Ein großes Zeichen: Die Wunder von Therme«], Athen: Aster, 1964.

15 Klitos Ioannides, *Thaumata tou Agiou Raphael se Kyprios* [»Wunder durch den heiligen Raphael an Zyprioten«], Nicosia: Kloster der hl. Marina, 1991.

16 Raymond Moody, *Life after Life*, New York, Bantam Books, 1976; dt., *Leben nach dem Tod*, Reinbek bei Hamburg, Rowohlt, 1977; ders., *The Light Beyond*, New York, Bantam Books, 1988.

15. Der Schleier wird gelüftet

1 Raymond Moody, *The Light Beyond*, a. a. O., S. 2.

2 Ibid.

3 George G. Ritchie in Zusammenarbeit mit Elizabeth Sherrill, *Return from Tomorrow*, Tarrytown, N. Y.: Fleming H. Revell, 1978.

4 John E. Mack, »The Alien Abduction Phenomenon«, *Noetic Sciences Review*, Herbst 1992, S. 5.

5 Ibid., S. 10.

6 Ibid., S. 11.

7 Kenneth Ring, *The Omega Project: Near-Death Experiences, UFO Encounters, and Mind at Large*, New York: William Morrow, 1992.

8 Ibid., S. 239.

9 Ibid., S. 245.

10 Ibid., S. 246.

11 Siehe zum Beispiel Jaime T. Licousco, *The Magicians of God: The Amazing Stories of Philippine Faith Healers*, Philippinen: Metro Manila Publishers, 1982.

12 Ken Wilber, *Up from Eden*, New York: Doubleday/Anchor Press, 1981; ders., *A Sociable God*, a. a. O.

13 Richard Tarnas, *The Passion of the Western Mind: Understanding the Ideas That Have Shaped Our World View*, New York: Harmony Books, 1991.

14 Arthur Koestler, *Janus: A Summing Up*, New York: Vintage, 1978.

15 Siehe Fox, *The Coming of the Cosmic Christ*, a. a. O.

16 John Rossner, *In Search of the Primordial Tradition and the Cosmic Christ*, St. Paul, Minn.: Llewellyn Publications, 1989.

17 Ibid., S. 121 f.